Das Mosaik-Lexikon der Nutzpflanzen

Das Mosaik-Lexikon der Nutzpflanzen

Der Gemüse-, Kräuter- und Obstgarten in über 250 farbigen Pflanzenporträts

Herausgegeben von
Gunter Steinbach

Gondrom

Autoren und Berater
Walter Herrmann, München
Dipl.-Ing. Hermann Hofer, Lehr- und Versuchswirtschaft für Obstbau, Sigmarszell
Uli Junghans, München
Werner Morawetz, Zorneding
Dipl.-Ing. Rudolf Müller, Botanischer Garten, München
Dipl.-Ing. Ernst Niller, Institut für Gemüsebau an der Fachhochschule Weihenstephan
Helmut Snoek, Opfenbach
Rainer Stehr, Hamburg
Gartenbau-Ingenieur Horst Wendt, Münsing

Redaktion: Dr. Ernö Zeltner
Layout: Heidrun Nawrot

Abbildungsnachweis: Seite 184

Sonderausgabe für Gondrom Verlag GmbH & Co. KG, Bindlach 1994

Covergestaltung: Grafik-Design-Studio L. Mielau, Wiesbaden
ISBN 3-8112-1108-0

Inhalt

Zum Buch

Der Begriff Nutzpflanzen umfaßt für dieses Buch Kulturpflanzen, die in europäischen Gärten angebaut werden und der menschlichen Ernährung dienen. Darüber hinaus wurden die wichtigsten landwirtschaftlichen Nutzpflanzen und eine größere Zahl von Kräutern aufgenommen, die man als Würzpflanzen zur Zubereitung von Tees und Hausmitteln für Mensch, Tier und Garten kultiviert, ebenso kulturfähige Beerenobst-Wildarten und bekannte Kulturpflanzen aus wärmeren Ländern, hauptsächlich aus dem Mittelmeerraum. Als „Südländer" gedeihen sie in Mitteleuropa entweder nur in Weinbaugegenden oder unter dem Schutz von Folie und Glas, aber auch an begünstigten Südwänden von Gebäuden.

Es war die Absicht von Verlag und Herausgeber, neben den gebräuchlichen Nutzpflanzen auch seltene, heute weithin vergessene oder einfach nicht mehr übliche Kulturpflanzen vorzustellen und ihren Anbau im Hausgarten anzuregen. Hier eröffnen sich dem Gartenliebhaber mehr Möglichkeiten als dem vom jeweiligen Ertrag und von der Marktfähigkeit einer Kulturpflanze abhängigen Berufsgärtner.

Ich glaube, daß die große Zahl der hier dargestellten Nutzpflanzen einem neu erwachten Bedürfnis vieler Gartenfreunde nach Vielfalt entgegenkommt. Man bringt nicht nur den Blumen, sondern auch den Nutzpflanzen ein Interesse um ihrer selbst willen entgegen. Man erfreut sich an ihrem Gedeihen im Hausgarten und ist vom Ernteerfolg versuchsweise angebauter Arten nicht so abhängig wie der Erwerbsgärtner.

Für Anfänger und Kenner wird jede Pflanzenart mit wenigstens einem Farbbild und für den Anbau ausreichenden Informationen dargestellt: Angaben über ihre Bedürfnisse, über Anbauformen und Anbauzeiten, teils in Tabellenform, teils im nachfolgenden Text. Die Gliederung der Gemüsearten in Blatt-, Zwiebel-, Wurzel- und Fruchtgemüse erspart langes Suchen. Dem Kapitel Gemüsegarten, dem umfangreichsten Teil, folgen die Kapitel Kräutergarten und Obstgarten. Dieser gliedert sich nach den üblichen Unterscheidungsbegriffen in Beerenobst (mit kulturfähigen Wildarten), Steinobst, Kernobst und Schalenobst. Das Kapitel „Südländer" mit neun mehr oder weniger exotischen Obstarten und zwei Doppelseiten mit Anbauanleitungen für die wichtigsten kulturfähigen Speisepilze beschließen den Artenteil. Pilze im Garten, noch vor wenigen Jahren ziemlich ungewöhnlich, sind heute im Kommen. Wir nahmen sie deshalb in den Band auf, auch wenn man die Pilze nicht zu unseren Kulturpflanzen zählen kann. Es handelt sich um Waldpilze, deren Anbau in den letzten Jahren erprobt wurde. Anders verhält es sich mit dem Shiitake-Pilz aus dem Fernen Osten. Er wird in Asien schon seit Jahrtausenden von Menschen erfolgreich kultiviert.

Innerhalb der Kapitel wurden die Arten nach ihren Gattungen zusammengestellt und alphabetisch nach ihrer Familienzugehörigkeit geordnet. Pflanzenkundlich interessierte Leser erhalten so unmittelbaren Aufschluß über die verwandtschaftlichen Beziehungen der Pflanzen. Für den Praktiker sind diese Zusammenhänge bei der Planung von Mischkulturen und Fruchtfolgen sowie zur gezielten Abwehr von Schädlingen wichtig. Ein erfolgreicher Land- und Gartenbau kommt ohne diese Kenntnisse auf Dauer nicht aus.

Jeder Gärtner weiß, daß kein Garten dem anderen, aber auch kein Gartenjahr dem vorausgegangenen gleicht. Die klimatischen Bedingungen allein innerhalb Deutschlands können überaus unterschiedlich sein. So bekomme ich in unseren gut 900 m hoch gelegenen Gärten am nördlichen Alpenrand mit kurzen, niederschlagsreichen Sommern von nur vier sicher schneefreien Monaten keine Freilandtomaten reif, ernte aber Tomaten im Kalthaus mitunter bis Weihnachten, weil wir wenig Nebel und viel Wintersonne haben. In manchen Jahren reift an der südlichen Hauswand Wein aus, aber Gurken brauchen auch im Sommer Glas- oder Folienschutz. Diese Beispiele sollen darauf hinweisen, daß Angaben über Aussaat-

und Pflanzzeiten um Tage oder Wochen schwanken können. Hier ist es nötig, die jeweils örtliche Erfahrung einzurechnen. Das beste Gartenbuch kann persönliche Erfahrung nicht ersetzen!

Die Beschreibungstexte der Arten gliedern sich einheitlich in Allgemeines, Klima und Standortansprüche, Boden, Säen und Pflanzen, Düngung und Ernte. Im Text werden die Angaben der Tabelle nicht wiederholt und Boden- oder Düngungsansprüche nur genannt, wenn Besonderheiten vorliegen. Sortenempfehlungen stehen am Schluß der Texte, soweit sie möglich und sinnvoll sind.

Der Artenteil umfaßt 216 Arten mit 265 Bildern. Ihm folgt ein „Lexikon" gartenbaulicher Begriffe mit 258 Stichworten, teilweise bebildert. Hier werden nicht alle, aber doch die gebräuchlichsten Begriffe und Fachausdrücke der Gartenpraxis erläutert.

In dem sich anschließenden Kapitel „Kompost im Garten" schlägt sich die vieljährige Erfahrung des biologisch-dynamisch wirtschaftenden Gärtnermeisters Horst Wendt im Erwerbsgartenbau nieder. Dem Leser dürfte deutlich werden, daß die sachgemäße Kompostbereitung wesentlich über den Erfolg auch eines kleinen Gartens entscheidet. Wer über guten Kompost verfügt, darf viele Probleme des Bodens und der Düngung einfach vergessen, er hat sie nicht.

Vielen Gartenfreunden werden die Ausführungen Helmut Snoeks über Gesteinsmehle neu, vielleicht sogar überraschend sein. Sie erschienen im Sommer 1985 in der Fachzeitschrift „Garten organisch". Vielleicht machen die Gärtner in Zukunft mehr Gebrauch von Steinmehlen. Ihre Anwendung bringt deutliche Erfolge ohne Belastung der Umwelt. –

Dieses Buch entstand durch das Zusammenwirken mehrerer Autoren und Berater aus der Gartenpraxis und der gärtnerischen Ausbildung. Vor allem habe ich Herrn Dipl.-Ing. Rudolf Müller, technischer Leiter der Freilandabteilungen des Botanischen Gartens in München, zu danken. Ohne seine unermüdliche Bereitschaft, sich so ausführlich mit den „Sonderkulturen" zu befassen, hätten viele, zum Teil recht seltene und in Gartenbüchern meist unberücksichtigte Kulturpflanzen nicht in unserem Band aufgenommen werden können.

Mein Dank gilt auch den Herren Dipl.-Ing. Ernst Niller vom Institut für Gemüsebau an der Fachhochschule Weihenstephan, Leiter der Kleingarten-Versuchsanlage, und Dipl.-Ing. Herrmann Hofer, Leiter der Lehr- und Versuchswirtschaft für Obstbau in Sigmarszell bei Lindau, für ihren fachlichen Rat, Herrn Rainer Stehr in Hamburg, der die „Südländer" vorstellt, und Herrn Walter Herrmann, München, für seine gründliche Bearbeitung der Gartenkräuter. Schließlich, aber nicht zuletzt, ist es mir ein Bedürfnis, auch meinen engsten Mitarbeitern im Haus zu danken für den geduldigen Umgang mit Tausenden von Bildern und für die umfangreichen Basisarbeiten, die zum Werden des lexikalischen Werkes wesentlich beitrugen. In diesen Dank schließe ich die Kollegen des Mosaik Verlages für die immer entgegenkommende Zusammenarbeit ein.

Für Erfolge im Garten kommt es nicht nur auf ein weitgefächertes Wissen über die Ansprüche unserer Kulturpflanzen an, sondern auch auf die Fähigkeit, sich in unsere grünen Mitgeschöpfe gleichsam einzuleben. Menschen, denen man wegen ihrer Erfolge mit Pflanzen den „grünen Daumen" nachsagt, verfügen nicht immer über herausragende botanische Kenntnisse, aber stets über eine bemerkenswerte Zuneigung zu den Pflanzen, die ihnen anvertraut sind. Daß auch Ihnen, lieber Leser, die Beschäftigung mit Nutzpflanzen Freude bringt, wünscht Ihnen von Herzen

Ihr

Der Gemüsegarten

Allgemeines

Alle Kulturpflanzen stammen von wildwachsenden Arten ab. Sie unterscheiden sich von den Wildpflanzen durch ihre nach Auslese und Zucht erblich gewordene Fähigkeit, bestimmte Organe über das natürliche Maß der Wildart hinaus auszubilden: Wurzeln (Rettiche, Rüben), Knollen (Kartoffeln, Topinambur), Zwiebeln, Stengel (Rhabarber, Stangensellerie), Blätter (Salat, Kohlarten), Blütenstände (Broccoli, Artischocke) und Früchte (Kürbis, Obst). Die das Erntegut bildenden Organe sind aber nicht nur größer als die der Wildpflanze, ihr Gewebe entwickelt sich auch zarter, nährstoffreicher und wohlschmeckender.
Die besonderen Wachstumsleistungen der Kulturpflanzen setzen besondere Wachstumsbedingungen voraus. Die Pflanzen müssen sich nicht wie in freier Natur gegen Wettbewerber für Platz, Licht und Nährstoffe durchsetzen, sie brauchen den ihnen angemessenen Standort (meist vollsonnig), besten Boden und eine volle Versorgung mit Nährstoffen, Spurenelementen und Wasser. Sie benötigen eine genügend lange Vegetationszeit und oft den Schutz vor tierischen, pflanzlichen und pilzlichen Schädlingen.

Klima und Standort

Das gemäßigte Klima Mitteleuropas ermöglicht den Anbau aller heimischen Kulturpflanzen und einer ganzen Reihe von Nutzpflanzen anderer Länder. Die Tageslänge stellt zwar oft den begrenzenden Faktor dar, aber sie reicht unter günstigen örtlichen Standortbedingungen auch in kühleren und regenreicheren Lagen für zufriedenstellende Erträge aus. Viele Kulturpflanzen gedeihen in den unterschiedlichen Klima-„Farben" Mitteleuropas annähernd gleich gut, andere, besonders die wärmebedürftigen, können in kühleren oder niederschlagsreicheren Landschaften nicht mit vollem Erfolg angebaut werden. Hier sollte sich der Gartenanfänger zunächst nicht von verlockenden Angeboten in Pflanzenkatalogen verführen lassen, sondern das anbauen, was in seiner Gegend üblich ist und ertragreich kultiviert wird. Nach den Erfahrungen erster Gartenjahre kann man es schrittweise auch mit anspruchsvolleren Kulturpflanzen versuchen.
Die Möglichkeiten des Anbaus lassen sich erheblich vergrößern, wenn man mit Geduld und Geschick vorgeht.
Der Standort kann durch sein beeinflußbares Kleinklima manche Nachteile des Klimas ausgleichen. Der am besten geschützte Standort ist das Gewächshaus. Es braucht als Kalthaus nicht geheizt zu werden und kann erhebliche Vorteile etwa für die Anzucht der Gartenpflanzen im Frühjahr bringen oder zur Verlängerung des Sommers für Tomaten, Paprika, Gurken, Feldsalat und Kräuter.
Zwischen ungeschütztem Freiland und Kalthaus gibt es von Folientunneln bis Plexiglashauben viele Möglichkeiten der Standortverbesserung. Innerhalb des Gartens sollte man den Gemüsebeeten immer den besten, das heißt in unserem Klima nach Möglichkeit einen vollsonnigen, Standort einräumen. Jede Beschattung, etwa durch eine Hauswand oder einen Obstbaum, bringt Ertragsminderung. Obstgehölze sollte man deshalb nicht in den Nutzgarten, sondern an seinen Nordrand setzen, wo sie keinen Schatten auf die Gemüsebeete werfen.
Sehr nachteilig wirkt sich häufiger Wind auf den Gartenerfolg aus. Er schwächt die erwünschte Lufterwärmung unmittelbar über dem Boden deutlich ab und entzieht den Pflanzen wie der Erde ständig Feuchtigkeit. Den besten Windschutz bilden nicht Mauern, weil in ihrem Windschatten Luftwirbel entstehen, sondern gleichmäßig gewachsene, weder sehr dichte noch sehr lockere Hecken.
In Bodensenken können sich besonders im Frühjahr und im Herbst in windstillen Nächten Kaltluftseen bilden, die das Pflanzenwachstum auch tagsüber beeinträchtigen.

Boden

Von der Boden*beschaffenheit* hängt neben ausreichender Besonnung wesentlich der Erfolg des Gärtners ab. Die Boden*art* dagegen spielt für den langfristig bebauten Hausgarten eine untergeordnete Rolle. Durch intensive Kompostwirtschaft oder durch Einarbeitung anderer organischer Dünger, wie Stallmist, Gründüngung und Ernterückstände, kann praktisch jeder Boden, selbst toter Aushub, nach und nach zum Leben erweckt und fruchtbar gemacht werden, sofern die Erde nicht vergiftet ist, etwa durch eingesickertes Öl. Nicht nur der zu verbessernde, auch der gute Gartenboden sollte immer bewachsen oder mit einer organischen Mulchschicht bedeckt sein. Nur so kann sich das humusbildende Bodenleben (Edaphon) bis an seine Oberfläche entfalten. Darüber hinaus lassen sich schwere Tonböden durch Sandzusätze allmählich durchlässiger machen, zu leichte Sandböden durch Lehmzusätze – am besten in der Kompostmiete – bindiger. Auch auf einen ausgeglichenen pH-Wert nahe des Neutralpunktes 7 ist zu achten, gegebenenfalls mit Kalk oder kalkhaltigem Steinmehl nachzuhelfen, wenn der Boden zu sauer ist. Sandige Böden sind von Natur aus saurer als lehmige und sollten nicht auf einen theoretischen Wert hin ständig gekalkt werden.
Hinweise auf die Bodenbearbeitung und Pflanzenpflege enthält das Kapitel „Gartenbauliche Begriffe von A–Z" ab Seite 159.

Blattgemüse

Eiskraut

Mesembryanthemum crystallinum Aizoaceae = Eiskrautgewächse

Höhe in cm	0	5	**10**	**25**	50	75	100	150	200	250	300	mehr
Aussaatzeit unter Glas	Jan	Feb	März	**Apr**	Mai	Juni	Juli	Aug	Sept	Okt	Nov	Dez
Aussaatzeit Freiland	Jan	Feb	März	**Apr**	**Mai**	Juni	Juli	Aug	Sept	Okt	Nov	Dez
Pflanzzeit	Jan	Feb	März	Apr	**Mai**	Juni	Juli	Aug	Sept	Okt	Nov	Dez

Nach der Saat etwa 4 Wochen — durchschn. Kulturdauer in Wochen 12–18

Pflanzenabstand in cm 20 — Reihenabstand in cm 20

Die aus dem Kapland stammende einjährige Pflanze ist bei uns weniger bekannt als ihre Verwandte, die Mittagsblume. Im Mittelmeergebiet hat sich diese Art völlig eingebürgert. In Kalifornien wird sie auch zur Befestigung von Sand angebaut. Die Blätter der trockenheitliebenden Pflanze sind mit winzigen wasserklaren Epidermisdrüsen bedeckt, die in der Sonne wie Glasperlen glänzen (= Kristallkraut). Eiskraut paßt in Mischkultur zu allen Zwiebelgewächsen.
Klima und Standort: Das Eiskraut verlangt viel Wärme, also einen vollsonnigen Standort. In feuchten, stark humosen Böden verfaulen die Pflanzen leicht, besonders während der Anzucht. Boden: Bevorzugt werden Erden mit sehr hohem Sandanteil, der im Jahr zuvor mit Komposterde versetzt wurde. Vorsicht beim Düngen – gemästete Pflanzen erfrieren leichter. Säen und Pflanzen: Pflanzen für den Freilandanbau im Mistbeetkasten vorkultivieren. Dabei legt man 4–6 Samenkörner je Topf aus. Ab Ende April ist Aussaat ins Freie auf sonnigen und geschützten Plätzen möglich. Samen sehr dünn streuen und festklopfen. Bei Frostgefahr Pflanzen mit einer Strohdecke schützen. Pflege und Düngung: Die Pflanzen müssen vor zu großer Nässe bewahrt werden, z. B. durch Auflegen eines Mistbeetfensters. Ernte: Je nach Witterung ab Mitte Juni. Verarbeiten: Junge Blätter für Salat oder Gemüse.

Neuseelandspinat

Tetragonia tetragonioides Aizoaceae = Eiskrautgewächse

Höhe in cm	0	5	10	25	**50**	**75**	**100**	150	200	250	300	mehr
Aussaatzeit unter Glas	Jan	Feb	März	**Apr**	**Mai**	Juni	Juli	Aug	Sept	Okt	Nov	Dez
Aussaatzeit Freiland	Jan	Feb	März	Apr	**Mai**	Juni	Juli	Aug	Sept	Okt	Nov	Dez
Pflanzzeit	Jan	Feb	März	Apr	**Mai**	**Juni**	Juli	Aug	Sept	Okt	Nov	Dez

Nach der Saat etwa 4–6 Wochen — durchschn. Kulturdauer in Wochen 12 und mehr

Pflanzenabstand in cm 50 — Reihenabstand in cm 80

Die Heimat des Neuseelandspinats sind die Meeresküsten von Australien und Neuseeland. Heute baut man ihn vornehmlich in Südeuropa an. Die Pflanzen benötigen sehr viel Platz. Als Vorkultur eignen sich Radieschen, Rettich, Spinat und Salate.
Klima und Standort: Der Neuseelandspinat liebt Feuchtigkeit und Wärme. Bei Trockenheit muß stark gewässert werden. In kühleren Lagen kommt die Pflanze spät zum Ertrag. Boden: Hohe Nährstoffansprüche. Läßt sich gut auf dem Komposthaufen pflanzen. Säen und Pflanzen: Samen zur Erhöhung der Keimkraft in warmem Wasser anquellen lassen. Vorkultur im Gewächshaus oder Mistbeet ist ratsam. Dabei werden 2–3 Samenkörner in einen Blumentopf gelegt, die Töpfe sind im Kasten einzusenken. Für eine Pflanzung gegen Ende Mai empfiehlt sich Aussaat unter Glas gegen Ende April. Freilandsaat ab Mitte Mai; 3 Korn je Saatstelle. Pflege und Düngung: Da die Pflanze in den ersten Wochen nur langsam wächst, ist regelmäßiges Unkrauthacken notwendig. Bei guter Bodenvorbereitung entfällt zusätzliche Düngung. Ernte: Etwa 50 bis 60 Tage nach der Aussaat können die ersten Blätter gepflückt werden; fortlaufend bis zum Einsetzen von Nachtfrösten. Anfangs sollte der Mitteltrieb mitverwendet werden, dadurch fördert man die Seitenaustriebe. Verarbeiten: Wie Spinat. Eignet sich bestens zum Tiefgefrieren.

Amarant, Fuchsschwanz

Amaranthus lividus var. oleraceus — Amaranthaceae = Fuchsschwanzgewächse

Höhe in cm	0	5	10	25	50	75	100	150	200	250	300	mehr
Aussaatzeit unter Glas	Jan	Feb	März	Apr	Mai	Juni	Juli	Aug	Sept	Okt	Nov	Dez
Aussaatzeit Freiland	Jan	Feb	März	Apr	Mai	Juni	Juli	Aug	Sept	Okt	Nov	Dez
Pflanzzeit	Jan	Feb	März	Apr	Mai	Juni	Juli	Aug	Sept	Okt	Nov	Dez

Nach der Saat etwa 3–4 Wochen — durchschn. Kulturdauer in Wochen 12–14

Pflanzenabstand in cm 30–70 — Reihenabstand in cm 40–50

Die Pflanze ist vermutlich eine Kultursippe von *A. lividus var. ascendeus*, die aus Mittel- und Südeuropa stammt. Die Varietät 'Oleraceus' wurde im 16. und 17. Jahrhundert in Europa als Spinatpflanze angebaut und ist heute nur noch selten anzutreffen. Die Pflanze ist im Aufbau wie im Aussehen sehr variabel. Sie entwickelt einen kräftigen aufrechten, weißlich gestreiften Stengel. Die Laubblätter werden etwa 9 cm lang, sind gestreift, oval, wechselständig, blaßgrün mit weißlichen stark verästelten Nerven. – In China wie in Ostindien wird der Gemüseamarant so häufig angebaut wie bei uns Spinat. Einige Fuchsschwanz-Arten sind bei uns beliebte Zierpflanzen; der Gartenfuchsschwanz wird in Europa bereits seit dem 16. Jahrhundert angebaut. Unter den Arten der Gattung Amarant gibt es weißlich, gelb, orange, purpurrot und violett blühende Arten, teils mit hängenden, teils mit aufrechten Blütenständen. Im Nutzgarten ist der Gemüse-Amarant bei geeignetem Reihenabstand ein idealer Partner zu Gurken. Als Vorkultur eignen sich alle mit Mist versorgten Kulturen, mit Ausnahme von Pflanzen derselben Familie und der Gänsefußgewächse.

Klima und Standort: Vollsonnige, warme Standorte. Lichter Schatten wird gerade noch vertragen. Der Boden darf nie ganz austrocknen. Boden: Bevorzugt werden sandige, humose Lehmböden sowie alle tiefgründigen, gut mit Humus versorgten Gartenböden. Säen und Pflanzen: Günstig ist die Vorkultur im Mistbeet oder in Töpfen mit etwa 6–8 cm Durchmesser in sandiger Komposterde. Saatgut leicht übersieben und Töpfe an einen hellen Platz stellen. Wenn die Pflanzen 3–4 cm hoch sind, werden sie allmählich abgehärtet. Ende Mai, Anfang Juni an Ort und Stelle auspflanzen, im Abstand von 60×40 cm. Auch eine Direktaussaat Mitte Mai ist möglich. Die Pflanzen anhäufeln, sie können je nach Art bis 150 cm hoch werden. Pflege und Düngung: Boden gut lockern, bis die Pflanzen den Boden decken. Bei gut mit Kompost oder Stallmist versorgten Böden ist keine Nachdüngung erforderlich. Schweren Böden reichlich Sand untermischen. Ernte: Geerntet werden den ganzen Sommer über die Blätter und im Herbst die Samen, sie haben einen hohen Gehalt an Protein. Verarbeiten und Lagern: Die Blätter werden wie Spinat zubereitet und zum Beispiel zu Fleischgerichten gereicht. Eine Lagerung ist nicht möglich. Sorten: Es gibt eine Anzahl von Hybriden und Varietäten, die vor allem in wärmeren Gebieten angebaut werden. Sie sind bei uns zwar kulturwürdig, werden aber kaum angeboten. *A. caudatus* (Gartenfuchsschwanz), *A. aruentus, A. hypochondriacus* sind Amaranthus-Arten, die als Gemüse Verwendung finden. *A. edulis* wird Anfang bis Mitte April unter Folie oder im Gewächshaus ausgesät und Mitte Mai im Abstand von 70×30 cm ausgepflanzt. Die Fuchsschwanzarten haben meist rote Stiele. Unter den als Zierpflanzen kultivierten gibt es Sorten mit gefleckten („Splendeus" oder „Salicifolius") oder mit mehrfarbigen Blättern *(A. tricolor)*, die auch als Topfpflanzen Verwendung finden.

Bleichsellerie, Stielsellerie

Apium graveolens var. dulce — Apiaceae = Doldenblütler

Höhe in cm	0	5	10	25	**50**	75	100	150	200	250	300	mehr
Aussaatzeit unter Glas	Jan	**Feb**	**März**	**Apr**	Mai	Juni	Juli	Aug	Sept	Okt	Nov	Dez
Aussaatzeit Freiland	Jan	Feb	März	Apr	Mai	Juni	Juli	Aug	Sept	Okt	Nov	Dez
Pflanzzeit	Jan	Feb	März	Apr	**Mai**	**Juni**	Juli	Aug	Sept	Okt	Nov	Dez

Nach der Saat etwa 4–6 Wochen — durchschn. Kulturdauer in Wochen 20

Pflanzenabstand in cm 40 — Reihenabstand in cm 40

Stammt vom Sumpfsellerie ab, der in Nordeuropa auf feuchten, salzreichen Böden vorkommt; deshalb der hohe Wasserbedarf und die Salzverträglichkeit. In Mischkultur mit Gurken oder Kopfsalat.
Klima und Standort: Bleichsellerie wächst in jedem Garten bei ausreichender Wasser- und Nährstoffversorgung. Boden: Schwerere, nährstoffreiche Böden mit guter Humusversorgung. Bleichsellerie ist ein Starkzehrer mit großem Stickstoffbedarf. Säen und Pflanzen: In eine schwach gedüngte Erdmischung breitwürfig dünn aussäen und mit feuchtem Zeitungspapier abdecken. Die Anzuchttemperatur sollte nicht unter 16 °C liegen, damit späteres Schossen vermieden wird. Nach 4 Wochen wird auf 5×6 cm pikiert. Hat die Pflanze einige größere Blätter entwickelt, wird tief gepflanzt, am besten in 10 cm tiefe Furchen, die später angehäufelt werden können. Je Quadratmeter setzt man etwa 6–7 Pflanzen. Pflege und Düngung: Regelmäßiges Hacken bei gleichzeitiger Unkrautbekämpfung erhöht den Ertrag. Immer gut gießen. Vor dem Pflanzen wird organischer Volldünger ausgebracht, die Stickstoffgabe auf zwei Kopfdüngungen verteilt (Hornmehl). Selbstbleichende Sorten machen ein Anhäufeln vor der Ernte überflüssig. Ernte: Wenn die Blattstiele kräftig entwickelt sind, werden die ganzen Pflanzen aus dem Boden geschnitten und die Blätter etwas eingestutzt.

Knollen- oder Gemüsefenchel

Foeniculum vulgare var. azoricum — Apiaceae = Doldenblütler

Höhe in cm	0	5	10	**25**	**50**	75	100	150	200	250	300	mehr
Aussaatzeit unter Glas	Jan	Feb	März	Apr	Mai	Juni	**Juli**	Aug	Sept	Okt	Nov	Dez
Aussaatzeit Freiland	Jan	Feb	März	Apr	Mai	Juni	**Juli**	Aug	Sept	Okt	Nov	Dez
Pflanzzeit	Jan	Feb	März	Apr	Mai	Juni	Juli	**Aug**	Sept	Okt	Nov	Dez

Nach der Saat etwa 4–6 Wochen — durchschn. Kulturdauer in Wochen 16–18

Pflanzenabstand in cm 25 — Reihenabstand in cm 30

Das Verbreitungsgebiet des Fenchels ist der Mittelmeerraum. Er ist durch Kreuzung aus wildem Fenchel mit Gewürzfenchel hervorgegangen. Die jungen Blattsprossen sind in ihrem unteren Teil in Form einer länglichen, etwa 10 cm dicken Zwiebel ausgebildet. Wegen der starken Entwicklung der unteren vegetativen Teile ist der Frucht- und Samenansatz gering. Durch die Züchtung tagneutraler Sorten, wie z. B. 'Zefa Fino', wurde der Anbau von April bis Mitte Juli möglich. Bei genügend Abstand auch Mischkultur.
Klima und Standort: Sonnige, warme, etwas feuchte Lagen (Weinbauklima). Boden: Tiefbearbeitete, nahrhafte Mergel- oder kalkreiche Böden, nach gedüngter Hackfrucht. Säen und Pflanzen: Frühaussaaten gehen leicht in Samen; deshalb auf die Sorten achten. Jungpflanzenvorkultur in Töpfen, aber auch Saat an Ort und Stelle möglich. Vor dem Pflanzen bzw. Säen 4–5 cm reifen Kompost aufbringen. Pflege und Düngung: Bei Direktaussaat zu dicht stehende Pflanzen vereinzeln. Regelmäßig hacken und wässern. Etwa 2–3 Wochen nach der Pflanzung mit Horn-Knochenmehl nachdüngen. Ernte: Abhängig vom Aussaattermin in der Regel im Herbst, von Oktober bis November. Verarbeiten und Lagern: Als Gemüse gedünstet oder gebacken. Roh in Salaten. Kann bedingt einige Zeit kühl gelagert werden. Sorten: 'Zefa Fino'.

Krause Endivie

Endivie, Eskariol

Cichorium endivia var. crispum — Asteraceae = Korbblütler

Höhe in cm	0	5	10	25	50	75	100	150	200	250	300	mehr
Aussaatzeit unter Glas	Jan	Feb	März	Apr	Mai	Juni	Juli	Aug	Sept	Okt	Nov	Dez
Aussaatzeit Freiland	Jan	Feb	März	Apr	Mai	Juni	Juli	Aug	Sept	Okt	Nov	Dez
Pflanzzeit	Jan	Feb	März	Apr	Mai	Juni	Juli	Aug	Sept	Okt	Nov	Dez

Nach der Saat etwa 4 Wochen — durchschn. Kulturdauer in Wochen 18–22

Pflanzenabstand in cm 30 — Reihenabstand in cm 30

Die Urform der Endivie stammt aus dem Mittelmeergebiet. Den Griechen und Römern war sie gut bekannt. Die Wildpflanze ist zweijährig, die Kulturform als Salat wie als Samenträger einjährig. In der Fruchtfolge steht Endivie nach Erbsen, Spinat oder Frühmöhren. Aber auch einige Wildgemüse, die im Juli keinen Ertrag mehr bringen, eignen sich gut als Vorfrucht.

Klima und Standort: Die Wärmeansprüche sind geringer als die des Kopfsalates, die Frostempfindlichkeit ist dagegen höher. Schon bei 6–7°C treten Schäden auf. Der Standort soll warm, geschützt und sonnig sein. Boden: Besser leichte Böden als schwere, selbst leichtere bis mittlere Moorböden werden noch vertragen. Säen und Pflanzen: Um Schosserbildung zu vermeiden, muß bei der Frühkultur eine Anzuchttemperatur von über 20°C erreicht werden. Hat der Setzling 4–6 Blätter, wird gepflanzt. Für die Haupterntezeit im Oktober bis November sollte die Pflanzung Mitte bis Ende Juli erfolgen, in günstigen Lagen ist sie noch bis August möglich. Die Pflanzen brauchen zur Entwicklung viel Platz. Zum Zeitpunkt der Ernte sollen sie so dicht beisammen stehen, daß die Innenblätter gelb sind und nicht mehr gebleicht werden müssen. Wer dennoch bleichen will, sollte nur so viele Köpfe zusammenbinden – nur in trockenem Zustand –, wie in einer Woche verbraucht werden. Wenn genügend Platz im Garten vorhanden ist, kann Mitte bis Ende Juni für die Herbsternte auch direkt ins Freiland ausgesät werden. Pflege und Düngung: Reichlich gießen und hacken, trocken stehende Pflanzen blühen schneller. Gedüngt wird mit leicht verrottetem Stallmist oder reifer Komposterde. Werden die Pflanzen vor allem vor der Ernte zu trocken gehalten, tritt der Gehalt an Bitterstoffen besonders stark in Erscheinung. Mineraldüngergaben haben auf die Bitterstoffbildung keinen Einfluß. Auf weniger fruchtbaren Böden sollte neben der Hauptdüngung 3 Wochen nach dem Anwachsen eine Kopfdüngung mit einem stickstoffhaltigen Dünger vorgenommen werden. Pflanzenschutz: Die Wurzeln der Endivienpflanzen werden nicht selten von weißen und grünlichen Läusen befallen. Die Pflanzen beginnen zu welken, einzelne Blätter werden gelb und fallen bzw. sterben ab. Zu warme und zu trockene Lagen begünstigen den Befall durch diesen Schädling. Pflanzenschutzmittel zur Bekämpfung sind nicht zugelassen. Mit biologischen Maßnahmen das Auftreten eindämmen: Weitgestellte Fruchtfolge, keinen frischen Mist, nicht zu eng pflanzen. Ernte: Vor allem von Oktober bis November, in günstigen Lagen bis Dezember. Verarbeiten und Lagern: Einschlagen im Keller oder im frostfreien Mistbeetkasten in Sand. Die Pflanzen werden eng an eng mit der Wurzel eingegraben, Nässe verursacht Fäulnis, nur den Sand feucht halten. Die Temperatur im Keller so niedrig wie möglich halten und für ausreichende Frischluftzufuhr sorgen. An warmen Tagen nur nachts lüften. Sorten: 'Eskariol': Die Blätter sind nicht gefiedert, mit gelblich-fahlgrüner Farbe, oder Eskariol mit grünen Blättern, Krausblättrige Endivie; Blätter grün und gefiedert oder gelblich. 'Bubikopf': Für Herbstanbau. Sehr gut selbst bleichend, für die Lagerung weniger geeignet. 'Golda': Ähnlich wie 'Bubikopf'. Ebenfalls gut selbstbleichend mit mittlerer Lagerfestigkeit. 'Diva': Sehr gute, dichtgefüllte Sorte, gut selbstbleichend. Widerstandsfähig gegen Pilzkrankheiten.

Erntereifer Austrieb im Winter

Zichorie, Chicorée

Cichorium intybus var. foliosum Asteraceae = Korbblütler

Höhe in cm	0	5	10	25	50	75	100	150	200	250	300	mehr
Aussaatzeit unter Glas	Jan	Feb	März	Apr	Mai	Juni	Juli	Aug	Sept	Okt	Nov	Dez
Aussaatzeit Freiland	Jan	Feb	März	Apr	Mai	Juni	Juli	Aug	Sept	Okt	Nov	Dez
Pflanzzeit	Jan	Feb	März	Apr	Mai	Juni	Juli	Aug	Sept	Okt	Nov	Dez

durchschn. Kulturdauer in Wochen 20

Pflanzenabstand in cm 10 Reihenabstand in cm 30

Die Stammform der Salatzichorie ist wie bei Wurzelzichorie die einheimische Wegwarte. Der Name Wegwarte weist auf den Standort, wie Böschungen, Wegränder hin. Der ein- bis mehrjährige Sommerblüher entfaltet seine hellblauen Blüten nur in den Vormittagsstunden. Durch Auslese wurde aus einer Wildpflanze eine begehrte Salat- bzw. Gemüsepflanze. Eine Form dieser Wildart ist der aus Belgien stammende, seit 1845 angebaute Witloof, der zum Treiben in den Wintermonaten angebaut wird. Je nach Anbautermin sind Vorkulturen möglich, wie Spinat oder Radieschen.

Klima und Standort: Für diese einheimische Pflanze ist unser Klima zur Kultur gut geeignet. Der Standort soll vollsonnig, aber nicht zu trocken sein. Boden: Tiefgründige sandige Lehmböden sind zu bevorzugen. Trockene Sandböden müssen stark mit Kompost angereichert sein. Im Herbst eingearbeiteter Stallmist hat sich gut bewährt. Säen und Pflanzen: Eine Direktaussaat an Ort und Stelle ist am günstigsten. Dabei sollte so dünn wie möglich ausgesät werden. Saatgut leicht andrücken. Sind die Pflänzchen 5 cm hoch, wird auf den endgültigen Standraum von 8–10 cm in der Reihe ausgedünnt. Pflege und Düngung: Nach dem Auflaufen des Saatgutes muß regelmäßig gehackt werden, besonders nach Regen. Ist der offene Boden von der Blattmasse abgedeckt, entfällt diese Arbeit. Ist der Boden gut mit Humus versorgt, so braucht nicht nachgedüngt zu werden. Pflanzenschutz: Weit gestellte Fruchtfolge, Ernterückstände nicht auf dem Beet liegenlassen. Wird kaum von Krankheiten und Schädlingen heimgesucht. Ernte: Da die Wurzeln ziemlich frosthart sind, erfolgt die Ernte ab Oktober bis weit in den November hinein; der Boden ist das natürliche Lager. Es werden mit der Grabgabel vorsichtig die Wurzeln gelockert (nicht abreißen), herausgezogen und nach der Größe sortiert. Die Wurzeln nicht säubern, Blätter auf 3 cm über der Rübenschulter unter Schonung des Herzens abschneiden. Rüben mit einem Durchmesser von 3–7 cm ergeben die besten Schoßtriebe. Die Wurzeln werden in Kübel oder Beete in feuchte Gartenerde senkrecht eingeschlagen und je nach Sorte 20 cm mit leichter Erde bedeckt. Die Kübel werden in einen frostfreien Raum gestellt. Je nach Bedarf werden die Kübel zum Antreiben der Pflanze bei 18–20 °C Bodenwärme aufgestellt. Beginnen die gelblichweißen Austriebe aus dem Boden zu spitzen, wird geerntet. Dabei muß so geschnitten werden, daß ein kleiner Wurzelteil mitgeschnitten wird, so bleibt der geschlossene Kopf erhalten. Eine andere Möglichkeit besteht darin, die Triebe so hoch abzuschneiden, daß der Vegetationspunkt (Herz) unverletzt bleibt. Die Kopfblätter fallen dann zwar auseinander, aber die Wurzel kann in Erde gesetzt und ein zweites Mal zum Treiben gebracht werden. Eine zweite Ernte ist bei gut entwickelten Rüben durchaus möglich. Bei zu feuchter Erde besteht Fäulnisgefahr für die zarten, empfindlichen Triebe. Damit man für den Eigenbedarf zeitlich gestaffelt ernten kann, sollte man im Herbst nur einen Teil der Rüben zum Treiben vorbereiten, den anderen Teil kühl und dunkel lagern, um ihn einige Wochen später erst einzusetzen. So kann man sich bis zum Frühjahr mit Frischkost versorgen. Verarbeiten und Lagern: Die Chicorée-Köpfe werden zu Rohkostsalaten, aber auch wie Gemüse verarbeitet. Die beste Lagerung ist der Einschlag, schon abgeschnittene Köpfe halten 4–5 Tage im Kühlschrank. Sorten: 'Brüssler Witloof' und 'Secosa', dieser Witloof-Typ ist für den Treibanbau ohne Deckerde. 'Zoom', 'Mitado' sind neue Sorten zum Treiben ohne Deckerde; 'Productiva', 'Edelloof' zum Treiben mit Deckerde.

'Roter von Verona'

Radicchio

Cichorium intybus var. foliosum Asteraceae = Korbblütler

Höhe in cm	0	5	10	25	50	75	100	150	200	250	300	mehr
Aussaatzeit unter Glas	Jan	Feb	März	Apr	Mai	Juni	Juli	Aug	Sept	Okt	Nov	Dez
Aussaatzeit Freiland	Jan	Feb	März	Apr	Mai	Juni	Juli	Aug	Sept	Okt	Nov	Dez
Pflanzzeit	Jan	Feb	März	Apr	Mai	Juni	Juli	Aug	Sept	Okt	Nov	Dez

durchschn. Kulturdauer in Wochen 8–12

Pflanzenabstand in cm 10–25 Reihenabstand in cm 30

Die winterliche Salat-Delikatesse Radicchio ist bei uns noch relativ neu. Radicchio ist reich an Vitaminen, vor allem Vitamin A, Mineralien (Kalium, Magnesium) und appetitanregenden Bitterstoffen. Er stellt eine willkommene Bereicherung in den salatarmen Wintermonaten dar. Die Pflanze bildet faustgroße, feste, weinrote Köpfchen aus, deren Geschmack kräftig bitter ist. Sie wächst rosettenförmig mit grünen und gesprenkelten Blättern. Erst bei niedrigen Temperaturen kommt es zur typischen Ausfärbung der Herzblätter. Die Stammform von Radicchio ist die in Europa heimische Wegwarte. Bei dieser Art werden aber nur die Blätter genutzt. In unseren Breiten ist dieses Gemüse bzw. dieser Salat relativ neu. Der Anbau erfolgt meist in Italien. In der Fruchtfolge liegt Radicchio nach Spinat, Radieschen oder Schnittsalat. Zur Mischkultur eignen sich vor allem Zwiebeln oder Lauch.

Klima und Standort: Der Anbau ist problemlos, der Standort soll sonnig sein. Boden: Bei genügend Feuchtigkeit fast alle Bodenarten zuträglich. Leichte bis mittelschwere Lehmböden werden bevorzugt, doch sollten diese im Herbst reichlich mit Mist versorgt werden. Auch schwere Böden eignen sich. Säen und Pflanzen: Freilandaussaat, der Aussaattermin muß unbedingt eingehalten werden. Wird zu früh gesät, Neigung zur Schosserbildung. Ausgesät wird in Reihen, da die Pfahlwurzel des Radicchio ein Verpflanzen nicht zuläßt. Die Sämlinge vereinzeln, damit sich Rosettenpflanzen ausbilden können. Aussaattermine schwanken von Sorte zu Sorte. Frühaussaaten möglich etwa ab Mitte Mai, doch muß dann die Keimtemperatur bei 25°C liegen und die Anzuchttemperatur bei 20°C. Pflege und Düngung: Nach dem Auflaufen der Saat regelmäßig hacken, Unkrautfrei halten und auf den endgültigen Standraum verziehen. Gedüngt wird nur mit reifem Kompost oder gelagertem Stallmist, nach dem Verziehen. Pflanzenschutz: Fruchtfolge. Die Pflanzen sind gegen Krankheiten sehr widerstandsfähig, so daß besondere Pflanzenschutzmaßnahmen entfallen. Bei trockener Witterung können hin und wieder Blattläuse auftreten. Ernte: Mit der Ernte kann begonnen werden, wenn die Pflanzen im Herbst genügend Blattmasse ausgebildet haben. Um zu verhindern, daß die Blätter auseinanderfallen, werden sie mit einem mehrere Zentimeter langen Stück der Pfahlwurzel geerntet. Die Ernte im Frühjahr läßt sich um 3–4 Wochen verfrühen, wenn man sofort nach der Schneeschmelze mit Frühbeetfenster oder Folienauflage abdeckt. Radicchio braucht wenig Bodenwärme zum Austrieb und zählt deshalb zu den ersten Salatgemüsen im Frühjahr. Verarbeiten und Lagern: Als Rohkost oder in gemischten Salaten. Es werden nur die Herzblätter verzehrt. In seinem Heimatland Italien wird häufig auch ein Stück der kräftiger schmeckenden Pfahlwurzel kleingeschnitten dem Salat beigegeben. Der Geschmack läßt sich mildern, indem man die Blätter eine halbe bis eine Stunde in lauwarmes Wasser legt, damit sich die Bitterstoffe lösen. Radicchio schmeckt hervorragend zusammen mit Chinakohl. Einige Sorten lassen sich im Freien überwintern, leichter Winterschutz ist aber notwendig. Sorten: 'Paala Rossa', mit grünen bis weinroten Blättern. 'Roter von Verona', dunkelrote Blattrosetten, für Frühjahrsernte. 'Marina', rot-weißgeädert, bildet geschlossene Köpfe. Ernte drei Monate nach der Aussaat.

Kardone, Spanische Artischocke

Cynara cardunculus — Asteraceae = Korbblütler

Höhe in cm	0	5	10	25	50	75	**100**	**150**	**200**	250	300	mehr
Aussaatzeit unter Glas	Jan	**Feb**	März	Apr	Mai	Juni	Juli	Aug	Sept	Okt	Nov	Dez
Aussaatzeit Freiland	Jan	Feb	März	Apr	Mai	Juni	Juli	Aug	Sept	Okt	Nov	Dez
Pflanzzeit	Jan	Feb	März	Apr	**Mai**	Juni	Juli	Aug	Sept	Okt	Nov	Dez

Nach der Saat etwa 12 Wochen — durchschn. Kulturdauer mehrj.

Pflanzenabstand in cm 100 — Reihenabstand in cm 100

Die Heimat der Spanischen Artischocke oder Cardy ist das östliche Mittelmeergebiet. Als Gemüsepflanze wird Cynara einjährig gezogen, als Zierpflanze mit leichtem Winterschutz zwei- bis mehrjährig. Die Blätter sind 40–100 cm lang, fiederspaltig, unterseits wollig-filzig. Im zweiten Jahr, etwa ab August bis Oktober, erscheinen die blauen Blüten. Der weite Pflanzenabstand ermöglicht Mischkultur z. B. mit Radieschen. Klima und Standort: Warm, windgeschützt und sonnig. Boden: Tiefgründiger, humoser, sandiger, gut gedüngter Lehmboden. Cardy ist ein ausgesprochener Starkzehrer. Vor dem Pflanzen den Boden 20–30 cm tief ausheben. In diese Grube 20 cm Mist, gut verrottet, einfüllen. Darüber reifen Kompost, gemischt mit dem Aushub. Pflege und Düngung: Viel hacken und wässern. Düngen mit Stallmist. Während des Wachstums mit Brennesseljauche. Pflanzenschutz: Blattläuse mit verdünnter Brennesseljauche bekämpfen. Ernte: Geerntet wird der gebleichte Blattstiel. Bleichen durch lockeres Zusammenbinden der Blätter. Verarbeiten und Lagern: Nach 3–4 Wochen ist die Pflanze gebleicht. Blattstiele werden wie Bleichsellerie zubereitet, sind leicht bitter. Man kann die Pflanze auch vor Frosteintritt im Keller in Sand einschlagen. Der Neuaustrieb ergibt Wintergemüse. Säen und Pflanzen: Die Aussaat erfolgt im Haus bzw. im Mistbeet. Reihenabstand hier 20–30 cm.

Artischocke

Cynara scolymus — Asteraceae = Korbblütler

Höhe in cm	0	5	10	**25**	50	75	100	150	200	250	300	mehr
Aussaatzeit unter Glas	Jan	Feb	**März**	**Apr**	Mai	Juni	Juli	Aug	Sept	Okt	Nov	Dez
Aussaatzeit Freiland	Jan	Feb	März	Apr	**Mai**	Juni	Juli	Aug	Sept	Okt	Nov	Dez
Pflanzzeit	Jan	Feb	März	Apr	**Mai**	**Juni**	Juli	Aug	Sept	Okt	Nov	Dez

Nach der Saat etwa 12 Wochen — durchschn. Kulturdauer ausdauernd

Pflanzenabstand in cm 50 — Reihenabstand in cm 50

Die im Mittelmeerraum heimische Artischocke ist seit mehr als 2000 Jahren als Nutzpflanze bekannt; seit dem 15. Jahrhundert wurde ihr Anbau auch in Mitteleuropa versucht. Die Pflanze hat große, fiederspaltige Blätter und bringt blauviolette oder purpurfarbene Blüten hervor. Artischockengemüse hat im Vergleich zu anderen Blütenstandsgemüsen einen hohen Nährwert.
Klima und Standort: Die wärmeliebende Pflanze gedeiht in Mitteleuropa im Freiland nur in Regionen mit mildem Klima und ist in unserem Klima nicht winterhart. An hellen, aber nicht zu heißen Standorten regelmäßig wässern. Boden: Belebter, nährstoffreicher Boden mit guter Wasserdurchlässigkeit, locker und durchlüftet. Säen und Pflanzen: Aussaat in Torfquelltöpfe oder Pflanzgefäße mit Einheitserde und Sandanteil. Nach dem Keimen pikieren. Auspflanzen in Reihen. Pflege und Düngung: Regelmäßiges Hacken, Unkrautentfernung. Vor dem Auspflanzen Aufarbeitung des Bodens mit Kompost oder Stallmist-Trockensubstanz. Mulchen ist empfehlenswert. Um große Blütenstände zu erreichen, Rückschnitt der Blütenstandstriebe bis auf zwei. Ernte: Die Blütenkörbe ernten bevor die Blüten sich öffnen. Verarbeiten und Lagern: Eßbar sind die leicht bitteren, gekochten Böden der Blütenstände (Blütenkorb fast 10 cm) und der Ansatz der inneren Hüllblätter.

'Neuzucht Hild'

Eissalat

Lactuca sativa var. capitata Asteraceae = Korbblütler

Höhe in cm	0	5	10	25	50	75	100	150	200	250	300	mehr
Aussaatzeit unter Glas	Jan	Feb	März	Apr	Mai	Juni	Juli	Aug	Sept	Okt	Nov	Dez
Aussaatzeit Freiland	Jan	Feb	März	Apr	Mai	Juni	Juli	Aug	Sept	Okt	Nov	Dez
Pflanzzeit	Jan	Feb	März	Apr	Mai	Juni	Juli	Aug	Sept	Okt	Nov	Dez

Nach der Saat etwa 5 Wochen durchschn. Kulturdauer in Wochen 8–12

Pflanzenabstand in cm 30 Reihenabstand in cm 30

Der Eis- oder auch Krachsalat ist eine besondere Form des Kopfsalats. Die Blätter sind glänzend dunkelgrün, aber auch gelblichgrün, am Rand manchmal rötlich, gewellt oder gefranst. Viele Sorten zeichnen sich durch besonders große Köpfe aus. In der Fruchtfolge nach Tomaten oder Gurken. Misch- oder Nachkultur richtet sich nach den Aussaatterminen. Klima und Standort: Sonnig, nicht zu trocken. Im Halbschatten schließen die Köpfe. Boden: Lockere, humose Lehmböden. Säen und Pflanzen: Freilandaussaat März bis Juli, sehr dünn in Reihen, anschließend nach Auflaufen verziehen. Vorkultur in Töpfen. Nach 4–6 Wochen die Setzlinge auspflanzen, wenn sie 4–5 Blätter gebildet haben – bis zum Wurzelhals mit Erde bedecken. Pflege und Düngung: Im Herbst reifen Kompost oder gut verrotteten Stallmist geben. Vorsichtig wässern, ab Juni vermehrte Wassergaben, nach der Kopfbildung weniger. Pflanzenschutz: Unkrautfrei halten. Ernte: Vorzugsweise in den Vormittagsstunden. Verarbeiten und Lagern: Wie Kopfsalat; einige Tage kühl gelagert haltbar; die knackigen Blätter welken nach der Ernte nicht so schnell wie die des Kopfsalates. Sorten: 'Laibacher Eis', Spätanbau. 'Great Lakes', Frühjahr bis Herbst. 'Nabucco', Sommeranbau. 'Nerone', Hochsommer- und Herbstanbau. 'Padana', Frühjahrs- und Herbstanbau. 'Minetto', Frühjahrs- bis Herbstanbau.

'Mona'

Kopfsalat

Lactuca sativa var. capitata Asteraceae = Korbblütler

Höhe in cm	0	5	10	25	50	75	100	150	200	250	300	mehr
Aussaatzeit unter Glas	Jan	Feb	März	Apr	Mai	Juni	Juli	Aug	Sept	Okt	Nov	Dez
Aussaatzeit Freiland	Jan	Feb	März	Apr	Mai	Juni	Juli	Aug	Sept	Okt	Nov	Dez
Pflanzzeit	Jan	Feb	März	Apr	Mai	Juni	Juli	Aug	Sept	Okt	Nov	Dez

Nach der Saat etwa 6 Wochen durchschn. Kulturdauer in Wochen 4–6

Pflanzenabstand in cm 30 Reihenabstand in cm 30

Die Urform hat ihr Verbreitungsgebiet im gemäßigten und südlichen Europa, im Kaukasus und in Nordindien. Der Salat des Altertums und des Mittelalters wies noch nicht die heutige Kopfform auf, sondern bestand aus mehr oder weniger lockeren Blattbüscheln. Salat ergibt gute Vor- oder Nachkulturen. Alle mit Stallmist gedüngten Gemüse, wie Tomate oder Kohl, sind als Vorfrucht geeignet, als Nachfrucht Möhren oder Petersilie, für Mischkultur Porree, Zwiebeln, Kohlrabi und Radieschen. Als Unterkultur eignet sich Salat allenfalls bei weitgestellten Tomaten. Klima und Standort: Im geheizten Gewächshaus wird Salat heute praktisch als Ganzjahreskultur angebaut. Da die einzelnen Salatsorten auf die Tageslänge verschieden reagieren – sie können schon während der Kopfbildung blühen – ist auf Sortenwahl zu achten. Hinweise auf der Rückseite der Samentüten lesen! Boden: Vorzugsweise schwere Böden, am besten humose, lockere Lehmböden, die nicht zu schnell austrocknen. Pflege und Düngung: Freihalten von Unkraut. Keine unmittelbare Gabe von Stallmist, da dieser nicht ausgenützt wird und dadurch mehr Schädlinge auftreten. Um Pilzkrankheiten vorzubeugen, darf der Salat nie zu eng gestellt und zu tief gepflanzt werden, er soll luftig und hell stehen. Vormittags reichlich wässern. Ernte: Wenn der Kopf fest und geschlossen ist. Verarbeiten und Lagern: Salat ist nur bedingt lagerfähig.

Wagners Roter Eichblattsalat

Schnitt- und Pflücksalat, Blattsalat, Lattich

Lactuca sativa var. crispa Asteraceae = Korbblütler

Höhe in cm	0	5	10	25	50	75	100	150	200	250	300	mehr
Aussaatzeit unter Glas	Jan	Feb	März	Apr	Mai	Juni	Juli	Aug	Sept	Okt	Nov	Dez
Aussaatzeit Freiland	Jan	Feb	März	Apr	Mai	Juni	Juli	Aug	Sept	Okt	Nov	Dez
Pflanzzeit	Jan	Feb	März	Apr	Mai	Juni	Juli	Aug	Sept	Okt	Nov	Dez

durchschn. Kulturdauer in Wochen 4–6

Pflanzenabstand in cm 5–30 je nach Sorte Reihenabstand in cm 30

Beide Salatsorten, der Schnittsalat und der Pflücksalat, sind reine Frühjahrs- bzw. Frühsommerkulturen und eignen sich somit als Vorkultur. Für Mischkulturen stehen beide Sorten günstig mit Gewürzkräutern von längerer Kulturdauer, wie Dill, Majoran oder Petersilie.
Klima und Standort: Beide Salatsorten stellen bei hellem, nicht zu trockenem Standort weniger Ansprüche als Kopfsalat. Ihr Wärmebedarf ist ebenfalls geringer, darum kann ins Freiland ausgesät werden. Boden: Altgedüngte, lehmige, humose Bodenarten. Säen und Pflanzen: Direktaussaat in Reihen oder breitwürfig. Bei Pflücksalat ist Vereinzeln notwendig, was durch fortlaufende Ernte ohnehin geschieht. Dabei sollte ein Pflanzenabstand von 30×30 cm erreicht werden. Pflege und Düngung: Boden regelmäßig lockern, von Unkraut freihalten. Nachdüngung nicht nötig, wenn im Herbst Vorratsdüngung mit Mist oder Kompost gegeben wurde. Ernte: Beim Schnittsalat etwa 4 Wochen nach der Aussaat die Blätter mit scharfem Messer *abschneiden*, nur eine einmalige Ernte möglich. Beim Pflücksalat werden die Blätter von unten nach oben oder je nach Sorte von außen nach innen *gepflückt*, um den inneren bzw. oberen Pflanzenteil für stetiges Nachwachsen zu schonen.

Römischer Salat, Bindesalat

Lactuca sativa var. romana Asteraceae = Korbblütler

Höhe in cm	0	5	10	25	50	75	100	150	200	250	300	mehr
Aussaatzeit unter Glas	Jan	Feb	März	Apr	Mai	Juni	Juli	Aug	Sept	Okt	Nov	Dez
Aussaatzeit Freiland	Jan	Feb	März	Apr	Mai	Juni	Juli	Aug	Sept	Okt	Nov	Dez
Pflanzzeit	Jan	Feb	März	Apr	Mai	Juni	Juli	Aug	Sept	Okt	Nov	Dez

Nach der Saat etwa 4 Wochen durchschn. Kulturdauer in Wochen 10

Pflanzenabstand in cm 35 Reihenabstand in cm 30

Der Römische Salat wurde nachweislich schon im alten Ägypten kultiviert. So wie Pflücksalat läßt er sich auch gut in Mischkultur anbauen: Mit Gurken oder Sellerie, auch mit Tomaten, wenn diese weit gestellt sind. Ideal ist die Verbindung mit Porree.
Klima und Standort: Wie alle Salate volles Licht und luftiger Standort. Der Wasserbedarf ist hoch. Boden: Sandig humose Lehmböden werden bevorzugt. Der Boden muß sehr nährstoffreich sein. Frischer Stallmist wird nicht vertragen. Säen und Pflanzen: Die Reihensaat ist üblich, wobei später ein Vereinzeln notwendig wird. Unterbleibt das Vereinzeln, kann dieser Salat auch wie Schnittsalat geerntet werden. Meist wird gepflanzt; die Anzuchtdauer beträgt 3½–4 Wochen. Pflanzweite 35×30 cm. Pflege und Düngung: Freihalten von Unkraut. Luftiger Standort verhindert Schädlingsbefall. Ernte: Wenn sich die Blätter nach oben zu schließen beginnen. Verarbeiten und Lagern: Der Bindesalat kann wie Endivien, aber auch als Gemüse verwendet werden. Einige Sorten, wie 'Kasseler Strüncken' werden wie Spargel gekocht. Bei kühler Lagerung kann dieser Salat nach der Ernte einige Tage aufgehoben werden. Sorten: Der Markt bietet heute Sorten für Früh- und Spätanbau, auch Sorten mit grünroten Blättern. Ein Bleichen durch Binden der Blätter ist nicht mehr üblich. Sorten: 'Apollo', 'Forellenschluß', 'Romea'.

Löwenzahn

Taraxacum officinale — Asteraceae = Korbblütler

Höhe in cm	0	5	10	25	50	75	100	150	200	250	300	mehr
Aussaatzeit unter Glas	Jan	Feb	März	Apr	Mai	Juni	Juli	Aug	Sept	Okt	Nov	Dez
Aussaatzeit Freiland	Jan	Feb	März	Apr	Mai	Juni	Juli	Aug	Sept	Okt	Nov	Dez
Pflanzzeit	Jan	Feb	März	Apr	Mai	Juni	Juli	Aug	Sept	Okt	Nov	Dez

Nach der Saat etwa 4 Wochen — durchschn. Kulturdauer mehrj.

Pflanzenabstand in cm 10–25 — Reihenabstand in cm 30–40

Der einheimische mehrjährige Löwenzahn ist eine anspruchslose Wiesenpflanze. Für Mischkultur ungeeignet.
Klima und Standort: Die Wildart stellt keine Ansprüche, sie erträgt auch anhaltende Trockenheit (Pfahlwurzel). Im Hausgarten sollte der Löwenzahn nach einer mit Stallmist angereicherten Kultur stehen. Säen und Pflanzen: Löwenzahn am besten im Mai an Ort und Stelle aussäen. Auch die Kultursorten baut man in gleicher Weise an. Ab Juni die Pflanzen vereinzeln (30×20 cm), stark wachsende Sorten brauchen noch mehr Abstand. Augustsaaten im Oktober vereinzeln, Ernte im folgenden Frühjahr. Pflege und Düngung: Freihalten von Unkraut. Bei Trockenheit die Kultursorten wässern. Im zeitigen Frühjahr wird verrotteter Mist um die Pflanzen gestreut. Ernte: Nur die jungen Blätter ernten, die unter Schonung des „Herzens“ von März bis April herausgeschnitten werden. Im Sommer die großen Blätter zusammenbinden und wie Endivien bleichen. Sie ergeben einen kräftigen Salat. Verarbeiten und Lagern: Junge Blätter werden zu Gemüse oder als Salat verwendet. Schlägt man im Herbst die Wurzeln im Keller in Sand ein, kann man die gelben getriebenen Blätter im Winter nutzen. Sorten: 'Vollherziger' für Frühlingsaussaat; 'Lyonel', verbesserter vollherziger, breitblättriger, für Treib- und Freilandkultur. Treibtemperatur etwa 15–16 °C im Dunkeln.

Malabarspinat, Indischer Spinat

Basella alba — Basellaceae = Basellengewächse

Höhe in cm	0	5	10	25	50	75	100	150	200	250	300	mehr
Aussaatzeit unter Glas	Jan	Feb	März	Apr	Mai	Juni	Juli	Aug	Sept	Okt	Nov	Dez
Aussaatzeit Freiland	Jan	Feb	März	Apr	Mai	Juni	Juli	Aug	Sept	Okt	Nov	Dez
Pflanzzeit	Jan	Feb	März	Apr	Mai	Juni	Juli	Aug	Sept	Okt	Nov	Dez

Nach der Saat etwa 3–4 Wochen — durchschn. Kulturdauer in Wochen 14

Pflanzenabstand in cm 20 — Reihenabstand in cm 30

Die Pflanze stammt aus Ostindien, ist aber als Kulturpflanze in den wärmeren Gebieten der Erde weit verbreitet. Die ganzrandigen Blätter sind hellgrün, daneben treten rotblättrige Formen auf. Basella wird wegen seiner langen Kulturdauer als Hauptkultur eingesetzt, zur Vorkultur eignen sich vor allem Schnittsalat oder die Rauke. Für die Mischkultur empfehlen sich alle Zwiebelgewächse, Petersilie, Schnittsalat und Radieschen. Ungünstig sind Pflanzen aus den Nachbarfamilien, wie Portulakgewächse oder Amarantgewächse.
Klima und Standort: Vollsonnig, warm, nach Möglichkeit windgeschützt. Ziemlich hoher Feuchtigkeitsbedarf. Boden: Humose Böden, auf denen im letzten Jahr Tomaten oder Gurken standen. Auf schweren Böden Sand untermischen. Säen und Pflanzen: Aussaat in Reihen. Nach dem Auflaufen wird ausgedünnt, möglichst dünn säen. In ungünstigen Klimalagen (über 600 m) empfiehlt sich eine Vorkultur in Töpfen mit je 2–3 Samenkörnern. Samen leicht mit Reifkompost übersieben. Die etwa 5 cm hohen Pflanzen setzt man ins Freiland. Pflege und Düngung: Wichtigste Maßnahme ist das Hacken, um den Boden zu durchlüften und unkrautfrei zu halten. Pflanzen nicht überbrausen, von unten gießen. Reifkompost als Vorratsdüngung. Vier Wochen nach dem Pflanzen 30 g/m^2 eines Blau-Volldüngers verabreichen. Ernte: Blätter als Salat oder Spinat.

Blumenkohl

Brassica oleracea convar. botrytis var. botrytis — Brassicaceae = Kreuzblütler

Höhe in cm	0	5	10	25	50	75	100	150	200	250	300	mehr
Aussaatzeit unter Glas	Jan	**Feb**	**März**	Apr	Mai	Juni	Juli	Aug	Sept	Okt	Nov	Dez
Aussaatzeit Freiland	Jan	Feb	März	**Apr**	**Mai**	Juni	Juli	Aug	Sept	Okt	Nov	Dez
Pflanzzeit	Jan	Feb	März	**Apr**	**Mai**	**Juni**	**Juli**	Aug	Sept	Okt	Nov	Dez

Nach der Saat etwa 4 Wochen — durchschn. Kulturdauer in Wochen 8–12

Pflanzenabstand in cm 50 — Reihenabstand in cm 50

Der Wert des Blumenkohls im Hausgarten liegt in kurzer Vegetationszeit und somit guter Eignung als Vor- und Nachfrucht. Durch große Ernterückstände wird viel organische Masse in den Boden zurückgeführt. Gedeiht besonders gut mit Kartoffeln, Dill und Roten Rüben.
Klima und Standort: Frühblumenkohl benötigt mildes Klima mit guter Wasserversorgung, Sommerblumenkohl liebt eher kühleres Klima mit hoher Luftfeuchte. Heller Standort. Boden: Besonders sandige Lehmböden mit gutem Humusgehalt und gutem Garezustand. Der Blumenkohl gehört zu den sehr nährstoffbedürftigen Gemüsearten. Säen und Pflanzen: Man sät in eine schwach gedüngte Erdmischung (z. B. eine Mischung aus Garten- und Komposterde). Die Anzuchttemperatur sollte bei 15 °C liegen. Wenn die Jungpflanze größere Blätter entwickelt hat, wird tief (bis Ansatz der Herzblätter) gesetzt, tiefgründige Bodenlockerung ist notwendig. Zur Ernte im Oktober wird noch einmal Mitte bis Ende Juli eine Folgepflanzung durchgeführt. Pflege und Düngung: Öfters hacken, dabei Unkraut bekämpfen und regelmäßig bewässern. Noch nicht erntefähige Rosen werden durch Umknicken der Außenblätter vor dem Vergilben geschützt. Stickstoffzugabe auf eine Grunddüngung mit einem organischen Volldünger und zwei Kopfdüngungen mit Hornmehl aufteilen. Ernte: Die Blume, Außenblätter abschneiden.

Butterkohl

Brassica oleracea var. sabauda convar. fimbriata — Brassicaceae = Kohlgewächse

Höhe in cm	0	5	10	25	**50**	75	100	150	200	250	300	mehr
Aussaatzeit unter Glas	Jan	**Feb**	**März**	Apr	Mai	Juni	Juli	Aug	Sept	Okt	Nov	Dez
Aussaatzeit Freiland	Jan	Feb	März	**Apr**	**Mai**	Juni	Juli	Aug	Sept	Okt	Nov	Dez
Pflanzzeit	Jan	Feb	März	Apr	**Mai**	Juni	Juli	Aug	Sept	Okt	Nov	Dez

Nach der Saat etwa 3–4 Wochen — durchschn. Kulturdauer in Wochen ab 10

Pflanzenabstand in cm 40 — Reihenabstand in cm 40

Der Butterkohl ist eine noch vielen Gartenfreunden wenig bekannte Spezialität. Die gelbgrünen Blätter formen einen großen Kopf, der sich nicht vollständig schließt. Butterkohl schmeckt am besten zur Zeit der Frühreife, also ab Juni. Er kann allerdings auch ohne weiteres längere Zeit auf dem Beet stehen bleiben; seine Blätter werden nicht hart. Mischkultur mit Salat oder Erbsen ist günstig für die Schädlingsabwehr.
Klima und Standort: Sonnig bis halbschattig. Boden: Mittlerer Nährstoffbedarf, humos und locker. Säen und Pflanzen: Aussaat in Frühbeetkästen oder ins Freiland. Keimdauer 10–14 Tage. Nach 3–4 Wochen auf den endgültigen Standort verpflanzen. Pflege und Düngung: Boden mit reifem Kompost, verrottetem Stallmist im vorhergehenden Herbst vorbereiten. Während des Wachstums 2- bis 3mal mit einem Volldünger düngen, reichlich wässern. Pflanzenschutz: Auf Befall durch Kohlfliege achten. Der Pilzkrankheit Kohlhernie entgegenwirken durch Ausstreuen von Kalkstickstoff drei Wochen vor dem Pflanzen, 40 g/m^2. Kohlarten nicht auf dieselbe Stelle im Garten pflanzen. Ernte: von Juli an. Im Gegensatz zu anderen Kohlarten kann man Butterkohl über mehrere Monate hin blattweise ernten. Man schneidet die unteren (äußeren) Blätter nach jeweiligem Bedarf und schont die inneren (oberen). Die Pflanze wächst weiter und verjüngt sich ständig (siehe Bild).

Pak Choi

Chinakohl, Pak Choi

Brassica chinensis Brassicaceae = Kohlgewächse

Höhe in cm	0	5	10	25	50	75	100	150	200	250	300	mehr
Aussaatzeit unter Glas	Jan	Feb	März	Apr	Mai	Juni	Juli	Aug	Sept	Okt	Nov	Dez
Aussaatzeit Freiland	Jan	Feb	März	Apr	Mai	Juni	Juli	Aug	Sept	Okt	Nov	Dez
Pflanzzeit	Jan	Feb	März	Apr	Mai	Juni	Juli	Aug	Sept	Okt	Nov	Dez

Nach der Saat etwa 6 Wochen — durchschn. Kulturdauer in Wochen 14–20

Pflanzenabstand in cm 60 — Reihenabstand in cm 50

Das große Sortiment der Kohlgewächse wird durch eine Art bereichert, die ihrem Aussehen nach keiner uns geläufigen Kohlpflanze gleicht, sondern eher an eine selbstschließende Sommerendivie denken läßt. Der Wert des Chinakohls liegt unter anderem darin, daß er eine ausgesprochene Nachfrucht darstellt, die auch leichten Frost erträgt. Der Chinakohl ist ein Blattkohl mit großen nach außen hin krausen oder ganzrandig glatten, hellgrünen bis gelblichen Blättern, die sehr starke Mittelrippen ausbilden. Die Kohlart stammt aus China, ist heute aber weltweit verbreitet und hat besonders in den USA großen Zuspruch gefunden. Im Geschmack ist der Chinakohl milder als die bei uns bekannten Kopfkohlarten; neben der Verwendung ganzer Blätter wird oft auch nur die kräftige Mittelrippe als Gemüse genutzt. Keine Mischkultur mit Kreuzblütlern.

Klima und Standort: Bevorzugt einen warmen, sonnigen bis halbschattigen Platz mit regelmäßiger Befeuchtung. Boden: Tiefgründig humos, gut gelockert und durchlüftet. Beste Nährstoffreserven. Säen und Pflanzen: Chinakohl ist eine ausgesprochene Langtagspflanze. Frühanbau nur möglich bei Anzuchtstemperaturen über 20 °C. Normaler Anbau bei Saat an Ort und Stelle von Anfang bis Ende Juli. Pflanzung bis in die erste Augustwoche möglich. Nach der Keimung pikieren auf etwa 5 × 5 cm. Auspflanzen nach Bildung von zwei bis drei Laubblättern. Pflege und Düngung: Reichliche organische Düngung in der Vorsaison mit reifem Kompost, verrottetem Stallmist, Stallmist-Trockensubstanz, Hornmehl. Unter guten Kulturbedingungen kann eine Einzelpflanze ein Gewicht bis zu 2 kg erreichen. Das rasche Wachstum erfordert eine ausreichende Menge an Nährstoffen. Deshalb ist das Einarbeiten eines Blau-Volldüngers in den Boden vor der Aussaat zu empfehlen (80–100 g/m^2). Die allgemeine Pflege unterscheidet sich nicht von der anderer Kohlarten. Pflanzenschutz: Chinakohl ist außerordentlich anfällig für Kohlhernie! Deshalb empfiehlt sich eine weitgestellte Fruchtfolge. Die beste Vorbeugung gegen Krankheiten ist der Anbau in Mischkultur mit Salat. Um einen lückenlosen Bestand zu erzielen, lassen sich vorbeugende Stäubungen mit einem Insektizid gegen Erdflöhe manchmal nicht vermeiden. Wenn diese Schädlinge den Vegetationspunkt zerstören, wird die Kopfbildung verhindert. Erdflöhe können auch mit Holzasche bekämpft werden, die man um die Pflanze streut. Nach Regen wiederholen. Ernte: Ab dem Spätsommer und frühen Herbst. Verarbeiten und Lagern: Neben dem sofortigen Verzehr als gekochtes Gemüse auch kleingeschnitten lange als Tiefkühlgut lagerbar, ohne an Aroma und Substanz zu verlieren. Chinakohl soll im Herbst nicht zu lange auf dem Beet bleiben, da er nur mäßigen Frost – bis etwa −5 °C – verträgt. Bei der Ernte (trockenes Wetter) werden alle angefaulten und beschädigten Umblätter entfernt, die Pflanzen mit Wurzelballen aus der Erde gehoben und im Keller in feuchten Sand oder Gartenerde eingeschlagen. Ideal wäre eine Temperatur von 4–5 °C. Den Lagerraum gut lüften. Man kann die Pflanzen auch einzeln in Zeitungspapier wickeln und senkrecht in eine Kiste stellen. Um ausreichende Luftzirkulation zu ermöglichen, bleibt das Papier oben und unten offen. Sorten: 'Granat', schoßanfällig, sehr starkrippig, längliche Kopfbildung. 'Nagaoka', sehr feinrippig, gedrungene, breite Kopfform. 'Hongkong', ebenfalls sehr feinrippig, breite Kopfform.

Grünkohl

Brassica oleracea convar. acephala var. sabellica — Brassicaceae = Kohlgewächse

Höhe in cm	0	5	10	**25**	**50**	75	100	150	200	250	300	mehr
Aussaatzeit unter Glas	Jan	Feb	März	Apr	Mai	Juni	Juli	Aug	Sept	Okt	Nov	Dez
Aussaatzeit Freiland	Jan	Feb	März	Apr	**Mai**	**Juni**	Juli	Aug	Sept	Okt	Nov	Dez
Pflanzzeit	Jan	Feb	März	Apr	Mai	**Juni**	**Juli**	Aug	Sept	Okt	Nov	Dez

Nach der Saat etwa 6 Wochen — durchschn. Kulturdauer in Wochen 15 und mehr

Pflanzenabstand in cm 60 — Reihenabstand in cm 50

Grünkohl ist winterhart und wird erst nach den ersten Frösten geerntet. Die fiederförmigen, stark gekrausten Grünkohlblätter enthalten mehr Mineralstoffe und Karotin als die anderen Kohlarten. Der Vitamin-C-Gehalt wird mit etwa 1 Gramm je Kilogramm Grünkohl nur noch vom Rosenkohl übertroffen. In der Mischkultur kann Grünkohl günstig kombiniert werden mit Salat, Fenchel, Spinat, Tomaten, roten Rüben; zu vermeiden ist der Anbau mit Senf, Zwiebeln, Knoblauch, Erdbeeren.
Klima und Standort: Keine besonderen Ansprüche, gedeiht auch noch an einem halbschattigen Platz. Boden: Die starkzehrende Pflanze braucht einen humosen, gut aufgelockerten Boden mit bestem Wasserspeicherungsvermögen. Säen und Pflanzen: Aussaat im späten Frühjahr. Im Keimblattstadium auf 5×5 cm pikieren. Wenn die Pflanzen zwei Laubblätter gebildet haben, auspflanzen. Die letzte Pflanzung sollte etwa Ende Juli sein. Pflege und Düngung: Vor dem Pflanzen Aufarbeitung des Bodens mit reifem Kompost. Ernte: Den ganzen Winter hindurch; auch bei Schnee. Sorten: Für den Gartenanbau sind die niedrigen den hohen Grünkohlsorten vorzuziehen. Empfehlenswert sind 'Winterbor' mit fein gekrausten Blättern und guter Frostresistenz; der ertragreiche, dunkelgrüne 'Westländer'; die feinkrausigen Sorten 'Grüner Krauser' und 'Lerchenzungen'; alle Sorten können tiefgekühlt gelagert werden.

Kohlrabi

Brassica oleracea convar. acephala var. gongylodes — Brassicaceae = Kohlgewächse

Höhe in cm	0	5	10	**25**	**50**	75	100	150	200	250	300	mehr
Aussaatzeit unter Glas	Jan	**Feb**	**März**	**Apr**	Mai	Juni	Juli	Aug	Sept	Okt	Nov	Dez
Aussaatzeit Freiland	Jan	Feb	März	**Apr**	**Mai**	**Juni**	Juli	Aug	Sept	Okt	Nov	Dez
Pflanzzeit	Jan	Feb	März	**Apr**	**Mai**	**Juni**	**Juli**	Aug	Sept	Okt	Nov	Dez

Nach der Saat etwa 6 Wochen — durchschn. Kulturdauer in Wochen frühe Sorten 8–12, späte Sorten 10–14

Pflanzenabstand in cm 30 — Reihenabstand in cm 25

Beim Kohlrabi mit seiner weiß-grünlichen oder violetten Grundfarbe verbreitern sich die Basen der unteren Blätter und verdicken sich zu einer meist faustgroßen Scheinknolle von kugelförmiger Gestalt. Kohlrabi hat einen geringeren Platzbedarf als die anderen Mitglieder der Kohlfamilie; die Mischkultur mit Bohnen, Gurken, Radieschen, Salat, Sellerie ist von Vorteil. Im Anbau sollte man auch immer einige Borretsch-Pflanzen dazwischen setzen.
Klima und Standort: Keine besonderen Ansprüche. Kultur an einem sonnigen bis halbschattigen Platz, der aber nicht austrocknen darf. Boden: Wie bei allen Kohlarten humos und nährstoffreich, locker und mit gutem Wasserhaltevermögen. Säen und Pflanzen: Aussaat früh unter Glas oder später direkt ins Freiland. Nach der Keimung Sämlinge auf etwa 4×4 cm pikieren, bei einer Größe von 10 cm auspflanzen. Pflege und Düngung: Vorbereitende, nicht zu reichliche Düngung mit organischem Material, wie vererdetem Kompost oder verrottetem Stallmist. Auf der Kulturfläche mulchen. Pflanzenschutz: siehe „Weißkohl". Auch vorbeugendes Besprühen mit vergorener Brennesseljauche. Verarbeiten und Lagern: Neben der Frischverwendung bei einigen Sorten auch gute Haltbarkeit als kleingeschnittenes Tiefkühlgut. Sorten: Es gibt weiße und blaue, frühe und späte Sorten. 'Blusta', 'Blaro', 'Lanro', 'Blauer Speck'.

Markstammkohl

Brassica oleracea convar. acephala var. medullosa — Brassicaceae = Kohlgewächse

Höhe in cm	0	5	10	25	50	75	100	150	200	250	300	mehr
Aussaatzeit unter Glas	Jan	Feb	März	Apr	Mai	Juni	Juli	Aug	Sept	Okt	Nov	Dez
Aussaatzeit Freiland	Jan	Feb	März	**Apr**	**Mai**	**Juni**	Juli	Aug	Sept	Okt	Nov	Dez
Pflanzzeit	Jan	Feb	März	Apr	**Mai**	**Juni**	**Juli**	Aug	Sept	Okt	Nov	Dez

Nach der Saat etwa 8 Wochen — durchschn. Kulturdauer in Wochen 16–22

Pflanzenabstand in cm 100 — Reihenabstand in cm 100

Der zweijährige Markstammkohl kann in der Intensivkultur eine Wuchshöhe bis zu 200 cm erreichen und gehört damit zu den größten Kohlpflanzen. Die Sproßachse verbreitert sich auf der gesamten Länge stark, so daß ein kräftiger, markhaltiger Stamm von etwa 10 cm entsteht. Das Mark kann herausgeschält und roh gegessen werden (Kohlrabigeschmack).
Klima und Standort: Die recht robuste Pflanze bevorzugt sonnige bis halbschattige Standorte und gedeiht auch bei feuchtem Wetter; Trokkenheit ist hingegen wuchshemmend. Boden: Wie bei allen Kohlarten lockerer, gut durchlüfteter, belebter Boden mit reichen Nährstoffreserven und Wasserspeicherung. Säen und Pflanzen: Aussaat direkt ins Freiland zweckmäßig. Nach dem Auflaufen pikieren auf etwa 10×10 cm. Bei einer Wuchshöhe von 20 cm auf endgültigen Abstand vereinzeln. Pflege und Düngung: Vorbereitende organische Düngung mit reichlich reifem Kompost oder verrottetem Stallmist. Verwendung: Der Markstammkohl wird in erster Linie als ertragreiche Winterfutterpflanze für die Tierhaltung genutzt. Im Winterhalbjahr werden die dichtsitzenden, fleischigen, grünlich-blauen Blätter an die Stalltiere verfüttert. Bisweilen auch Nutzung als gekochtes, leicht bitteres Tafelgemüse. Ernte: Erst nach den ersten Frösten, auch bei Schnee.

Rosenkohl

Brassica oleracea convar. oleracea var. gemmifera — Brassicaceae = Kohlgewächse

Höhe in cm	0	5	10	25	50	75	100	150	200	250	300	mehr
Aussaatzeit unter Glas	Jan	Feb	**März**	Apr	Mai	Juni	Juli	Aug	Sept	Okt	Nov	Dez
Aussaatzeit Freiland	Jan	Feb	März	**Apr**	Mai	Juni	Juli	Aug	Sept	Okt	Nov	Dez
Pflanzzeit	Jan	Feb	März	Apr	**Mai**	Juni	Juli	Aug	Sept	Okt	Nov	Dez

Nach der Saat etwa 4 Wochen — durchschn. Kulturdauer in Wochen 20 und mehr

Pflanzenabstand in cm 30–70 — Reihenabstand in cm 60

Wertvolles Herbst- und Wintergemüse, kann auch nach Frosteinbruch geerntet werden. Hoher Vitamin- und Mineralstoffgehalt. Verträgt sich mit Kartoffeln, Sellerie, Dill, Roten Rüben.
Klima und Standort: Gedeiht am besten bei eher kühleren Sommer- und wärmeren Herbsttemperaturen. Er bevorzugt einen sonnigen Standort und braucht gute Wasserversorgung. Boden: Nicht zu leichte Böden mit guten Nährstoffvorräten. Starkzehrer. Der Boden sollte einen pH-Wert von nicht unter 6,5 aufweisen. Säen und Pflanzen: Man sät im April in eine schwach gedüngte Erdmischung (z. B. aus Garten- und Komposterde). Wenn die Sämlinge gut entwickelt sind, wird in Quickpot-Platten oder Kistchen pikiert. Nach 6 Wochen tief auspflanzen; Pflanzabstände je nach Sorte und Erntetermin 60×60 bis 60×70 cm. Pflege und Düngung: Regelmäßige Unkrautbekämpfung, Hacken und Beregnen entscheiden über den Anbauerfolg. Zwischen dem 20. und 30. September sollte der Gipfeltrieb der Pflanze (für gleichmäßige Größe und Reife der Rosen) gestutzt werden. Vor dem Pflanzen arbeitet man organischen Volldünger in die oberste Bodenschicht ein. Bevor der Bestand schließt, gibt man eine Stickstoffkopfdüngung (z. B. Hornmehl). Ernte: Die Rosen werden bei einem Durchmesser von 2–3 cm mit der Hand vom Strunk abgezupft. Zum Einlagern gräbt man die Pflanzen mit Wurzeln aus.

'Ruby Perfection', F1 Hybride

Rotkohl

Brassica oleracea convar. capitata var. capitata f. rubra — Brassicaceae = Kohlgewächse

Höhe in cm	0	5	10	25	50	75	100	150	200	250	300	mehr
Aussaatzeit unter Glas	Jan	Feb	März	Apr	Mai	Juni	Juli	Aug	Sept	Okt	Nov	Dez
Aussaatzeit Freiland	Jan	Feb	März	Apr	Mai	Juni	Juli	Aug	Sept	Okt	Nov	Dez
Pflanzzeit	Jan	Feb	März	Apr	Mai	Juni	Juli	Aug	Sept	Okt	Nov	Dez

Nach der Saat etwa 6 Wochen — durchschn. Kulturdauer in Wochen frühe Sorten 10–16, späte Sorten 16–22

Pflanzenabstand in cm 60 — Reihenabstand in cm 50

Wie der Weißkohl besitzt diese Kopfkohlart große, glatte Blätter, deren Färbung jedoch von Dunkelrot über Rotviolett bis hin ins Bläuliche variiert. Mit etwa 0,5 Gramm Vitamin C je Kilogramm übertrifft der Rotkohl manche Zitrusarten. Neben dem Nutzen als Gemüse zu vielen Fleischgerichten ist der Rotkohl mit seiner schönen Färbung auch ein Blickfang im Nutzgarten. Der Anbau in Mischkultur ist ratsam (siehe „Grünkohl"); die Mischung mit Senf und den Laucharten sollte man vermeiden.
Klima und Standort: Auspflanzen an einen hellen, sonnigen bis halbschattigen Platz; insgesamt höhere Ansprüche als Weißkohl. Boden: Humoser, nährstoffreicher, gut gelockerter Boden mit Wasserspeicherungsvermögen. Keine Staunässe. Säen und Pflanzen: Wie bei den anderen Arten der Kohlgewächse Aussaat vorab unter Glas oder direkt ins Freiland. Nach dem Aufgehen pikieren auf 5×5 cm, bei genügender Größe (10–15 cm) auspflanzen. Pflege und Düngung: In der Vorsaison dem Starkzehrer durch Einarbeiten von Kompost, Hornspänen, Knochenmehl oder verrottetem Stallmist einen gut gedüngten Boden verschaffen. In der Kulturzeit mulchen. Pflanzenschutz: siehe „Weißkohl". Sorten: Frühe Kohlsorten sind 'Frührot' und der feste, dunkle 'Autoro'; späte Sorten sind 'Herbstrot' und der ertragreiche 'Mohrenkopf'. Zur Lagerung besonders zu empfehlen: 'Marner Lagerrot' und 'Dauerrot'.

Rübstiel, Stielmus

Brassica rapa var. esculenta — Brassicaceae = Kohlgewächse

Höhe in cm	0	5	10	25	50	75	100	150	200	250	300	mehr
Aussaatzeit unter Glas	Jan	Feb	März	Apr	Mai	Juni	Juli	Aug	Sept	Okt	Nov	Dez
Aussaatzeit Freiland	Jan	Feb	März	Apr	Mai	Juni	Juli	Aug	Sept	Okt	Nov	Dez
Pflanzzeit	Jan	Feb	März	Apr	Mai	Juni	Juli	Aug	Sept	Okt	Nov	Dez

Nach der Saat etwa 3 Wochen — durchschn. Kulturdauer in Wochen 14–18

Pflanzenabstand in cm 2–3 — Reihenabstand in cm 10

Der schnellwüchsige Rübstiel ist eng verwandt mit der Weißen Rübe. Er bildet lange Blattstiele mit nur kleinen Blattspreiten; durch dichteste Aussaat auf kleinsten Pflanzflächen werden die Blätter vergeilt und dadurch noch länger und zarter. Das so gezogene Gemüse ist gekocht besonders in den Gegenden von Rhein und Ruhr geschätzt.
Klima und Standort: Sonnige bis halbschattige Standorte mit regelmäßiger Wasserzufuhr. Boden: Durchlüfteter, gut aufgelockerter, belebter, humoser Boden mit reichen Nährstoffreserven. Keine Staunässe. Säen und Pflanzen: Aussaat schon früh unter Glas in Kisten; nach dem Aufgehen auf nur etwa 3×3 cm pikieren. Bei warmem Wetter Kiste ins Freie stellen. Rübstiel wird teilweise im Gewächshaus angebaut. Aussaat direkt ins Freiland erst im späteren Frühjahr; auch hier dichter Abstand, um die Vergeilung zu fördern. Pflege und Düngung: Vorbereitende organische Düngung mit reifem Kompost, verrottetem Stallmist, Hornspänen, Knochenmehl. Ernte: Bereits bei den relativ jungen Pflanzen nach ausreichender Blattbildung Abschneiden der Blätter mit Stiel. Verwendung und Lagern: Blattspreiten und -stiele werden in Salzwasser gekocht. Sie zeichnen sich durch einen feinen, säuerlichen Geschmack aus und werden bisweilen gesüßt. Rübstiel wird am besten frisch zubereitet; nur kurzzeitig lager- und tiefkühlfähig.

Brokkoli, Spargelkohl

Brassica oleracea convar. botrytis var. italica — Brassicaceae = Kohlgewächs

Höhe in cm	0	5	10	**25**	**50**	75	100	150	200	250	300	mehr
Aussaatzeit unter Glas	Jan	**Feb**	**März**	**Apr**	Mai	Juni	Juli	Aug	Sept	Okt	Nov	Dez
Aussaatzeit Freiland	Jan	Feb	März	**Apr**	**Mai**	**Juni**	Juli	Aug	Sept	Okt	Nov	Dez
Pflanzzeit	Jan	Feb	März	Apr	**Mai**	**Juni**	**Juli**	Aug	Sept	Okt	Nov	Dez

Nach der Saat etwa 6 Wochen — durchschn. Kulturdauer in Wochen 14–22

Pflanzenabstand in cm 40 — Reihenabstand in cm 50

Der besonders in den europäischen Mittelmeerländern geschätzte Brokkoli hat Ähnlichkeit mit dem Blumenkohl. Botanisch gesehen ist Brokkoli eine Vorstufe des Blumenkohls. Er bildet kleine, grünliche, runde Blütenstände, die als Gemüse geerntet werden. Für die Ernährung wertvoll wegen seines hohen Anteils an Karotin und Vitamin C.
Klima und Standort: Kultur an sonnigen bis halbschattigen Standorten, an denen bei Trockenheit gewässert werden muß. Boden: Gut aufgelockert, durchlüftet und belebt. Reiche Nährstoffreserven und gute Wasserspeicherung. Säen und Pflanzen: Aussaat unter Glas oder später direkt ins Freiland. Nach dem Auflaufen pikieren auf 5×5 cm. Bei einer Wuchshöhe von 10 cm auspflanzen. Pflege und Düngung: Gründliche Vorbereitung des Bodens mit reifem Kompost, verrottetem Stallmist, Hornspänen, Knochenmehl. In der Kultur mulchen. Pflanzenschutz: wie beim Weißkohl. Ernte: Die geschlossenen grünen Blütenstände werden mit 10–20 cm Stiel abgeschnitten und gekocht. Brokkoli kann mehrmals geerntet werden; die nachwachsenden Blütenstände bleiben allerdings kleiner. Verarbeiten und Lagern: Neben der Frischverwendung ist Brokkoli auch ausgezeichnet tiefgefroren ohne Aromaverlust lagerbar. Sorten: Für unser Klima geeignet und im Freiland mit Erfolg zu kultivieren sind die Sorten 'Atlantic', 'Futura', 'Sparko'.

Weißkohl, Spitzkohl

Brassica oleracea convar. capitata f. alba — Brassicaceae = Kohlgewächse

Höhe in cm	0	5	10	**25**	**50**	75	100	150	200	250	300	mehr
Aussaatzeit unter Glas	Jan	**Feb**	**März**	**Apr**	Mai	Juni	Juli	Aug	Sept	Okt	Nov	Dez
Aussaatzeit Freiland	Jan	Feb	März	**Apr**	**Mai**	**Juni**	Juli	Aug	Sept	Okt	Nov	Dez
Pflanzzeit	Jan	Feb	März	Apr	**Mai**	**Juni**	**Juli**	Aug	Sept	Okt	Nov	Dez

Nach der Saat etwa 6 Wochen — durchschn. Kulturdauer in Wochen frühe Sorten 10–16 späte Sorten 16–22

Pflanzenabstand in cm 60 — Reihenabstand in cm 50

Zu den klassischen Kopfkohlarten gehört der Weißkohl, dessen Färbung von weiß über gelblich bis hin zu grünlich schwankt und dessen Kugelform in eine Eiform übergehen kann. Er ist die bei uns bekannteste und geschätzteste Kohlart, wird doch aus den kleingeschnittenen Blättern das Sauerkraut hergestellt. Mischkultur wie bei Grünkohl angegeben.
Klima und Boden: Relativ unempfindliche Kohlart, die einen sonnigen bis halbschattigen Platz bevorzugt; bei Trockenheit für eine regelmäßige Bewässerung sorgen. Boden: Lockerer, humoser, belebter Boden mit besten Nährstoffreserven. Säen und Pflanzen: Wie bei den anderen Kohlarten Aussaat unter Glas oder ins Freiland; nach dem Auflaufen auf 5×5 cm pikieren. Auspflanzen bei einer Mindestgröße von 10–15 cm. Pflege und Düngung: Vorbereitung des Bodens mit reifem Kompost, Hornmehl, Stallmist. In der Kultur mulchen. Pflanzenschutz: Für alle Kohlarten sollte die Mischkultur die Regel sein. Schutz vor Hernie und Läusen durch Bestäuben mit Holzasche, Urgesteinsmehl, Algenkalk. Verarbeiten: Frischverzehr. Verarbeitung zu Sauerkraut durch Einlegen mit Salz in ein Faß; dabei entstehen durch Gärung Milch-, Butter-, Essigsäuren. Sorten: Frühe sind 'Allfrüh', 'Rapid'; mittelfrühe: 'Minicole', 'Piccolo'; zur Sauerkrautherstellung: 'Braunschweiger' und 'September'; zur Lagerung: 'Marner Lagerweiß' und 'Langendijker Dauer'.

'Hamasa', F 1 Hybride

Wirsing, Welschkohl

Brassica oleracea convar. capitata var. sabauda — Brassicaceae = Kohlgewächse

Höhe in cm	0	5	10	**25**	**50**	75	100	150	200	250	300	mehr
Aussaatzeit unter Glas	Jan	**Feb**	**März**	**Apr**	Mai	Juni	Juli	Aug	Sept	Okt	Nov	Dez
Aussaatzeit Freiland	Jan	Feb	März	**Apr**	**Mai**	**Juni**	Juli	Aug	Sept	Okt	Nov	Dez
Pflanzzeit	Jan	Feb	März	Apr	**Mai**	**Juni**	**Juli**	Aug	Sept	Okt	Nov	Dez

Nach der Saat etwa 6 Wochen — durchschn. Kulturdauer in Wochen frühe Sorten 10–14, späte Sorten 18–22

Pflanzenabstand in cm 60 — Reihenabstand in cm 50

Wirsing wird in frühen und späten Sorten angeboten; Früh- und Spätanbau halten sich die Waage. Wie bei allen Kopfkohlarten ist die Sproßachse des Wirsings stark gestaucht; die Blätter stehen sehr dicht. Wirsing hat den größten Anteil an Vitamin B_2 von allen Kopfarten. Für die Schädlingsabwehr günstig ist die Mischkultur mit Salat, Erbsen u. a.
Klima und Standort: Mittlerer Nährstoffbedarf; sonniger bis halbschattiger Platz, der aber im Sommer nicht zu trocken werden darf. Boden: Humos, nährstoffreich, locker. Säen und Pflanzen: Pikieren der aufgelaufenen Sämlinge im Keimblattstadium, auf 5×5 cm pflanzen, wenn das zweite Laubblatt gebildet ist. Pflege und Düngung: Im vorhergehenden Herbst Düngung mit reichlich reifem Kompost, verrottetem Stallmist, Rinderdung oder Horn-Blut-Knochenmehl. Pflanzenschutz: In der Kultur gegen Kohlhernie drei Wochen vor dem Pflanzen Kalkstickstoff ausstreuen, 40 g/m^2. Ernte der frühen Sorten zum sofortigen Verbrauch im Sommer, späte Sorten erst ab Ende Oktober einbringen. Die ersten Fröste werden von einigen Sorten gut vertragen. Sorten: Bekannte frühe Sorten sind 'Salarite F1' (als Kreuzung zwischen Wirsing und Weißkohl), 'Eisenkopf'; späte Sorten 'Dauerwirsing' mit guter Lagerfähigkeit, 'Vertus' mit schöner Krausung und frischgrüner Färbung und der runde, feingekrauste, frostresistente 'Wirosa'.

Löffelkraut

Cochlearia officinalis — Brassicaceae = Kohlgewächse

Höhe in cm	0	5	10	**25**	50	75	100	150	200	250	300	mehr
Aussaatzeit unter Glas	Jan	Feb	März	Apr	Mai	Juni	Juli	Aug	Sept	Okt	Nov	Dez
Aussaatzeit Freiland	Jan	Feb	**März**	**Apr**	Mai	Juni	Juli	**Aug**	**Sept**	Okt	Nov	Dez
Pflanzzeit	Jan	Feb	März	Apr	Mai	Juni	Juli	Aug	Sept	Okt	Nov	Dez

durchschn. Kulturdauer zweij.

Pflanzenabstand in cm 10 — Reihenabstand in cm 30

Das Löffelkraut ist an den Küsten von West- und Nordeuropa, aber auch an Salzstellen im mittleren Europa verbreitet. Die Pflanzen sind winterhart und zweijährig. Die Pflanze war früher bei Seefahrern als Mittel gegen Skorbut geschätzt. Die ersten Kulturhinweise stammen von 1557. Sehr lange vor der Entdeckung des Vitamins C (1928) kannten die Ärzte des 16. Jahrhunderts die Antiskorbut-Wirkung des Löffelkrautes.
Klima und Standort: Keine Ansprüche, solange der Standort feucht ist. Lichter Schatten wird noch vertragen. Boden: Lockerer, feuchter, sogar salzhaltiger Boden, auch moorige Stellen. Säen und Pflanzen: Aussaat in Reihen von 30 cm Abstand in ein Saatbeet, in dem Gartenerde und Torf (1:1) eingearbeitet wurden. Dünn säen. Nach dem Aufgang vereinzeln! Pflege und Düngung: Boden offen halten, bei Trockenheit wässern. Während des Wachstums Pflanzen mit feinem Kompost übersieben (etwa ½–1 cm). Pflanzenschutz: Wie bei Chinakohl treten Erdflöhe auf, durch regelmäßiges Bodenlockern zurückdrängen. Alle zwei Jahre Erde austauschen bzw. Standort wechseln. Ernte: Die Pflanze ist ganzjährig grün. Im 1. Jahr nach der Aussaat die grundständigen Blätter abzupfen. Einige bleiben stehen. Im 2. Jahr kann mehrmals bis während der Blüte April/Mai geerntet werden. Verarbeiten und Lagern: Das nach Rettich schmeckende Kraut frisch zur Beigabe in Salaten oder Gemüsesuppen.

Meerkohl

Crambe maritima — Brassicaceae = Kohlgewächse

Höhe in cm	0	5	10	25	50	75	100	150	200	250	300	mehr
Aussaatzeit unter Glas	Jan	Feb	März	Apr	Mai	Juni	Juli	Aug	Sept	Okt	Nov	Dez
Aussaatzeit Freiland	Jan	Feb	März	Apr	Mai	Juni	Juli	Aug	Sept	Okt	Nov	Dez
Pflanzzeit	Jan	Feb	März	Apr	Mai	Juni	Juli	Aug	Sept	Okt	Nov	Dez

Nach der Saat etwa 4 Wochen — durchschn. Kulturdauer ausdauernd

Pflanzenabstand in cm 60 — Reihenabstand in cm 60

Kräftige, kohlartige Staude mit rübenförmiger, mehrköpfiger Pfahlwurzel und sparrig verzweigten, dekorativen weißen Blütensträußen. Blätter dick, blaugrau bereift, unregelmäßig gelappt und krausrandig. Meerkohl wächst entlang der Ostsee und der nordwesteuropäischen Atlantikküste, steht aber unter Naturschutz. Die Pflanze hat den 4fachen Vitamin-C-Gehalt einer vergleichbaren Menge Orangen.
Klima und Standort: Bevorzugt mildes und feuchtes Klima, der Standort sollte luftig und frei sein. Läßt sich gut mit Stauden oder Rosen kombinieren. Boden: Sandiger bis steiniger Untergrund, kann salzhaltig sein und reich an Nitraten, aber auch schwerere Lehmböden. Säen und Pflanzen: Wie bei Kohlgemüse Vorkultur anlegen, aber auch Herbstaussaat und Vermehrung durch Rißlinge möglich. Pflege und Düngung: Wildwachsender Meerkohl wird öfters durch Hochwasser in Mitleidenschaft gezogen. Solche Fluten bringen Nährstoffe in Form von Algenschlick und organischem Treibgut. Entsprechend soll für regelmäßige Nährstoffzufuhr mit reifem Kompost gesorgt werden. Über den Winter wird mit Reisig, Stroh oder Laub abgedeckt. Ernte: Im Frühjahr junge Blattstiele und solche mit noch nicht entfalteter Blattspreite ernten. Zu Beginn der Blühphase bekommt der Meerkohl einen bitteren Geschmack. Verarbeiten und Lagern: Nur frisch verwendbar.

Rauke

Eruca sativa — Brassicaceae = Kohlgewächse

Höhe in cm	0	5	10	25	50	75	100	150	200	250	300	mehr
Aussaatzeit unter Glas	Jan	Feb	März	Apr	Mai	Juni	Juli	Aug	Sept	Okt	Nov	Dez
Aussaatzeit Freiland	Jan	Feb	März	Apr	Mai	Juni	Juli	Aug	Sept	Okt	Nov	Dez
Pflanzzeit	Jan	Feb	März	Apr	Mai	Juni	Juli	Aug	Sept	Okt	Nov	Dez

durchschn. Kulturdauer in Wochen 10

Pflanzenabstand in cm 15 — Reihenabstand in cm 20

Die Rauke ist im ganzen Mittelmeerraum und bis Afghanistan verbreitet. Bei uns findet man sie selten, aus Gärten verwildert an Wegen, Schuttplätzen, in Weingärten. Sie hat eine spindelförmige dünne Wurzel, die Blätter sind leierförmig-fiederteilig. Auffallend hübsch sind die Anfang Juli erscheinenden Blüten. Die Rauke ist eine alte Kulturpflanze, sie war schon im griechischen Altertum bekannt. Im Mittelalter wurde sie als verdauungsförderndes und harntreibendes Mittel geschätzt.
Klima und Standort: Ausgesprochen wärmeliebend, also vollsonnig und nicht zu naß. Boden: Bevorzugt werden frische, nährstoffreiche Sand- und Lehmböden. Säen und Pflanzen: Die Aussaat erfolgt im April/Mai in Reihen, dünn säen. Das Saatgut leicht mit Sand abdecken. Pflege und Düngung: Vorsichtig wässern, von Unkraut freihalten. Vor der Aussaat gut gereiften Kompost etwa 4–5 cm aufbringen, macht eine Nachdüngung überflüssig. Pflanzenschutz: Aussaatstellen wechseln, kein Nachbau mit anderen Kreuzblütlern. Ernte: Blätter, wenn sie etwa 5 cm lang sind, wie bei Pflücksalat abpflücken. Einige Pflanzen schonen, abblühen lassen zur Samengewinnung. Verarbeiten und Lagern: Die jungen Blätter werden bis zur Blüte in Rohkostsalaten oder als Gewürz verwendet. Der Geschmack ist scharf bis bitter. Die Blätter sollten frisch verarbeitet werden. Samen wird wie Senf genutzt.

Gartenmelde

Atriplex hortensis ssp. hortensis Chenopodiaceae = Gänsefußgewächse

Höhe in cm	0	5	10	25	50	75	100	150	200	250	300	mehr
Aussaatzeit unter Glas	Jan	Feb	März	Apr	Mai	Juni	Juli	Aug	Sept	Okt	Nov	Dez
Aussaatzeit Freiland	Jan	Feb	März	Apr	Mai	Juni	Juli	Aug	Sept	Okt	Nov	Dez
Pflanzzeit	Jan	Feb	März	Apr	Mai	Juni	Juli	Aug	Sept	Okt	Nov	Dez

durchschn. Kulturdauer in Wochen 4–8

Pflanzenabstand in cm 40 Reihenabstand in cm 40

Die Gartenmelde hat ihre Heimat in Südeuropa, man findet sie bis Zentralasien. Im Mittelalter war sie die wichtigste Spinatpflanze, wurde dann aber vom Spinat fast ganz verdrängt. Im Gebrauchswert steht sie dem Spinat nicht nach. Die einjährige Pflanze blüht im Juli, August. Sie eignet sich als Zwischenfrucht und paßt zu fast allen Kulturen, nur nicht zu anderen Gänsefußgewächsen.

Klima und Standort: Keine Ansprüche. Es wird Sonne vertragen, solange die Feuchtigkeit ausreicht, wie auch Halbschatten. Boden: Jeder Gartenboden. Säen und Pflanzen: Die Melde vermehrt sich gut durch Selbstaussaat und kann dadurch lästig werden. Will man fast das ganze Jahr ernten, laufend Neuaussaaten, alle 2–3 Wochen. Pflege und Düngung: Bei Trockenheit gut wässern. Ausreichend mit Stallmist oder Kompost versorgen. Pflanzenschutz: Auf lichten Stand achten. Ernte: Wie bei Spinat, die weichen Stengel. Fortlaufend bis zur Blüte. Geerntet werden auch die jungen etwa 10 cm hohen Pflanzen, die zu eng stehen. Verarbeiten und Lagern: Verwendet werden alle Blätter, gekocht wie Spinat. Eine Lagerung ist nicht möglich. Sorten: 'Rubra' mit roten Blättern, die aber mehr im Ziergarten Verwendung findet. Neu im Handel: 'Grüne Körnersaat', mittel-dunkelgrüne, fleischige Blätter; 'Gelbe Körnersaat', hellgrüne, fleischige Blätter.

Mangold (Blatt- und Stielmangold)

Beta vulgaris var. cicla Chenopodiaceae = Gänsefußgewächse

Höhe in cm	0	5	10	25	50	75	100	150	200	250	300	mehr
Aussaatzeit unter Glas	Jan	Feb	März	Apr	Mai	Juni	Juli	Aug	Sept	Okt	Nov	Dez
Aussaatzeit Freiland	Jan	Feb	März	Apr	Mai	Juni	Juli	Aug	Sept	Okt	Nov	Dez
Pflanzzeit	Jan	Feb	März	Apr	Mai	Juni	Juli	Aug	Sept	Okt	Nov	Dez

Nach der Saat etwa 4–6 Wochen durchschn. Kulturdauer in Wochen 8–10

Pflanzenabstand in cm 5–35 Reihenabstand in cm 25–30

Der Mangold hat wie Rote, Runkel- und Zuckerrübe dieselbe Stammform *Beta vulgaris*. Diese Wildart ist sehr formenreich, so treten rote und gelbe Varianten auf. Einige haben schon einen relativ hohen Zuckergehalt. Die Art ist ein- bis zweijährig, die Wurzel dünn und verholzt. Die Heimat der Stammform liegt im östlichen Mittelmeerraum und in den vorderasiatischen Steppengebieten. Der rote und weiße Blättermangold war den alten Griechen und Römern schon bekannt. Zucker- und Futterrübe kamen erst in der neueren Zeit dazu. *Beta vulgaris* gibt ein gutes Beispiel dafür, wie aus einer Stammart unterschiedliche Kulturpflanzen herausgezüchtet werden können. In der Fruchtfolge steht Mangold in der 2. Frucht. Als Vorfrucht sind Gurken, Kartoffeln oder Tomaten geeignet oder noch im Frühjahr angebauter Feldsalat. Bei weitem Reihenabstand ist in Mischkultur Sommerrettich möglich. Mangold hat einen hohen Gehalt an Eisen, Vitamin A, B_1, B_2, C, an Mineralstoffen und Oxalsäure. Er wirkt regulierend auf den Stoffwechsel.

Klima und Standort: Mangold bevorzugt warme, nicht zu trockene Standorte, die Sämlinge sind frostempfindlich. Boden: Tiefgründige humose Böden werden bevorzugt. Bei sandigen Böden tritt leicht Wassermangel auf, angerotteten Stallmist oder Kompost untergraben. Säen und Pflanzen: Die Saat an Ort und Stelle ist die Regel. Bei Schnittmangold ist ein

'Vulkan'

Vereinzeln nicht notwendig, bei Rippenmangold dagegen unbedingt. Bei letzterem können die Sämlinge in Abständen von 30×35 wieder gepflanzt werden. Vereinzelt wird, wenn zwei Laubblätter gebildet sind. Die Samen kommen in feuchtes Erdreich, aber nicht tiefer als 3 cm. Für eine vierköpfige Familie reichen etwa 10 Pflanzen aus. Pflege und Düngung: Boden immer offen halten. Ist organischer Dünger in den Boden eingearbeitet, braucht nicht nachgedüngt zu werden. Nach einigen Ernten ist eine Kopfdüngung von 20–30 g/m^2 eines Blau-Volldüngers zu empfehlen. Mangold ist bedingt winterhart und kann in milden Lagen bis zum Frühjahr im Garten stehen bleiben. Er treibt frühzeitig und sehr willig aus. Allerdings neigt er dazu, rasch Blütenstände auszubilden; dann soll nicht mehr geerntet werden. Pflanzenschutz: Beste Bodenpflege, keine Pflanzen aus der Familie der Gänsefußgewächse mit Mangold bzw. als Vorkultur pflanzen. Ernte: Die Blätter werden unter Schonung des Herzens gepflückt. Schnittmangold, unter leichtem Schutz, kann nochmals im Frühjahr geerntet werden. Verarbeiten und Lagern: Mangold wird wie Spinat zubereitet, von Rippenmangold die Blattrippen und Stiele wie Spargel. Die Blätter sollen frisch verarbeitet werden, eine Lagerung ist nicht möglich. Sorten: 'Lukullus', ein gelber, krausblättriger Rippen- und Schnittmangold. 'Glatter Silber' und 'Genferspezial' sind Stielmangoldsorten. 'Vulkan', Stiele und Rippen feurig rot, sehr dekorativ.

Erdbeerspinat

Chenopodium foliosum Chenopodiaceae = Gänsefußgewächse

Höhe in cm	0	5	10	25	50	75	100	150	200	250	300	mehr
Aussaatzeit unter Glas	Jan	Feb	März	Apr	Mai	Juni	Juli	Aug	Sept	Okt	Nov	Dez
Aussaatzeit Freiland	Jan	Feb	März	Apr	Mai	Juni	Juli	Aug	Sept	Okt	Nov	Dez
Pflanzzeit	Jan	Feb	März	Apr	Mai	Juni	Juli	Aug	Sept	Okt	Nov	Dez

durchschn. Kulturdauer in Wochen 12

Pflanzenabstand in cm 30 Reihenabstand in cm 30

Der Erdbeerspinat ist in Europa bis Westasien verbreitet, wo er gelegentlich auf Schutthalden und Wegrändern wächst. Die wie kleine Erdbeeren aussehenden Früchte wurden früher zum Schminken verwendet. Diese Früchte sind aber auch im Garten eine Zierde und bringen Farbe ins Gemüsebeet. Der Erdbeerspinat eignet sich gut als Vor- bzw. Unterkultur. So z. B. zwischen Tomaten, Sellerie oder Kohlarten. Bei regelmäßiger Ernte wird er nicht so hoch, daß er andere Kulturen stört.
Klima und Standort: Warme Lagen werden bevorzugt, lichter Schatten wird aber noch gut vertragen. Nicht zu trocken halten, da die Blätter sonst zu hoch werden. Boden: Sandig, humoser Lehm. Säen und Pflanzen: Direktaussaat an Ort und Stelle; sind die Sämlinge etwa 5 cm hoch, wird mit dem Verziehen auf den endgültigen Standraum begonnen. Vermehrt sich auch durch Selbstaussaat. Pflege und Düngung: Gelegentliches Hacken, vor allem nach Regen, fördert das Wachstum. Ist der Boden gut mit Mist oder Kompost versorgt, braucht nicht mehr nachgedüngt zu werden. Verarbeiten und Lagern: Die jungen Blätter und Sprossen werden frisch wie Spinat oder für Gemüsesuppen verwendet. Ernte: Bis zum Einsetzen der Blüte, etwa bis Anfang Juli. Sorten: Eine andere Wildart ist *Chenopodium capitatum* aus Nordamerika. Die Anbaubedingungen sind gleich, auch die Verwendung.

Guter Heinrich

Chenopodium bonus-henricus Chenopodiaceae = Gänsefußgewächse

Höhe in cm	0	5	10	25	50	75	100	150	200	250	300	mehr
Aussaatzeit unter Glas	Jan	Feb	März	Apr	Mai	Juni	Juli	Aug	Sept	Okt	Nov	Dez
Aussaatzeit Freiland	Jan	Feb	März	Apr	Mai	Juni	Juli	Aug	Sept	Okt	Nov	Dez
Pflanzzeit	Jan	Feb	März	Apr	Mai	Juni	Juli	Aug	Sept	Okt	Nov	Dez

durchschn. Kulturdauer mehrj.

Pflanzenabstand in cm 40 Reihenabstand in cm 40

Der Gute Heinrich ist eine ausdauernde heimische Pflanze, die gern auf Schuttplätzen und an Straßenrändern wächst. Ihr Verbreitungsgebiet reicht bis in alpine Regionen. Da die Staude schon sehr früh austreibt, ist sie als Frühgemüse besonders willkommen. Im Garten wird die Pflanze am Rande von Gemüsebeeten und zu anderen mehrjährigen Stauden gestellt.
Klima und Standort: Stellt keine besonderen Ansprüche, auch lichter Schatten wird gut vertragen. Boden: als ausgesprochener „Stickstofffresser" verlangt er gut vorbereiteten Boden; sandiger Lehmboden wäre der Idealfall. Säen und Pflanzen: Eine Vorkultur ist nicht notwendig. Die Pflanze vermehrt sich leicht durch Selbstaussaat. Zu dicht stehende Pflanzen im zeitigen Frühjahr vereinzeln. Pflege und Düngung: Den Boden regelmäßig lockern. Im Herbst, etwa Oktober, eine reichliche Stallmistgabe; fördert den Austrieb. Pflanzenschutz: Nicht zusammen mit anderen Gänsefußgewächsen anbauen. Nach 5–6 Jahren sollte der Standort gewechselt werden. Ernte: Im zeitigen Frühjahr werden die jungen Blätter gepflückt. Beim Einsetzen der Blüte sollte nicht mehr geerntet werden. Verarbeiten: Die jungen Blätter werden entweder wie Spinat verwendet oder anderem Gemüse beigemischt. Die jungen Sprossen werden wie Spargel zubereitet.

Spinat

Spinacia oleracea Chenopodiaceae = Gänsefußgewächse

Höhe in cm	0	5	10	25	50	75	100	150	200	250	300	mehr
Aussaatzeit unter Glas	Jan	Feb	März	Apr	Mai	Juni	Juli	Aug	Sept	Okt	Nov	Dez
Aussaatzeit Freiland	Jan	Feb	März	Apr	Mai	Juni	Juli	Aug	Sept	Okt	Nov	Dez
Pflanzzeit	Jan	Feb	März	Apr	Mai	Juni	Juli	Aug	Sept	Okt	Nov	Dez

durchschn. Kulturdauer in Wochen 5 und mehr

Pflanzenabstand in cm 3–5 Reihenabstand in cm 20–25

Spinat ist eines der gesündesten Gemüse überhaupt. Die leuchtend grünen Blätter enthalten Eisen, Vitamin A, C, Oxalsäure, Eiweiß und Mineralstoffe. Die Art stammt aus Persien und Turkestan und kam wahrscheinlich durch Kreuzritter zu uns.
Klima und Standort: Keine besonderen Ansprüche. Typische Langtagspflanze, d. h. bei längerer Lichteinwirkung setzt er Blüten an. Boden: Keine trockenen, mageren Böden. Überall, wenn für ausreichende Nährstoffgaben und Feuchtigkeit gesorgt wird. Säen und Pflanzen: Aussaat im zeitigen Frühjahr unter Folientunnel. Diesen entfernen, wenn das erste Laubblatt erscheint. Folgesaaten bis Ende April. Spinat für Überwinterung ab Anfang August säen; im Herbst nicht mehr schneiden. Gesät wird in Reihen, Saattiefe 3 cm. 5–10 g/m^2 Saat werden benötigt. Pflege und Düngung: Flüssige Düngung mit Jauche. Vor der Bestellung gegebener Ammoniakdünger fördert das Wachstum. Regelmäßig hakken und wässern. Kompost und Torf in den Boden einarbeiten, aber keinesfalls Stallmist. Nach dem ersten Schnitt blauen Volldünger verabreichen. Ernte: Wenn sich mindestens 6 Blätter gebildet haben, kann die Ernte beginnen. Verarbeiten und Lagern: Frisch verarbeiten oder einfrieren. Sorten: 'Vital R', 'Hilds Loreley' für Frühjahrs- und Herbstanbau. 'Wiremona', 'Matador' für Frühjahr, Herbst und Überwinterung.

Grünspargel 'Merry green'

Spargel und Grünspargel

Asparagus officinalis Liliaceae = Liliengewächse

Höhe in cm	0	5	10	25	50	75	100	150	200	250	300	mehr
Aussaatzeit unter Glas	Jan	Feb	März	Apr	Mai	Juni	Juli	Aug	Sept	Okt	Nov	Dez
Aussaatzeit Freiland	Jan	Feb	März	Apr	Mai	Juni	Juli	Aug	Sept	Okt	Nov	Dez
Pflanzzeit	Jan	Feb	März	Apr	Mai	Juni	Juli	Aug	Sept	Okt	Nov	Dez
	durchschn. Kulturdauer mehrj.											
Pflanzenabstand in cm 50	Reihenabstand in cm 150, bei Grünspargel weniger											

Das natürliche Verbreitungsgebiet erstreckt sich über Südosteuropa, Vorderasien bis Iran, Westsibirien und Nordafrika. Heute wird der Spargel auf Sandböden günstiger Lagen kultiviert und tritt verwildert auch in den gemäßigten Zonen auf. Über die reinen Wildformen weiß man wenig. Der feldmäßige Anbau war schon im alten Ägypten bekannt, so wurden Spargelbündel als Totengabe beigelegt. Das Leibgericht des römischen Kaisers Augustus soll Spargel gewesen sein. In Deutschland wurden Spargelbeete erstmals 1567 im Stuttgarter Lustgarten angelegt. Der Spargel ist eine zweihäusige Pflanze, d. h. es kommen männliche und weibliche Pflanzen vor. Den männlichen Pflanzen wird der Vorzug gegeben, da sie frühzeitiger, fruchtbarer und langlebiger sind. Die Blütezeit ist etwa Juni/Juli.

Klima und Standort: Spargel bevorzugt warme, sonnige, geschützte Lagen. Bei der Anlage von Spargelbeeten sollte bedacht werden, daß die Pflanzen etwa 12–15 Jahre auf einem Standort stehen können. Boden: Durchlässige, leichte und sandige Böden mit hohem Nährstoffgehalt. Der Boden kann bis zu 4 m Tiefe durchwurzelt werden. Säen und Pflanzen: Den Boden auf etwa 50 cm Tiefe lockern. Danach wird eine 35–40 cm tiefe Grube ausgehoben und mit etwa 20 cm Mist aufgefüllt; darüber 15 cm Kompost geben und darauf die Pflanze setzen. Sie sollte so eingesetzt werden, daß sie 10 cm unter die Oberfläche des gewachsenen Bodens kommt. So gepflanzt, bleibt die Anlage 2 Jahre stehen. Im 3. Jahr, Anfang April, wird ein etwa 30 cm hoher Damm aufgeschüttet, bestehend aus dem Aushub, der mit Kompost gemischt wurde; die Erde wird anschließend festgeklopft. Im ersten und zweiten Jahr können Bohnen als Unterpflanzung verwendet werden. Pflege und Düngung: Während des Sommers hacken, im Herbst gelbes abgestorbenes Kraut mit dem Spaten ca. 10 cm unter der Erde abstechen und verbrennen. Gedüngt wird bis Mitte Juli. Im Winter ist eine Abdeckung mit strohigem Mist ratsam. Zwischen die Reihen verrotteten Stallmist streuen. Pflanzenschutz: Die Spargelfliege schädigt den Trieb. Befallene Triebe verkrüppeln. Stengel 10 cm unter der Erdoberfläche abschneiden und verbrennen. Der Spargelrost wird durch Abschneiden des Spargelstrohs bekämpft. Ernte: Erfolgt im 3. Jahr nach dem Auspflanzen ab April, wenn die ersten Stangen die Bodenoberfläche, durchbrechen. Die Stange wird so freigelegt, daß möglichst dicht über dem Wurzelstock gestochen werden kann, ohne den Wurzelstock zu verletzen. Geerntet wird bis etwa 20. Juni. Verarbeiten und Lagern: Gekocht als Gemüse, eine Lagerung in Kühlräumen 2 Wochen möglich. Hauptsächlich vom Schälen hängt der Spargelgenuß ab. Man beginnt unten an den Köpfen, die unverletzt bleiben, und schält mit einem scharfen, dünnen Messer in geraden Strichen von oben nach unten. Sorten: 'Spaganiva', Grünspargel, der wie Bleichspargel kultiviert wird, es entfällt nur das Anhäufeln. Geerntet werden die grünen Triebe mit noch geschlossenen Köpfen. Nach Möglichkeit Spargelsorten aus Zuchtbetrieben auspflanzen wie z. B. 'Lukullus', 'Schwetzinger Meisterschuß' oder 'Huchels Leistungsauslese'. Der grüne Spargel ist bei uns noch weniger bekannt. Sein Gehalt an Vitamin C und Karotin ist höher, und im Geschmack ist er würziger als der weiße Spargel. Sein Anbau im Hausgarten ist verhältnismäßig einfach und nicht auf Sandboden angewiesen, er gedeiht befriedigend auch auf Lehm und normalen Gartenböden. Nasser Untergrund eignet sich nicht. Beim Grünspargel entfällt die aufwendige Arbeit der Dammschüttung. Zur Ernte wird er dicht unter der Erdoberfläche gestochen.

Hopfen

Humulus lupulus — Moraceae = Maulbeerbaumgewächse

Höhe in cm	0	5	10	25	50	75	100	150	200	250	300	mehr
Aussaatzeit unter Glas	Jan	Feb	März	Apr	Mai	Juni	Juli	Aug	Sept	Okt	Nov	Dez
Aussaatzeit Freiland	Jan	Feb	März	Apr	Mai	Juni	Juli	Aug	Sept	Okt	Nov	Dez
Pflanzzeit	Jan	Feb	März	Apr	Mai	Juni	Juli	Aug	Sept	Okt	Nov	Dez

durchschn. Kulturdauer mehrj.

Pflanzenabstand in cm 100 — Reihenabstand in cm 200

Das Verbreitungsgebiet erstreckt sich über Europa, Nord- und Zentralasien. Die Kletterpflanze wird vor allem für die Bierbrauerei angebaut. Der Ursprung der Kultur ist nicht bekannt. Anbau in Westeuropa seit dem 8. Jahrhundert. Der Hopfen ist eine Staude, die aus einem ausdauernden Wurzelstock jährlich neu bis 8 m hoch werden kann. Die eirundlichen, zapfenähnlichen Blüten der weiblichen Pflanze enthalten den geschätzten Bitterstoff. Blütezeit: Juli/August.
Klima und Standort: Frische, leicht sandige humose Lehmböden in sonniger, luftiger Lage. Nach den ersten Nachtfrösten verliert die Pflanze ihre grünen Teile. Säen und Pflanzen: Anbau von Wurzelstöcken. Die kriechenden Erdstämme mit unterirdischen Ausläufern lassen sich im Frühjahr leicht teilen und vermehren. Pflege und Düngung: Kräftige Stallmistgabe im Frühjahr. Aufstellen von Kletterhilfen. Pflanzenschutz: In prallsonniger Lage Befall von Spinnmilben. Ernte: Im April – Mai werden die jungen glasartigen Hopfensprossen handlang abgebrochen. Einige Triebe bleiben für den Austrieb stehen. Verarbeiten und Lagern: Die Sprossen werden zu Salat und Gemüse verarbeitet und wie Spargel zubereitet. Die gelben Drüsen der Fruchtschuppen sowie die Vorblätter enthalten Bitterstoffe, Gerbsäure und Harze sowie ätherisches Öl (Lupulin), sie werden als Bierwürze verwendet.

Kermesbeere

Phytolacca americana var. lancifolia — Phytolaccaceae = Kermesbeergewächse

Höhe in cm	0	5	10	25	50	75	100	150	200	250	300	mehr
Aussaatzeit unter Glas	Jan	Feb	März	Apr	Mai	Juni	Juli	Aug	Sept	Okt	Nov	Dez
Aussaatzeit Freiland	Jan	Feb	März	Apr	Mai	Juni	Juli	Aug	Sept	Okt	Nov	Dez
Pflanzzeit	Jan	Feb	März	Apr	Mai	Juni	Juli	Aug	Sept	Okt	Nov	Dez

durchschn. Kulturdauer mehrj.

Pflanzenabstand in cm 80 — Reihenabstand in cm 80

Die Kermesbeere wird wegen ihres stattlichen Wuchses und ihrer dekorativen rotschwarzen Fruchtstände in Mitteleuropa gelegentlich als Zierpflanze angebaut. Ihre Heimat ist das Himalajagebiet und Japan. In diesem Verbreitungsgebiet wird sie als Gemüsepflanze genutzt.
Klima und Standort: Einmal im Garten angesiedelt, kann diese Pflanze zum Unkraut werden. Doch die ersten Nachtfröste lassen die saftigen Stengel und Blätter zusammensinken. Diese Riesenstaude findet ihren Platz am besten am Rande von Gehölzen oder kombiniert mit anderen Rabattenstauden. Boden: Da die Pflanze kräftige Rüben (Überwinterungsorgan) ausbildet, sollte der Boden locker und durchlässig sein, auch ein kräftiger Lehmboden wird noch vertragen. Keinesfalls aber Staunässe. Säen und Pflanzen: Die fleischigen Früchte ernten, wenn sie weich und fast schwarz sind. Das Fruchtfleisch wird ausgewaschen, bis das Samenkorn freiliegt. Samen am vorgesehenen Ort ausstreuen und mit Komposterde übersieben, etwa 1 cm dick. Im Mai des darauffolgenden Jahres keimen die Pflanzen. Sind sie etwa 10 cm hoch, wird auf den nötigen Standraum vereinzelt. Pflege und Düngung: Nach dem ersten Frost Pflanzstelle mit Kompost oder Mist 2–3 cm überdecken; ist gleichzeitig auch Schutz vor Kahlfrösten. Ernte: Junge Blätter und Sprosse. Verarbeiten und Lagern: Zu spinatähnlichem Gemüse; keine Lagerung.

Kubaspinat, Winterportulak

Claytonia perfoliata — Portulacaceae = Portulakgewächse

Höhe in cm	0	5	10	25	50	75	100	150	200	250	300	mehr
Aussaatzeit unter Glas	Jan	Feb	März	Apr	Mai	Juni	Juli	Aug	Sept	Okt	Nov	Dez
Aussaatzeit Freiland	Jan	Feb	März	Apr	Mai	Juni	Juli	Aug	Sept	Okt	Nov	Dez
Pflanzzeit	Jan	Feb	März	Apr	Mai	Juni	Juli	Aug	Sept	Okt	Nov	Dez

durchschn. Kulturdauer in Wochen 6–8

Pflanzenabstand in cm 15 — Reihenabstand in cm 15

Die ursprüngliche Heimat des Kubaspinats ist Nordamerika, dort vor allem die pazifische Küste. In Kuba wie in Europa ist er eingebürgert. Die Pflanze eignet sich gut als Unterkultur, vor allem zu Zwiebelgewächsen. Auch der lichte Schatten unter Obstbäumen wird vertragen.
Klima und Standort: An Licht werden keine hohen Ansprüche gestellt, der Standort sollte warm und nicht zu trocken sein. Boden: Leichte Böden mit stark verrottetem Stallmist oder Kompost werden bevorzugt. Dabei bieten sich Beete an, die vorher mit Starkzehrern bebaut waren. Säen und Pflanzen: Die Aussaat kann breitwürfig, aber auch in Reihen erfolgen. Eine Vorkultur im Kasten ist nicht sinnvoll, da die Verpflanzung Probleme bringt. Sehr dünn aussäen, etwa 1–2 g/m^2. Die Keimtemperatur ist mit etwa 8–12°C sehr niedrig, daher der Name Winterportulak. Pflege und Düngung: Zu eng stehende Pflanzen entfernen bzw. abernten, von Unkraut frei halten. Pflanzen im Mistbeet oder Kalthaus sollten frostfrei gehalten werden, sind aber gut zu belüften. Ernte: Bis kurz vor der Blüte die Blätter abschneiden. Schon blühende Pflanzen sollen entfernt werden, da sonst eine unkontrollierte Versamung stattfindet. Die dann im Frühjahr keimenden Pflanzen gehen sehr schnell in Blüte und sind für den Verbrauch wertlos. Einige Pflanzen läßt man für Samen stehen. Verarbeiten und Lagern: Blätter frisch verwenden; keine Lagerung.

Portulak

Portulaca oleracea var. sativa — Portulacaceae = Portulakgewächse

Höhe in cm	0	5	10	25	50	75	100	150	200	250	300	mehr
Aussaatzeit unter Glas	Jan	Feb	März	Apr	Mai	Juni	Juli	Aug	Sept	Okt	Nov	Dez
Aussaatzeit Freiland	Jan	Feb	März	Apr	Mai	Juni	Juli	Aug	Sept	Okt	Nov	Dez
Pflanzzeit	Jan	Feb	März	Apr	Mai	Juni	Juli	Aug	Sept	Okt	Nov	Dez

durchschn. Kulturdauer in Wochen 4–8 und mehr

Pflanzenabstand in cm 8 — Reihenabstand in cm 20

Vermutlich liegt die Heimat des Portulaks im westlichen Himalaja. Er war aber schon im alten Ägypten eine vertraute Nutzpflanze. Bei uns kommt Portulak als einjähriges „Unkraut“ vor allem in Weinbergen vor.
Klima und Standort: Wächst praktisch überall, auch lichter Schatten unter Obstbäumen wird gut vertragen. Auf vollsonnigen Standorten wächst die Pflanze flach am Boden, was die Ernte erschwert. Zur guten Entwicklung braucht Portulak viel Wärme und Feuchtigkeit. Boden: Darf nicht frisch gedüngt sein, gut ist alte Mistbeeterde oder feiner, reifer Kompost. Säen: Direktsaat und nach Auflaufen vereinzeln, dabei ist auf gute Lüftung zu achten. Am besten sät man ab Mitte Mai breitwürfig dünn aus und drückt den Samen leicht an. Pflege und Düngung: Freihalten von Unkraut, immer gut gießen. Ernte: Will man regelmäßig ernten, muß laufend alle 3 Wochen nachgesät werden, da Portulak nur zwei- bis dreimal geschnitten werden kann. Die Nutzung beschränkt sich auf drei bis vier Wochen. Verarbeiten: Portulak ist beliebt als Suppengrün, als Zutat zu Salaten, Suppen, Kräutersaucen, aber auch als Spinatpflanze. Die fleischigen Blätter müssen frisch verarbeitet werden, schon kurzzeitige Lagerung läßt sie welken. Sorten: *Portulaca sativa*, Kulturform von *P. oleracea*, mit aufrechten Stengeln; es gibt grüne, gelbe und goldgelbe Sorten, letztere sind zarter als die grünen.

Gartenampfer, Gemüseampfer

Rumex patientia Polygonaceae = Knöterichgewächse

Höhe in cm	0	5	10	25	50	75	**100**	**150**	200	250	300	mehr
Aussaatzeit unter Glas	Jan	Feb	März	Apr	Mai	Juni	Juli	Aug	Sept	Okt	Nov	Dez
Aussaatzeit Freiland	Jan	Feb	März	Apr	Mai	Juni	Juli	**Aug**	Sept	Okt	Nov	Dez
Pflanzzeit	Jan	Feb	März	Apr	Mai	Juni	Juli	Aug	Sept	Okt	Nov	Dez

Nach der Saat etwa 4 Wochen durchschn. Kulturdauer mehrj.

Pflanzenabstand in cm 50 Reihenabstand in cm 50

Natürliches Verbreitungsgebiet in Südeuropa bis Vorderasien. Die mehrjährige Pflanze (Staude) beansprucht im Garten einen Dauerplatz. Klima und Standort: Den Gartenampfer sollte man am Rande von Gemüsebeeten unterbringen, so daß er sich ausbreiten kann. Auch am lichten Gehölzrand gedeiht er gut, solange der Boden genügend feucht ist. Verträgt Halbschatten. Boden: Darf nicht trocken stehen, sollte gut mit Humus versorgt sein. Säen und Pflanzen: Man sät, ohne das Saatgut stark zu bedecken, 0,5 cm in Reihen, um später zu vereinzeln. In der Regel keimt der Samen nach 5–6 Tagen. Bei älteren Pflanzen (etwa 4 Jahre) kann der Wurzelstock zur Vermehrung geteilt werden. Pflege: Beschränkt sich auf das Freihalten von Unkraut, besonders von anderen Ampferarten. Diese können den Schädlingsbefall erhöhen. Düngung: Am besten im Herbst Stallmist geben, das Jahr über kann mit Grasschnitt gemulcht werden. Je mehr gedüngt wird, um so größer entwickeln sich die Blätter. Nach einigen Jahren sollte man den Standort wechseln. Pflanzenschutz: Als Schädling tritt der Ampferblattkäfer auf. Befallene Blätter entfernen. Blütenstände abschneiden. Ernte: Wenn die Pflanzen 5–8 Blätter haben, nicht während der Blüte. Die Haupternte liegt in milden Lagen in den Wintermonaten, dabei sollen die Blätter nur gepflückt werden. Verarbeiten: Frisch wie Spinat oder als Salatzusatz.

Gartensauerampfer

Rumex acetosa var. hortensis Polygonaceae = Knöterichgewächse

Höhe in cm	0	5	10	25	**50**	**75**	100	150	200	250	300	mehr
Aussaatzeit unter Glas	Jan	Feb	März	Apr	Mai	Juni	Juli	Aug	Sept	Okt	Nov	Dez
Aussaatzeit Freiland	Jan	Feb	**März**	**Apr**	**Mai**	Juni	Juli	**Aug**	Sept	Okt	Nov	Dez
Pflanzzeit	Jan	Feb	März	Apr	Mai	Juni	Juli	Aug	Sept	Okt	Nov	Dez

durchschn. Kulturdauer mehrj.

Pflanzenabstand in cm 15 Reihenabstand in cm 30

Der Wiesensauerampfer (*Rumex acetosa*) ist als mehrjährige Wildstaude in ganz Europa verbreitet (im Bild). Die ihr sehr ähnliche Kulturform sollte am Rande von Gemüsebeeten stehen.

Klima und Standort: Anspruchslos. Auch zwischen Beerensträuchern ist eine Kultur möglich, da Halbschatten vertragen wird. Boden: Vorzugsweise feucht und nährstoffreich, auch pH-Werte unter 6 möglich (sauer). Säen und Pflanzen: Augustaussaat gibt Frühjahrsernte. Das Saatgut wird leicht abgedeckt, die Keimung erfolgt nach etwa 8 Tagen. Die Pflanze vermehrt sich leicht durch Selbstaussaat. 2–3 Folgesaaten im Abstand von 4–6 Wochen, beginnend ab Ende März, empfehlenswert. Aussaat auch im zeitigen Frühjahr möglich. Pflege und Düngung: Freihalten von Unkraut, besonders von anderen Rumex-Arten. Die Blütenstände vor dem Blühen entfernen. Bei Trockenheit gut wässern. Jährliche Versorgung mit verrottetem Mist oder Kompost. Mulch aus Grasabfällen für gleichbleibende Bodenfeuchtigkeit. Nach etwa 3–5 Jahren sollte man den Standort wechseln. Die Pflanze hat sich dann gut bestockt und kann im Herbst oder im zeitigen Frühjahr geteilt werden. Ernte: Beginnt, wenn die Pflanzen 4–5 Blätter haben, etwa 2–3 Monate nach der Saat. Verarbeiten: Die grundständigen Blätter frisch oder als Suppengrün sowie zu Salaten verwenden. Sorten: 'Großblättriger von Belleville'.

Rhabarber

Rheum rhabarbarum — Polygonaceae = Knöterichgewächse

Höhe in cm	0	5	10	25	50	75	100	150	**200**	**250**	300	mehr
Aussaatzeit unter Glas	Jan	Feb	**März**	Apr	Mai	Juni	Juli	Aug	Sept	Okt	Nov	Dez
Aussaatzeit Freiland	Jan	Feb	März	**Apr**	**Mai**	Juni	Juli	Aug	Sept	Okt	Nov	Dez
Pflanzzeit	Jan	Feb	März	Apr	**Mai**	Juni	Juli	Aug	Sept	Okt	Nov	Dez

durchschn. Kulturdauer mehrj.

Pflanzenabstand in cm 80–100 — Reihenabstand in cm 80–100

Die reine Art wird bei uns kaum kultiviert, die angebauten Formen sind Kreuzungen, v. a. mit *Rheum rhaponticum* und *R. rhabarbarum*. Die mehrjährige Staude hat herzförmige Blätter mit gewellten Rändern. Der etwa 60 cm lange Stengel ist glatt und kahl. Im Mai erscheinen die verzweigten, gelblichweißen Blütenschäfte. Die Pflanze zieht etwa im Oktober ein und überwintert mit unterirdischen Knospen.

Klima und Standort: Gedeiht auf sonnigen wie halbschattigen Standorten. Ideale Solitärstaude, vor allem als Uferbepflanzung. Boden: Tiefgründig, humos, sandig-lehmig. Keine Staunässe. Säen und Pflanzen: Am einfachsten vermehrt man durch Wurzelteilung kräftig entwickelter Pflanzen. Pflege und Düngung: Reichliche Mistgaben im Spätherbst oder im zeitigen Frühjahr vor dem Austrieb. Ernte: Geerntet werden die Blattstiele vor der Blüte, dabei werden die Stiele herausgedreht bzw. ausgebrochen, nicht geschnitten. An einer Staude sollte nur einmal in der Woche geerntet werden. Man läßt immer einige Stiele stehen, damit die Pflanze für das kommende Jahr Reserven sammeln kann. Verarbeiten und Lagern: Die Stengel in 2 cm lange Stücke geschnitten für Kuchenbelag, gebacken oder gekocht als Kompott oder Marmelade. Eine längere Lagerung der Frischware ist nicht möglich. Sorten: Die rotfleischigen Sorten haben in der Regel mehr Aroma, die grünfleischigen sind ertragreicher.

Afrikanischer Baldrian

Fedia cornucopiae — Valerianaceae = Baldriangewächse

Höhe in cm	0	5	10	**25**	50	75	100	150	200	250	300	mehr
Aussaatzeit unter Glas	Jan	Feb	März	Apr	Mai	Juni	Juli	Aug	Sept	Okt	Nov	Dez
Aussaatzeit Freiland	Jan	Feb	März	**Apr**	Mai	Juni	Juli	Aug	Sept	Okt	Nov	Dez
Pflanzzeit	Jan	Feb	März	Apr	Mai	Juni	Juli	Aug	Sept	Okt	Nov	Dez

Nach der Saat etwa 5–6 Wochen — durchschn. Kulturdauer in Wochen 10

Pflanzenabstand in cm 15 — Reihenabstand in cm 20

Verbreitungsgebiet in den Mittelmeerländern, vor allem in Nordafrika. Verwandte des Feldsalats. Doch die Blätter werden größer, sind fleischig, am unteren Teil eiförmig bis kreisrund und gestielt. Die oberen Stengelblätter eirund-länglich, oft gespitzt und gezähnt. Die Pflanze ist eine reine Vorkultur oder der Feldsalat des späten Frühjahrs. Ab Mitte Juli wird das Beet für andere Kulturen, z. B. Zwiebeln oder Lauch, frei.

Klima und Standort: Vollsonnig und geschützt; Wasserbedarf ist geringer als der des Feldsalats, den Boden nicht austrocknen lassen. Boden: Sandig humose Lehmböden, die mit reifem Kompost versorgt wurden. Solange der Boden nicht naß und kalt ist, wird jeder Boden vertragen. Säen und Pflanzen: Vor der Aussaat 3–4 cm Kompost aufbringen. Aussaat in Reihen erleichtert die Ernte, dünn säen. Nach dem Auflaufen vereinzeln. Pflege und Düngung: Boden offen halten. Auf gut versorgten Böden ist Düngen nicht nötig. Keinen frischen Stallmist verwenden. Pflanzen nur in den Vormittagsstunden wässern. Ernte: Etwa 5 Wochen nach der Aussaat die Blätter abschneiden oder abzupfen. Läßt man das Herz stehen, ist eine mehrmalige Ernte möglich. Verarbeiten und Lagern: Als Salat wie Feldsalat. Nicht länger als 2 Tage lagern. Sorten: 'Candidissima' mit weißen Blüten, 'Floribunda Plena', Blüten rosarot. *Fedia cornucopiae* gefüllt, sehr reich blühend.

Feldsalat, Rapunzel

Valerianella locusta Valerianaceae = Baldriangewächse

Höhe in cm	0	5	10	25	50	75	100	150	200	250	300	mehr
Aussaatzeit unter Glas	Jan	Feb	März	Apr	Mai	Juni	Juli	Aug	Sept	Okt	Nov	Dez
Aussaatzeit Freiland	Jan	Feb	März	Apr	Mai	Juni	Juli	Aug	Sept	Okt	Nov	Dez
Pflanzzeit	Jan	Feb	März	Apr	Mai	Juni	Juli	Aug	Sept	Okt	Nov	Dez

durchschn. Kulturdauer 6 und mehr Wochen

Pflanzenabstand in cm 2 und mehr   Reihenabstand in cm 8–10

Der Feldsalat ist der wichtigste Frischsalat im Winter mit hohem Vitamingehalt (Vitamin A, C und Mineralien) und besonders angenehmem Geschmack. Mit ihm können leerstehende Flächen gut genutzt werden. Im Volksmund auch unter Rapunzel, Nissel oder Vogerlsalat bekannt. Ursprünglich war Feldsalat auf den Feldern als Ackerunkraut zu finden. Die ursprüngliche Heimat wird im Mittelmeergebiet vermutet. In diesen Gebieten und im nördl. Europa ist der Feldsalat vor allem auf abgeernteten Getreideäckern, am Rande von Hecken, anzutreffen. Die Pflanze ist ein- bis zweijährig, die Grundblätter sind rosettig angeordnet, etwa 3–4 cm lang, spatel- bis lanzettförmig. Die Blüte ist unscheinbar bläulich weiß. Als Vorkulturen sind alle Gartenstücke geeignet, die zum Zeitpunkt der Aussaat geräumt werden können. Unkrautfreie Beete bevorzugen! Klima und Standort: Wächst überall. Wasser- und Temperaturansprüche gering. Optimale Keimtemperatur liegt bei 15 °C. Fröste rufen Blattschäden hervor. Im lichten Schatten von Obstbäumen Anbau noch möglich. Boden: Humoser, kalkhaltiger Lehm. Auf schweren Böden ist der Anbau oft schwierig! Säen und Pflanzen: Freilandaussaaten sind immer möglich, vorteilhaft sät man zwischen Anfang August und der ersten Septemberwoche, denn zu dieser Zeit stehen ausreichend abgeräumte Beete zur Verfügung. Aussaat im August für die Herbsternte. Spätere Aussaaten für die Ernte im folgenden Frühjahr. Reihensaat erleichtert Unkrautbekämpfung und Ernte. 1 cm in der Reihe säen, damit der Bestand gut schließt. Saatbeet vorbereiten, freihalten von Unkraut, vor allem von Vogelmiere. Bis zum Auflaufen der Sämlinge reichlich wässern. Saatgut etwa 1–2 cm mit Komposterde übersieben. Für die Saat ca. 2 g/m² Saatgut rechnen. Pflege und Düngung: Freihalten von Unkraut, bei entsprechender Vorkultur ist nur eine mäßige Düngung notwendig, z. B. bei Wachstumsstockungen nach dem Aufgang. Dann ist eine mäßige Kopfdüngung mit einem Blau-Volldünger angebracht, der kräftig angegossen wird (etwa 20–30 g/m²). Nährstoffmangel wird durch kümmerliche Blätter von gelblicher Färbung angezeigt. Nie auf frisch mit Stallmist gedüngte Böden aussäen. Pflanzenschutz: Bei zu dichtem Bestand tritt Mehltau auf. Mehltautolerante Sorten verwenden. Pilzkrankheiten sollte man nicht mit Pflanzenschutzmitteln behandeln, da das Rückstandsrisiko zu groß ist. Ernte: Je nach Aussaatzeitpunkt, wenn die Rosetten voll ausgebildet sind, entweder im Spätherbst oder im Frühjahr. Die ganze Blattrosette dicht über dem Boden abschneiden. Verarbeiten und Lagern: als Rohkostsalat oder in Mischsalaten. Um den Geschmack des Feldsalats nicht zu überdecken, sollte er mit einer einfachen Soße angerichtet werden, z. B. aus Zitronensaft (oder Weinessig), Pfeffer, Salz und Salatöl, etwas feingehackte Zwiebel oder Schnittlauch. Oder die Salatschüssel mit einer Knoblauchzehe ausreiben. Freilandaussaaten im Winter mit Reisig oder Vlies vor Kahlfrösten schützen. Rosettenartiger Wuchs, für Herbsternte und Überwinterung. Sorten: 'Dunkelgrüner Vollherziger', sehr zarte Blätter. 'Vit', mehltautolerant für Anbau unter Folie bzw. Glas, sehr raschwüchsig, großes Samenkorn. 'Verella', mehltauresistent, runde Blätter, für Herbst und Winteranbau unter Glas wie Freiland. 'Holländischer Breitblättriger', großblättrige Sorte, langes und schmales Blatt. Nur für die Herbsternte geeignet. Sehr großes Samenkorn.

Zwiebelgemüse

Knoblauch

Allium sativum Liliaceae = Liliengewächse

Höhe in cm	0	5	10	**25**	**50**	**75**	100	150	200	250	300	mehr
Aussaatzeit unter Glas	Jan	Feb	März	Apr	Mai	Juni	Juli	Aug	Sept	Okt	Nov	Dez
Aussaatzeit Freiland	Jan	Feb	März	Apr	Mai	Juni	Juli	Aug	Sept	Okt	Nov	Dez
Pflanzzeit	Jan	Feb	März	**Apr**	Mai	Juni	Juli	Aug	**Sept**	**Okt**	Nov	Dez

durchschn. Kulturdauer in Wochen 18–20

Pflanzenabstand in cm 15 Reihenabstand in cm 20

Die Heimat des Knoblauchs ist der Orient und Ostindien. Im alten Ägypten wurde er als heilige Pflanze angesehen. Heute fast auf der ganzen Erde kultiviert. Knoblauch ist in wärmeren Gebieten mehrjährig, durch Nebenzwiebelbildung (Zehen) leicht vermehrbar. Der Blütenstengel trägt meist unfruchtbare Blüten, dazwischen entwickelt sich aber eine Vielzahl von Brutzwiebeln. Die Zwiebel enthält ätherisches Öl, das eine antibakterielle, fäulnis- und gärungswidrige Wirkung hat.
Klima und Standort: Trocken, warm, luftig. Boden: Sandige, tiefgründige Lehmböden, schweren Böden Sand beimischen. Säen und Pflanzen: Keine Aussaat. Entweder die Zehen pflanzen oder die Brutzwiebeln von der Blütendolde. In südlichen Ländern wird zweimal gepflanzt: im April, Ernte Juli/Aug., und im Oktober mit Ernte im Frühjahr. Herbstanbau ist immer sicherer. Zehen 2 cm hoch mit Sand übersieben. Pflege und Düngung: Häufiger hacken. Wird Knoblauch auf die zweite Stallmisttracht gebracht, also auf altgedüngte Böden, ist eine Nachdüngung nicht erforderlich. Kurz vor der Pflanzung gut verrotteten Kompost untergraben, dem Sand beigemischt wurde. Ernte: Etwa im August, wenn die Pflanzen dürr sind. Pflanzen ausgraben. Verarbeiten und Lagern: Würzmittel für Salate, Soßen, Gemüse und Fleischspeisen. Zur Lagerung die Pflanzen am Stengel bündeln und luftig aufhängen.

Schnittknoblauch

Allium tuberosum Liliaceae = Liliengewächse

Höhe in cm	0	5	10	**25**	50	75	100	150	200	250	300	mehr
Aussaatzeit unter Glas	Jan	**Feb**	**März**	Apr	Mai	Juni	Juli	Aug	Sept	Okt	Nov	Dez
Aussaatzeit Freiland	Jan	Feb	März	**Apr**	**Mai**	Juni	Juli	Aug	Sept	Okt	Nov	Dez
Pflanzzeit	Jan	Feb	März	Apr	**Mai**	Juni	Juli	Aug	Sept	Okt	Nov	Dez

Nach der Saat etwa 6–8 Wochen durchschn. Kulturdauer mehrj.

Pflanzenabstand in cm 3–5 Reihenabstand in cm 20

Der Schnittknoblauch hat sein natürliches Verbreitungsgebiet in China und Japan und wird heute in ganz Ostasien angebaut. Die Blätter sind grasartig, im Querschnitt 3kantig und etwa 4–5 mm breit. Die Zwiebel ist etwa 1–2 cm breit und mit grauweißen Zwiebelhäutchen umschlossen. Schon im ersten Jahr nach der Aussaat werden Nebenzwiebeln gebildet, dadurch rasche Ausbreitung möglich.
Klima und Standort: Nicht so hohe Ansprüche wie Knoblauch, verträgt lichten Schatten und auch kühlere Jahresdurchschnittstemperaturen. Boden: Sandig-lehmige humose Böden, viel Feuchtigkeit und ausreichende Nährstoffgaben. Säen und Pflanzen: Aussaat an Ort und Stelle, entweder breitwürfig oder in Reihen. Das Saatgut wird leicht mit Komposterde übersiebt und eingewässert. Anzucht im Frühbeet: In eine Tomatensteige kommen 6–8 g Saatgut. Die dichtstehenden Setzlinge haben sich innerhalb 6–8 Wochen so gut entwickelt, daß sie büschelweise auf 25×25 cm ausgepflanzt werden können. Pflege und Düngung: Boden offen halten. Bei anhaltender Trockenheit gut wässern. Im Herbst oder zeitigen Frühjahr reifen Kompost, der mit Gesteinsmehl vermischt ist, etwa 0,5 cm einstreuen. Ernte: Im ersten Jahr nach der Aussaat können die Blätter als Würze abgeschnitten werden. Verarbeiten: Die frischen Blätter zu Salaten und anderen Gerichten reichen.

Küchenzwiebel

Allium cepa — Liliaceae = Liliengewächse

Höhe in cm	0	5	10	25	50	75	100	150	200	250	300	mehr
Aussaatzeit unter Glas	Jan	Feb	März	Apr	Mai	Juni	Juli	Aug	Sept	Okt	Nov	Dez
Aussaatzeit Freiland	Jan	Feb	März	Apr	Mai	Juni	Juli	Aug	Sept	Okt	Nov	Dez
Pflanzzeit	Jan	Feb	März	Apr	Mai	Juni	Juli	Aug	Sept	Okt	Nov	Dez

durchschn. Kulturdauer in Wochen 18

Pflanzenabstand in cm 6–8 — Reihenabstand in cm 30–40

Wildarten unserer Küchenzwiebel werden noch heute wie zur Zeit der alten Ägypter vor etwa 3500 Jahren von einigen Völkern verzehrt. Die Römer kannten, wie wir wissen, schon Sorten der Küchenzwiebel. Die Heimat der Küchenzwiebel wird im westlichen Asien vermutet. Sie ist eine zweijährige Pflanze und erreicht im zweiten Jahr – Blüte im Juni bis August – eine Höhe von fast 1 m. Im Gartenbau wird sie jedoch einjährig kultiviert. Die Blätter (Schlotten) sind stilrund und hohl. Die Zwiebel wurzelt nicht allzu tief; sie ist ein idealer Partner für den Fruchtwechsel und zur Mischkultur. Als Vorfrüchte eignen sich alle Hackfrüchte, aber auch Gurken oder Tomaten. Als Misch- bzw. Untersaaten kommen Petersilie oder Spinat in Frage.

Klima und Standort: Helle, warme und trockene Standorte werden bevorzugt. Klimabereiche mit viel Niederschlägen, vor allem im Sommer, scheiden für den Anbau aus. Die Frostempfindlichkeit ist von Sorte zu Sorte verschieden; es werden noch Barfröste bis −8°C ertragen. Boden: Der Boden sollte sich schnell erwärmen, humusreich und tiefgründig sein. Von Vorteil sind sandige Lehmböden. Säen und Pflanzen: Man unterscheidet drei Arten des Anbaus: Aussaat an Ort und Stelle im zeitigen Frühjahr, etwa März, in Reihen und späteres Ausdünnen. Aussaat in ein Mistbeet etwa im März, Auspflanzen auf den endgültigen Standort im Mai. Anbau von Steckzwiebeln, die im März gesteckt werden. Pflege und Düngung: Freilandsaaten müssen häufig gehackt werden, vor allem, damit der Boden bei Trockenheit nicht zu viel Wasser verdunstet. Vorsichtig hacken, die Zwiebel wurzelt flach. Zu dicht stehende Pflanzen ab Mitte Mai verziehen. Vor der Aussaat den Boden gründlich bis auf 15 cm Tiefe lockern, dabei gleichzeitig gut verrotteten Mist oder Kompost untergraben. Nie frischen Mist verwenden. Den beträchtlichen Kalibedarf deckt man durch Einarbeiten von Gesteinsmehl. Pflanzenschutz: Keinen Nachbau mit anderen Allium-Arten vornehmen. Welke Zwiebelsämlinge sofort vernichten. Die Zwiebelminierfliege (weiße Linien od. Flecken auf den Schlotten) mit verdünnter Brennesseljauche bekämpfen. Dazwischen gepflanzte Petersilie vertreibt die Lauch- oder Zwiebelmotte. Ernte: Die im Frühjahr ausgesäten Zwiebeln sind ab August bis Oktober erntereif. Steckzwiebeln etwa Mitte Juli. Die Zwiebel ist reif, wenn die Schlotten sich gelbbraun verfärben. Mit der Grabgabel werden die Pflanzen ausgegraben und an Ort und Stelle zum Trocknen ausgebreitet. Verarbeiten und Lagern: Sehr vielseitig, zum Beispiel als Beigabe zu Fleisch-, Gemüse- und Salatgerichten, frisch, gekocht, gedünstet oder gebraten. Gelagert wird in einem luftigen, trockenen, frostfreien Raum. Zum Aufhängen im Dachboden kann man die Zwiebeln bündeln oder zu Zöpfen flechten. In diesem Fall schneidet man die Schlotten nicht oder nur teilweise ab. Die Zwiebeln sollten verbraucht sein, bevor sie im Lager anfangen auszutreiben. Sorten: 'Allround', gute Speisezwiebel, mit guter Lagerfähigkeit bis in den Mai des folgenden Jahres. 'Express Yellow', Überwinterungszwiebel für die Aussaat im August, Ernte ab Ende April. 'Piroska', Sommerzwiebel, dunkelrot, sehr gut lagerfähig. 'Weiße Frühlingszwiebel', Aussaat August, Mai des folgenden Jahres erntereif, als Bundzwiebel verwendbar. Die Zwiebelsorten sind sehr unterschiedlich nach Form, Farbe, Größe sowie nach Schärfe und Geschmack. Die großen weißhäutigen Zwiebeln eignen sich sehr gut als Gemüse, die blauroten sind verhältnismäßig mild. Beide Sorten lassen sich wegen ihres höheren Saftgehaltes weniger lang lagern. Zwiebeln mit scharfem Aroma eher zum Würzen verwenden.

Luftzwiebel, Etagenzwiebel

Allium cepa var. proliferum Liliaceae = Liliengewächse

Höhe in cm	0	5	10	25	50	75	100	150	200	250	300	mehr
Aussaatzeit unter Glas	Jan	Feb	März	Apr	Mai	Juni	Juli	Aug	Sept	Okt	Nov	Dez
Aussaatzeit Freiland	Jan	Feb	März	Apr	Mai	Juni	Juli	Aug	Sept	Okt	Nov	Dez
Pflanzzeit	Jan	Feb	März	Apr	Mai	Juni	Juli	Aug	Sept	Okt	Nov	Dez

durchschn. Kulturdauer mehrj.

Pflanzenabstand in cm 10–20 Reihenabstand in cm 20

Die Luftzwiebel wird wegen ihrer schmackhaften Zwiebeln einjährig kultiviert. Es ist eine Pflanze von höchst eigenartigem Aussehen. Am oberen Ende eines 50–75 cm hohen Schaftes entsteht eine Krone aus Brutzwiebeln, die immer schwerer wird und sich schließlich zu Boden neigt. Die Brutzwiebeln wurzeln an, wodurch wieder neue Pflanzen entstehen. Die an der Basis verdickten, hohlen, dunkel blaugrünen Blätter reichen nur bis zur Hälfte des Schaftes. Im Boden befindliche Zwiebeln entwickeln sich kaum weiter.
Klima und Standort: Überall in Mitteleuropa, volle Sonne wird bevorzugt. Boden: Nährstoffreich, pH-Wert sollte zwischen 6,0 und 7,0 liegen. Pflege und Düngung: Nährstoffreicher Boden braucht nicht nachgedüngt zu werden. Säen und Pflanzen: Die Brutzwiebeln werden im Frühjahr oder Sommer 1 cm tief im Abstand von 10–20 cm in Reihen in den Boden gesteckt. Ernte: Der oberirdische Teil der Pflanzen wird im Spätsommer, wenn die Brutzwiebeln ausgebildet sind, abgeschnitten; sie treiben bald wieder aus und liefern junges, erntefertiges Grün. Verarbeiten und Lagern: Die Brutzwiebeln verfeinern das Aroma von warmen Gerichten und Salaten, auch als Cocktailzwiebeln geschätzt. Die abgeschnittenen Stengel mit den Brutzwiebeln an einem kühlen, trockenen Ort aufhängen.

Schalotte, Eschlauch, Aschlauch

Allium ascalonicum Liliaceae = Liliengewächse

Höhe in cm	0	5	10	25	50	75	100	150	200	250	300	mehr
Aussaatzeit unter Glas	Jan	Feb	März	Apr	Mai	Juni	Juli	Aug	Sept	Okt	Nov	Dez
Aussaatzeit Freiland	Jan	Feb	März	Apr	Mai	Juni	Juli	Aug	Sept	Okt	Nov	Dez
Pflanzzeit	Jan	Feb	März	Apr	Mai	Juni	Juli	Aug	Sept	Okt	Nov	Dez

durchschn. Kulturdauer in Wochen 20

Pflanzenabstand in cm 15 Reihenabstand in cm 25

Der Name Schalotte oder Eschlauch leitet sich von der Stadt Askalon in Palästina ab. In der Natur kommt die Schalotte in Vorderasien und im Orient vor. Nach Mitteleuropa kam die Pflanze durch die Kreuzfahrer. Die Zwiebel ist länglich eiförmig mit dünnen violetten Häutchen, die zur Reifezeit braungelb werden. Die Hauptzwiebel bildet reichlich Nebenzwiebeln. Der Blütenstand trägt zahlreiche kleine Brutzwiebeln.
Klima und Standort: Wärmste Standorte; da Zwiebeln bei −10 °C absterben, ist bei der Herbst- bis Frühjahrskultur Winterschutz notwendig. In winterfeuchten Gebieten ist meist Frühjahrsanbau üblich. Boden: Leichte, sandige Böden, die altgedüngt sein sollen. Säen und Pflanzen: Aussaat kommt selten in Frage. Es werden entweder die Brutzwiebeln oder auch die Nebenzwiebeln gelegt. Vor dem Pflanzen den Boden gründlich lockern. Die Zwiebel wird etwa 5 cm tief in den Boden gelegt und mit gut verrottetem Kompost abgedeckt. Pflanzabstand 25 × 15 cm. Pflege und Düngung: Boden lockern, bei Herbstpflanzung Winterschutz mit Kompost-Sandgemisch aufbringen, etwa 3–4 cm. Ernte: Wenn die Blätter zu welken beginnen, etwa Juli/August, Zwiebel aus dem Boden ziehen und trocknen lassen. Verarbeiten und Lagern: Als Gewürz in Salaten, zum anderen als Konserve oder mit Gurken eingelegt. Die getrockneten Zwiebeln werden in einem luftigen Raum aufbewahrt.

Lauch, Porree

Allium porrum Liliaceae = Liliengewächse

Höhe in cm	0	5	10	25	50	75	100	150	200	250	300	mehr
Aussaatzeit unter Glas	Jan	Feb	März	Apr	Mai	Juni	Juli	Aug	Sept	Okt	Nov	Dez
Aussaatzeit Freiland	Jan	Feb	März	Apr	Mai	Juni	Juli	Aug	Sept	Okt	Nov	Dez
Pflanzzeit	Jan	Feb	März	Apr	Mai	Juni	Juli	Aug	Sept	Okt	Nov	Dez

Nach der Saat etwa 5 Wochen durchschn. Kulturdauer in Wochen siehe unten

Pflanzenabstand in cm 15–20 Reihenabstand in cm 30

Porree ist wild nicht bekannt. Seine Heimat liegt vermutlich im östlichen Mittelmeergebiet. Er stammt möglicherweise von *Allium ampeloprasum*, dem Acker-Knoblauch, ab. Verbreitung in ganz Europa sowie in Nordamerika. Dem Porree ähnliche Pflanzen wurden schon in altägyptischen Gräbern gefunden. Durch Einhaltung verschiedener Pflanztermine und durch die Sortenwahl ist es möglich, beinahe das ganze Jahr hindurch Porree zu ernten. In Mischkulturen mit Salatarten oder Gurke hat sich Porree besonders bewährt. Als Vorfrucht eignen sich alle Frühgemüse und Salate, außer Zwiebelarten.
Klima und Standort: Schatten wird nicht vertragen. Wärmeansprüche sind relativ gering, ähnlich wie bei Feldsalat. Dagegen ist der Feuchtigkeitsbedarf hoch, wie bei Kraut oder Rhabarber. Boden: Humusreiche, fette Lehmböden. Porree hinterläßt durch sein tiefgreifendes Wurzelwerk den Boden im besten Zustand; man spricht von ihm als einer Bodengesundungspflanze! Säen und Pflanzen: Unter bestimmten Voraussetzungen, geheizte Gewächshäuser oder Mistbeetkästen, kann Porree fast das ganze Jahr angebaut werden. Frühanbau: Aussaattermin Januar, Pflanzung April, Ernte Juni. Sommerlauch: Aussaat Februar, Pflanzung Mai, Ernte August. Herbstlauch: Aussaat März/April, Pflanzung Ende Mai bis Mitte Juni, Ernte ab September bis November. Winterlauch: Aussaat Mai/Juni, Pflanzung Juli/August, Ernte April. Schadlos überwinternde Kulturen sind nur in schneearmen Lagen möglich. Frost schadet einigen Sorten dagegen wenig. Pflege und Düngung: Vor dem Pflanzen Beet tief umgraben. Reichlich mit verrottetem Stallmist düngen. Durch mehrmaliges Anhäufeln kann man die Schaftlänge erheblich verlängern. Pflanzenschutz: Nie mit frischem Mist düngen, begünstigt die schädliche Zwiebelfliege. Ernterückstände (Blätter) nicht auf dem Feld lassen. Porree und Möhren bilden eine ausgewogene Pflanzengemeinschaft. Sie unterstützten sich gegenseitig bei der Schädlingsvermeidung. Der herbe Möhrengeruch vertreibt die Lauchmotte, während der Lauchgeruch die Möhrenfliege fernhält. Ernte: Je nach Aussaattermin. Die Pflanzen mit dem Spaten ausheben, Wurzeln und zu lange Blätter abschneiden. Winterlauch nach Bedarf ernten. Verarbeiten und Lagern: Zu Gemüse oder Suppen. Ab Februar/März im Keller, dort sind einige Sorten bis Mai lagerfähig. Heute werden die möglichst langen weißen Stangen des Porrees auch als Delikatesse in der Küche zubereitet, gratiniert oder auch im Ganzen gekocht und mit Butter überstrichen wie Spargel serviert. Dünn aufgeschnitten lassen sich rohe Stangen als Salat zubereiten, und das harte Blattwerk ist ein unentbehrlicher Bestandteil von Suppengrün. Lauch enthält an Vitaminen B_1, B_2, E und C sowie Karotin (= Provitamin A). Lauch kann in kühlen Kellern eingesandet werden oder in Einschlägen im Freien überwintern. „Winterharte" Sorten können auf ihren Beeten bleiben. Doch empfiehlt sich ein Schutz gegen Schneedruck, zum Beispiel mehrere Schichten Tannenreisig zu beiden Seiten einer Reihe. Sorten: 'Früher Sommer', 'Stamm Bernina' für Sommer- und Herbstanbau, auch zum Treiben. 'Winterriesen', 'Stamm Alaska', Winterlauch, besonders widerstandsfähig gegen Frost. Bei Tiefpflanzung schöne Schaftbildung. 'Suprella', Herbst und Winteranbau, Schaftlänge 15–18 cm.

Schnittlauch

Allium schoenoprasum — Liliaceae = Liliengewächse

Höhe in cm	0	5	10	25	50	75	100	150	200	250	300	mehr
Aussaatzeit unter Glas	Jan	Feb	März	Apr	Mai	Juni	Juli	Aug	Sept	Okt	Nov	Dez
Aussaatzeit Freiland	Jan	Feb	März	Apr	Mai	Juni	Juli	Aug	Sept	Okt	Nov	Dez
Pflanzzeit	Jan	Feb	März	Apr	Mai	Juni	Juli	Aug	Sept	Okt	Nov	Dez

durchschn. Kulturdauer mehrj.

Pflanzenabstand in cm 20 — Reihenabstand in cm 20

Das Verbreitungsgebiet erstreckt sich über ganz Europa, Sibirien, Ostasien und Nordamerika. Bei uns kommt Schnittlauch wild an Flußufern und auf nassen Wiesen vor; von der Ebene bis ins Gebirge.
Klima und Standort: Hell und feucht. Absolut frosthart. Boden: Feuchte, sandige Lehmböden mit guter Humusversorgung, fast alle Böden, solange diese nicht zum Austrocknen neigen. Säen und Pflanzen: Ausgesät wird sehr dicht in der Reihe. Ab Ende Juni, je nach Aussaattermin, Pflanzenballen herausnehmen und im angegebenen Abstand pflanzen. Alte Wurzelballen, etwa 3- bis 4jährig, können problemlos geteilt werden. Pflege und Düngung: Freihalten von Unkraut, Blüten entfernen. Schnittlauch ist wasser- und nährstoffbedürftig. Laufende Kompostgaben sowie verrotteten Stallmist im Frühjahr und Herbst verabreichen. Ernte: Es wird das grüne Kraut abgeschnitten, der Stock treibt nach kurzer Zeit wieder neu durch, 2- bis 3mal kann an einem Stock geschnitten werden. Verarbeiten und Lagern: Frisch als Würze zu Salaten, Suppen und Gemüse. Im Oktober die Stöcke ausgraben und umkehren, also mit der Wurzel nach oben, damit das Kraut abstirbt. Anfang November in 10–11 cm große Töpfe einpflanzen und in einem geheizten, hellen Raum aufstellen, hier neuer Austrieb. Sorten: ‘Schnittlauch Feiner‘, feinröhrig. ‘Schnittlauch Grolau‘, grobröhrig, für Freiland und Treiberei.

Winterheckzwiebel

Allium fistulosum — Liliaceae = Liliengewächse

Höhe in cm	0	5	10	25	50	75	100	150	200	250	300	mehr
Aussaatzeit unter Glas	Jan	Feb	März	Apr	Mai	Juni	Juli	Aug	Sept	Okt	Nov	Dez
Aussaatzeit Freiland	Jan	Feb	März	Apr	Mai	Juni	Juli	Aug	Sept	Okt	Nov	Dez
Pflanzzeit	Jan	Feb	März	Apr	Mai	Juni	Juli	Aug	Sept	Okt	Nov	Dez

durchschn. Kulturdauer mehrj.

Pflanzenabstand in cm 20 — Reihenabstand in cm 30

Die Pflanze ist nur aus der Kultur bekannt, als Urheimat wird Zentral- und Westchina angenommen. Im Gegensatz zur Küchenzwiebel sind die Stengel wie die Blätter über die ganze Mitte bauchig aufgeblasen. Die weiße Blüte erscheint etwa Juli/August und wird gern von Bienen besucht. Die Zwiebel ist länglich, walzenförmig, aber kaum ausgebildet. Um die Hauptzwiebel wachsen in den Achseln der abgestorbenen Blätter viele Nebenzwiebeln. So bilden sich kräftige Zwiebelstöcke.
Klima und Standort: Sonnige, warme Lagen, die windgeschützt sein sollten, da trockene Winterwinde das Laub vertrocknen lassen. Boden: Lehmige, sandige Böden, die gut mit Humus versorgt sind. Säen und Pflanzen: Am besten wird die Pflanze im Frühjahr geteilt und im angegebenen Abstand gepflanzt. Für den Hausgarten reichen 2–3 Pflanzen. Alle 3–4 Jahre den Standort wechseln. Pflege und Düngung: Der Pflegeaufwand ist gering, freihalten von Unkraut. Düngung mit reifem Kompost im Spätherbst, etwa 1–2 cm um den Zwiebelstock herum. Im Frühjahr kann abgelagerter Mist übergestreut werden. Bei längerer Trockenheit gut wässern. Ernte: Die Winterheckzwiebel treibt im zeitigen Frühjahr vor dem Schnittlauch aus. Sie wird wie Schnittlauch geerntet (Zwiebelröhren). Verarbeiten und Lagern: Wertvolles Würzkraut im Winter, ähnlich wie Schnittlauch. Blätter frisch verarbeiten.

Wurzelgemüse

Knollensellerie, Wurzelsellerie

Apium graveolens var. rapaceum Apiaceae = Doldenblütler

Höhe in cm	0	5	10	25	**50**	**75**	**100**	150	200	250	300	mehr
Aussaatzeit unter Glas	Jan	**Feb**	**März**	Apr	Mai	Juni	Juli	Aug	Sept	Okt	Nov	Dez
Aussaatzeit Freiland	Jan	Feb	März	Apr	Mai	Juni	Juli	Aug	Sept	Okt	Nov	Dez
Pflanzzeit	Jan	Feb	März	Apr	**Mai**	**Juni**	Juli	Aug	Sept	Okt	Nov	Dez

Nach der Saat etwa 12 Wochen — durchschn. Kulturdauer in Wochen 16 und mehr

Pflanzenabstand in cm 40 — Reihenabstand in cm 40

Obwohl die Wildform des Selleries auch in Mitteleuropa heimisch ist, kam die Pflanze erst im frühen Mittelalter als Kulturpflanze zu uns. Sellerie ist eine ideale Zwischenfrucht, so z. B. zwischen Gurken, Kopfsalat, Blumenkohl oder Lauch.
Klima und Standort: Die Ansprüche an Licht sind hoch, lichter Schatten wird gerade noch vertragen. Boden: Der Boden soll nährstoffreich, humos und wasserhaltend sein. Säen und Pflanzen: Sellerie wird vorkultiviert; Aussaat im Gewächshaus oder in den Mistbeetkasten. Niedrige Temperaturen während der Anzucht fördern das Schossen. Sellerie nicht zu tief pflanzen, da sonst eine ungenügende Knollenbildung erfolgt. Pflege und Düngung: Im Hochsommer, bei trockenem Wetter gründlich wässern. Nie frischen Stallmist verwenden. Pflanzenschutz: Fruchtwechsel betreiben. Keine anderen Doldenblütler als Vorfrucht setzen. Maden der Selleriefliege absammeln. Gegen Erdflöhe Holzasche streuen. Ernte: Die Knollen sind reif, wenn die äußeren Blätter vergilben. Verarbeiten und Lagern: Die jungen Blätter frisch als Würze zu Suppen oder Fleischgerichten, die Knolle gekocht, als Salat oder Beigabe in Suppen. Zur Lagerung ungewaschen in einem luftigen Keller in leicht angefeuchteten Sand einschlagen. Sorten: 'Bergers weiße Kugel' mit großer, glatter und runder Knolle. 'Monarch' mit weißem, festen Fleisch.

Kerbelrübe

Chaerophyllum bulbosum Apiaceae = Doldenblütler

Höhe in cm	0	5	10	25	50	75	**100**	**150**	**200**	250	300	mehr
Aussaatzeit unter Glas	Jan	Feb	März	Apr	Mai	Juni	Juli	Aug	Sept	Okt	Nov	Dez
Aussaatzeit Freiland	Jan	Feb	**März**	Apr	Mai	Juni	Juli	**Aug**	**Sept**	**Okt**	Nov	Dez
Pflanzzeit	Jan	Feb	März	Apr	Mai	Juni	Juli	Aug	Sept	Okt	Nov	Dez

durchschn. Kulturdauer in Wochen einj. und mehr

Pflanzenabstand in cm 5 — Reihenabstand in cm 20–25

Die Kerbelrübe ist in Mittel- und Osteuropa verbreitet. Sie wächst meist gesellig zwischen Gebüsch, in feuchten Wäldern, an Waldrändern und an Flußufern. Die Pflanze ist ein- bis mehrjährig. Die Wurzeln sind rüben- bis knollenförmig, bis 10 cm lang, 3–6 cm dick und aromatisch. Der Anbau ist erst seit dem Mittelalter bekannt, jedoch etwas schwierig.
Klima und Standort: Keine großen Ansprüche, auch lichter Schatten oder Gehölzränder. Boden: Sandiger, nicht zum Austrocknen neigender Lehmboden. Im Garten steht die Pflanze in der 2. oder 3. Stallmisttracht. Säen und Pflanzen: Die Kultur ist 1- bis 2jährig. Saatgut kommt frisch geerntet in den Boden (Keimkraft 1 Jahr), leicht mit Komposterde übersieben. Die Keimung erfolgt im Frühjahr des folgenden Jahres. Wird im Frühjahr gesät, muß das Saatgut stratifiziert werden. Pflege und Düngung: Beet von Unkraut freihalten, nicht austrocknen lassen. Während des Wachstums kann mit aufgeschlämmtem Mist flüssig gedüngt werden. Ernte: Etwa Ende Juni, wenn die Pflanzen vergilben. Die kleinsten Rüben wieder einpflanzen. Da die Rüben durch Liegen schmackhafter werden, erst im Oktober/November für Speisezwecke gebrauchen. Von blühenden Pflanzen nicht die Wurzeln verwenden. Verarbeiten und Lagern: Gelagerte Kerbelrüben wie Kartoffeln kochen oder rösten. Lagerung, in Sand eingeschlagen, im Keller ist möglich.

Karotten 'Nantes'

Gelbe Rübe, Karotte

Daucus carota ssp. sativus — Apiaceae = Doldenblütler

Höhe in cm	0	5	10	25	50	75	100	150	200	250	300	mehr
Aussaatzeit unter Glas	Jan	Feb	März	Apr	Mai	Juni	Juli	Aug	Sept	Okt	Nov	Dez
Aussaatzeit Freiland	Jan	Feb	März	Apr	Mai	Juni	Juli	Aug	Sept	Okt	Nov	Dez
Pflanzzeit	Jan	Feb	März	Apr	Mai	Juni	Juli	Aug	Sept	Okt	Nov	Dez

Nach der Saat etwa 4 Wochen — durchschn. Kulturdauer in Wochen 10–18

Pflanzenabstand in cm 2–5 — Reihenabstand in cm 25–35

Über die Entstehung der Gelben Rübe (Möhre, Karotte, Mohrrübe) werden verschiedene Ansichten vertreten. Wahrscheinlich wurde sie im 13. oder 14. Jahrhundert über die arabischen Länder nach Westeuropa eingeführt. Die Gelbe Rübe war schon den alten Römern bekannt, was die Bezeichnung Karotte (lat. und griech. Ursprungs) beweist. Sie ist wegen ihres angenehmen Aromas, des hohen Nähr- und Heilwertes und wegen der geringen Kalorienzahl sowie der vielfältigen Verwendungsarten eine der beliebtesten Gemüsearten. Schon im Altertum wurde das Öl der Gelben Rübe als Mittel gegen Darmparasiten eingesetzt. Die Wurzel ist sehr reich an Karotin (Provitamin A), Vitamin C, ferner an Vitaminen der Gruppe B, vor allem B_1, an Kalzium, Magnesium, Jod und Eisen. Der hohe Kaligehalt wirkt harn- und wassertreibend. Möhrensaft fördert die Ausscheidung von Zucker, hilft bei Magen und Darmträgheit und wirkt günstig bei Leber- und Gallenstörungen. Vermutlich ist die heutige Gelbe Rübe eine Kreuzung aus der heimischen Wilden Möhre und der mittelmeerländischen Riesenmöhre. Die Pflanze ist 2jährig, im 2. Jahr Samenbildung, wobei die Reservestoffe der Rübenwurzel verbraucht werden. Im Gartenbau wird sie einjährig gezogen, am besten auf mit Stallmist gedüngte Kulturen folgend, wie Kohl, Tomaten oder Gurken. Für die Mischkultur eignen sich Radieschen, Lauch oder Salatarten.

Klima und Standort: Die Wildmöhre tritt häufig auf Magerwiesen auf. Das sollte aber nicht dazu verleiten, die Kulturmöhre trocken zu halten, vielmehr ist eine geregelte Wasserversorgung nötig. Der Standort sollte sonnig und warm sein. Boden: Am besten geeignet ist ein tiefgründiger, lehmiger Sandboden mit guter Humusversorgung, aber auch reiner Sandboden. Säen und Pflanzen: Am günstigsten ist die Aussaat in Reihen an Ort und Stelle, nicht zu dünn säen. Saattiefe 3 cm. Da Möhren teilweise 4 Wochen Keimzeit haben, sollte zur Kennzeichnung der Reihen schnell keimender Pflück- oder Schnittsalat dem Saatgut beigemengt werden. Die Saattiefe sollte bei 3 cm liegen, was durch Übersieben mit Kompost erreicht wird, anschließend gründlich wässern. Pflege und Düngung: Regelmäßig hacken. Ab dem 3. bis 4. Blatt vereinzeln. Die Abstände sind je nach Sorte unterschiedlich. Kleine Sorten 2–3 cm, Spätsorten 4–5 cm in der Reihe. Vor der Saat reifen Kompost untergraben, aber keinen Mist verwenden. Alle 2–3 Jahre Gesteinsmehl unter die Erde mischen, um den Mineralstoffgehalt zu ergänzen. Pflanzenschutz: Am häufigsten tritt die Möhrenfliege auf, die durch frühe Saat, März/April oder sehr späte Saat, Mitte Juni (letzter Saattermin), am besten abgehalten wird. Regelmäßigen Fruchtwechsel betreiben. Nachbau von Doldenblütlern jedoch vermeiden. Ernte: Hängt vom Aussaattermin und von der Sorte ab. Die Erntereife wird angezeigt, wenn sich die Blätter rotbraun bzw. gelb verfärben. Auf jeden Fall vor Frosteintritt, da die Rüben nicht frosthart sind. Für die Lagerung müssen die Blätter braun werden. Verarbeiten und Lagern: Zu Gemüse oder zum Rohverzehr, Lagerung in Mieten, im Kühlschrank bei +1 °C, im Keller kurzfristig oder in Sand einschlagen; je kühler der Keller ist, desto länger halten sich die Möhren. Bei sachgemäßer Lagerung der Rüben in leicht angefeuchtetem Sand, halten sie sich bis zur ersten Ernte früher Sorten speisefrisch. Heizungskeller scheiden als Lagerraum aus. Möhren können, allein oder mit anderem Gemüse, auch milchsauer eingelegt werden. Sorten: 'Gonsenheimer Treib' fürs Frühbeet. 'Juwarot' für Konservierung, Tiefgefrieren oder Lagern. 'Rotherz' für Freilandbau. 'Nantaise', Standortsorte für den frühen und späten Anbau bis Mitte Juni. Auch für etwas schwere Böden. 'Rothild' als ergiebige, robuste Lagersorte.

Pastinak

Pastinaca sativa — Apiaceae = Doldenblütler

Höhe in cm	0	5	10	25	**50**	**75**	**100**	150	200	250	300	mehr
Aussaatzeit unter Glas	Jan	Feb	März	**Apr**	Mai	Juni	Juli	Aug	Sept	Okt	Nov	Dez
Aussaatzeit Freiland	Jan	Feb	**März**	**Apr**	Mai	Juni	Juli	Aug	Sept	Okt	Nov	Dez
Pflanzzeit	Jan	Feb	März	Apr	**Mai**	Juni	Juli	Aug	Sept	Okt	Nov	Dez

Nach der Saat etwa 4 Wochen — durchschn. Kulturdauer in Wochen 26–30

Pflanzenabstand in cm 10–15 — Reihenabstand in cm 30–40

In ganz Europa verbreitet. Der Anbau war bis ins 18. Jahrhundert allgemein üblich, wurde aber durch Möhre und Kartoffel verdrängt. Zweijährige Pflanze mit goldgelben Doldenblüten im Juli/August. Als Vorkultur eignen sich Bohnen und Erbsen, in Mischkultur Schnittsalate.
Klima und Standort: Der Standort muß sonnig sein, die Wurzel ist vollkommen winterhart. Boden: Tiefgründige Böden. Sandige Lehmböden mit guter Humusversorgung sowie jeder kultivierte Gartenboden. Säen und Pflanzen: Aussaat in Reihen von 40 cm Abstand im zeitigen Frühjahr, sehr dünn säen. Saattiefe 2–3 cm, Saatgut mit Kompost übersieben. Frisches Saatgut verwenden, mehrjähriges Saatgut keimt schlecht. Zur Saatkennzeichnung Radieschen aussäen. Pflege und Düngung: Regelmäßiges Hacken. Haben die Pflanzen 4–5 Laubblätter, in der Reihe vereinzeln. Ernte: Blätter und Sprosse vor der Blüte. Die Wurzeln im ersten Jahr nach der Aussaat, vom Spätherbst bis in den Winter. Im 2. Jahr kann die Wurzel nicht mehr verwendet werden. Verarbeiten und Lagern: Junge Blätter und Sprosse als Beigabe in Kräutersuppen. Die Wurzel als Salatbeigabe, zu Suppen und Gemüse. Sorten: 'Halblange Weiße' für schwere Böden. 'Runde Pastinake' für Sommerernte, 'Lange große Weiße' nur für tiefgründige Böden. 'Suttons Student', eine keilförmige weiße Rübe, für alle Böden.

Zuckerwurzel

Sium sisarum — Apiaceae = Doldenblütler

Höhe in cm	0	5	10	25	**50**	**75**	**100**	**150**	200	250	300	mehr
Aussaatzeit unter Glas	Jan	**Feb**	März	Apr	Mai	Juni	Juli	Aug	Sept	Okt	Nov	Dez
Aussaatzeit Freiland	Jan	Feb	März	**Apr**	Mai	Juni	Juli	Aug	Sept	Okt	Nov	Dez
Pflanzzeit	Jan	Feb	März	Apr	**Mai**	Juni	Juli	Aug	Sept	Okt	Nov	Dez

Nach der Saat etwa 4 Wochen — durchschn. Kulturdauer mehrj.

Pflanzenabstand in cm 40 — Reihenabstand in cm 40

Die Zuckerwurzel wird heute nur noch selten angebaut. Sie stammt aus Rußland, von wo sie im Mittelalter (1560 erstmals erwähnt) zu uns kam. Gelegentlich findet man sie verwildert auf Schutthalden und in Weinbergen. Die Pflanze ist ausdauernd, hat einen fleischigen, kurztriebigen Wurzelstock. Die bei uns angebaute Form unterscheidet sich von der Wildform durch etwas dickere Wurzeln. Die Blüte ist weiß und erscheint im Juli/August.
Klima und Standort: Warme, nicht zu trockene Lagen, auch im lichten Schatten. Boden: Wächst auf jedem, nicht zu schweren Gartenboden. Säen und Pflanzen: Neben Aussaat ist eine Teilung des Wurzelstockes möglich. Kann im Spätherbst bei der Ernte der Wurzeln erfolgen. Pflege und Düngung: Hacken, bei Trockenheit wässern. Im zeitigen Frühjahr mit Kompost oder leicht verrottetem Stallmist düngen. Ernte: Im zweiten Jahr nach der Aussaat. Die 2–3 cm langen und 2 cm breiten Wurzeln mit der Grabgabel ausgraben, wenn die Grünmasse braun verfärbt ist. Verarbeiten und Lagern: Der Geschmack erinnert an Kerbelrüben. Die Wurzeln werden gebacken oder in Fleischbrühe gekocht. Die Wurzel wurde früher als Hausmittel *(Radix Sisar)* verwendet. Sie dient zur Weinherstellung wie auch zur Zubereitung von Kaffee-Ersatz. In Sand eingeschlagen 1–2 Monate lagerfähig.

Topinambur, Erdbirne

Helianthus tuberosus Asteraceae = Korbblütler

Höhe in cm	0	5	10	25	50	75	100	150	200	250	300	mehr
Aussaatzeit unter Glas	Jan	Feb	März	Apr	Mai	Juni	Juli	Aug	Sept	Okt	Nov	Dez
Aussaatzeit Freiland	Jan	Feb	März	Apr	Mai	Juni	Juli	Aug	Sept	Okt	Nov	Dez
Pflanzzeit	Jan	Feb	März	Apr	Mai	Juni	Juli	Aug	Sept	Okt	Nov	Dez

durchschn. Kulturdauer ausdauernd

Pflanzenabstand in cm 40 Reihenabstand in cm 50 und mehr

Die Erdbirne gehört zu den ausdauernden Arten der Sonnenblume. Sie wird bis zu 3 m hoch und trägt stets mehrere, nur 4–7 cm breite Blütenköpfchen. Sie ist als wuchernde Zier- oder Nutzpflanze, als Hecke am Zaun, haltbare Schnittblume für Bodenvasen sowie für das Gemüsebeet geeignet, wegen ihrer unterirdischen Vermehrung dagegen nicht für das Staudenbeet. Die Pflanze trägt ab September rotbraune bis hellgelbe Blüten. An den Wurzeln dieser aus Nordamerika stammenden Pflanze werden kartoffelähnliche Knollen ausgebildet. Vom Herbst bis zum nächsten Frühjahr können die Knollen geerntet werden. Sie enthalten außer Fruchtzucker (vor allem Inulin) Mineralstoffe wie Eisen, Silizium und Kalzium. Sie lassen sich wie Gemüse dünsten, in Eierkuchenteig backen, geraspelt zu Salaten verwenden und eignen sich auch zum Einfrieren. Kraut und Knollen dienen heute meist als Futtermittel für Forstbetriebe. Topinambur kommt auch verwildert vor. Die Pflanze wurde bereits von den Indianern Nordamerikas als Nutzpflanze kultiviert; seit dem 17. Jahrhundert hat die Erdbirne auch in Europa als Gemüsepflanze Bedeutung. Die ausdauernde Staude bildet aus der Sproßknolle heraus mehrere Sprosse mit rauhen, herzförmigen Blättern aus. Die Topinambur ist wegen ihres hohen Inulingehaltes besonders als Diätnahrung für Diabetiker geeignet.

Klima und Standort: Topinambur stellt keine besonderen Ansprüche an Temperatur und Standort; der geeignete Platz ist der, an dem auch Sonnenblumen gedeihen. Boden: Gut durchlüfteter, lockerer Boden mit ausreichender Wasserdrainage; keine Staunässe. Säen und Pflanzen: Die bis −30 °C frostharten Topinamburknollen können ab November ins Freiland gepflanzt werden, bis Mitte April. Spätere Aussaat mindert die Erträge. Ein- oder mehrjährige Kultur ist möglich. Pflege und Düngung: Als vorbereitende Bearbeitung des Bodens tiefgründige Lockerung und reichliche organische Düngung durch Einarbeiten von Komposterde, Stallmist verrottet oder Stallmist-Trockensubstanz. Im Frühjahr regelmäßiges Unkrautentfernen aus der Pflanzenerde. Ernte: Erst ab November Ausgraben der Sproßknollen. Die frostharten Knollen können auch den Winter über im Boden bleiben und nach Bedarf entnommen werden. Verarbeiten und Lagern: Knollen trocknen schnell ein und sind am besten mit Erdkontakt lagerfähig; Verwendung wie Kartoffeln, gedünstet, gekocht oder gebraten. Zum anderen wie Spargel, Blumenkohl und Kohlrabi. Die Knolle ist roh gut genießbar und hat einen nußartigen Geschmack. Sorten: Topinambur genießt Sortenschutz, d. h. es dürfen im Handel nur anerkannte Sorten abgegeben werden. 'Küppers rote Zonenkugel', späte Sorte, deren Kraut auch nach Frosteintritt noch grün ist. Die rote, weißgezonte Knolle wächst sich noch bis in den Winter hinein aus. Große Standfestigkeit, geeignet als Windschutz. 'Bianka', früheste, sommerblühend mit geringem Krautwuchs, aber hoher Ertrag unregelmäßiger, fruchtzuckerreicher Knollen. Für die Küche gut geeignet, wegen der Blüte auch interessant für Imker und Gartenfreunde durch blühende Hecken. 'Waldspindel', mittelfrüh mit schneller, hochgehender Krautentwicklung, große dunkelgrüne Blätter. Die spindelförmigen, violetten Knollen enthalten viel Inulin. 'Topianka', Gigant, starke Knollenbesetzung, hochgehendes Kraut mit guter Belaubung. „Erdschocken" ist die Bezeichnung der Knollen für Speisezwecke (keine Sortenbezeichnung). Zu empfehlen ist der Anbau mehrerer Sorten. Bezugsquelle: Topinambur-Saatzucht Kurt Marquardt, Sandstraße 16, 3105 Müden (Örtze).

Schwarzwurzel

Scorzonera hispanica Asteraceae = Korbblütler

Höhe in cm	0	5	10	25	**50**	**75**	**100**	150	200	250	300	mehr
Aussaatzeit unter Glas	Jan	Feb	März	Apr	Mai	Juni	Juli	Aug	Sept	Okt	Nov	Dez
Aussaatzeit Freiland	Jan	Feb	**März**	**Apr**	Mai	Juni	Juli	Aug	**Sept**	**Okt**	Nov	Dez
Pflanzzeit	Jan	Feb	März	Apr	Mai	Juni	Juli	Aug	Sept	Okt	Nov	Dez

durchschn. Kulturdauer in Wochen 24 und mehr

Pflanzenabstand in cm 8–10 Reihenabstand in cm 20–25

Vermutlich gelangte die Kulturform der Schwarzwurzel aus Spanien zu uns. Blütezeit Juni/Juli. In Kultur wurde sie früher 1½- bis 2jährig gezogen. Heute erfolgt nur mehr der einjährige Anbau. Klima und Standort: Als heimische Pflanze stellt sie keine besonderen Ansprüche. Auch lichter Schatten wird vertragen. Boden: Die Ansprüche an den Boden dagegen sind hoch. Er sollte tiefgründig und nährstoffreich sein. Bevorzugt werden milde humose Lehmböden oder sandige Moorböden mit bester Düngung. Säen und Pflanzen: Direktaussaat in Reihen. Auf besten Böden sollte Frühjahrsaussaat erfolgen. Der Samen muß etwa 5 cm tief in die Erde kommen, mit Kompost überstreuen. Pflege und Düngung: Nach dem Auflaufen des Saatguts auf den angegebenen Abstand vereinzeln. Jungpflanzen regelmäßig wässern. Pflanzenschutz: Fruchtwechsel betreiben, Schwarzwurzeln nicht nach Tomaten anbauen (Wurzelälchen). Ernte: Richtet sich nach dem Aussaattermin, in der Regel ab Mitte Oktober. Die Wurzel ist winterhart. Verarbeiten und Lagern: Die Schwarzwurzeln enthalten die Vitamine B_1, B_2 und C sowie Inulin, jedoch nur wenig Kalorien. Die Wurzel gekocht wie Spargel verwerten. Lagerung in feuchtem Sand möglich. Sorten: Eine gebräuchliche Sorte ist 'Einjähriger Riese'. 'Hoffmanns schwarze Pfahl', mit sehr langen glatten Wurzeln.

Haferwurzel

Tragopogon porrifolius Asteraceae = Korbblütler

Höhe in cm	0	5	10	25	50	**75**	**100**	150	200	250	300	mehr
Aussaatzeit unter Glas	Jan	Feb	März	Apr	Mai	Juni	Juli	Aug	Sept	Okt	Nov	Dez
Aussaatzeit Freiland	Jan	Feb	**März**	**Apr**	**Mai**	Juni	Juli	Aug	Sept	Okt	Nov	Dez
Pflanzzeit	Jan	Feb	März	Apr	Mai	Juni	Juli	Aug	Sept	Okt	Nov	Dez

durchschn. Kulturdauer in Wochen 20 und mehr

Pflanzenabstand in cm 8–10 Reihenabstand in cm 20–25

Die Gattung umfaßt etwa 45 ähnliche Arten. In Kultur befindet sich *Tragopogon porrifolius ssp. sativus*, die eine dickere und längere Wurzel hat als die Wildform. Wurzellänge 20–30 cm und 2–4 cm Stärke. Die Pflanze ist 2jährig, die Blüte im Juni/Juli weinrot bis violett. Bei uns kommt sie verwildert vor, die ursprüngliche Heimat ist Südeuropa, wo sie schon im Altertum kultiviert wurde. In Mischkultur ist sie gut verwendbar. Klima und Standort: Sonnige, warme, nicht zu trockene Lagen. Die Pflanze ist winterhart. Boden: Tiefgründiger, lockerer Gartenboden oder humoser Lehmboden. Säen und Pflanzen: Direktaussaat in Reihen, auf ein mit reifem Kompost versorgtes Beet. Dicht säen, mit Komposterde leicht übersieben. Pflege und Düngung: Nach dem Auflaufen vereinzeln. Boden offen halten. Keimlinge bei Trockenheit gut wässern. Kommen Pflanzen zur Blüte, nutzt man sie nur noch als Samenträger. Samen bleibt 2 Jahre keimfähig. Ernte: Die Wurzeln etwa im Oktober ausgraben. Im Frühjahr die jungen Blätter und Stengel ernten. Verarbeiten und Lagern: Die jungen Blätter und Stengel frisch zu spinatartigem Gemüse. Die Wurzeln in Scheiben geschnitten wie Salat oder wie Schwarzwurzeln gekocht. Lagerung im Keller, in Sand eingeschlagen. Sorten: Eine andere Wildart, *Tragopogon pratensis*, der Wiesenbocksbart, hat schwefelgelbe Blüten und kommt bei uns auf gedüngten Wiesen vor.

Meerrettich, Kren

Armoracia rusticana — Brassicaceae = Kreuzblütler

Höhe in cm	0	5	10	25	50	75	100	150	200	250	300	mehr
Aussaatzeit unter Glas	Jan	Feb	März	Apr	Mai	Juni	Juli	Aug	Sept	Okt	Nov	Dez
Aussaatzeit Freiland	Jan	Feb	März	Apr	Mai	Juni	Juli	Aug	Sept	Okt	Nov	Dez
Pflanzzeit	Jan	Feb	März	Apr	Mai	Juni	Juli	Aug	Sept	Okt	Nov	Dez
	durchschn. Kulturdauer mehrj.											
Pflanzenabstand in cm 30–40	Reihenabstand in cm 70–80											

Der Meerrettich ist durch seinen Gehalt an schwefeligen ätherischen Ölen, Vitamin C und dem Glukosid Sinigrin eine wertvolle Heil- und Gewürzpflanze. Frisch geriebene Wurzeln helfen in kleinen Mengen bei manchen Arten von Magen- und Darmerkrankungen. Hustenreizlindernd und schleimlösend wirkt er in Verbindung mit Honig und Rohzukker. Meerrettich würzt Speisen und dient, fein gerieben, als Grundlage der pikanten Meerrettichsoße. Die Heimat des Meerrettichs ist Südosteuropa und Westasien. Wahrscheinlich wurde er zuerst von slawischen Völkern angebaut. In Mitteleuropa seit dem 12. Jahrhundert bekannt, seit der Mitte des 15. Jahrhunderts in Baiersdorf/Franken. Der Name Meerrettich hat mit dem Meer nichts zu tun, er stammt vom althochdeutschen „merratih", lateinisch *Ruphanus maior*, d. h. der größere Rettich, daher ist die Schreibweise mit ee an sich ebensowenig gerechtfertigt wie für Rote Bete. Die Pflanze ist ausdauernd mit dicken, fleischigen, mehrköpfigen Wurzeln und unterirdischen Ausläufern. Wird aber in der Kultur nur einjährig gezogen, um einer unkontrollierten Ausbreitung vorzubeugen. Die Pflanze benötigt viel Platz, deshalb sollte sie auch gesondert gestellt werden. Die Blütenrispe ist weiß, die sich später bildenden kleinen Schoten sind meist taub. Am Blütenstengel erscheinen kleine, kurzgestielte, fiederspaltige Blätter. Als Vorfrüchte eignen sich alle stark mit Stallmist versorgten Kulturen, auch Hülsenfrüchte.

Klima und Standort: Stellt keine hohen Ansprüche, auch schattige Lagen werden vertragen. Boden: Bevorzugt werden tiefgründige, feuchte, lehmige Sandböden. Auf schweren Böden wird die Wurzel holzig. Säen und Pflanzen: Vor dem Anbau sehr gründliche Bodenbearbeitung vornehmen. Die Pflanzen werden nicht ausgesät, sondern es werden junge Seitenwurzeln (Fechser) von der Pflanze abgetrennt, sie sollten 1–2 cm stark und etwa 20–25 cm lang sein. Die Seitenknospen an der Wurzel bis auf die oberste abreiben. Auf dem Beet 10 cm tiefe Furchen ziehen, in diese werden die Fechser gelegt, alle in die gleiche Richtung. Reihenverlauf von Ost nach West. Die Furchen mit reifem Kompost zuschütten. Nach 2 Wochen erscheinen die Blätter. Pflege und Düngung: Während des Sommers hacken. Wenn die Blätter 8–10 cm lang sind, Seitentriebe ausgeizen. Es darf nur ein Blatttrieb stehen bleiben. Etwa Anfang Juli legt man die Fechser nochmals frei und reibt alle Seitenwurzeln entlang der Krenstange mit einem feuchten Tuch ab. Danach werden die Wurzeln wieder in die Erde eingelegt. Dadurch wird die Krenstange in der Länge des eingelegten ursprünglichen Fechsers gleichmäßig stark. Ernte: Erfolgt Ende Oktober bis Anfang November, wenn die Pflanze einzieht, aber auch noch so lange, wie es die Witterung erlaubt – bis in den März hinein. Sorgfältig graben, da jede im Boden verbleibende Wurzel austreibt. Verarbeiten und Lagern: Ein Brei aus der geriebenen Wurzel als Speisewürze. Meerrettich wird als Gewürz zu Fleisch und Saucen verwendet. In der Umgebung von Nürnberg (Nürnberger Rostbratwürstel und Meerrettich) und Erlangen wird Meerrettich in Großkulturen angebaut. Gelagert wird in feuchtem Sand im Keller, auch die kleinen Wurzelstücke für das erneute Auslegen im Frühjahr. Meerrettich ist absolut winterhart. Im Boden verbliebene Wurzelstücke treiben im Frühjahr erneut aus. Deshalb kann der Meerrettich im Garten lästig werden. Im Hausgarten läßt sich mit Meerrettich vorteilhaft eine Kompostmiete bepflanzen, die nach zwei Sommern aufgelöst wird. Er gedeiht noch gut im Halbschatten, ist aber empfindlich gegen stauende Nässe und bildet die schönsten Stangen auf tiefgründigem Boden (Sandzugabe).

Kohlrübe, Steckrübe

Brassica napus var. napobrassica Brassicaceae = Kreuzblütler

Höhe in cm	0	5	10	25	**50**	**75**	100	150	200	250	300	mehr
Aussaatzeit unter Glas	Jan	Feb	**März**	**Apr**	**Mai**	Juni	Juli	Aug	Sept	Okt	Nov	Dez
Aussaatzeit Freiland	Jan	Feb	März	Apr	Mai	Juni	Juli	Aug	Sept	Okt	Nov	Dez
Pflanzzeit	Jan	Feb	März	**Apr**	**Mai**	**Juni**	Juli	Aug	Sept	Okt	Nov	Dez

durchschn. Kulturdauer in Wochen 18–20

Pflanzenabstand in cm 40 Reihenabstand in cm 50

Die Kohlrübe ist eine alte Kulturpflanze, vermutlich eine Kreuzung von *Brassica rapa* und *B. oleracea* . Die Kohlrübe wird als Hauptfrucht oder als Nachfrucht, z. B. nach Erbsen, angebaut.
Klima und Standort: Feuchtes kühles Klima. In naßkalten Sommern gedeiht sie besser als in trockenen. Wenig frostempfindlich. Boden: Bei ausreichender Feuchtigkeit auch Ton- und Sandböden, selbst Moorböden, wenn sie gut mit Kalk versorgt sind. Säen und Pflanzen: Auf Saatbeet mit einem Reihenabstand von 20–25 cm, Saatgut leicht mit Komposterde übersieben. Haben die Jungpflanzen 3–4 Laubblätter entwickelt, kann ausgepflanzt werden. Vor dem Auspflanzen das Beet gut feucht halten. Nicht zu tief pflanzen. Optimale Standreihe 50×40 cm. Pflege und Düngung: Wurde direkt ausgesät, Pflanzen vereinzeln. Regelmäßig hacken. Im Frühjahr vor der Pflanzung reichlich mit Stallmist düngen. Pflanzenschutz: Fruchtwechsel. Keine Kreuzblütler als Vor- oder Nachkultur. Ernte: Ende Oktober bis Anfang November. Wird zu früh geerntet, leidet die Haltbarkeit. Verarbeiten und Lagern: Werden wie Kohlrabi zubereitet. Lagerung im Keller in Sand eingeschlagen. Sorten: 'Seefelder GS', tiefgelbe Steckrübe für Speise- und Futterzwecke, im Winterlager gut haltbar. 'Wilhelmsburger', gelbe grünköpfige, 'Pandur', intensive gelbe Färbung, guter Geschmack.

Weiße Rübe

Brassica rapa var. rapa Brassicaceae = Kreuzblütler

Höhe in cm	0	5	10	25	**50**	**75**	100	150	200	250	300	mehr
Aussaatzeit unter Glas	Jan	Feb	März	Apr	Mai	Juni	Juli	Aug	Sept	Okt	Nov	Dez
Aussaatzeit Freiland	Jan	Feb	März	**Apr**	**Mai**	Juni	**Juli**	**Aug**	Sept	Okt	Nov	Dez
Pflanzzeit	Jan	Feb	März	Apr	Mai	Juni	Juli	Aug	Sept	Okt	Nov	Dez

durchschn. Kulturdauer in Wochen 6–8

Pflanzenabstand in cm 15–20 Reihenabstand in cm 25–40

Als Stammpflanze der Speiserübe kann *Brassica campestris* , ein weitverbreitetes Wildkraut in Europa, Asien und Nordamerika, angesehen werden. Alte Kulturpflanze. Die Speiserübe ist 2jährig, im zweiten Jahr wird Samen angesetzt. Je nach Aussaattermin läßt sich die Weiße Rübe gut mit anderen Kulturen, außer Kreuzblütlern, kombinieren.
Klima und Standort: Erträgt rauhes Klima. Gegen leichte Nachtfröste unempfindlich, mag aber keine herbsttrockenen Lagen. Boden: Fast alle Bodenarten, bevorzugt aber stark humose Böden. Keine schweren Lehmböden. Säen und Pflanzen: Direktaussaat in Reihen, Saatgut 1 cm mit Komposterde übersieben. Nach dem Auflaufen vereinzeln. Pflege und Düngung: Laufend hacken. Hoher Stickstoffbedarf. Den hohen Kalibedarf deckt man mit Gesteinsmehl, das schon zur Vorkultur ausgebracht wird. Pflanzenschutz: Erdflöhe durch regelmäßiges Hacken bekämpfen. Fruchtwechsel, 3–4 Jahre keine Kreuzblütler, z. B. Rettich, nachbauen. Ernte: Je nach Aussaattermin, die Rüben wie die Blätter. Verarbeiten und Lagern: Wie Kohlrabi gekocht. Lagerung in Sand eingeschlagen im Keller. Sorten: Für Mairüben ist die Aussaat April/Mai oder Juli/August, vor Frostbeginn ernten. 'Tokyo Cross' nach 30 Tagen erntereif. Herbstrüben: Aussaat April/Mai oder Juli/August, z. B. die Sorte 'Weseler', bei Sommeraussaat gute Lagerrübe.

Echter Rettich

Raphanus sativus var. niger — Brassicaceae = Kreuzblütler

Höhe in cm	0	5	10	25	50	75	100	150	200	250	300	mehr
Aussaatzeit unter Glas	Jan	Feb	März	Apr	Mai	Juni	Juli	Aug	Sept	Okt	Nov	Dez
Aussaatzeit Freiland	Jan	Feb	März	Apr	Mai	Juni	Juli	Aug	Sept	Okt	Nov	Dez
Pflanzzeit	Jan	Feb	März	Apr	Mai	Juni	Juli	Aug	Sept	Okt	Nov	Dez

durchschn. Kulturdauer in Wochen 6–8

Pflanzenabstand in cm 15–20 Reihenabstand in cm 20–30

Die Ursprünge des Kulturrettichs sind unbekannt. Als Heimat wird Vorderasien angenommen. Man unterscheidet den östlichen Rettich, der vermutlich eine eigene Entwicklung nahm, vom westlichen, dem europäischen Rettich. Der westliche Rettich wurde schon im Altertum kultiviert und nach Berichten von Herodot beim Pyramidenbau als Sonderkost für die Bauarbeiter der Cheopspyramide (2700 vor unserer Zeitrechnung) ausgegeben. In unser Gebiet brachten die Römer den Rettich. Der Rettich ist in der Regel zweijährig (für Samenbau), in Kultur einjährig. In der Fruchtfolge steht Rettich nach mit Stallmist gedüngten Kulturen. Im Frühjahr kann Rettich zum Beispiel nach Feldsalat angebaut werden, im Sommer folgen Salat und im August Hackfrüchte. In Mischkultur steht Rettich zwischen Gurken oder Salatarten. Er gilt zwar nicht als ausgesprochene Heilpflanze, doch ist seine Heilwirkung bei Erkrankungen der Gallenwege, bei Bildung von Gallengrieß und Gallesteinen wissenschaftlich erwiesen. Frischer Rettichsaft bringt Entzündungen der Gallenblase zum Abklingen. Bei Magen- und Darmentzündungen dagegen darf Rettich keinesfalls verwendet werden. Der Saft wird aus feingeriebenem und dann gepreßtem Rettich gewonnen, der nüchtern über drei Wochen hinweg getrunken wird, täglich etwa 100 Gramm.
Klima und Standort: Helle, sonnige, aber nicht zu trockene Standorte. Boden: Humusreiche, lockere Böden. Schwere Böden scheiden aus. Auf schweren Böden wird Rettich schärfer und beinig. Säen und Pflanzen: Im Kleingarten wird in der Regel an Ort und Stelle gesät, wobei das Saatgut etwa 1 cm mit Komposterde übersiebt wird. Nach dem Auflaufen, während des Keimblattstadiums, wird vereinzelt. Der Rettich kann unter günstigen Voraussetzungen je nach Sorte auch im Mistbeet oder Gewächshaus das ganze Jahr über angebaut werden. Die günstigste Temperatur liegt dabei um 20 °C. Pflege und Düngung: Regelmäßig gießen, aber nicht übermäßig. Wird nur bei großer Trockenheit gewässert, platzen die Rettiche, oder sie schossen. Regelmäßig hacken. Ist der Boden gut mit Kompost versorgt (kein Mist), so ist keine Nachdüngung notwendig. Pflanzenschutz: Häufigster Schädling ist der Erdfloh (durchlöcherte Blätter), an Jungpflanzen Kahlfraß. Bei bester Bodenbearbeitung (hacken) und guter Nährstoffversorgung wird der Befall verringert. Regelmäßigen Fruchtwechsel betreiben. Ernte: Wenn die Rübe mindestens 6 cm stark ist. Verarbeitung und Lagern: Die Früh- und Sommerrettiche werden roh verzehrt oder in Salaten verwendet. Herbst- und Winterrettiche in Mieten oder im Keller in Sand eingeschlagen lagern und zwar so, daß der Blattansatz noch sichtbar ist, vorher das Laub abdrehen. Für die Lagerung sind nur bestimmte Sorten geeignet. Sorten: 'Rex', für den frühen Anbau im Gewächshaus, Frühbeet und unter Folien; Standweite 20×20 cm. 'Neckarruhm', vorzüglicher früher Freilandrettich; Standweite 20×20 cm. 'April Cross', Aussaat ab Mai, gut schoßfest, etwa 30–40 cm lang, mild; Erntereif nach 60–65 Tagen. 'Minowase Sommer Cross', resistent gegen Krankheiten; Aussaat ab Juni bis 15. August. 'Runder schwarzer Winter' und 'Gournay' sind Winterrettiche; Aussaat ab Mitte Juli bis August. Gut lagerfähig, Ernte bis November. Rettich und Radies gehören botanisch zu einer Art. Beide Kulturpflanzen werden in zahlreichen Größen, Formen und verschiedenen Farben gezüchtet. In der Regel weisen die dunkleren Sorten festeres Fleisch auf und eignen sich deshalb besser zur Lagerung. Neuerdings werden überlange Sorten, z. B. aus Japan, angeboten. Für ihren erfolgreichen Anbau muß der Boden sehr tief gelockert und bestens mit Nährstoffen versorgt sein. Auch regelmäßiges Gießen ist wichtig.

'Gaudry'

Radieschen

Raphanus sativus var. sativus — Brassicaceae = Kreuzblütler

Höhe in cm	0	5	10	25	50	75	100	150	200	250	300	mehr
Aussaatzeit unter Glas	Jan	Feb	März	Apr	Mai	Juni	Juli	Aug	Sept	Okt	Nov	Dez
Aussaatzeit Freiland	Jan	Feb	März	Apr	Mai	Juni	Juli	Aug	Sept	Okt	Nov	Dez
Pflanzzeit	Jan	Feb	März	Apr	Mai	Juni	Juli	Aug	Sept	Okt	Nov	Dez

durchschn. Kulturdauer in Wochen 6

Pflanzenabstand in cm 4–5 — Reihenabstand in cm 20

Das Radieschen ist nur in Kultur bekannt. Radieschen eignen sich als Misch-, Vor- und Nachkultur bei vielen Gemüsearten.
Klima und Standort: Hell, sonnig, nicht zu trocken. Boden: Tiefgründig, nicht zu schwer, nährstoffreich. Säen und Pflanzen: Die Aussaat erfolgt in Reihen an Ort und Stelle, sehr dünn säen und Saatgut etwa 1 cm mit Komposterde übersieben. Durch Züchtung und Kurztagsradieschen ist der Anbau (Folie, Gewächshaus etc.) das ganze Jahr über möglich. Pflege und Düngung: Rechtzeitig im Keimblattstadium verziehen, regelmäßig hacken. Ausreichend wässern. Vor der Aussaat Komposterde einbringen. Pflanzenschutz: Das Auftreten des Erdflohs durch regelmäßiges Hacken eindämmen. Nach mehrmaligem Anbau an derselben Stelle Fruchtwechsel vornehmen. Verarbeiten und Lagern: Frischverzehr, für Lagerung nicht geeignet. Sorten: 'Boy', Kurztags-Treibsorte, Aussaat ab Oktober bis Januar. Kultur bei 8–15°C 'Eterna': Treib- und Freilandanbau. 'Eiszapfen': Minirettich, 10 cm lange weiße Knollen, für Treib- und Freilandanbau. 'Primo', für Anbau im Freiland, Kasten oder Folientunnel. Während des ganzen Jahres, außer Dezember und Januar. 'Rundes', halbrot-halbweiß, für Freilandanbau. 'Champion', Freilandsorte mit kräftigem Laub, besonders für die Sommermonate.

Rote Bete, Rote Rübe

Beta vulgaris var. conditiva — Chenopodiaceae = Gänsefußgewächse

Höhe in cm	0	5	10	25	50	75	100	150	200	250	300	mehr
Aussaatzeit unter Glas	Jan	Feb	März	Apr	Mai	Juni	Juli	Aug	Sept	Okt	Nov	Dez
Aussaatzeit Freiland	Jan	Feb	März	Apr	Mai	Juni	Juli	Aug	Sept	Okt	Nov	Dez
Pflanzzeit	Jan	Feb	März	Apr	Mai	Juni	Juli	Aug	Sept	Okt	Nov	Dez

Nach der Saat etwa 4–6 Wochen — durchschn. Kulturdauer in Wochen 16–20

Pflanzenabstand in cm 10–15 — Reihenabstand in cm 40–50

Die Ausgangspflanze aller Beta-Rüben ist *Beta vulgaris*. Die ursprüngliche Heimat das östliche Mittelmeer. In der Regel ist die Pflanze zweijährig, kultiviert wird sie aber einjährig. 2. Stallmisttracht, nach Kohlarten, Tomaten oder Gurken, in Mischkultur gut mit Dill als Zwischensaat.
Klima und Standort: Keine hohen Ansprüche, helle und warme Lagen. Jungpflanzen sind frostempfindlich. Lange Sorten sind anspruchsvoller als runde. Boden: Tiefgründige, humose Lehmböden mit genügend Feuchtigkeit. Säen und Pflanzen: Bei Freilandaussaaten vor Mitte April neigen die Pflanzen zum Schossen. Saattiefe 2–3 cm, Saatgut mit Komposterde übersieben und gut wässern. Im Hausgarten wird oft vorkultiviert; in Mistbeetkästen ab März säen und im April pflanzen. Pflege und Düngung: Regelmäßig hacken. Vor dem Pflanzen Kompost ausbringen, keinen Stallmist. Kalibedarf ist hoch, Gesteinsmehl geben. Pflanzenschutz: Gänsefußgewächse als Vorfrucht meiden, Fruchtwechsel. Ernte: Wenn die Blätter gelb werden. Die Rübe vorsichtig aus dem Boden ziehen (Grabgabel), das Kraut abdrehen. Verarbeiten und Lagern: Gekocht als Salat. Die Lagerfähigkeit ist in Sand eingeschlagen bei gut ausgereiften Rüben 5–6 Monate. Sorten: 'Faro', runde Rübe, für leichte Böden. 'Forono' (bisher Formanova), halblang, walzenförmig. 'Rote Kugel', runde Rübe, tiefrot.

Gelbe Bete

Beta vulgaris var. lutea Chenopodiaceae = Gänsefußgewächse

Höhe in cm	0	5	10	25	50	75	100	150	200	250	300	mehr
Aussaatzeit unter Glas	Jan	Feb	März	Apr	Mai	Juni	Juli	Aug	Sept	Okt	Nov	Dez
Aussaatzeit Freiland	Jan	Feb	März	Apr	Mai	Juni	Juli	Aug	Sept	Okt	Nov	Dez
Pflanzzeit	Jan	Feb	März	Apr	Mai	Juni	Juli	Aug	Sept	Okt	Nov	Dez

durchschn. Kulturdauer in Wochen 14–20

Pflanzenabstand in cm 8–10 Reihenabstand in cm 25

Wie die Rote Bete gehört die Pflanze zu den unempfindlichen Gemüsearten und wird einjährig kultiviert, nur zur Samengewinnung zweijährig. In der Fruchtfolge sind andere Mitglieder der Gänsefußgewächse zu meiden. Gute Nachbarschaft (Mischkultur) mit Doldenblütlern.
Klima und Standort: Geringe Ansprüche. Im Halbschatten wie unter anderen ungünstigen Verhältnissen sind noch gute Erträge zu erwarten. Leichter Frost wird vertragen. Boden: Jeder gut bearbeitete Gartenboden, während des Wachstums reichliche Wassergaben. Säen und Pflanzen: Gelbe Bete können an Ort und Stelle gesät und verpflanzt werden; nicht vor April, damit später keine Blütenstände ausgebildet werden. Aussaat in Reihen, 2–3 cm tief. Nach dem Aufgang verziehen. Bei zu großem Reihenabstand werden die Rüben zu groß, dadurch leidet ihre Qualität. Selbst im Anzuchtbeet herangezogene Setzlinge Ende Juni auspflanzen. Pflege und Düngung: Regelmäßig hacken. Vor der Pflanzung Kompost ausbringen. Nur bei gutem Nährstoffangebot erreichen die Rüben ihre stattliche Größe. Pflanzenschutz: Fruchtwechsel betreiben, keine Starkzehrer als Vorfrucht. Ernte: Abhängig vom Aussaat- bzw. Pflanztermin ab August. Das Laub abdrehen. Verarbeiten und Lagern: Gekocht. Lagerung in kühlen trockenen Räumen möglich, am besten eingesandet.

Runkelrübe

Beta vulgaris var. crassa Chenopodiaceae = Gänsefußgewächse

Höhe in cm	0	5	10	25	50	75	100	150	200	250	300	mehr
Aussaatzeit unter Glas	Jan	Feb	März	Apr	Mai	Juni	Juli	Aug	Sept	Okt	Nov	Dez
Aussaatzeit Freiland	Jan	Feb	März	Apr	Mai	Juni	Juli	Aug	Sept	Okt	Nov	Dez
Pflanzzeit	Jan	Feb	März	Apr	Mai	Juni	Juli	Aug	Sept	Okt	Nov	Dez

durchschn. Kulturdauer in Wochen 28

Pflanzenabstand in cm 30–35 Reihenabstand in cm 50–60

Die Herkunft der Runkelrüben geht vermutlich auf hochstehende gärtnerische Kulturen der Araber in Spanien zurück, von wo sie um 1500 in die Niederlande gelangte. Die Runkelrübe im heutigen Sinn ist eine relativ junge Kulturpflanze. Der Anbau zu Futterzwecken setzte erst Anfang des 18. Jahrhunderts im Rheinland ein. Um 1840 begann die Züchtung 'Eckendorfer Runkelrübe', die heute in zahlreichen Sorten als Elter wiederzufinden ist. Im Kleingarten wird die Runkelrübe selten angebaut. Klima und Standort: Anspruchsloser als die Zuckerrübe, trotzdem hell und nicht zu trocken, aber auch rauhe Lagen werden gut vertragen. Boden: Milde Lehmböden, die nicht zu tiefgründig sein müssen. Säen und Pflanzen: Direktsaat bringt höhere Erträge als das Verpflanzen aus Saatbeeten. Die Saat kommt 2–4 cm tief in den Boden. Übersieben mit Kompost. Nach dem Auflaufen vereinzeln. Pflege und Düngung: Offenhalten des Bodens, zur Düngung kann noch im Frühjahr vor der Pflanzung Stallmist ausgebracht werden, vor allem auf leichten Böden. Ernte: Runkelrüben sind frostempfindlicher als Zuckerrüben, daher vor den ersten Frösten ernten. Verarbeiten und Lagern: Anbau vor allem als wertvolles Viehfutter. Rübe und Blatt werden verwertet. Kleine Mengen im Keller in Sand eingeschlagen lagern. Sorten: Weißfleischige 'Alba'. Gelbfleischige 'Lutea'. Rosafleischige 'Rosea'.

Zuckerrübe

Beta vulgaris convar. crassa var. altissima Chenopodiaceae = Gänsefußgewächse

Höhe in cm	0	5	10	25	50	75	100	150	200	250	300	mehr
Aussaatzeit unter Glas	Jan	Feb	März	Apr	Mai	Juni	Juli	Aug	Sept	Okt	Nov	Dez
Aussaatzeit Freiland	Jan	Feb	März	**Apr**	**Mai**	Juni	Juli	Aug	Sept	Okt	Nov	Dez
Pflanzzeit	Jan	Feb	März	Apr	Mai	Juni	Juli	Aug	Sept	Okt	Nov	Dez

durchschn. Kulturdauer in Wochen 28

Pflanzenabstand in cm 25 Reihenabstand in cm 40

Die Stammform der Zuckerrübe ist die im Mittelmeergebiet beheimatete *Beta vulgaris ssp. maritima*, Wildbete oder Seemannsgold, von dem die Blätter auch als Wildspinat verwendet werden. Die Zuckerrübe selbst gehört zu den jüngsten Kulturpflanzen. Als Vorfrüchte eignen sich Gurken; Mischkultur mit Schnitt- und Pflücksalaten, Dill, Radieschen.
Klima und Standort: Warme, sonnige, nicht zu trockene Lagen, im Juni-August hohes Wasserbedürfnis. Boden: Milde Lehmböden mit guter Kalk- und Humusversorgung. Auch Sandböden mit hohem Humusanteil und ausreichender Feuchtigkeit. Schwere Ton-Lehmböden scheiden aus. Säen und Pflanzen: Direktsaat. Das Saatgut kommt 2–4 cm tief in die Erde. Im Kleingarten übersieben mit Komposterde. Nach dem Auflaufen die Saat vereinzeln. Pflege und Düngung: Hacken, den Boden unkrautfrei und locker halten. Düngung mit Stallmist im Winter, auf keinen Fall aber im Frühjahr vor dem Anbau. Pflanzenschutz: Blattflekken- und Viruserkrankungen, erstere werden von einem Pilz, letztere von Blattläusen übertragen. Pilze werden durch Feldhygiene zurückgedrängt, Blattläuse durch unvergorene Brennesseljauche. Ernte: Gelblich-grüne Verfärbung der Blätter zeigt die Erntereife an. Im Kleingarten die Rübe mit der Grabgabel roden und dann köpfen. Verarbeiten und Lagern: Sirup- und Zuckerherstellung. Blätter für Silage.

Rübe, Wildform

Beta vulgaris ssp. maritima Chenopodiaceae = Gänsefußgewächse

Höhe in cm	0	5	10	25	50	75	100	150	200	250	300	mehr
Aussaatzeit unter Glas	Jan	Feb	März	Apr	Mai	Juni	Juli	Aug	Sept	Okt	Nov	Dez
Aussaatzeit Freiland	Jan	Feb	März	**Apr**	**Mai**	Juni	Juli	Aug	Sept	Okt	Nov	Dez
Pflanzzeit	Jan	Feb	März	Apr	Mai	Juni	Juli	Aug	Sept	Okt	Nov	Dez

durchschn. Kulturdauer mehrj.

Pflanzenabstand in cm 20 Reihenabstand in cm 40

Die Wildform unserer Beta-Rüben stammt von den Küsten des Mittelmeeres und Westeuropas. Sie ist eine ein- bis mehrjährige Pflanze mit einer dünnen Wurzel und verhältnismäßig kleinen Blättern. Für den Anbau im Gemüsegarten hat sie keine Bedeutung, jedoch als Stammpflanze von Mangold, Rote Bete, Futter- und Zuckerrübe. So entstand als erste Kulturform der Mangold vor etwa 4000 Jahren in Babylon. Aus dem Mangold leitet sich die Futterrübe ab. 1747 wurde durch den Berliner Apotheker Marggraf in der Runkelrübe Zucker nachgewiesen. Er erkannte, daß der Rübenzucker dem Rohrzucker gleichzusetzen ist. Doch erst 50 Jahre später wurde die Zuckerrübe durch den Chemiker Achard herausgezüchtet.
Klima und Standort: Sonnige, aber nicht zu trockene Lagen. Sämlinge sind spätfrostgefährdet. Boden: Sandige Lehmböden, guter, altgedüngter Gartenboden. Säen und Pflanzen: Die Regel ist Direktaussaat, das Saatgut etwa 2 cm mit Kompost übersieben. Nach dem Auflaufen Pflanzen vereinzeln. Pflege: Regelmäßig hacken; der Boden soll immer offen gehalten werden. Ernte: Die Blätter vor der Blüte Juli/August. Verwendung als Wildspinat. Im allgemeinen aber als Viehfutter. Einige Pflanzen, wie bei allen Wildgemüsen, als Samenträger stehen lassen. Verarbeiten und Lagern: Blätter frisch zu spinatähnlichen Gemüsen.

Erdmandel 'Chufa'

Cyperus esculentus — Cyperaceae = Riedgräser

Höhe in cm	0	5	10	**25**	**50**	**75**	100	150	200	250	300	mehr
Aussaatzeit unter Glas	Jan	Feb	März	Apr	Mai	Juni	Juli	Aug	Sept	Okt	Nov	Dez
Aussaatzeit Freiland	Jan	Feb	März	Apr	Mai	Juni	Juli	Aug	Sept	Okt	Nov	Dez
Pflanzzeit	Jan	Feb	**März**	**Apr**	**Mai**	Juni	Juli	Aug	Sept	Okt	Nov	Dez

durchschn. Kulturdauer in Wochen 16–24

Pflanzenabstand in cm 50 — Reihenabstand in cm 50

Die tropische Erdmandel stammt aus Ostafrika, wird heute aber auch in den Mittelmeerländern angebaut. Die meist keine Samen hervorbringende Pflanze bildet unter der Erde dünne Ausläufer, deren Spitzen sich nach geraumer Zeit zu etwa kirschgroßen Knollen verdicken. Sie schmecken mandelartig, enthalten Kohlenhydrate und Fett.
Klima und Standort: Wärmeliebend, hoher Feuchtigkeitsbedarf. Im Freiland geringe Erfolgsaussichten. Kultur im beheizbaren Treibhaus, wo schon früh im Jahr gepflanzt werden kann. Boden: Gut gelockerter, humoser und nährstoffreicher Boden mit Sandanteil und guter Wasserdurchlässigkeit. Säen und Pflanzen: Auspflanzung der verdickten Sproßknollen, Auslegen im Frühjahr bei warmem Boden; Kulturerde gut wässern. Pflege und Düngung: Vor dem Auspflanzen organische Düngung durch Komposterde oder Trockensubstanz aus Stallmist. Regelmäßige Lockerung der Bodenoberfläche und Entfernung des Unkrauts. Ernte: Die gesetzten Pflanzknollen treiben mit Knospen aus und bewurzeln sich. Nach etwa vier Monaten gräbt man die von der neuen Pflanze gebildeten Erdmandeln aus. Verarbeiten und Lagern: Roh oder gekocht als Gemüsebeilage. In Spanien stellt man für die Eiszubereitung aus Erdmandeln die „Horchata" her, für die Erdmandelmehl mit Wasser durchknetet wird. Auch roh oder angeröstet als Mandelersatz.

Knollenziest, Jap. Kartoffel

Stachys sieboldii — Lamiaceae = Lippenblütler

Höhe in cm	0	5	10	**25**	**50**	75	100	150	200	250	300	mehr
Aussaatzeit unter Glas	Jan	Feb	März	Apr	Mai	Juni	Juli	Aug	Sept	Okt	Nov	Dez
Aussaatzeit Freiland	Jan	Feb	März	Apr	Mai	Juni	Juli	Aug	Sept	Okt	Nov	Dez
Pflanzzeit	Jan	Feb	März	**Apr**	Mai	Juni	Juli	Aug	Sept	**Okt**	**Nov**	Dez

durchschn. Kulturdauer mehrj.

Pflanzenabstand in cm 40 — Reihenabstand in cm 20

Die Heimat ist Zentral- und Nordchina sowie Japan. Die bei uns selten blühende Pflanze bringt Bodenausläufer hervor, wobei das Ende der Wurzel stark verdickt ist, etwa 7 cm lang und 1–2 cm breit. Die in Japan als „Choro-gi" bekannte Pflanze kam 1887 nach Frankreich und von dort 1913 nach Deutschland. Die Pflanze ist ausdauernd und winterhart.
Klima und Standort: Sonnig, nicht zu trocken. Guter Bodendecker, z. B. unter Obstbäumen, da lichter Schatten vertragen wird. Das Laub stirbt unter Frosteinwirkung ab. Boden: Leichte, nicht zu nasse, kalkarme Böden. Säen und Pflanzen: Die Knollen werden im Herbst oder Frühjahr zu je 2 Stück alle 40 cm in den Boden gelegt und mit feuchtem Torf überdeckt. Aus 100 g Knollen können bis zu 220 kg geerntet werden. Pflege und Düngung: Nur im Frühjahr Unkraut ausreißen, nicht hacken. Im Winter oder kurz vor dem Austrieb sollte gut verrotteter Stallmist etwa 3–4 cm übergestreut werden. Nach 3–4 Jahren Fruchtwechsel. Ernte: Ende Oktober. Knollen nur nach Bedarf mit der Grabgabel aus der Erde heben. Verarbeiten und Lagern: Die Knollen werden gewaschen und ungeschält, ähnlich wie Spargel, in Salzwasser gekocht, aber auch gebraten. Der Geschmack ähnelt dem des Blumenkohls. Gelagert wird in feuchtem Sand, vor allem wenn im Frühjahr eine Neupflanzung erfolgen soll. Sonst bleiben die Knollen in der Erde.

Kartoffel

Solanum tuberosum — Solanaceae = Nachtschattengewächse

Höhe in cm	0	5	10	25	**50**	75	100	150	200	250	300	mehr
Aussaatzeit unter Glas	Jan	Feb	März	Apr	Mai	Juni	Juli	Aug	Sept	Okt	Nov	Dez
Aussaatzeit Freiland	Jan	Feb	März	Apr	Mai	Juni	Juli	Aug	Sept	Okt	Nov	Dez
Pflanzzeit	Jan	Feb	März	Apr	**Mai**	Juni	Juli	Aug	Sept	Okt	Nov	Dez

durchschn. Kulturdauer in Wochen 16

Pflanzenabstand in cm 60 — Reihenabstand in cm 70

Der Preußenkönig Friedrich der Große (1712–1786) hatte Mühe, die märkischen und pommerschen Bauern von der Notwendigkeit des Kartoffelanbaus zu überzeugen. Zwar pflanzten sie die Erdäpfel auf königlichen Befehl an, doch kochten sie zunächst das Kraut und kamen erst später auf die seltsamen Knollen unter der Erde. Die vielseitigen Verwendungsmöglichkeiten der Kartoffel machen sie zu einer wichtigen Ernährungsgrundlage in Europa. 90% der Weltkartoffelproduktion stammen aus Europa, Hauptproduzent ist die Sowjetunion. Die Urheimat der Kartoffel liegt jedoch im peruanisch-bolivischen Andengebiet sowie auf dem Chiloë-Archipel vor der Küste Chiles. Auf der internationalen Kartoffelausstellung im Jahre 1875 in Altenburg/Thüringen wurden bereits viele Kartoffelsorten gezeigt. Danach setzte erst eine planmäßige Züchtung ein. Heute gibt es bei uns etwa 100 Sorten, doch werden nur etwa 10 bis 15% der gebräuchlichsten Sorten angebaut. Anbau: Von Anfang bis Mitte Februar werden die geeigneten Saatkartoffeln in einem hellen und frostfreien Raum vorgetrieben, wobei sie nebeneinander mit der Anhäufung von Augen nach oben in angefeuchtete Erde gelegt werden. Je nach Sorte und Frostgefahr werden die vorgekeimten Kartoffeln in das vorbereitete Beet ausgelegt. Frühe Sorten unter Folie bzw. Vlies kultivieren. Die Abdeckung Mitte Mai entfernen. Pflanztermin für Frühkartoffeln: Mitte April. Zwei Wochen vor dem Auslegen des Saatgutes sollte das Beet eine Volldüngung erhalten. Dazu eignen sich auch Komposte und Stallmist verschiedener Reifegrade, am besten abgelagerter Rindermist. Selbst frischer Mist wird vertragen. Kartoffeln wachsen in jedem Gartenboden, lieben jedoch etwas sauren Boden und gedeihen in Torfboden gut. Nach dem Erscheinen der Pflanzen den Boden durch Aufhacken lockern und nach 14 Tagen die Jungpflanzen anhäufeln und bei trockenem Wetter gießen. Bis zum Bestandschluß des grünen Krautes sollte die Kultur durch Hacken unkrautfrei gehalten werden. Sorten: Am häufigsten wird die mittelfrühe Sorte 'Grata' angebaut sowie 'Federlohn' und 'Lori'. Spätreife Sorten sind 'Delos', 'Maritta', 'Datura' und von den Salatsorten 'Sieglinde'. Ernte: Die Ernte kann beginnen, sobald die Pflanzen ausgeblüht haben. Dann können von Frühkartoffeln nach Bedarf einzelne Stauden herausgenommen werden. Die Haupternte setzt ein, wenn das Laub sich gelb zu verfärben beginnt. Kartoffeln aus eigener Ernte nicht als Saatgut verwenden, denn alle Sorten leiden schon nach wenigen Jahren unter Abbauerscheinungen. Frühkartoffeln werden im Juni bis Juli geerntet. Mittelfrühe eignen sich zur Einkellerung bis zum März des folgenden Jahres. Spätkartoffeln – Ernte im Oktober – sind stärkehaltiger und daher mehliger. Knollenform und Farbe: Man unterscheidet lange, nierenförmige, ovale, halbovale und runde Kartoffeln. Es gibt gelbe, weiße, rote und blaue Kartoffeln. Das Fleisch ist weiß oder gelb. Der Vitamin-C-Gehalt von 30 Milligramm pro 100 Gramm Kartoffeln verringert sich durchs Kochen. Lagerung: Frühkartoffeln werden umgehend verbraucht, späte Sorten können gelagert werden. Günstigste Bedingungen sind hohe Luftfeuchtigkeit (90%) und konstante Temperaturen zwischen 4 und 6°C. Am besten in Horden lagern (nicht höher als einen Meter). Krankheiten und Schädlinge: Den Kartoffelkrebs gibt es kaum noch. Kartoffelälchen fressen sich in die Wurzeln (nicht Knollen) und verursachen Wurmfäule. Der gefährlichste Schädling ist der Kartoffel- oder Koloradokäfer. Im Hausgarten lassen sich die Käfer und ihre Larven leicht absuchen. Die Käferweibchen überwintern im Boden und werden bis zu 2 Jahre alt. Sie legen pro Jahr etwa 1000 Eier, aus denen sich gefräßige Larven entwickeln.

Fruchtgemüse

Sonnenblume

Helianthus annuus — Asteraceae = Korbblütler

Höhe in cm	0	5	10	25	50	**75**	**100**	**150**	**200**	**250**	**300**	**mehr**
Aussaatzeit unter Glas	Jan	Feb	März	**Apr**	Mai	Juni	Juli	Aug	Sept	Okt	Nov	Dez
Aussaatzeit Freiland	Jan	Feb	März	**Apr**	**Mai**	**Juni**	Juli	Aug	Sept	Okt	Nov	Dez
Pflanzzeit	Jan	Feb	März	**Apr**	**Mai**	**Juni**	**Juli**	Aug	Sept	Okt	Nov	Dez

Nach der Saat etwa 4 Wochen — durchschn. Kulturdauer in Wochen 16–22

Pflanzenabstand in cm 50 — Reihenabstand in cm 50

Die Sonnenblume, in Nordamerika heimisch, ist ein außerordentlich hochwüchsiges einjähriges Kraut. In ihrem Blütenkorb umgeben unfruchtbare gelbe Blüten von zungenförmiger Gestalt die inneren, weniger auffälligen, die fruchtbar sind und nach der Bestäubung durch Insekten die Sonnenblumenkerne liefern. Obwohl sie den Indianern in Amerika bereits als Nutzpflanze bekannt war, wurde sie in Europa bis zur Mitte des 19. Jahrhunderts ausschließlich als Zierpflanze angebaut.
Klima und Standort: Sonnenblumen sind recht anpassungsfähig, bevorzugen jedoch einen warmen, geschützten, nicht zugigen Standort. Haben einen geringen Feuchtigkeitsbedarf. Boden: Der Starkzehrer benötigt guten, nährstoffreichen, gelockerten, luftigen Boden ohne Staunässe. Säen und Pflanzen: Vorkultur auf der Fensterbank oder im Treibhaus in größeren Pflanzgefäßen; nach dem Aufgehen der Saat auf eine Pflanze je Topf ausdünnen. Auch Aussaat direkt ins Freiland im Frühjahr. Pflege und Düngung: Vor dem Anbau tiefgründige Lockerung des Bodens; kräftige organische Düngung mit Kompost oder abgelagertem Stallmist. Die Kerne im Blütenkorb rechtzeitig vor Vogelfraß durch Überlegen eines Nylonnetzes schützen. Ernte: Körbe abschneiden, Körner von Hand herauslösen oder dreschen. Verarbeiten und Lagern: Pressen ergibt Speiseöl. Die Kerne dienen auch als Vogelfutter.

Wassermelone

Citrullus lanatus var. caffer — Cucurbitaceae = Kürbisgewächse

Höhe in cm	0	5	10	25	50	**75**	**100**	**150**	200	250	300	mehr
Aussaatzeit unter Glas	Jan	Feb	März	**Apr**	**Mai**	Juni	Juli	Aug	Sept	Okt	Nov	Dez
Aussaatzeit Freiland	Jan	Feb	März	Apr	**Mai**	**Juni**	Juli	Aug	Sept	Okt	Nov	Dez
Pflanzzeit	Jan	Feb	März	Apr	**Mai**	Juni	Juli	Aug	Sept	Okt	Nov	Dez

Nach der Saat etwa 5 Wochen — durchschn. Kulturdauer in Wochen 20–28

Pflanzenabstand in cm 60 — Reihenabstand in cm 100

Die aus Afrika stammende Wassermelone ist einjährig. Der Aufbau der Frucht stimmt weitgehend mit der Zuckermelone überein, obwohl sie botanisch zu einer anderen Gattung gehört. Aus den gelben Blüten der einjährigen Pflanze mit ihren geschlitzten Blattsegmenten entwickeln sich die fast kürbisgroßen, grünen, gemaserten Früchte mit dem tiefroten, saftigen Fruchtfleisch und den bräunlich-schwarzen Samen. Das Fleisch der Wassermelone ist weniger süß als das der Zuckermelone.
Klima und Standort: Die Wassermelone gedeiht bei uns im Freiland nur in sehr warmen Sommern und auch dann nur an äußerst geschützten Standorten. Die Kultur im Treibhaus mit hohen Temperaturen von 25 °C und mehr ist für die Pflanze geeignet. Säen und Pflanzen: Aussaat in Freiland nicht sinnvoll; Vorkultur auf der Fensterbank oder im Treibhaus. Ausbringen mehrerer Samen in Torfquelltöpfe oder größere Blumentöpfe; nach dem Keimen vereinzeln auf eine Pflanze je Gefäß. Im späteren Frühjahr bei warmem Wetter am geschützten Standort auspflanzen. Pflege und Düngung: Vor dem Auspflanzen der jungen Sämlinge Bodenaufarbeitung mit reichlich organischer Düngung, mit reifem Kompost oder verrottetem Stallmist. Lockerung des Bodens, mulchen oder regelmäßig hacken. Bei Trockenheit ständig wässern mit Wasser von Raumtemperatur.

Zuckermelone

Netzmelone

Zuckermelone, Netzmelone

Cucumis melo
Cucumis melo ssp. melo

Cucurbitaceae = Kürbisgewächse

Höhe in cm	0	5	10	25	50	75	100	150	200	250	300	mehr
Aussaatzeit unter Glas	Jan	Feb	März	Apr	Mai	Juni	Juli	Aug	Sept	Okt	Nov	Dez
Aussaatzeit Freiland	Jan	Feb	März	Apr	Mai	Juni	Juli	Aug	Sept	Okt	Nov	Dez
Pflanzzeit	Jan	Feb	März	Apr	Mai	Juni	Juli	Aug	Sept	Okt	Nov	Dez
Nach der Saat etwa 5 Wochen						durchschn. Kulturdauer in Wochen 20–28						
Pflanzenabstand in cm 60						Reihenabstand in cm 100						

Zu den vermutlich im tropischen Afrika heimischen Pflanzen der Art *Cucumis melo* gehören neben der eigentlichen Zuckermelone auch die Netzmelone *(var. retuculata)*, auf deren Fruchtschalen bräunliche Korkleisten ein Netzmuster bilden, sowie die Kantalupa-Melone *(var. cantalupa)*, die ihren Namen nach dem kleinen Ort in den Sabiner Bergen erhielt. Die drei einjährigen, einhäusigen Pflanzen mit ihren runden Blattlappen bringen aus den weiblichen, gelben Blüten die kopfgroßen Früchte hervor, deren Fleisch grünlich oder gelblich, aber auch rötlich gefärbt und von süßlichem Geschmack ist. Melonen entwickeln vorwiegend an den Seitentrieben ihre Früchte; deshalb die Pflanzen nach dem 5. Blatt entspitzen.

Klima und Standort: Die sehr wärmebedürftigen Pflanzen gedeihen bei uns nur in warmen Sommern im Freiland ausreichend; die Kultur unter Glas ist empfehlenswert. Ein vollsonniger Platz mit ständiger Befeuchtung kommt ihren Ansprüchen entgegen. Boden: Tiefgründiger, humoser Boden mit gutem Wasserspeicherungsvermögen. Säen und Pflanzen: Bei Anbau im Freiland zumindest Vorkultur im Treibhaus oder auf der Fensterbank. Keimtemperatur nicht unter 15, am besten um 35 °C, jedoch nicht über 40. Aufgelaufene Sämlinge auf eine Pflanze je 13-cm-Topf vereinzeln und erst im späten Frühjahr bei warmem Wetter auspflanzen. Für jede Melonenpflanze sollte man gut 1 m^2 Platz vorsehen, der vorübergehend mit einer schnellwüchsigen Unterkultur (z. B. Spinat) bestellt werden kann. Pflege und Düngung: Vor dem Auspflanzen Einarbeitung von reifem Kompost oder verrottetem Stallmist in den Boden. Besonders gut eignet sich Pferdemist, weil er Wärme entwickelt. Lockerung des Bodens; bei Trockenheit regelmäßig wässern mit umgebungswarmem Wasser. Trotz großem Wasserbedarf sind Melonen nässeempfindlich. Der Wurzelhals darf nicht in einer Mulde mit Gießwasser stehen. Anhaltende Regenfälle mit sinkenden Lufttemperaturen, wie in unseren Breiten häufig, schaden den Pflanzen. Nach dem 5. Blatt entspitzt man. Ebenso die sich bildenden Seitentriebe, etwa nach dem 6. Blatt. Erst die Seitentriebe 2. Ordnung bringen weibliche Blüten hervor. Schlecht besonnte Ranken werden entfernt. Boden mulchen, um Verkrustung zu vermeiden. Melonen kann man auch an geschützten Südwänden an Spaliergerüsten hochziehen. Für große, süße Früchte läßt man der Pflanze höchstens 5 Fruchtansätze. Überzählige knipst man aus. Die reifenden Früchte unterlegt man gegen Fäulnis. Sorten: Aus den Melonengruppen sind nur wenige für den Anbau in unseren Gärten interessant. Im Gewächshaus, Frühbeetkasten oder unter Tunnelschutz lohnen vor allem die Netzmelonen: 'Berliner Netz', und 'Vierländer Netz'. Daneben 'Super Market', die als besonders ertragreich gilt, mit saftig-aromatischem, orangefarbenem Fruchtfleisch. Auch die gerippten Kantalupa-Melonen können unter entsprechendem Schutz recht ertragreiche Ernten bringen. Manche Sorten eignen sich für warme, geschützte Sonnenstellen im Garten. Von den Freiland-Melonen am sichersten gedeihen 'Amerikanische Land', 'Cantaloup de Bellegarde' und 'Benarys Zuckerkugel', die bis zu anderthalb Pfund schwere, grünlich genetzte Früchte hervorbringt.

Blätter und Blüte

Gurke

Cucumis sativus
Cucumis anguria

Cucurbitaceae = Kürbisgewächse

Höhe in cm	0	5	10	25	50	75	100	150	200	250	300	mehr
Aussaatzeit unter Glas	Jan	Feb	März	Apr	Mai	Juni	Juli	Aug	Sept	Okt	Nov	Dez
Aussaatzeit Freiland	Jan	Feb	März	Apr	Mai	Juni	Juli	Aug	Sept	Okt	Nov	Dez
Pflanzzeit	Jan	Feb	März	Apr	Mai	Juni	Juli	Aug	Sept	Okt	Nov	Dez

Nach der Saat etwa 5 Wochen — durchschn. Kulturdauer in Wochen 20–28

Pflanzenabstand in cm 30 und mehr — Reihenabstand in cm 80

Sowohl die aus Ostindien stammende Salatgurke *(Cucumis sativus)* als auch die im tropischen Afrika heimische Gurkenpflanze *C. anguria* mit ihren nur bis 10 cm großen, warzigen Früchten haben in Europa Bedeutung als Ausgangsmaterial für Züchtungen. Die starkzehrenden, einjährigen und einhäusigen Pflanzen bringen aus den drei Fruchtblättern der weiblichen Blüten die als „Gurken" bezeichneten Beeren hervor, die bei der Salatgurkenpflanze 50 cm und länger werden. Gurken gehören zu den wasserreichsten Früchten überhaupt und sind mit weniger als 10 kcal / 100 g äußerst kalorienarm. Die Mischkultur von Gurkenpflanzen mit Fenchel, Knoblauch, Kohl, Salat, Sellerie, Stangenbohnen oder Zwiebeln ist günstig; zu vermeiden ist der Mischanbau mit Tomaten, Radieschen und Rettich. Gurken enthalten wassertreibende Mittel, mineralische Bestandteile, die auf Nieren, Darm und Lungen günstig wirken, sowie Jod, Kalk, Eisen und Phosphorsäure. Nach neuesten Forschungen beinhaltet die Gurke auch ein Ferment, das wie Insulin wirkt und die Bauchspeicheldrüse entlastet. Schon im alten Ägypten wurde die Gurke als kosmetisches Schönheitsmittel angewendet.

Klima und Standort: Die wärmeliebenden Pflanzen stellen an den Standort hohe Ansprüche; nach Möglichkeit ist die Kultur im Gewächshaus dem Anbau im Freiland vorzuziehen. Temperaturen von 25 °C und mehr erhöhen den Fruchtertrag wesentlich; im Treibhaus muß durch regelmäßige Bewässerung für ein feuchtwarmes Kleinklima gesorgt werden. Vor der Gurkenkultur am gleichen Standort keine starkzehrenden Pflanzen. Boden: Sehr nährstoffreicher, humoser Boden mit guten Struktureigenschaften bis zu einer Tiefe von 30–50 cm. Der Bodensäuregrad ist ggf. durch Aufkalken mit kohlensaurem Kalk auf pH 6,0–6,5 zu bringen. Säen und Pflanzen: Aussaat im Freiland erst im Mai nach den Eisheiligen, jedoch ist die Vorkultur auf der Fensterbank in Töpfen vorzuziehen. Bei Freilandaussaat alle 15 cm einen Gurkenkern etwa 3 cm tief in den Boden stecken; nach dem Auflaufen und der Bildung der ersten Blätter auf die kräftigsten Pflanzen im Abstand von etwa 30 cm vereinzeln. Die unter Glas gezogenen Sämlinge erst bei durchwärmtem Boden auspflanzen. Pflege und Düngung: Vor der Gurkenkultur gründliche Aufarbeitung des Bodens mit reichlich reifer Komposterde, verrottetem Stallmist. Lockerung des Bodens. Für ständige Befeuchtung mit umgebungswarmem Wasser sorgen; nicht mit leitungskaltem Wasser gießen, Staunässe vermeiden. Im Freilandanbau durch Mulchen der Bodenverkrustung entgegenwirken. Bei den älteren Pflanzen Ausbrechen der Triebspitzen (Endspitzen), um den Fruchtansatz der Seitentriebe zu fördern. Pflanzenschutz: Bei gebeiztem, gesundem Saatgut tritt die Blattfleckenkrankheit sehr selten auf; häufiger kommt die Infektion mit dem Gurkenmehltau vor. Vorbeugende Spritzungen und Bodengaben von Ackerschachtelhalmtee wirken dagegen. Bei Auftreten der Roten Spinne Spritzungen mit verdünnter Farnkrautbrühe. Ernte: Bei der Ernte dürfen die Ranken nicht beschädigt werden. Je früher geerntet wird, um so geringer ist die Gefahr, daß die Gurken bitter sind. Verarbeiten und Lagern: Die für die Gurkenlagerung geeignete Temperatur liegt bei 10–12 °C, Lagerungen von ein bis zwei Wochen ohne Aromaverlust sind gut möglich. Sorten: Als Einlegegurken empfehlenswert sind die 8–10 cm langen 'Bestal F 1'-Hybriden sowie 'Hokus' und 'Venlo Pickling', als Salatgurken die Sorten 'Riesen Schäl', 'Chinesische Schlangen', 'Hoffmanns Giganta', 'Nadir'. Schälgurken 'Hilds Obi', bitterfrei, ebenso 'Riva' und 'Azia'. Frühbeet 'Aries', Gewächshaus 'Sandra' und 'Bella' mehltauresistent.

Riesenkürbis

Gartenkürbis

Riesenkürbis, Gartenkürbis

Cucurbita maxima
Cucurbita pepo

Cucurbitaceae = Kürbisgewächse

Höhe in cm	0	5	10	25	50	75	100	150	200	250	300	mehr
Aussaatzeit unter Glas	Jan	Feb	März	Apr	Mai	Juni	Juli	Aug	Sept	Okt	Nov	Dez
Aussaatzeit Freiland	Jan	Feb	März	Apr	Mai	Juni	Juli	Aug	Sept	Okt	Nov	Dez
Pflanzzeit	Jan	Feb	März	Apr	Mai	Juni	Juli	Aug	Sept	Okt	Nov	Dez

Nach der Saat etwa 4 Wochen — durchschn. Kulturdauer in Wochen 20–24

Pflanzenabstand in cm 180 — Reihenabstand in cm 180

Die beiden wahrscheinlich im tropischen Amerika heimischen Kürbisarten bringen die größten Früchte hervor, die im Pflanzenreich überhaupt bekannt sind. Dabei erreichen die Riesenkürbisse *(Cucurbita maxima)* in der Regel ein Gewicht von bis zu 25 kg, jedoch wurden auch schon Exemplare mit 45 kg geerntet. Die Früchte des Gartenkürbisses *(C. pepo)* bleiben dagegen etwas kleiner. Die meterlang wachsenden Sprosse der Pflanzen kriechen am Boden oder ranken mit ihren Blattranken, die – anders als bei der Gurke – verzweigt sind und von Rankenträgern ausgehen. Kürbispflanzen tragen große, gelappte Blätter und sind einhäusig; aus den trichterförmigen, gelben, weiblichen Blüten entwikkeln sich die riesigen Beeren mit ihrem gelblichen Fruchtfleisch und den bis zu 25 mm großen Samen. Kürbisse enthalten mit 19,6 mg/kg Fruchtfleisch relativ viel Karotin; jedoch ist ihr Vitamin-C-Anteil mit weniger als 9 mg/100 g nicht allzu hoch. Bedeutende Gemüsepflanze und Heilpflanze bei Nieren- und Harnwegerkrankungen. Auch die gerösteten Kerne werden als Heilmittel und Nahrung genutzt.

Klima und Standort: Gemäß ihrer Herkunft bevorzugen die Kürbispflanzen einen warmen, nicht zugigen Standort; jedoch ist die Kultur an sonnigen Plätzen im Freiland ausreichend und eine Unter-Glas-Zucht nicht notwendig. Hoher Wasserbedarf, besonders in der Zeit der Fruchtbildung. Boden: Die starkzehrenden Pflanzen brauchen einen nährstoffreichen, humosen, gut belebten Boden, der ein hohes Wasserspeicherungsvermögen aufweist. Kürbisse werden oft direkt auf Komposthaufen gepflanzt; jedoch ist die Südseite auf dem Rand der Miete wegen des Schutzes vor Zugluft und Kälte noch besser geeignet; dem Kürbis kommen dort ebenfalls reichlich Nährstoffe zu. Säen und Pflanzen: Aussaat direkt ins Freiland nach den letzten Frösten möglich. Sonst Ausbringen einzelner Samen in Torfquelltöpfe oder mehrere in größere Blumentöpfe; nach dem Keimen Sämlinge vereinzeln. Die auf der Fensterbank gezogenen Pflanzen erst im späten Frühjahr bei warmem Wetter ins Freiland auspflanzen. Die Kürbispflanze bedeckt rasch eine Fläche von 2–4 m^2. Pflege und Düngung: Beim Auspflanzen am Komposthaufen ist keine weitere Düngung erforderlich. Sonst gründliches Aufarbeiten des Bodens mit reichlich organischen Düngemitteln wie Rindenschrot, Stallmist und Kompost, der auch frisch sein darf. Für gute Befeuchtung mit umgebungswarmem Wasser sorgen. Die auf dem Boden reifenden Früchte müssen gegen Fäulnis geschützt werden; man legt sie auf ein Stück Holz oder einen Lattenrost, der die Durchlüftung nach unten erlaubt. Verarbeiten und Lagern: Die bei warmem, sonnigem Herbstwetter bis in den Oktober hinein wachsenden Kürbisse sind nach der Ernte monatelang im kühlen, dunklen Keller haltbar. Neben der Verwendung des gekochten und gesüßten Fruchtfleisches als Kompott oder als gekochte Gemüsebeilage werden Kürbisstückchen süß-sauer eingelegt und als „Mixed Pickles" genossen. Kürbisfleisch kann auch gedünstet, gebraten, gegrillt, zu Aufläufen und zu Marmeladen verarbeitet oder in rohem Zustand als Zugabe zu Obstsalaten verwendet werden. Das feste, leicht süßliche Fruchtfleisch läßt sich vielfältig wie kaum eine andere Gemüseart zubereiten. Sorten: Für die Nutzung im Garten besonders empfehlenswert sind die großwüchsigen Kürbisse mit festem Fruchtfleisch der Sorten 'Großer Gelber Zentner' und 'Gelbe Genetzte Riesen', auch die Sorte 'Goliath' ist für das mitteleuropäische Klima geeignet.

F1 Hybride 'Ambassador'

Zucchini, Zucchetti

Cucurbita pepo convar. giromontiina — Cucurbitaceae = Kürbisgewächse

Höhe in cm	0	5	10	25	50	75	100	150	200	250	300	mehr
Aussaatzeit unter Glas	Jan	Feb	März	Apr	Mai	Juni	Juli	Aug	Sept	Okt	Nov	Dez
Aussaatzeit Freiland	Jan	Feb	März	Apr	Mai	Juni	Juli	Aug	Sept	Okt	Nov	Dez
Pflanzzeit	Jan	Feb	März	Apr	Mai	Juni	Juli	Aug	Sept	Okt	Nov	Dez

Nach der Saat etwa 4 Wochen — durchschn. Kulturdauer in Wochen 16–24

Pflanzenabstand in cm 120 — Reihenabstand in cm 120

Zucchini sind eine besonders in Italien geschätzte Varietät der Kürbisgewächse mit länglichen, gurkenartigen Früchten von grüner oder gelber Färbung; die Pflanzen sind von den Gurkenarten leicht am sechskantigen Fruchtstiel zu unterscheiden. Die Zucchini werden meist schon bei einer Länge von 10–20 cm geerntet und verarbeitet.

Klima und Standort: Nicht ganz so wärmebedürftig wie Kürbispflanzen, aber auch an sonnigen, windgeschützten Standorten zu plazieren. Hoher Wasserbedarf, besonders in der Zeit der Fruchtbildung. Boden: Die starkzehrenden Pflanzen brauchen einen humosen, nährstoffreichen Boden, der gut aufgelockert sein soll. Wie für Kürbisse ist der Südrand einer Kompostmiete auch für Zucchinipflanzen geeignet. Säen und Pflanzen: Vorzucht in Torfquelltöpfen ab April auf der Fensterbank oder Aussaat ins Freiland bei warmem Wetter ab Mitte Mai. Die aufgelaufenen Pflanzen stark vereinzeln. Pflege und Düngung: Bei der Komposthaufenpflanzung keine weitere Düngung notwendig. Sonst gründliche Vorbereitung der Pflanzstelle durch Einarbeiten von reichlich abgelagertem Stallmist oder Kompost, der auch frisch vertragen wird. Bei Sommertrockenheit für regelmäßige Befeuchtung sorgen. Ernte der noch jungen Früchte erhöht den Ertrag, weil neue Fruchtansätze gebildet werden. Sorten: Standardsorte 'Diamant', 1 F Hybride 'Ambassador'.

Herkules-Keule

Herkules-Keule und 'White Bush'

Cucurbita pepo — Cucurbitaceae = Kürbisgewächse

Höhe in cm	0	5	10	25	50	75	100	150	200	250	300	mehr
Aussaatzeit unter Glas	Jan	Feb	März	Apr	Mai	Juni	Juli	Aug	Sept	Okt	Nov	Dez
Aussaatzeit Freiland	Jan	Feb	März	Apr	Mai	Juni	Juli	Aug	Sept	Okt	Nov	Dez
Pflanzzeit	Jan	Feb	März	Apr	Mai	Juni	Juli	Aug	Sept	Okt	Nov	Dez

Nach der Saat etwa 4 Wochen — durchschn. Kulturdauer in Wochen 20–24

Pflanzenabstand in cm 60 und Kletterhilfe

Die Kürbispflanzen sind heute über alle wärmeren Gebiete der Erde verbreitet. Es sind einjährige, selten ausdauernde, niederliegende oder mit Hilfe von Ranken kletternde krautige Pflanzen. Die Blätter sind ungeteilt oder mehr oder weniger gelappt, die Blüten in der Regel einhäusig, einzeln stehend, mit großer, gelber glockiger oder trichterförmiger Blütenkrone. Die Früchte sind verschieden gestaltet, oft sehr groß, mit derber Schale und saftigem Fruchtfleisch. Die Früchte des 'Riesenmelonen-Kürbis' z.B. können bis zu 100 kg schwer werden, der Spaghetti-Kürbis entwickelt an langen Trieben nur 20 cm große, zartgelbe Früchte. Eine Sonderstellung nimmt die Herkules-Keule ein. Sie entwikkelt in wärmeren Gebieten 5–6 m lange Triebe und bildet bis zu 2 m lange Früchte aus. Die grünschaligen Früchte mit weichem, weißem und süßlichem Fruchtfleisch, das nach Gurke und Melone schmeckt, sind keulenförmig verlängert, mit deutlich gebogenem Hals und warziger Oberfläche. Junge Früchte lassen sich wie Zucchini zubereiten, ältere sind etwas bastig. Die Herkules-Keule benötigt unbedingt eine Kletterhilfe. In jüngster Zeit haben die rankenlosen, gurkenähnlichen Kürbisse als Kochgemüse an Bedeutung gewonnen. Von manchen Sorten kön-

'White Bush'

nen die Früchte schon bei einer Länge von 12–15 cm verwertet werden, andere wiederum auch ausgereift. In jungem Zustand verwendet werden die zarten, weißen Diskusfrüchte von 'White Bush'. Sie haben aber eine wesentlich derbere und härtere Schale als die Früchte der Herkules-Keule. Ihrer eigentümlichen, an Quallen erinnernden Form wegen, bezeichnen sie Gartenfreunde auch als „Fliegende Untertassen". Allen Kürbissorten gemeinsam sind ihr großes Wärmebedürfnis, das vollsonnigen Standort erfordert, ihr großer Nährstoffbedarf, der gern auf der Kompostmiete gedeckt wird, und ihre im übrigen problemlose Kultur ohne Schädlingsbefall.
Klima und Standort: Bevorzugt wird ein heller, sonniger Platz. Boden: Jeder Gartenboden. Eine Woche vor dem Pflanztermin hebt man für jede Pflanze ein 50 × 50 × 50 cm breites und tiefes Loch aus und füllt es mit angerottetem, nahrhaftem Kompost und/oder Stallmist. Darüber setzt man einen ca. 20 cm hohen Pflanzhügel aus Mutterboden, gemischt mit gesiebter Komposterde. Darauf werden die Setzlinge gepflanzt. Säen und Pflanzen: Ende Mai die in Tontöpfen gezogenen Setzlinge auspflanzen. Pflege und Düngung: Während des Wachstums mit abgestandenem, etwas erwärmtem Wasser gießen und reichlich nachdüngen. Ernte: Die Früchte ernten, solange die Schale noch weich ist. Die großen, rankenden Sorten müssen ausreifen und werden spätestens vor den ersten Herbstfrösten geerntet. Lagern: Kürbisfrüchte, die nicht gleich verarbeitet werden (siehe Riesenkürbis), legt man auf trockene Unterlage in einen kühlen Kellerraum. Anschnitte mit Haushaltsfolie abdecken.
Die tabellarischen Angaben auf S. 63 gelten auch für 'White Bush', jedoch bleibt diese Kürbisform niedrig (Kletterhilfe nicht erforderlich).

Zierkürbis

Cucurbita pepo convar. microcarpina — Cucurbitaceae = Kürbisgewächse

Höhe in cm	0	5	10	25	50	75	100	150	200	250	300	mehr
Aussaatzeit unter Glas	Jan	Feb	März	**Apr**	Mai	Juni	Juli	Aug	Sept	Okt	Nov	Dez
Aussaatzeit Freiland	Jan	Feb	März	Apr	**Mai**	Juni	Juli	Aug	Sept	Okt	Nov	Dez
Pflanzzeit	Jan	Feb	März	Apr	**Mai**	Juni	Juli	Aug	Sept	Okt	Nov	Dez

Nach der Saat etwa 5 Wochen — durchschn. Kulturdauer in Wochen 16–24

Pflanzenabstand in cm 50–100 — Reihenabstand in cm 50–100

Der Zierkürbis ist eine einjährige Pflanze mit zierenden Früchten, die sich als Winterschmuck trocknen lassen. Die kleinen, eigenartigen Zierkürbisse sind Kulturformen des großen Speisekürbisses. In Form und Größe sind die Früchte sehr verschieden, sie ähneln Apfelsinen oder Birnen und haben die Form von Äpfeln, Eiern oder Zwiebeln. Eßbar sind die Früchte der Zierkürbisse nicht, sie wachsen sehr schnell und haben nur einen Schmuck- oder Zierwert.
Klima und Standort: Zierkürbisse brauchen einen sehr warmen, sonnigen Platz. Boden: Bei nährstoffreichem Boden und viel Feuchtigkeit gedeihen sie gut, können eine Höhe von 8–10 m erreichen und entwickeln reichlich ihre großen, goldgelben Blüten. Pflege und Düngung: Zierkürbisse brauchen einen Halt, sie überranken Pergolen, Gartenhäuschen oder wachsen auf dem Boden entlang. Neben regelmäßiger Düngung, Wärme und viel Feuchtigkeit bedürfen sie keiner besonderen Pflege. Säen und Pflanzen: Die vorgezogenen Pflänzchen im Mai auspflanzen. Bei Freilandaussaat (ab Mitte Mai) drückt man drei bis fünf Samenkerne als Nester in den Boden. 50 bis 100 cm Abstand zwischen den Nestern, denn die Pflanzen entwickeln unter günstigen Bedingungen viel Blattmasse. Schon nach etwa zwei Wochen zeigt sich das erste Grün.

△ Brutknöllchen

Yamswurzel

Dioscorea alata Dioscoreaceae = Yamswurzelgewächs

Höhe in cm	0	5	10	25	50	75	100	**150**	**200**	**250**	**300**	mehr
Aussaatzeit unter Glas	Jan	Feb	März	Apr	Mai	Juni	Juli	Aug	Sept	Okt	Nov	Dez
Aussaatzeit Freiland	Jan	Feb	März	Apr	Mai	Juni	Juli	Aug	Sept	**Okt**	**Nov**	Dez
Pflanzzeit	Jan	Feb	März	Apr	Mai	Juni	Juli	Aug	Sept	**Okt**	**Nov**	Dez

durchschn. Kulturdauer mehrj.

Pflanzenabstand in cm 90 und mehr

Ihre Heimat ist China, Korea und Japan. Von den 600 tropischen und subtropischen Arten ist *Dioscorea alata* die wichtigste. Die Kletterpflanze entwickelt an ihren rotgestreiften Stengeln Brutknöllchen. Als Nutzpflanze hat die Yams bei uns keine Bedeutung, sie ist trotzdem ein empfehlenswerter Kletterer für die Berankung von Pergolen, braucht aber eine Kletterhilfe. Die Triebe sterben im Winter ab. Die Knollen werden gekocht gegessen. Klima und Standort: Hohe Temperaturansprüche, im Frühjahr und Sommer etwa 20 °C, helle, nicht zu trockene, windgeschützte Lagen. Boden: Sandige Lehmböden mit bester Humusversorgung und guter Drainage. Säen und Pflanzen: Brutknöllchen 0,5–1 cm in ein gut vorbereitetes Beet etwa 10 cm tief in den Boden legen. Günstig ist, wenn man 40×40 cm tiefe Pflanzlöcher aushebt, diese mit 20 cm frischem Stallmist auffüllt, darüber 10 cm reifen Kompost, darauf 3–5 Knöllchen, darüber nochmals 10 cm gut abgelagerten Stallmist. Pflege und Düngung: Stabiles Rankgerüst. Im Winter (Dezember) eine etwa 4–5 cm dicke Mistpackung über die Pflanzstelle geben. Nach dem Austrieb im Mai Boden locker halten. Bei trockener, windiger Witterung wässern. Mulchen. Ernte: Die Ernte der bis 1 m langen Wurzel (bei uns 40–60 cm) erfolgt, wenn das Laub abgestorben ist. Man gräbt die Knolle vorsichtig heraus (Oktober/November). Verletzte Knollen sofort verarbeiten.

Sojabohne

Glycine max Fabaceae = Schmetterlingsblütler

Höhe in cm	0	5	10	**25**	**50**	**75**	100	150	200	250	300	mehr
Aussaatzeit unter Glas	Jan	Feb	März	Apr	Mai	Juni	Juli	Aug	Sept	Okt	Nov	Dez
Aussaatzeit Freiland	Jan	Feb	März	Apr	**Mai**	Juni	Juli	Aug	Sept	Okt	Nov	Dez
Pflanzzeit	Jan	Feb	März	Apr	Mai	Juni	Juli	Aug	Sept	Okt	Nov	Dez

durchschn. Kulturdauer in Wochen 12–16

Pflanzenabstand in cm 10–20 Reihenabstand in cm 40–60

Die Sojabohne ist eine der ältesten Nutzpflanzen. So wurde sie in China schon lange vor unserer Zeitrechnung kultiviert und galt als eine der fünf heiligen Nahrungspflanzen. Sojabohnen werden bereits in einem 5000 Jahre alten chinesischen Lehrbuch der Medizin erwähnt. Im Jahre 2800 v. Chr. wurde den chinesischen Bauern der Anbau von Sojabohnen von ihrem Kaiser Tschen-Nung zur Pflicht gemacht. Heute ist sie eine der wichtigsten Nahrungspflanzen Asiens und wird wegen ihres hochwertigen Pflanzeneiweißes weltweit kultiviert. Es gibt unzählige Varianten, am verbreitetsten sind die aufrecht wachsenden, die etwas zum Sichwinden neigen. Die Pflanzen bilden eine mehr oder minder ausgeprägte Flachwurzel, wobei die Nebenwurzeln mit Knöllchenbakterien *(Rhizobium leguminosorum)*, die Stickstoff aus der Luft sammeln, besiedelt sind. Die Blüten sind weiß bis violett und stehen als aufrechte Büschel in den Blattachseln, ein Teil der Blüten wird vor der Entwicklung der Hülse abgestoßen. Die Sojabohne eignet sich sehr gut für Mischkulturen. Bei genügend Reihenabstand zu Salatarten, Radieschen, Lauch, Kohlrabi oder auch zu Mais. Durchschnittlich sind die Sommer unserer Breiten zu kühl und zu feucht für einen ertragreichen Anbau der Sojabohne. Man muß sich dann mit den unausgereiften Bohnen begnügen, die allerdings auch dann schmackhaft sind.

Grüne Sojabohnen

Klima und Standort: Sonnige, sich schnell erwärmende Standorte. Während der Kulturzeit verträgt sie viel Wärme und wenig Niederschlag. Zur Samenbildung wird wieder mehr Wasser benötigt, zur Reife eher Trokkenheit. In unserem Klima ist es daher unter Umständen notwendig, die Pflanze mit Folie oder ähnlichem Material zu überbauen. Boden: Günstig sind sandige Lehmböden, aber auch andere Böden, solange diese tiefgründig sind. Besonders vorteilhaft jedoch ist Anbau auf Mulchfolie, da die Sojabohne sehr wärmebedürftig ist. Säen und Pflanzen: Aussaat in Reihen: (optimal 40×20 cm) ab Mitte Mai. Die Bodentemperatur sollte 8–10°C erreicht haben. Die Saattiefe liegt bei 4–5 cm, was durch Überstreuen mit reifem Kompost erreicht wird. Herbstaussaat ist bei uns nicht zu empfehlen. Pflege und Düngung: Die Pflege beschränkt sich auf Hacken, um den Boden locker und unkrautfrei zu halten. Ist er gut mit Humus versorgt, ist keine zusätzliche Düngung notwendig. Gut ist eine Stallmistgabe im Spätherbst, vor dem Anbau im Frühjahr jedoch keinen frischen Stallmist geben. Auftretende Pilzkrankheiten können meist durch Fruchtwechsel in Schach gehalten werden. Die grünen Pflanzen werden besonders gern von Rehen gefressen. Gegebenenfalls muß man die Kultur mit Vogelschutznetzen abdecken, um nächtlichen Kahlfraß durch Wild zu verhindern. Das sehr eiweißreiche Grün dient deshalb auch als Mastfutter für Weidetiere. Ernte: Wenn die Körner hart werden, ist der beste Zeitpunkt; die Blätter sind dann meist schon welk. Zur Futtergewinnung erfolgt die Ernte während der Blüte. Verarbeiten und Lagern: Die ganze Pflanze zur Gründüngung, als Grünfutter oder Heu. Die unreifen Bohnen werden als Frischgemüse verwertet. Die reifen Bohnen gekocht, gebacken oder geröstet. Die Keimlinge als Salat und Gemüse verwenden. Eine längere Lagerung sollte vermieden werden, da die Sojabohnen sehr anfällig für Schimmelpilze sind. Sorten: Die Sojabohne wird in der Regel für Handelszwecke klassifiziert. Zum einen nach der Farbe, gelbe, grüne oder schwarze Bohnen. Weiter nach Handelsvarietäten – wie für Öl- und Preßkuchenbereitung – oder Gemüsevarietäten für den Sofortverbrauch und nach Futtervarietäten. In unserem Klima besonders zu empfehlen: 'Caloria' und 'Fiskeby V'.

'Royal Burgundy'

Buschbohnen

Phaseolus vulgaris var. nanus Fabaceae = Schmetterlingsblütler

Höhe in cm	0	5	10	25	**50**	75	100	150	200	250	300	mehr
Aussaatzeit unter Glas	Jan	Feb	März	Apr	Mai	Juni	Juli	Aug	Sept	Okt	Nov	Dez
Aussaatzeit Freiland	Jan	Feb	März	Apr	**Mai**	**Juni**	**Juli**	Aug	Sept	Okt	Nov	Dez
Pflanzzeit	Jan	Feb	März	Apr	Mai	Juni	Juli	Aug	Sept	Okt	Nov	Dez
	durchschn. Kulturdauer in Wochen 10											
Pflanzenabstand in cm 8–10	Reihenabstand in cm 40											

Bohnen sind mit Ausnahme der Puffbohne eingeführte Pflanzen aus dem tropischen Amerika. Daher das hohe Wärmebedürfnis und die große Frostempfindlichkeit. Die Buschbohne hat kurze, kräftige Stengel und wächst niedrig oder strauchig. Es gibt vielerlei Sorten.

Boden: Lockerer Boden und ausreichende Bewässerung. Pflege und Düngung: Die Bohne bevorzugt altgedüngten Boden. Magerer Boden muß im Herbst durch verrotteten alten Dünger oder Kompost verbessert werden. Alle Hülsenfrüchte brauchen Kalk aber vertragen keinen frischen Stallmist. Aussaat: Vorziehen in Töpfen ab Ende April möglich, aber erst auspflanzen (nach den Eisheiligen), wenn der Boden im Freiland etwa 10° Wärme hat. In kaltem, feuchtem Boden keimen die Bohnen nicht, sondern verfaulen. Säen und Pflanzen: Gekauftes Saatgut verwenden, Bohnen aus eigener Ernte zeigen leicht Abbauerscheinungen. Grüne Pflückbohnen sind unempfindlicher als Gelbe Wachsbohnen. Ernte: Rechtzeitiges Pflücken sichert größere Ernte. In der Haupterntezeit müssen Buschbohnen regelmäßig (alle 3 Tage) durchgepflückt werden, sonst werden die Hülsen ungenießbar. Die Erde muß häufig gelockert werden; das ist zur Ertragssteigerung wichtiger als Gießen. Vorsichtig pflücken. Pflanzenschutz: Sägemehl oder Mulchschicht aus Tannen- und Kiefernnadeln wehrt Schnecken ab.

Gelbe Sorte

Rotstreifige Sorte 'Cocco de Praque'

Stangenbohne

Phaseolus vulgaris var. vulgaris — Fabaceae = Schmetterlingsblütler

Höhe in cm	0	5	10	25	50	75	100	150	200	250	300	mehr
Aussaatzeit unter Glas	Jan	Feb	März	Apr	Mai	Juni	Juli	Aug	Sept	Okt	Nov	Dez
Aussaatzeit Freiland	Jan	Feb	März	Apr	Mai	Juni	Juli	Aug	Sept	Okt	Nov	Dez
Pflanzzeit	Jan	Feb	März	Apr	Mai	Juni	Juli	Aug	Sept	Okt	Nov	Dez

durchschn. Kulturdauer in Wochen 18

Pflanzenabstand in cm 60 — Reihenabstand in cm 60–100

Wie alle andern Bohnenarten begann die Stangenbohne im 16. Jahrhundert, aus Amerika kommend, ihren Siegeszug durch Europa. Die im Mittelmeergebiet heimischen älteren Hülsenfrucht-Kulturen wurden zum Teil durch die Bohne verdrängt. Heute ist die Bohne aus Europas Küchen nicht mehr wegzudenken. Wie bei den Buschbohnen unterscheidet man gelb-, grün- und blauhülsige Sorten sowie rotmarmorierte. Klima und Standort: Stangenbohnen stellen bei ihrem Anbau höhere Ansprüche als die bescheideneren Buschbohnen. Sie benötigen einen warmen, sonnigen Standort und reichlich Platz, zudem ein Rankgerüst oder einzelne Stangen, damit sie ihre langen, sich windenden Stengel bis zu 2,5 m hoch ranken lassen können. Boden: Bohnen verlangen einen lockeren, warmen, nicht frisch gedüngten, trotzdem nährstoffreichen (nicht stickstoffreichen) Boden. Säen und Pflanzen: Gesät wird erst, wenn die Stützen stehen. Besser als die schräg gegeneinander gestellten Stangen mit querliegendem, stabilisierendem First sind einzeln in den Boden gerammte, 2,5 m lange Stangen oder Dachlatten, sofern sie standfest errichtet werden. Die gekreuzte Konstruktion ist nur in windiger Lage erforderlich; sie wirft nach ihrem Bewuchs mehr Schatten und macht dadurch eine Mischkultur unmöglich. Pro Beet legt man zwei Reihen Bohnen an. Im Garten pflanzt man wegen Schattenwurf auf andere Gemüsepflanzen vorteilhaft am Nordrand oder alleinstehend an der Südseite des Hauses. Alle 60 cm steckt man eine Stange in den Boden. Um jede Rankhilfe zieht man eine 2–3 cm tiefe Rille mit einem Durchmesser von ca. 30 cm. Ab Mitte Mai können um jede Stange 6–8 Saatbohnen ausgebracht werden. Pflege und Düngung: Vor dem Säen wird der Boden um jede Stange mit reifem Kompost verbessert. Um einen nährstoffreichen Boden zu bekommen, düngt man mit abgelagertem Kompost oder stickstoffarmem Dünger (z. B. Knochenmehl und Holzasche). Die Jungpflanzen beizeiten leicht anhäufeln und suchende Triebe an den Stangen hochleiten. Vor der Blüte nochmals anhäufeln. Bis zum Ansatz der Hülsen reichlich gießen. Pflanzenschutz: Gegen die Bohnenfliege stäubt man die Samen mit Hora-Saatgutpuder ein. Pilzkrankheiten, z. B. Rost, treten bei feuchtwarmer Atmosphäre auf; weiter Stand und Mischkultur mit Salat (Endivien, Kopfsalat), Tomaten, Kohl, Kohlrabi oder Gurken beugen vor. Bohnenpflanzen sollten bei Regen nicht angefaßt werden. Ernten und Lagern: Sind die ersten Bohnen erntereif, pflückt man regelmäßig alle drei Tage vorsichtig mit zwei Händen durch, damit die Fruchtstände nicht ausgerissen werden. Je Stange kann man etwa zwei Kilo grüne Hülsen erwarten. Dabei gilt der Grundsatz: Wer viel pflückt, erntet mehr. Jüngere Bohnen sind zarter. Überschüsse, die nicht frisch verzehrt werden können, dörrt man oder friert man ein (in beiden Fällen zuvor blanchieren) oder läßt sie mit etwas Salz und Molke in Gläsern milchsauer vergären. Verwendung: Für den frischen Genuß bieten sich die fadenlosen und breithülsigen grünen, gelben oder gesprenkelten Sorten an. Zum Tiefgefrieren haben sich die rundhülsigen grünen Sorten bewährt. Wer nur auf die noch grünen Bohnen ohne Hülse Wert legt, greift lieber zu den großsamigen und breithülsigen Sorten und wartet bis die Hülsen groß geworden aber noch biegsam sind. Sorten: 'Neckarkönigin', (grüne, fadenlose Sorte, ertragreich, zum Tiefgefrieren geeignet), 'Wachs Neckargold', 'Goldregen' (gelbe Sorte), 'Rekord', 'Rapid' (beides grüne Sorten), 'Blauhilde' (günstig für rauhere Standorte; ihre Hülse ist bläulich, wird jedoch beim Kochen grün). 'Cocco de Praque' (rotstreifige Sorte für Trockenbohnen). Großkernige Sorten bringen höhere Erträge als Perlbohnsorten.

Feuerbohne, Prunkbohne

Phaseolus coccineus Fabaceae = Schmetterlingsblütler

Höhe in cm	0	5	10	25	50	75	100	150	200	250	300	mehr
Aussaatzeit unter Glas	Jan	Feb	März	Apr	Mai	Juni	Juli	Aug	Sept	Okt	Nov	Dez
Aussaatzeit Freiland	Jan	Feb	März	Apr	Mai	Juni	Juli	Aug	Sept	Okt	Nov	Dez
Pflanzzeit	Jan	Feb	März	Apr	Mai	Juni	Juli	Aug	Sept	Okt	Nov	Dez

durchschn. Kulturdauer in Wochen 16

Pflanzenabstand in cm 60 Reihenabstand in cm 80–100

Im Gegensatz zu den Stangenbohnen, die kälte- und windempfindlich sind, ist die Feuerbohne robuster und bietet sich bei ungünstigeren Bedingungen und rauherem Klima an. Zudem ist sie mit ihren roten, weißen oder zweifarbigen Blüten ein Gartenschmuck. Die Hülsen der Feuerbohne sind zwar äußerlich rauh und haben ein größeres Korn, im Geschmack dagegen sind sie sehr zart, wenn sie rechtzeitig geerntet werden.
Säen und Pflanzen: Kann bis Ende Mai/Anfang Juni erfolgen. Gerade die Spätaussaat bringt im Herbst noch gute Ernten und ist deshalb besonders zu empfehlen. Je Stange (2,5 m hoch) werden 4–5 Samenkörner ausgelegt. Ernte: Bohnen immer besser etwas früher als zu spät ernten. Gute Eignung zum Einmachen und Einlegen. Die Bohnen lassen sich gut trocknen und behalten ihren feinen Geschmack. Pflanzenschutz: Um der Bohnenfliege vorzubeugen, wird das Saatgut mit Saatgutpuder behandelt. Bei feuchtwarmer Witterung breitet sich der Rost sehr schnell aus. An den Blättern und Hülsen treten zunächst weiße, dann braune Flecken und Pusteln auf. Der Befall kann eingedämmt werden, wenn sofort mit geeigneten Mitteln gespritzt wird. Achtung: Angegebene Wartezeit bis zur Ernte einhalten. Sorten: 'Preisgewinner', rotblühend mit farbigem Korn, flachhülsig mit Fäden, guter Ertrag; 'Weiße Riesen', weißblühend und weißkörnig, flachhülsig mit Fäden, guter Ertrag.

Dicke oder Saubohne, Puffbohne

Vicia faba Fabaceae = Schmetterlingsblütler

Höhe in cm	0	5	10	25	50	75	100	150	200	250	300	mehr
Aussaatzeit unter Glas	Jan	Feb	März	Apr	Mai	Juni	Juli	Aug	Sept	Okt	Nov	Dez
Aussaatzeit Freiland	Jan	Feb	März	Apr	Mai	Juni	Juli	Aug	Sept	Okt	Nov	Dez
Pflanzzeit	Jan	Feb	März	Apr	Mai	Juni	Juli	Aug	Sept	Okt	Nov	Dez

durchschn. Kulturdauer in Wochen 14–16

Pflanzenabstand in cm 20–40 Reihenabstand in cm 50

Die Puffbohne stammt aus dem Orient und war im Mittelalter ein wichtiges Nahrungsmittel. Erst durch den Anbau der Kartoffel, den Mais und die Gartenbohne wurde sie verdrängt. Sie kann in der Fruchtfolge beliebig angebaut werden, nur nicht nach sich selbst. Als Nachfrucht eignet sich Spätgemüse, als Unterfrucht z. B. Möhren. Hoher Gehalt an Nährstoffen.
Klima und Standort: Gedeiht fast überall, geringe Ansprüche an Wärme. Bis −4°C werden noch vertragen. In halbschattigen Lagen geeignet als Gründüngungspflanze. Standort eher feucht als trocken. Säen und Pflanzen: Vor der Aussaat Samen 1 Tag lang in Wasser vorquellen. Bei Direktaussaat werden 3–4 Körner 3–4 cm in den Boden gedrückt. Optimaler Standraum: Reihenweite 50 cm, in der Reihe 20 cm. Pflege, Düngung, Pflanzenschutz: Regelmäßig hacken, bis die Pflanze den Boden deckt. Auf leichten, sandigen Böden mit Stallmist düngen. Hohen Kalibedarf mit Gesteinsmehl decken. Entspitzen der Pflanze nach dem Hülsenansatz hilft gegen Schwarze Bohnenlaus. Verarbeiten und Lagern: Die grünen unausgereiften Körner als Gemüse, die reifen Samen gekocht oder als Brei. Der reife Samen ist bei trockener Lagerung 5 Jahre haltbar. Sorten: 'Con Amore', Frischmarktsorte, pro Hülse 5–6 Körner. 'Dreifach weiße', die Hülsen jung ernten.

Palerbse ‘Frühes Wunder‘

Gemüseerbse

Pisum sativum
ssp. sativum convar. medullare

Fabaceae = Schmetterlingsblütler

Höhe in cm	0	5	10	**25**	**50**	**75**	**100**	**150**	**200**	**250**	300	mehr
Aussaatzeit unter Glas	Jan	Feb	März	Apr	Mai	Juni	Juli	Aug	Sept	Okt	Nov	Dez
Aussaatzeit Freiland	Jan	Feb	**März**	**Apr**	Mai	Juni	Juli	Aug	Sept	Okt	Nov	Dez
Pflanzzeit	Jan	Feb	März	Apr	Mai	Juni	Juli	Aug	Sept	Okt	Nov	Dez
	durchschn. Kulturdauer in Wochen 10											
Pflanzenabstand in cm 3–4	Reihenabstand in cm 40–60											

Erbsen sind weltweit verbreitete, einjährige, kletternde Gemüsepflanzen, deren Hülsenfrüchte frisch, gekocht und getrocknet verzehrt werden. Schon die Steinzeitmenschen wußten sie zu schätzen. Spätestens zur Bronzezeit wurde die wahrscheinlich aus Kleinasien und dem östlichen Mittelmeerraum stammende Erbse auch bei uns angebaut. Der Nährwert liegt in dem bis zu 20% betragenden Eiweißgehalt, einem hohen Anteil an Kohlenhydraten und den Vitaminen A, B und C. Man unterscheidet: Schalerbsen (Palerbsen), Markerbsen und Zuckererbsen. Die Futtererbsen oder Peluschken haben in der Viehzucht an Bedeutung verloren.

Klima und Standort: In sonnigen, luftigen Lagen. Boden: Trockener, aber nahrhafter Boden, der viel Kalk enthält. Schwere Böden im Herbst des Vorjahres mit Humus und Kalk verbessern. Besonders empfindlich reagieren Erbsen auf Staunässe. Während des Wachstums den Boden mehrfach lockern. Säen und Pflanzen: Bei den Buscherbsen rechnet man drei Saatrillen pro Beet von 120 cm Breite, bei den halbhohen (Reisererbsen) 60 cm. Vor der Aussaat mit Kali und Superphosphat düngen. Je 50 g/m^2. Auf dem Erbsenbeet sollen die letzten zwei Jahre vorher keine Erbsen gestanden haben. Nach der Saat wird das Beet z. B. mit Maschendraht vor Vögeln geschützt. Schalerbsen Mitte März bis Mitte April, Markerbsen und Zuckererbsen bis Ende April aussäen. Späte Saaten sind mehltaugefährdet. Wenn die Pflänzchen etwa 15 cm hoch sind, den Maschendraht entfernen, leicht anhäufeln und Reiser aufstellen oder Drähte spannen, an denen sie entlangranken können. Sorten: Von den Zuckererbsen *(Pisum sativum convar. axiphium)* werden Körner und Hülsen verzehrt. Bekannte Sorten: ‘Rheinische Zucker‘, ‘Zuga‘ und ‘Frühe Heinrich‘. Im Handel wurden häufig auch die großen, süßen Körner der Markerbsen *(P. sativum convar. medullare)* als Zuckererbsen angeboten. Man nennt sie auch Runzelerbsen, denn die Körner werden bei der Reife in den Hülsen runzlig, bleiben aber zart. Nicht als Trockenerbsen geeignet. Bekannte Sorten: ‘Dorla‘, ‘Lorka‘, ‘Salzmünder Edelperle‘, ‘Springer‘, und ‘Wunder von Kelvedon‘. Aus Pal- oder auch Schalerbsen *(P. sativum convar. sativum)* werden Trockenerbsen gewonnen. Zähe Hülsen und runde Körner, die schnell mehlig werden. Bekannte Sorten: ‘Maibote‘, ‘Mignon‘, ‘Allerfrüheste Mai‘, ‘Riesenschnabel-Erbse‘. Von allen drei Formen gibt es niedrige, halbhohe und hohe Wuchsformen. Neuerdings wird eine reichtragende blauschalige Wintersorte ‘Capucijners‘ angeboten. Verarbeiten und Lagern: Erbsen lassen sich gut einkochen und auch einfrieren. Dazu etwa 2 Minuten mit kochendem Wasser überbrühen und dann einfrieren. Pflanzenschutz: Bogenförmigen Fraß an den Blättern hinterläßt der Blattrandkäfer, dessen Larven durch Fraß auch die Wurzelknöllchen und Wurzeln schädigen. Der Erbsenblasenfuß saugt an Knospen und Triebspitzen und legt Eier in den Blüten ab. Junge Hülsen werden taub, ältere braunfleckig. Die Erbsengallmücke hinterläßt blasige Auftriebe an den Hülsen und verkrüppelte Blüten. Der Erbsenkäfer kommt mit den Früchten, denen man nichts ansieht, ins Haus. Befallene Früchte unbrauchbar. Der Erbsenwickler (ein Kleinschmetterling) legt seine Eier an der Unterseite der Laubblätter ab. Die Larven bohren sich in die Hülsen und zerstören die Frucht. Alle Schädlinge durch Spritzen oder Stäuben mit geeigneten Mitteln bekämpfen. Im Hausgarten mit Mischkultur und Fruchtfolgen treten in der Regel keine Probleme mit Erbsenschädlingen auf.

Hafer

Avena sativa Poaceae = Süßgräser

Höhe in cm	0	5	10	25	**50**	**75**	**100**	150	200	250	300	mehr
Aussaatzeit unter Glas	Jan	Feb	März	Apr	Mai	Juni	Juli	Aug	Sept	Okt	Nov	Dez
Aussaatzeit Freiland	Jan	Feb	**März**	**Apr**	Mai	Juni	Juli	Aug	Sept	Okt	Nov	Dez
Pflanzzeit	Jan	Feb	März	Apr	Mai	Juni	Juli	Aug	Sept	Okt	Nov	Dez

durchschn. Kulturdauer in Wochen 24–28

Pflanzenabstand in cm etwa 3 Reihenabstand in cm 15 und mehr

Das einjährige Rispengras trägt bis zu 30 mm lange Ährchen mit 2–3 Blüten, von denen meist nur zwei fruchtbar sind und sich nach der Selbstbestäubung zu den länglichen, gefurchten, mit ihren Spelzen verwachsenen Haferkörnern entwickeln. Mit der Zunahme der Mechanisierung in der Landwirtschaft und der selteneren Pferdehaltung auf dem Bauernhof nahm in unserem Jahrhundert auch der Haferanbau ab.
Klima und Standort: Hafer bevorzugt Gebiete mit feuchtem und nicht zu warmem Klima und regelmäßiger Bewässerung; er ist damit die geeignete Getreidepflanze für die gemäßigten Zonen auf der Nordhalbkugel. Boden: Stellt keine besonderen Ansprüche an das Nährstoffgefüge des Bodens und gedeiht auch auf Böden mit Sandanteil. Säen und Pflanzen: Aussaat möglichst zeitig im Frühjahr 3–5 cm tief und mit einer Saatweite von 12–18 cm. Pflege und Düngung: Vor der Haferkultur Bodenlockerung und organische Düngung mit vererdetem Kompost in nicht zu reichlicher Menge. Unkrautentfernung. Ernte: Mähen und Dreschen bei voller Gelbreife der Außenkörner des Hafers. Verarbeiten und Lagern: Lagerung von Haferkörnern 2–3 Jahre ohne Substanzverlust. Verwendung nach Schälen und Walzen als Haferflocken; auch als sehr gutes Tierfutter für Pferde und Geflügel. Sorten: Seit langem bewährt haben sich 'Flämingskrone', 'Tiger', 'Borrus', 'Erbgraf', 'Leanda', 'Selma'.

Gerste

Hordeum vulgare Poaceae = Süßgräser

Höhe in cm	0	5	10	25	50	**75**	**100**	150	200	250	300	mehr
Aussaatzeit unter Glas	Jan	Feb	März	Apr	Mai	Juni	Juli	Aug	Sept	Okt	Nov	Dez
Aussaatzeit Freiland	Jan	Feb	**März**	**Apr**	Mai	Juni	Juli	Aug	**Sept**	Okt	Nov	Dez
Pflanzzeit	Jan	Feb	März	Apr	Mai	Juni	Juli	Aug	Sept	Okt	Nov	Dez

durchschn. Kulturdauer in Wochen 24–30

Pflanzenabstand in cm etwa 3 Reihenabstand in cm 15 und mehr

Die wie der Roggen in Vorderasien heimische Gerste ist die älteste Kulturgetreideart und unter Einkreuzung mehrerer Wildarten zur heutigen Form entwickelt worden. Gerste reift schneller als Weizen und Roggen und beinhaltet in ihren Körnern weniger Eiweiß, aber mehr Mineralstoffe als diese. Meistens sind die Gerstenfrüchte mit den sie umgebenden Spelzen verwachsen.
Klima und Standort: Die ertragreichere Wintergerste stellt in ihrer längeren Kulturperiode höhere Ansprüche an ein gemäßigtes, nicht zu trockenes Klima, während die Sommergerste sogar in sommertrockenen Gebieten gedeiht und schneller reift als die Winterart. Boden: Gerste wächst auch auf ärmeren Böden mit verhältnismäßig wenig Nährstoffen; besonders die Sommergerste kommt auf weniger nährstoffreichen Böden mit Sandanteil zurecht. Säen und Pflanzen: Aussäen der Wintergerste im September. Aussaat der Sommergerste möglichst früh, für beste Erträge nicht später als Mitte April. Saattiefe 2–4 cm, Saatweite 12–18 cm. Pflege und Düngung: Vor der Aussaat Bodenlockerung und organische Düngung mit vererdetem Kompost in nicht zu reichlicher Menge. Ernte: Bei Verfärbung der Halmknoten in der Vollreife, manchmal auch Einbringen bei voller Gelbreife der Außenkörner. Verarbeiten: Zu Brotmehl, Graupen, für Breie, Suppen, zu Bier und für Tiere.

Roggen

Secale cereale

Poaceae = Süßgräser

Höhe in cm	0	5	10	25	50	75	**100**	**150**	200	250	300	mehr
Aussaatzeit unter Glas	Jan	Feb	März	Apr	Mai	Juni	Juli	Aug	Sept	Okt	Nov	Dez
Aussaatzeit Freiland	Jan	Feb	März	Apr	Mai	Juni	Juli	Aug	**Sept**	**Okt**	**Nov**	Dez
Pflanzzeit	Jan	Feb	März	Apr	Mai	Juni	Juli	Aug	Sept	Okt	Nov	Dez

durchschn. Kulturdauer in Wochen 24–32

Pflanzenabstand in cm etwa 3 — Reihenabstand in cm 15 und mehr

Der in Vorderasien heimische Roggen bringt in der einjährigen Kultur große, dichte, vierkantige Ähren hervor, an denen die zweiblütigen Ährchen sitzen. Nach der Fremdbestäubung der Blüten bildet die Roggenpflanze die länglichen, längsgefurchten, grünlich bis bläulich gefärbten, im Querschnitt dreieckigen Körner aus, die als Brotgetreide, für Kaffee-Ersatz und Kornbranntwein verwendet werden.

Klima und Standort: Noch weniger anspruchsvoll als der Weizen; gedeiht auch in regenreichen Gebieten und größeren Höhen. Boden: Auch auf nährstoffärmeren Böden mit Sandanteil. Säen und Pflanzen: Aussaat als Winterroggen im Herbst, als Sommerroggen im März möglich. Frühjahrsaussaat schoßt jedoch meist nicht! Saattiefe 1–3 cm, Saatweite 12–18 cm. Pflege und Düngung: Vor dem Säen Lockerung des Bodens; sparsame organische Bodendüngung mit reifem Kompost. Unkrautentfernung. Ernte: Wie beim Weizen. Mähen und Dreschen der Früchte in der Vollreife, wenn die Halmknoten ihre grünliche Färbung verloren haben. Verarbeiten und Lagern: Die reifen Roggenkörner sind mit ihrem Wassergehalt von nur 12–20 % ohne Substanzverlust monatelang haltbar. Vermahlung zu Vollwertmehl, das weniger Fett und mehr Mineralstoffe enthält als das hellere Weizenmehl. Sorten: Für Winterroggenanbau 'Kustro', 'Carokurz', 'Halo', 'Danko'.

Weizen

Triticum aestivum

Poaceae = Süßgräser

Höhe in cm	0	5	10	25	50	**75**	**100**	150	200	250	300	mehr
Aussaatzeit unter Glas	Jan	Feb	März	Apr	Mai	Juni	Juli	Aug	Sept	Okt	Nov	Dez
Aussaatzeit Freiland	Jan	Feb	**März**	**Apr**	Mai	Juni	Juli	Aug	Sept	**Okt**	**Nov**	**Dez**
Pflanzzeit	Jan	Feb	März	Apr	Mai	Juni	Juli	Aug	Sept	Okt	Nov	Dez

durchschn. Kulturdauer in Wochen 20–28

Pflanzenabstand in cm etwa 3 — Reihenabstand in cm 15 und mehr

Die uralte Kulturpflanze ist ein einjähriges Ährengras, deren senkrecht stehender Ährenkolben abwechselnd zweizeilig mit Ährchen besetzt ist. Die Blüten bestäuben sich selbst. Nach der Befruchtung reifen die länglich eiförmigen, gelblich gefärbten Körner, die auf der Rückenseite durch einen Längsspalt gekennzeichnet sind und am oberen Ende ein sehr feines Haarbüschel tragen. Für den Weizenanbau günstige Vorfruchtpflanzen sind Hafer, Erbsen, Bohnen, Kartoffeln.

Klima und Standort: Typische Pflanze für den Anbau in gemäßigten Breiten; keine besonderen Ansprüche an den Standort. Boden: Weizen verlangt schwere, äußerst nährstoffreiche Böden mit gutem Wasserspeicherungsvermögen. Böden mit Lehm und Schwarzerde sind besonders geeignet. Säen und Pflanzen: Aussaat als Sommerweizen im zeitigen Frühjahr oder als Winterweizen im Spätherbst oder Winter direkt in Reihen ins Freiland. Winterweizen verträgt Temperaturstürze bis zu –20 °C und mehr. Pflege und Düngung: Vor der Saat gründliches Aufarbeiten des Bodens; Lockerung und Einarbeitung von vererdetem Kompost in reichlichen Mengen. Ernte: Zur Vollreife, wenn die Halmknoten nicht mehr grün sind, Mähen und Dreschen. Verarbeiten: Vermahlen im Mörser, mit der Kaffeemühle oder Kornmühle. Sorten: 'Caribo', als Winter-, 'Kolibri', 'Janus' als Sommerweizen.

Hirsen

Panicum miliaceum und andere — Poaceae = Süßgräser

Höhe in cm	0	5	10	**25**	**50**	**75**	**100**	150	200	250	300	mehr
Aussaatzeit unter Glas	Jan	Feb	März	Apr	Mai	Juni	Juli	Aug	Sept	Okt	Nov	Dez
Aussaatzeit Freiland	Jan	Feb	März	Apr	**Mai**	**Juni**	**Juli**	Aug	Sept	Okt	Nov	Dez
Pflanzzeit	Jan	Feb	März	Apr	**Mai**	**Juni**	**Juli**	Aug	Sept	Okt	Nov	Dez

durchschn. Kulturdauer in Wochen 12–18

Pflanzenabstand in cm 15–20 — Reihenabstand in cm 60

Zu den Hirsen zählen viele botanisch völlig verschiedene Getreidearten der warmen Klimate. Die Hirsearten haben gemeinsam, daß sie recht kleine, meist runde Früchte erzeugen. Weltwirtschaftliche Bedeutung hat lediglich die Mohrenhirse *(Sorghum bicolor)* , die auch in den USA großflächig angebaut wird.

Klima und Standort: Sehr wärmebedürftig; Anbau bei uns im Freiland deshalb nur mit mäßigem Erfolg möglich. Boden: Die Hirsearten gedeihen auch auf armen, trockenen Böden mit hohem Sandanteil und geringen Nährstoffmengen. Säen und Pflanzen: Aussaat auf mäßig feuchtem Bodenmilieu. Nach dem Auflaufen müssen nur sehr dicht beieinander stehende Jungpflanzen pikiert werden. Pflege und Düngung: Vor der Aussaat gründliche Auflockerung des Bodens; sehr sparsame Einarbeitung von wenig organischem Dünger, wie verrottetem Stallmist, vererdetem Kompost, Hornspänen, Trockenmist. Ernte: In ihren Anbauländern werden die Hirsekörner meist schon geerntet, wenn die Halme noch grün sind, um dem Vogelfraß vorzubeugen. Verarbeiten und Lagern: Körner trocken lange haltbar. In der westlichen Welt meist Verwendung als Tierfutter; auch Verarbeitung zu Fladenbrot, Brei und Grütze. Sorten: Bekannt sind die Kodahirse, die Kolben- und Weizenhirse. Insgesamt haben etwa 10 Hirsearten regionale Bedeutung.

Zuckermais

Zea mays — Poaceae = Süßgräser

Höhe in cm	0	5	10	25	50	75	100	150	**200**	**250**	**300**	mehr
Aussaatzeit unter Glas	Jan	Feb	März	**Apr**	**Mai**	Juni	Juli	Aug	Sept	Okt	Nov	Dez
Aussaatzeit Freiland	Jan	Feb	März	Apr	Mai	Juni	Juli	Aug	Sept	Okt	Nov	Dez
Pflanzzeit	Jan	Feb	März	Apr	Mai	Juni	Juli	Aug	Sept	Okt	Nov	Dez

Nach der Saat etwa 4 Wochen — durchschn. Kulturdauer in Wochen 20 und mehr

Pflanzenabstand in cm 25 — Reihenabstand in cm 60

Columbus brachte die Körner dieses Grases mit nach Europa, wo zunächst in Spanien und Italien die ersten Maispflanzungen wuchsen. Inzwischen ist der Mais – nach dem Reis – die wichtigste Körnerfrucht; unentbehrlich als Futtermittel in der Landwirtschaft, aber auch als Nahrungsmittel. Der Mais hat nur eine Art, aber zahlreiche Varietäten und neben Nutzformen auch Zierformen.

Klima und Standort: In sonnigen Lagen. Boden: Tiefgründig, nährstoffreich. Auf zwei bis drei Gaben verteilt braucht er 100–120 g/m^2 eines Blau-Volldüngers. Säen und Pflanzen: Ab Ende April bis Anfang Mai in Töpfe aussäen und die Sämlinge frostsicher unter Folie, im Frühbeet oder am Zimmerfenster aufziehen. Nach den letzten Nachtfrösten können die Jungpflanzen ausgepflanzt werden. Für den Anbau ist ein gesondertes Beet erforderlich. Der Mais ist einhäusig, deshalb darf die Anzahl der Pflanzen nicht zu gering sein, um die Bestäubung zu sichern. Er läßt sich als Windschutz zu anderen Gemüsearten pflanzen. Ernte: Mais wird zur Zeit der Milchreife geerntet, d. h. wenn bei Fingerdruck eine milchige Flüssigkeit aus den Körnern tritt. Zuckermais kann roh (direkt vom Kolben), gekocht, gedünstet oder gegrillt verzehrt werden. Sorten: 'Golden Beauty', 'Wonderful', 'Presto', 'Sonnengold', 'Frühester Goldgelber', 'Earlibelle'.

Buchweizen, Heidenkorn

Fagopyrum esculentum — Polygonaceae = Knöterichgewächse

Höhe in cm	0	5	10	25	**50**	**75**	100	150	200	250	300	mehr
Aussaatzeit unter Glas	Jan	Feb	März	Apr	Mai	Juni	Juli	Aug	Sept	Okt	Nov	Dez
Aussaatzeit Freiland	Jan	Feb	**März**	**Apr**	**Mai**	Juni	Juli	Aug	Sept	Okt	Nov	Dez
Pflanzzeit	Jan	Feb	**März**	**Apr**	**Mai**	Juni	Juli	Aug	Sept	Okt	Nov	Dez

durchschn. Kulturdauer in Wochen 16–20

Pflanzenabstand in cm 5 — Reihenabstand in cm 20 und mehr

Der Buchweizen ist in Asien heimisch und wurde schon im frühen Mittelalter nach Europa gebracht, wo er wegen seiner geringen Ansprüche zeitweise eine große Bedeutung erlangte. Heute wird Buchweizen großflächig nur noch in der UdSSR angebaut. Buchweizensaatgut wird auch dem Hobbygärtner angeboten; z. B. durch die Fa. Sperling, Lüneburg. Das einjährige Kraut bringt aus seinen kleinen, weißlichen Blüten nach der Bestäubung 9 braune, dreikantige Nüßchen hervor. Buchweizen ist kein Getreide.
Klima und Standort: Gedeiht gut an nicht zu feuchten Standorten, z. B. auf Heideflächen. Boden: Der Buchweizen kommt auf eher armen, auch sauren Böden mit hohem Sandanteil und nur geringen Nährstoffreserven gut zurecht. Säen und Pflanzen: Aussaat direkt ins Freiland zweckmäßig. Pflege und Düngung: Vor der Kultur des einjährigen Buchweizens Lockerung des Bodens; ggf. Einarbeitung von organischen Düngern in nur sehr sparsamer Menge. Pflanzenschutz: Buchweizen ist recht robust und nur selten durch Schädlinge gefährdet. Ernte: Bei kleineren Anbauflächen werden die braunen Nüßchen am besten direkt von der Pflanze gepflückt. Verarbeiten und Lagern: Trocken und kühl lange lagerfähig. Die Nüßchen feinmahlen und sieben; das Mehl kann zu Pfannkuchen, Fladenbrot und Buchweizengrütze verarbeitet werden.

Paprika, Gemüsepaprika

Capsicum annuum — Solanaceae = Nachtschattengewächse

Höhe in cm	0	5	10	25	**50**	**75**	**100**	150	200	250	300	mehr
Aussaatzeit unter Glas	Jan	Feb	**März**	**Apr**	Mai	Juni	Juli	Aug	Sept	Okt	Nov	Dez
Aussaatzeit Freiland	Jan	Feb	März	Apr	Mai	Juni	Juli	Aug	Sept	Okt	Nov	Dez
Pflanzzeit	Jan	Feb	März	Apr	**Mai**	**Juni**	Juli	Aug	Sept	Okt	Nov	Dez

Nach der Saat etwa 8 Wochen — durchschn. Kulturdauer in Wochen 14–18

Pflanzenabstand in cm 50 — Reihenabstand in cm 50

Die aus dem tropischen Amerika stammende, meist einjährige Pflanze wächst zu einem kleinen Busch heran, aus dessen weißlichen Blüten die zunächst grünlichen, bei der Reife gelben, roten oder schwarzvioletten Früchte entstehen. Ernährungsphysiologisch sinnvoll ist der Rohgenuß dieser „Schoten", die mit etwa 1,4 Gramm Vitamin C je Kilogramm Frucht einen hohen Vitamin-Anteil aufweisen.
Klima und Standort: Die wärmeliebende Pflanze bringt im Freiland nur an hellen, geschützten Plätzen zufriedenstellende Erträge. Die Kultur unter Glas oder mit Folienschutz ist empfehlenswert. Boden: Mindestens bis in etwa 30 cm Tiefe sehr humoser, nährstoffreicher Boden mit großem Anteil an organischer Substanz. Großer Feuchtigkeitsbedarf (vor allem im Gewächshaus), jedoch keine Staunässe. Säen und Pflanzen: Auf der Fensterbank oder im Treibhaus schon frühes Aussäen in Torfquelltöpfe oder kleine Blumentöpfe; nach dem Auflaufen die Sämlinge in Töpfe pikieren. Pflege und Düngung: Bei der Freilandkultur auf 2–4 Pflanzen je m^2. Vor der Pflanzung Einarbeiten von reichlich reifer Komposterde oder verrottetem Stallmist in den Boden; gründliche Lockerung. Ernte: Das Pflücken der noch grünen Schoten erhöht den Ertrag, weil die Pflanze weitere Fruchtansätze bildet. Sorten: Die bei der Reife roten 'California Wonder' und 'Canape' sind auch in gemäßigten Breiten ertragreich.

Cocktailtomaten

'Roma'

Tomate

Lycopersicon esculentum Solanaceae = Nachtschattengewächs

Höhe in cm	0	5	10	25	50	75	100	150	200	250	300	mehr
Aussaatzeit unter Glas	Jan	Feb	März	Apr	Mai	Juni	Juli	Aug	Sept	Okt	Nov	Dez
Aussaatzeit Freiland	Jan	Feb	März	Apr	Mai	Juni	Juli	Aug	Sept	Okt	Nov	Dez
Pflanzzeit	Jan	Feb	März	Apr	Mai	Juni	Juli	Aug	Sept	Okt	Nov	Dez
Nach der Saat etwa 6 Wochen					durchschn. Kulturdauer in Wochen 20							
Pflanzenabstand in cm 50–60					Reihenabstand in cm 60							

Trotz ihrer südamerikanischen Herkunft lassen sich Tomaten ohne Schwierigkeiten im Garten anbauen. Die Früchte sind reich an natürlichen Säuren, Zucker, Vitaminen und Mineralstoffen. Spezielle Züchtungen lassen sich sogar in Kästen und Kübeln auf dem Balkon ziehen. Die Tomate ist eine noch junge, sehr ertragreiche Gartenpflanze aus der Neuen Welt mit vielen Sorten. Sie stellen hohe Ansprüche an Boden, Standort und Pflege. In rauheren und Gebirgslagen kultiviert man Tomaten am besten unter Glas oder Folie. Sie brauchen gut durchfeuchteten Boden, sind aber empfindlich gegen Dauerregen und kühle Nächte.

Klima und Standort: Man gibt ihnen den wärmsten Standort im Garten, vorzugsweise Plätze vor Südwänden, wo Sonnenwärme zurückgestrahlt wird. Tomaten erfordern keine Fruchtfolge, das heißt, sie können jahrelang am gleichen Standort kultiviert werden, gute Nährstoffversorgung vorausgesetzt. Boden: Sie brauchen tiefgründigen, nährstoffreichen Humus und viel Feuchtigkeit. Im Herbst Mist oder Frischkompost einarbeiten. Säen und Pflanzen: In der zweiten Märzhälfte in Anzuchtkästen bei Zimmertemperatur. Nach Entfaltung der ersten Blätter pikieren mit einem Abstand von 3–5 cm. Nicht vor dem 20. Mai ins Freiland mit einem Pflanzenabstand von 50–60 cm auspflanzen. Die etwas schräg liegende Pflanze tief pflanzen, so bilden sich neue Wurzeln aus. Die Pflanzlöcher mit Kompostunterlage füllen. An die Wetterseite Stäbe setzen und die Pflanzen nach dem Ausgeizen nachbinden. Pflege und Düngung: Nach Möglichkeit die Pflanzen vor Regen (Foliendach, Tomatenhauben u. a.) schützen. Auch beim Gießen sollen die Pflanzen trocken bleiben. Abgestandenes Gießwasser in die Gießmulde füllen. Der hohe Phosphor- und Stickstoffbedarf kann durch guten Kompost voll gedeckt werden. Die im Herbst absterbenden Pflanzen sollte man zerkleinern und mit anderen Zutaten kompostieren. Mit diesem Kompost wird der mehrjährige Tomatenstandort wieder gedüngt. Beim Anbau unter Glas oder Folie (Ertragssteigerung) für gute Belüftung sorgen. Tomaten sind Selbstbestäuber, deshalb Pflanzen, die nicht im Freien stehen, während der Blüte schütteln. Wöchentlich die Achseltriebe der heranwachsenden Pflanze ausgeizen. Die Aufleitung erfolgt zweckmäßig eintriebig. Im Spätsommer ist dieses Ausgeizen nicht mehr nötig. Gegebenenfalls die Pflanzen nach dem 5.–6. Fruchtstand entspitzen. Die Früchte sollen im Laubschatten reifen, Sonne brauchen die Blätter. Daher nur die bodennahen pilz- und fäulnisgefährdeten Blätter entfernen. Eine Mulchschicht aus trockenem Material hält den Boden feucht. Die allgemeine Pflege erstreckt sich auf Lockerhalten des Bodens, Unkrautjäten und Wässern, wobei das Laub trocken bleiben soll. Pflanzenschutz: Tomaten leiden häufig unter Pilzbefall und Viruserkrankungen (Stengelfäule, Kraut- und Braunfäule, Grauschimmel, Braunfleckigkeit u. a.). Bei der Sortenauswahl auf entsprechend resistente Pflanzen achten. Ernte: Grüne Tomaten reifen immer nach, am besten im Dunkeln (in dichte Tüten oder Holzwolle verpackt) bei nicht zu hoher Zimmertemperatur. Diese Nachreifung gilt auch für schlechte Sommer. Immer größerer Beliebtheit erfreuen sich die Buschtomaten (jedoch nur auf sandigen Böden). Sie werden wie Kartoffeln gehackt und dabei jedesmal angehäufelt. Ansprüche wie Stabtomaten, aber frühere Reife. Ausgeizen und Anbinden an Stäbe nicht nötig (bei nasser Sommerwitterung jedoch angebracht). Sorten: 'Cintra', frühe Fleischtomate, 'Pyros', mittelfrühe Fleischtomate, 'Rheinlands Ruhm', mit kugelrunden Früchten, 'Sperlings Refa', früher Ertrag und 'Bonset' mit großen Früchten. Diese Sorten gelten als ziemlich resistent gegen Tomatenkrankheiten.

Aubergine, Eierfrucht

Solanum melongena Solanaceae = Nachtschattengewächse

Höhe in cm	0	5	10	25	50	75	100	150	200	250	300	mehr
Aussaatzeit unter Glas	Jan	Feb	März	Apr	Mai	Juni	Juli	Aug	Sept	Okt	Nov	Dez
Aussaatzeit Freiland	Jan	Feb	März	Apr	Mai	Juni	Juli	Aug	Sept	Okt	Nov	Dez
Pflanzzeit	Jan	Feb	März	Apr	Mai	Juni	Juli	Aug	Sept	Okt	Nov	Dez

Nach der Saat etwa 6 Wochen — durchschn. Kulturdauer in Wochen 28–30

Pflanzenabstand in cm 40 — Reihenabstand in cm 70

Die Eierfrucht ist eine einjährige Gemüsepflanze mit birnenförmigen Früchten. Ihre Heimat ist vermutlich Ostindien, sie wird aber heute überall in den wärmeren Ländern angebaut. Im 17. Jahrhundert führten sie die Portugiesen in Europa ein. Die Aubergine hat violette bis bläuliche Blüten, mit etwa 2,5 cm im Durchmesser. Die Frucht kann 30 cm lang werden und ist botanisch gesehen eine Beere von meist violetter bis schwarzbrauner Farbe, daneben gibt es auch kleinere, blaue oder weiße Sorten. Bei uns kann die Pflanze nur dem routinierten Liebhaber empfohlen werden, der über besonders günstige Anbaubedingungen verfügt.

Klima und Standort: Nur äußerst geschützte und warme Lagen kommen in Frage oder Anzucht im Mistbeetkasten, Folientunnel und im Gewächshaus. Am besten haben sich im Freiland Hügelbeete oder Komposthaufen bewährt. Die Beetrichtung sollte von Nord nach Süd verlaufen. Boden: Geeignet sind gut mit Humus durchsetzte Gartenböden, die sich schnell erwärmen. Vor dem Pflanzen den Boden mit halbverrottetem Mist versorgen. Im Wurzelbereich der Pflanzen den Boden immer gleichmäßig feucht halten. Säen und Pflanzen: Etwa Ende Februar wird an einem warmen Ort mit einer Temperatur um 20°C in Schalen oder Töpfen ausgesät. Das Saatgut leicht andrücken, mit etwas Kompost übersieben und überbrausen. Das Saatgut keimt nach ca. 10–14 Tagen. Sind die Pflanzen 3–4 cm hoch, wird pikiert, wenn möglich in ein warmes Mistbeet oder in Torftöpfen bzw. Topfplatten von 4×4 cm. Wird der Standraum zu eng, die Pflanzen berühren sich dann mit den Blättern, wird erneut verpflanzt; entweder ins Mistbeet oder nochmals in größere Töpfe. Vor dem Auspflanzen ins Freie die Pflanzen allmählich abhärten. Etwa Mitte Mai (in günstigen Lagen), sonst Anfang Juni an den endgültigen Standort pflanzen. Besonders gutes Wachstum auf schwarzer Mulchfolie. Pflege und Düngung: Boden stets offen halten, bei trockener Witterung in den Morgenstunden wässern, bei langandauernden Niederschlägen das Beet mit Glas oder Folie überbauen. Eine Düngung mit Blutknochenmehl kann etwa 10 Tage nach dem Auspflanzen erfolgen. Wie bei allen Fruchtgemüsen sollte Gesteinsmehl 4–6 Wochen vor dem Pflanzen in den Boden eingearbeitet werden. Ist die Pflanze 30–40 cm hoch, entfernt man die unteren Blätter. Gelbe Blätter zeigen Nährstoffmangel an. Das Einkürzen des Haupttriebes und der Seitentriebe zum Zeitpunkt des Blütenansatzes fördert die Fruchtbildung. Mehr als 4 oder 5 Früchte reifen bei uns nicht aus; überzählige Fruchtansätze entfernen. Pflanzenschutz: Als nahe Verwandte der Kartoffel (Nachtschattengewächs) können Auberginen von Kartoffelkäfern befallen werden. Im kleinen Anbau genügt es, Käfer, Eier und Larven vollständig abzulesen. Ernte: Sind die Früchte etwa 15 cm groß und glänzend, kann geerntet werden, etwa September/Oktober. Die Frucht soll noch fest sein und die Samenkörner im Inneren weiß und milchig. Verarbeiten und Lagern: Gedünstet oder gebacken. Die Lagerung der nicht überreifen Früchte, an einem schattigen luftigen Ort aufgehängt, ist möglich. Sorten: 'Black King' F1 Hybride, für Gewächshaus und Frühbeet. 'Money Maker', für Folie und Freilandanbau. 'Lange violette' gilt als widerstandsfähig. 'Negro', wird etwa 50 cm hoch, tiefdunkelviolette große Früchte. 'Blacky' ist schnellwüchsig und frühreifend, ähnlich 'Vedette'.

Der Kräutergarten

Allgemeines

Unter dem botanischen Begriff Kräuter versteht man einjährige Blütenpflanzen. Spricht man aber von den Pflanzen des Kräutergartens, den „Kräutern", so meint man eine überaus arten- und formenreiche Gruppe von Pflanzen, meist Wildpflanzen, die aus vielerlei Gründen angebaut werden: Man würzt mit ihnen (Küchenkräuter), verwendet die jungen Blätter für Kräutersalate oder als Brotbelag, bereitet Haus- und Heiltees aus ihnen (Teekräuter), verarbeitet sie zu Haus- und Heilmitteln (Heilkräuter), schätzt ihren Duft (Duftkräuter, zum Beispiel Lavendel), der im Garten auch Schadinsekten von Nutzpflanzen fernhält, oder nutzt ihre Wirkung in Boden- und Pflanzenpflegemitteln (Präparatpflanzen der biologisch-dynamischen Wirtschaftsweise).
Darüber hinaus werden Kräuter manchmal auch als Schmuckpflanzen angebaut, die hübsch blühen oder sich zu ornamentalen Kleinsthecken von wenigen Zentimetern Höhe formieren lassen. Man pflegte diese Gestaltung schon in Renaissance- und Barockgärten. Kräuter dienten als Zaubermittel für und gegen gute und böse Geister oder als Liebesgaben in dauerhaften Trockensträußen.
Die durch ihren Nutzen zu „Kräutern" erhobenen Wild- und Kulturpflanzen des Gartens umfassen einjährige und mehrjährige Gewächse, also echte Kräuter und Stauden, sogar verholzende Kleinsträucher wie Thymian und Lavendel. Die meisten der gebräuchlichen Küchenkräuter gehören zu den Lippenblütlern (ab Seite 92). Man erkennt sie leicht an ihren Lippenblüten und den kreuzgegenständigen Laubblättern ihrer vierkantigen Stengel. Einen großen Anteil an den Küchenkräutern haben auch die Doldenblütler (ab Seite 78). Ihre Mitglieder entfalten doldenförmige Blütenstände und sind von überwiegend hohem Wuchs. Die Familie der Korbblütler (ab Seite 84) bringt mit ihrer Gattung Artemisia einen bitterherben Geschmack in den Kräuterstrauß.

Standortansprüche

Was eingangs des Gemüsekapitels über die Ansprüche der Nutzpflanzen gesagt wurde, trifft für die Gartenkräuter nicht zu. Unter ihnen gibt es keine Starkzehrer. Als Wildpflanzen mit weit weniger Massenwuchs hat ihre Mehrzahl einen nur geringen Nährstoffbedarf. Es stimmt allerdings auch nicht, daß Küchenkräuter auf mageren Böden durchweg am besten gedeihen. Entsprechend der Artenvielfalt unserer Kräuter muß man auch ihre Ansprüche an Klima und Boden auseinanderhalten, wenn man ihnen im Garten gerecht werden will. Die meisten Duftkräuter und viele Würzkräuter mit ätherischen Ölen entwickeln ihre Aromastoffe schwächer, wenn sie auf zu fettem, vor allem zu stickstoffreichem Boden stehen. Sie schießen dann lediglich ins Kraut. Petersilie dagegen verträgt nährstoffreichen Boden und braucht ihn, wenn sie zu mehrmaligem Schnitt üppig gedeihen soll. Ähnliches gilt für den Schnittlauch oder für den massenreichen Beinwell.
Es bedarf dennoch keiner besonderen gärtnerischen Fähigkeiten, Kräuter erfolgreich anzubauen. Hat man sie einmal am richtigen Ort, machen sie weniger Mühe als etwa die Gemüsepflanzen. Nach einem etwas vereinfachenden, aber brauchbaren Schema lassen sich unsere Gartenkräuter in drei Gruppen gliedern:

1. *Die wärmebedürftigen Südländer.* Sie stammen großenteils aus dem Mittelmeerraum, brauchen also trocken-warme Plätze in Südlage mit eher magerem, aber nicht saurem, sondern kalkhaltigem Boden. Er darf sandig oder mit Kies und Steinen durchsetzt sein, Regenwasser muß gut ablaufen können, Grundwasser darf die Wurzeln nicht erreichen. Die Ansprüche dieser Gruppe kann man mit denen unserer Steingartenpflanzen vergleichen. Ihr Nährstoffbedarf ist gering, aber sie sind empfindlich gegen Wettbewerber am Standort (Unkraut) und gegen Beschattung. Beispiele: Anis, Mauerpfeffer, Wacholder, Ysop, Lavendel, Majoran, Basilikum, Dost, Rosmarin, Salbei, Thymian und Pimpinelle sowie Kamille, die allerdings auch in normalem Gartenboden gut gedeiht. Einige Kräuter dieser Gruppe, zum Beispiel Majoran und Basilikum, sind kälteempfindlich.
2. *Die Unempfindlichen.* Zu ihnen gehört die Mehrzahl von Kräutern heimischer und fremder Herkunft, die in jedem Gartenboden fortkommen, in dem auch unsere Kulturpflanzen gedeihen. Sie vertragen organische Düngergaben, sollten aber nicht stark gedüngt werden. An die Wasserversorgung stellen sie keine besonderen Ansprüche. Beispiele: Dill, Kerbel, Kümmel, Koriander, Gewürzfenchel, Liebstöckel, Petersilie, Schafgarbe, Beifuß, Eberraute, Estragon, Wermut, Marienblatt, Borretsch, Beinwell, Schwarzer Senf, Johanniskraut, Melisse, Indianernessel, Eibisch, Schwarzkümmel, Weinraute und Kapuzinerkresse. Die meisten Vertreter dieser Allerweltsklasse vertragen teilweise Beschattung, entwickeln sich aber besser am vollsonnigen Standort.
3. *Die Waldkräuter.* Ihre Ansprüche unterscheiden sich scharf von denen der ersten Gruppe. Sie lieben milden Halbschatten, der Waldmeister sogar Vollschatten, feuchte Füße, Kalmus und Brunnenkresse sogar stauende Nässe und frische, nährstoffreiche, eher saure Böden. Weitere Beispiele: Engelwurz, Meisterwurz, Gartenkresse, Krauseminze und Baldrian.

Wer Kräuter aus allen der genannten Gruppen ziehen will, kommt also mit einem gleichförmigen Kräuterbeet nicht aus, sondern braucht einen gestaffelten Kräutergarten und sei er noch so klein. Für eine solche Kräuteranlage gibt es alte und neue reizvolle Beispiele: das mehrstufige Kräuterrondell, der terrassierte Kräuterhügel, das Kräuter-Steinbeet, die mit Trockenmauern gefaßte Kräuterspirale. Die Kräuterbeete erstrecken sich also nicht nur in die Fläche, sondern gliedern sich auch in die Höhe, nach Möglichkeit in mehreren Stufen. Das jeweils oberste, sonnigste und trockenste Stockwerk besetzen die „Südländer", die mittleren und sonnigen Ebenen die „Unempfindlichen", die tiefsten und feuchtesten, teilweise von anderen Pflanzen beschatteten Standorte bleiben den „Waldkräutern" vorbehalten. Ihnen behagt auch die Nähe von Gehölzen.
Haben die Kräuter erst einmal Fuß gefaßt, neigen etliche Arten zum hemmungslosen Wuchern. Sie nehmen dann auf ihre weniger vitalen Kräuternachbarn wenig Rücksicht und müssen jährlich neu auf ihre Plätze verwiesen werden, zum Beispiel Dost, Zitronenmelisse und Beinwell. Viele Arten samen sich aus und vermehren sich weitläufig. Es empfiehlt sich, einjährige und mehrjährige Kräuter in getrennten Quartieren unterzubringen. Das erleichtert die Bodenbearbeitung.

Erzengelwurz

Angelica archangelica Apiaceae = Doldenblütler

Höhe in cm	0	5	10	25	50	75	100	**150**	**200**	**250**	300	mehr
Aussaatzeit unter Glas	Jan	Feb	März	Apr	Mai	Juni	Juli	Aug	Sept	Okt	Nov	Dez
Aussaatzeit Freiland	Jan	Feb	März	Apr	Mai	Juni	Juli	**Aug**	**Sept**	**Okt**	Nov	Dez
Pflanzzeit	Jan	Feb	März	**Apr**	**Mai**	**Juni**	**Juli**	**Aug**	**Sept**	**Okt**	**Nov**	**Dez**

durchschn. Kulturdauer zwei- bis dreij.

Pflanzenabstand in cm 50 Reihenabstand in cm 60

Die stattliche Heilpflanze mit großen, hellgrünen, grob 2- bis 3fach gefiederten, unterseits kahlen Blättern, den stengelumfassenden Blattscheiden und duftenden Stengeln ist im nördlichen Europa beheimatet. Klima und Standort: Feuchtkalte Witterung erträgt die Pflanze gut. Sie sollte aber hell bis höchstens halbschattig stehen. Boden: Tiefgründig humos und nährstoffreich. Sandige, humose Lehmböden eignen sich bestens. Pflege und Düngung: Als Nährstoffzeiger reagiert die Pflanze auf Dünger in Form von verrottetem Mist mit robustem und vitalem Wachstum. Pflanzenschutz ist selbst bei feldmäßigem Anbau nicht nötig. Säen und Pflanzen: Um dem raschen Keimkraftverlust der Samen vorzubeugen, wird gleich nach der Samenreife gesät. Das Auflaufen erfolgt nach einmonatiger Keimdauer, unter winterlicher Frosteinwirkung im Frühjahr. Um besonders kräftige Wurzelstöcke zu erzielen, verhindert man die Blütenbildung im ersten Jahr. Ernte: Vor der nächsten Blüte im Frühsommer des zweiten Jahres werden die Blätter abgeschnitten und verkompostiert. Verarbeiten und Lagern: Den Wurzelstock etwas zerkleinern und zügig trocknen, bis die Wurzeln brüchig werden, dann luftdicht aufbewahren. Die geschälten jungen Blattstengel schmecken roh oder kandiert angenehm fruchtig. Angelikawurzeln sind traditioneller Bestandteil von Kräuterschnäpsen.

Dill

Anethum graveolens Apiaceae = Doldenblütler

Höhe in cm	0	5	10	25	**50**	**75**	**100**	150	200	250	300	mehr
Aussaatzeit unter Glas	Jan	Feb	März	Apr	Mai	Juni	Juli	Aug	Sept	Okt	Nov	Dez
Aussaatzeit Freiland	Jan	Feb	März	**Apr**	**Mai**	**Juni**	**Juli**	**Aug**	**Sept**	Okt	Nov	Dez
Pflanzzeit	Jan	Feb	März	Apr	Mai	Juni	Juli	Aug	Sept	Okt	Nov	Dez

durchschn. Kulturdauer einj.

Pflanzenabstand in cm 20 Reihenabstand in cm 20 und mehr

Dill, vom altangelsächsischen „dillan" (= Wohl verleihen, einlullen), ist ein stark aromatisches Kraut mit zartem, feinzerteiltem, graugrünem Laub, das aus Südwest-Asien über das Mittelmeer nach Europa eingeführt wurde. Begehrte Heil- und Gewürzpflanze schon im Altertum. Klima und Standort: Dill ist sehr licht- und wärmebedürftig und daher in unseren Breiten nur einjährig kultivierbar. Boden: Durchlässig und eher mager. Nährstoffreicher Humus wird mit Sand untermischt. Pflege und Düngung: Gesteinsmehl fördert Wachstum und Aroma. Dill verträgt ab der Blüte keinen Schatten oder zu große Feuchtigkeit. In Mischkultur mit Salat, Lauch, Zwiebel, Schwarzwurzel, Spargel, nicht mit Fenchel oder Kümmel. Säen und Pflanzen: Direkt in Reihen oder breitwürfig in 2- bis 3wöchigem Abstand. Aufgrund seiner aromatischen Ausdünstungen und der leicht diffusen Beschattung von Nachbarpflanzen ist Dill für großblättrige Kohl- und Salatpflänzchen ein guter Kulturbegleiter und Lückenfüller. Ernte: Nach längeren Schönwetterperioden, um erhöhte Wirkstoffkonzentration in den Blättern auszunutzen. Einige Pflanzen als Bienenweide und zur Saatgutgewinnung stehen lassen. Verarbeiten und Lagern: Eingefroren ist Dill gehaltvoller als getrocknet. Er würzt Gurkensalat, Quarkspeisen, Mixed Pickles und Soßen, hilft gegen Blähungen, Aufstoßen, Sodbrennen, wirkt nervenberuhigend.

Kerbel

Anthriscus cerefolium — Apiaceae = Doldenblütler

Höhe in cm	0	5	10	25	50	**75**	**100**	150	200	250	300	mehr
Aussaatzeit unter Glas	Jan	Feb	März	Apr	Mai	Juni	Juli	Aug	Sept	**Okt**	**Nov**	Dez
Aussaatzeit Freiland	Jan	Feb	März	**Apr**	**Mai**	**Juni**	Juli	Aug	Sept	Okt	Nov	Dez
Pflanzzeit	Jan	Feb	März	Apr	Mai	Juni	Juli	Aug	Sept	Okt	Nov	Dez

durchschn. Kulturdauer in Wochen 8 und mehr

Pflanzenabstand in cm 30 — Reihenabstand in cm 30

Der Kerbel ist mit ca. 12 Arten in Europa, Nordafrika und in den gemäßigten Zonen Asiens vertreten. Die einjährige Pflanze wird wegen ihrer Blätter kultiviert, die im Geschmack an Anis oder Petersilie erinnern.
Klima und Standort: Kann überall im Freien kultiviert werden, ausgenommen heißes, mediterranes Klima. Bevorzugt Halbschatten; hohe Luftfeuchtigkeit und heiße Witterung verträgt er nicht. Boden: Leichter, gut mit verrottetem Kompost oder Stallmist angereicherter Boden. Empfindlich gegen Umpflanzen. Säen und Pflanzen: Aussaat jederzeit, Samen keimen bei kühler Witterung am besten. Im Abstand von 3–4 Wochen vom Frühjahr bis Spätherbst. Zur zeitigen Ernte im Frühjahr ist auch eine Oktobersaat im Frühbeet oder Gewächshaus möglich. Samen leicht in den Boden drücken. Sind die Sämlinge 8–10 cm hoch, ausdünnen. Bei einigen Pflanzen Blütenstände zur Selbstaussaat belassen. Kerbel gedeiht gut in Zimmerkultur bei 4–5 Stunden direkter Sonne oder 12 Stunden künstlicher Beleuchtung, Temperatur unter 15°C. Ein paar Samen kommen in mit Blumenerde gefüllte Töpfe, ständig feucht halten. Wenn die Sämlinge 2–5 cm hoch sind, bleiben in jedem Topf nur die drei kräftigsten stehen. Ernte: Frische Blätter einmal monatlich ernten. Verarbeiten und Lagern: Frisch, nicht mitkochen, verliert sonst an Aroma. Feingehackt in Suppen und Saucen, Salaten und rohem Gemüse.

Kümmel

Carum carvi — Apiaceae = Doldenblütler

Höhe in cm	0	5	10	25	50	**75**	**100**	150	200	250	300	mehr
Aussaatzeit unter Glas	Jan	Feb	März	Apr	Mai	Juni	Juli	Aug	Sept	Okt	Nov	Dez
Aussaatzeit Freiland	Jan	Feb	**März**	**Apr**	**Mai**	Juni	Juli	Aug	Sept	Okt	Nov	Dez
Pflanzzeit	Jan	Feb	März	Apr	Mai	Juni	Juli	Aug	Sept	Okt	Nov	Dez

durchschn. Kulturdauer zweij.

Pflanzenabstand in cm 25 — Reihenabstand in cm 30

Der Name Kümmel leitet sich vom lateinischen Namen „Cuminum" für Kreuzkümmel ab. Das zweijährige Kraut mit möhrenartigem Laub und weißen bis rötlichen Blütendolden ist im nördlichen Eurasien zu Hause und wohl Europas älteste Gewürzpflanze.
Klima und Standort: Kühl-feucht und vollsonnig bis halbschattig. Boden: Neutral, tiefgründig und humos. Pflege und Düngung: Sollten der Tatsache Rechnung tragen, daß wilder Kümmel auf Magerböden wirkstoffreicher ist als die Gartenform. Deshalb wird auf guten Böden und bei Mischkultur mit Bohnen oder Erbsen möglichst nicht gedüngt. Selbst auf nährstoffarmen Kräuterbeeten braucht Kümmel keine Düngung. Dill, Schwarzkümmel, Fenchel, Beifuß und Kartoffeln vertragen sich nicht mit Kümmel. Säen und Pflanzen: Ins Freiland und flach gesät (Lichtkeimer!) läuft der Samen nach 2–4 Wochen auf. Die Pflänzchen vereinzelt man. Ernte: Erfolgt ab Juni, sobald die Früchte braun werden. Verarbeiten und Lagern: An luftigem, schattigem Ort abtrocknen und nachreifen lassen. Wie Saatgut behandeln und trocken lagern. Wegen seiner magenfreundlichen, verdauungsfördernden Wirkung wird Kümmel vor allem schweren und fetten Speisen zugesetzt oder einzeln gekaut. Er wirkt gegen Blähungen und wird zur Öl- und Schnapsgewinnung verwendet. Kümmel eignet sich nicht als Vogelfutter!

Koriander

Coriandrum sativum — Apiaceae = Doldenblütler

Höhe in cm	0	5	10	25	50	**75**	**100**	150	200	250	300	mehr
Aussaatzeit unter Glas	Jan	Feb	März	Apr	Mai	Juni	Juli	Aug	Sept	Okt	Nov	Dez
Aussaatzeit Freiland	Jan	Feb	März	**Apr**	**Mai**	Juni	Juli	Aug	Sept	Okt	Nov	Dez
Pflanzzeit	Jan	Feb	März	Apr	**Mai**	Juni	Juli	Aug	Sept	Okt	Nov	Dez

durchschn. Kulturdauer einj.

Pflanzenabstand in cm 20 — Reihenabstand in cm 20 und mehr

Koriander ist ein robustes, einjähriges Kraut aus dem östlichen Mittelmeergebiet mit 2- bis 3fach grobgefiederten vergänglichen Grund- und 2- bis 3fach feingefiederten Stengelblättern. Der Geruch der Blätter kann als unangenehm empfunden werden (griech.: koris, annon = Wanzen-Anis), während die kugeligen Früchte angenehm aromatisch duften. Sein hoher Protein-, Mineral- und Vitamin-C-Gehalt und die 3- bis 4fache Karotin- und Kalziumkonzentration einer vergleichbaren Karottenmenge machen Koriander zum wertvollen Küchenkraut.
Klima und Standort: Wärme- und trockenheitliebend, lichthungrig. Boden: Kann dürftig sein, muß aber gute Drainage und hohen Mineralgehalt haben. Säen und Pflanzen: Die Samen laufen im Licht nach 1–2 Wochen auf. Direktaussaat oder Vorkultur zu mehreren in Töpfen. Pflege und Düngung: Mäßiges Wässern, Mineralstoff- und Kalkzufuhr z. B. mit Gesteinsmehl. Ernte: Wie bei Kümmel. Verarbeiten und Lagern: Die Früchte, welche zu 30% ätherische Öle enthalten, werden vor dem Mahlen kurz geröstet. Das Pulver ist wichtiger Bestandteil des Curry und wird zum Aromatisieren von Backwaren (Lebkuchen, Spekulatius) oder alkoholischen Getränken (Gin, Karmelitergeist) verwendet. Koriander entspricht in vielen Eigenschaften dem Kümmel, hat teilweise dieselbe Wirkung.

Gewürzfenchel

Foeniculum vulgare var. dulce — Apiaceae = Doldenblütler

Höhe in cm	0	5	10	25	50	75	**100**	**150**	**200**	250	300	mehr
Aussaatzeit unter Glas	Jan	Feb	März	Apr	Mai	Juni	Juli	Aug	Sept	Okt	Nov	Dez
Aussaatzeit Freiland	Jan	Feb	**März**	Apr	Mai	Juni	Juli	Aug	Sept	Okt	Nov	Dez
Pflanzzeit	Jan	Feb	März	**Apr**	**Mai**	Juni	Juli	Aug	Sept	Okt	Nov	Dez

durchschn. Kulturdauer in Wochen 20

Pflanzenabstand in cm 10 — Reihenabstand in cm 15–20

Die Verbreitung des Fenchels liegt im Mittelmeergebiet, wo er seit altersher als Gewürz- und Heilpflanze angebaut wird. Er ist ein- bis zweijährig, hat eine gelbliche Wurzel und einen gerillten, bläulich bereiften, stark verästelten Stengel. Der Blütenstand besteht aus einer vielstrahligen, ansehnlichen Dolde. In Mischkultur steht Fenchel gut mit allen Frühgemüsen und Salaten, nicht mit anderen Doldenblütlern.
Klima und Standort: Warme Lagen, lange und trockene Spätsommer günstig. Boden: Tiefgründiger, gut bearbeiteter, nahrhafter Boden, der im Herbst mit verrottetem Mist versorgt wurde. Säen und Pflanzen: Direktaussaat. Bei einer Überwinterung der Pflanzen im Keller kann im April/Mai ausgepflanzt werden, Kraut auf 5 cm einkürzen. Pflanzenschutz: Keinen Nachbau mit Fenchel oder Kümmel. Ernte: Die Spaltfrüchte ab September laufend bis Frostbeginn ernten, wenn die Früchte graue Streifen zeigen. Die Dolde abschneiden, zuerst die Mitteldolde. Der Hauptteil reift im Oktober, die ganze Pflanze mit dem Samenträger abernten und in einen luftigen Raum bringen. Verarbeiten und Lagern: Fenchel wird wie Kümmel oder Anis zum Brotbacken sowie für Diät und Rohkost verwendet. Die unreifen Fruchtdolden zum Würzen von Gurken. Junge Blätter frisch in Kräutersaucen für Salate oder Fischbeizen. Die getrocknete Frucht in dicht schließenden Behältern aufbewahren.

Liebstöckel

Levisticum officinale — Apiaceae = Doldenblütler

Höhe in cm	0	5	10	25	50	75	**100**	**150**	**200**	250	300	mehr
Aussaatzeit unter Glas	Jan	**Feb**	März	Apr	Mai	Juni	Juli	Aug	Sept	Okt	Nov	Dez
Aussaatzeit Freiland	Jan	Feb	**März**	**Apr**	Mai	Juni	Juli	Aug	Sept	Okt	Nov	Dez
Pflanzzeit	Jan	Feb	März	**Apr**	**Mai**	Juni	Juli	Aug	Sept	Okt	Nov	Dez

durchschn. Kulturdauer ausdauernd

Pflanzenabstand in cm 40 — Reihenabstand in cm 50

Stattliche Gewürzstaude mit unverkennbarem Maggigeruch, glänzend dunkelgrünen, etwas ledrigen, grob 2- bis 3fiedrigen Blättern, gelben, kugeligen Blütendolden und einer im Alter mehrköpfigen Rübenwurzel. Klima und Standort: Die wärmeliebende, aber frostharte Pflanze verlangt feuchten, nährstoffreichen, durchlässigen, humosen Boden mit neutralem bis schwach saurem pH-Wert. Pflege und Düngung: Einmal ausgepflanzt, kann die Staude viele Jahre verweilen; sie verträgt Umpflanzen schlecht. Der Mittelzehrer braucht jährliche Kompostdüngung, um schädlingsfrei zu gedeihen. Für den Bedarf eines Haushalts genügen ein bis zwei Pflanzen. Säen und Pflanzen: Bei 20°C dauert das Auflaufen rund 10 Tage. Sowohl bei Freilandsaat als auch bei Vorkultur unter Glas sollten die Keimlinge in kleinen Gruppen bzw. zu mehreren in Töpfen gezogen werden. Die Vermehrung kann auch durch Wurzelstockteile erfolgen, am besten im Oktober. Ernte: Erster Blattschnitt kann bei Frühjahrsaussaat ab Sommermitte und sollte dann in monatlichen Abständen bis in den Herbst hinein erfolgen. Verarbeiten und Lagern: Überschüssige Blattmasse entweder im Schatten trocknen oder als Düngejauche verwerten. Auch die stärkehaltige Rübenwurzel wird aufgeschnitten, getrocknet und als Küchengewürz, überwiegend jedoch bei der Herstellung von Kräuterschnäpsen und Arzneimitteln verwendet.

Petersilie

Petroselinum crispum var. vulgare var. crispum — Apiaceae = Doldenblütler

Höhe in cm	0	5	10	**25**	50	75	100	150	200	250	300	mehr
Aussaatzeit unter Glas	Jan	Feb	März	Apr	Mai	Juni	Juli	Aug	Sept	Okt	Nov	Dez
Aussaatzeit Freiland	Jan	Feb	**März**	**Apr**	**Mai**	**Juni**	**Juli**	**Aug**	**Sept**	Okt	Nov	Dez
Pflanzzeit	Jan	Feb	März	Apr	Mai	Juni	Juli	Aug	Sept	Okt	Nov	Dez

durchschn. Kulturdauer zweij.

Pflanzenabstand in cm 20 — Reihenabstand in cm 20

Die weißblühende Pflanze mit mehrfach gefiederter, glänzend dunkelgrüner Blattrosette und gelblichweißer Pfahlwurzel stammt aus dem Mittelmeerraum. Von ihrer einst ausschließlich mystischen Rolle als Grabzierde hat sie sich dank ihres ungewöhnlichen hohen Vitamin- und Mineralgehaltes und ihres vielseitig verwendbaren Würzaromas weltweit zum Standard-Küchengewürz entwickelt. Günstige Mischkultur mit Salat, Sellerie, Spinat, Porree, Zwiebeln, Tomaten und Rote Bete.
Klima und Standort: Sonnig, feucht, nicht barfrostgefährdet. Boden: Neutral, durchlässig und nährstoffreich. Pflege und Düngung: Mist- oder Jauchedüngung nur außerhalb der Wachstumsphase, da sonst das Aroma leidet. Kompostgaben sind dagegen jederzeit unbedenklich. Gelegenheit zum Fruchtwechsel ergibt sich durch den natürlichen Abbau der Kultur nach dem 3. Jahr. Säen und Pflanzen: Mehrtägiges Einweichen der Samen oder Angießen mit kochendem Wasser vor dem Zurechen der Saatrillen verkürzt etwas die 3- bis 4wöchige Keimdauer. Verpflanzen ist nur bei Vorkultur unter Glas oder Überwintern in Balkonkästen angebracht. Ernte: Möglichst regelmäßig, kein großflächiger Kahlschnitt. Im Gegensatz zum Einfrieren geht beim Trocknen ein Großteil der Vitamine und des Aromas verloren. Sorten: Glatte und krausblättrige, letzteren wird verringerte Würzkraft zugeschrieben.

Wurzelpetersilie

Petroselinum crispum convar. radicosum Apiaceae = Doldenblütler

Höhe in cm	0	5	10	**25**	50	75	100	150	200	250	300	mehr
Aussaatzeit unter Glas	Jan	Feb	März	Apr	Mai	Juni	Juli	Aug	Sept	Okt	Nov	Dez
Aussaatzeit Freiland	Jan	Feb	**März**	**Apr**	**Mai**	**Juni**	**Juli**	**Aug**	Sept	Okt	Nov	Dez
Pflanzzeit	Jan	Feb	März	Apr	Mai	Juni	Juli	Aug	Sept	Okt	Nov	Dez

durchschn. Kulturdauer ein- bis zweij.

Pflanzenabstand in cm 15 Reihenabstand in cm 15

Von der Petersilie ist die Wurzelpetersilie an der stärker entwickelten fleischigen 3–5 cm dicken, weißlichen Wurzel unterscheidbar. Eiweiß-, mineral- und vitaminreicher als andere Wurzelgemüse.
Klima und Standort: Wie bei der Petersilie, sonnig und feucht, nicht barfrostgefährdet. Boden: Schwerer Boden sollte mit Sand und Kompost spatentief aufgelockert werden, oder man wählt Standorte, auf denen im Vorjahr Kartoffeln, Bete oder Rettich kultiviert wurden. Pflege und Düngung: Verbesserung der Bodengare durch Mulchen, z. B. mit Beinwell- oder Comfrey-Blättern. Schafgarbenhaltige Pflanzenjauchen für Kalidüngung. Säen und Pflanzen: Wie Petersilie, aber etwas dichter. Frühzeitig und zusammen mit Radieschen oder Kopfsalat aussäen. Der Samen bleibt zwei Jahre lang keimfähig. Ernte: Setzt mit Beginn des Dickenwachstums der Wurzel ein und kann bis zum Bodenfrost andauern. Wurzeln, in Sand eingeschlagen, im Keller als wertvolle Vitaminspender für den Winter einlagern. Einige Pflanzen sollen zur Saatgutgewinnung im nächsten Jahr stehen bleiben. Zur Herstellung von Öl werden die Samen der Wurzelpetersilie denen der Petersilie vorgezogen. Die Samen beider Petersilienarten wirken verdauungsfördernd, sie steigern die Nieren-, Blasen- und Gallentätigkeit. Größere Mengen der Petersilie wirken insektizid und können auch Schwangeren schaden.

Meisterwurz

Peucedanum ostruthium Apiaceae = Doldenblütler

Höhe in cm	0	5	10	25	50	75	100	**150**	200	250	300	mehr
Aussaatzeit unter Glas	Jan	Feb	März	Apr	Mai	Juni	Juli	Aug	Sept	Okt	Nov	Dez
Aussaatzeit Freiland	Jan	Feb	März	Apr	Mai	Juni	Juli	Aug	Sept	**Okt**	Nov	Dez
Pflanzzeit	Jan	Feb	März	**Apr**	**Mai**	Juni	Juli	Aug	Sept	Okt	Nov	Dez

durchschn. Kulturdauer mehrj.

Pflanzenabstand in cm 60 Reihenabstand in cm 60

Typisch für diese Alpenstaude sind die bis zu 40 cm langen, dreigeteilten, gefiederten und gesägtrandigen Blätter, die scheibenförmigen Früchte, der sehr würzige Geruch und die verdickte, milchführende Grundachse.
Klima und Standort: Kühl-feuchte, montane Witterung, auf Bergwiesen in Hochstaudenfluren und an Bachufern. Boden: Humus, tiefgründig, feucht und nährstoffreich, sowohl auf Kalk- als auch Urgestein. Säen und Pflanzen: Die Samen verlieren schnell an Keimkraft und werden gleich nach der Reife direkt oder bei Vorkultur zu mehreren in Töpfen ausgelegt (Frostkeimer). Pflege und Düngung: Regelmäßige Gaben von verrottetem Mist und Vermeidung von Blütenbildung, um stattliche Wurzelstöcke zu erzielen. Ernte: Wurzelstöcke im zeitigen Frühjahr oder besser Spätherbst ausgraben. Verarbeiten und Lagern: Wurzeln längsschneiden, etwas zerkleinern und an schattiger, luftiger Stelle trocknen. Dabei verfärbt sich der Milchschaft gelblich. Bei Bedarf wird die trocken und luftdicht aufbewahrte Droge weiter zerkleinert oder pulverisiert und als kalter wässriger Auszug zubereitet (einen Tag ziehen lassen). Die konzentrierte Droge schmeckt scharf, riecht durchdringend und reizt die Tränendrüsen. Sie wird entsprechend sparsam verwendet, z. B. bei Infektionskrankheiten, Husten, eitrigen Wunden, Augenentzündungen, bei Nervosität oder als Stärkungsmittel für kalbende Kühe.

Anis

Pimpinella anisum — Apiaceae = Doldenblütler

Höhe in cm	0	5	10	25	**50**	75	100	150	200	250	300	mehr
Aussaatzeit unter Glas	Jan	Feb	März	Apr	Mai	Juni	Juli	Aug	Sept	Okt	Nov	Dez
Aussaatzeit Freiland	Jan	Feb	**März**	**Apr**	Mai	Juni	Juli	Aug	Sept	Okt	Nov	Dez
Pflanzzeit	Jan	Feb	März	Apr	Mai	Juni	Juli	Aug	Sept	Okt	Nov	Dez

durchschn. Kulturdauer in Wochen 16

Pflanzenabstand in cm 20 — Reihenabstand in cm 30

Anis ist ein einjähriges Kraut aus Kleinasien mit 4- bis 5teiligen, gesägtrandigen Grund- und fädig zerteilten Stengelblättern. Wie Koriander wurde die Pflanze von den Römern nach Mitteleuropa gebracht. Karl der Große schrieb ihren Anbau in deutschen Kräutergärten vor.

Klima und Standort: Warm und sonniger Standort mit feuchtem Frühjahr und heißem, trockenem Sommer. Boden: Sollte tiefgründig, durchlässig, nährstoffreich und kalkhaltig sein. Säen und Pflanzen: Auflaufdauer liegt bei 2 bis 4 Wochen (Lichtkeimer). Vorkultur ist nicht erforderlich. Pflege und Düngung: Keimt und wächst anfangs sehr langsam. Bei Direktsaat wirkt sich die Mischkultur mit dem etwas robusteren Koriander positiv auf Keimverhalten (Auflaufhilfe) und weitere Entwicklung aus, wenn dieser nicht zu stark dominiert. Anis ist eine beliebte Schmetterlingspflanze. Ernte: Die jeweils reifen Dolden werden abgeerntet. Verarbeiten und Lagern: Wie beim Kümmel. Das volle Aroma soll sich erst während der Lagerung voll entfalten. Anis wirkt appetitanregend, verdauungsfördernd, sekretionsfördernd, nervenberuhigend und wird bei der Herstellung von alkoholischen Getränken (Muskateller, Ouzo) eingesetzt. In größeren Konzentrationen wirkt das Pulver oder Öl aus den Früchten insektizid. Der Preßrückstand ist ein wertvolles fett- und eiweißreiches Viehfutter.

Kalmus

Acorus calamus — Araceae = Aronstabgewächse

Höhe in cm	0	5	10	25	50	**75**	**100**	150	200	250	300	mehr
Aussaatzeit unter Glas	Jan	Feb	März	Apr	Mai	Juni	Juli	Aug	Sept	Okt	Nov	Dez
Aussaatzeit Freiland	Jan	Feb	März	Apr	Mai	Juni	Juli	Aug	Sept	Okt	Nov	Dez
Pflanzzeit	Jan	Feb	März	**Apr**	**Mai**	Juni	Juli	Aug	Sept	Okt	Nov	Dez

durchschn. Kulturdauer ausdauernd

Pflanzenabstand in cm 30 und mehr — Reihenabstand in cm 30 und mehr

Die Pflanze wird auch Deutscher Ingwer genannt. Kalmus erinnert mit seinen schwertförmigen Blättern an eine Sumpfiris und ist von dieser wegen seiner Blühfaulheit nur an den roten Ansätzen seiner dreikantigen Stengel und an seinen aromatisch duftenden Blättern zu unterscheiden.

Klima und Standort: Immer in Wassernähe, vollsonnig und, seiner indischen Heimat gemäß, warm und feucht. Boden: Auf nassem, schwerem und nährstoffreichem Grund lassen sich bei jährlicher Düngung mit verrottetem Mist oder Kompost ohne besondere Pflegemaßnahmen langfristig gute Kulturerfolge erzielen. Säen und Pflanzen: Da Saatgut nicht erhältlich und die Anzucht aus Samen langwierig ist, wird vegetativ vermehrt, indem man zu Beginn des Austriebs den vorderen Teil des Erdstammes etwa handlang (10–15 cm lange Rhizomstücke) glatt abschneidet, die Blätter einkürzt und oberflächennah in feuchtes Erd-Sandgemisch einschlägt. Ernte: Gegen Ende der Vegetationsperiode. Die Wurzeln (Rhizome) werden geschält, mehrfach längsgeteilt und in kleinere Stücke zerschnitten, an einem luftigen, schattigen Ort getrocknet. Beide Kulturformen sind von geringem pharmazeutischem Interesse. Kalmus wirkt verdauungsfördernd, blutstillend und insektizid. Er dient als Muskat- oder Ingwerersatz und wird wegen seines Duftes bei der Herstellung von Kosmetika, Schnupftabak, Zahnpasta und Likören verwendet.

Schafgarbe

Achillea millefolium Asteraceae = Korbblütler

Höhe in cm	0	5	10	25	50	75	100	150	200	250	300	mehr
Aussaatzeit unter Glas	Jan	Feb	März	Apr	Mai	Juni	Juli	Aug	Sept	Okt	Nov	Dez
Aussaatzeit Freiland	Jan	Feb	März	Apr	Mai	Juni	Juli	Aug	Sept	Okt	Nov	Dez
Pflanzzeit	Jan	Feb	März	Apr	Mai	Juni	Juli	Aug	Sept	Okt	Nov	Dez

durchschn. Kulturdauer ausdauernd

Pflanzenabstand in cm 30 Reihenabstand in cm 30

Ursprünglich eurasisch; heute in gemäßigten Breiten weltweit verbreitet. Formenreiche Staude mit anfangs behaarten, sehr fein zerteilten Blättern, meist weiße (selten rötliche) Blütenköpfchen in Scheindolden mit aromatischem Geruch.

Klima und Standort: Als heimische Pflanze frost-, hitze- und trockenresistent. Wächst in Halbtrockenrasen, Fettwiesen und als Trittpflanze regelmäßig an vollsonnigen Wegrändern und gilt als Pionierpflanze. Boden: Tiefgründige, neutrale bis schwach saure Böden werden bevorzugt. Die Erde sollte nährstoffreich sein. Säen und Pflanzen: Im Sommer Samen wildblühender Pflanzen ernten oder Wurzelstockteile im Frühjahr oder Herbst auspflanzen. Pflege und Düngung: Ausbreitungsdrang der Wurzelausläufer eindämmen und nicht düngen. Ernte: Jederzeit möglich, vorzugsweise jedoch an sonnigen Tagen während längerer Schönwetterperioden, wenn die Wirkstoffkonzentration am größten ist. Verarbeiten und Lagern: Blätter und Blütenköpfchen an sonnigem, luftigem Ort trocknen, zerreiben und lichtgeschützt aufbewahren. Der ursprüngliche Name „Schafgarbe“ bezieht sich auf den hohen Gerbstoffgehalt. Das ist bei der Teezubereitung (u. a. aus Blüten) zu bedenken! Schafgarbentee fördert die Magen- und Lebertätigkeit, ist blutreinigend und entwässert den Organismus.

Beifuß

Artemisia vulgaris Asteraceae = Korbblütler

Höhe in cm	0	5	10	25	50	75	100	150	200	250	300	mehr
Aussaatzeit unter Glas	Jan	Feb	März	Apr	Mai	Juni	Juli	Aug	Sept	Okt	Nov	Dez
Aussaatzeit Freiland	Jan	Feb	März	Apr	Mai	Juni	Juli	Aug	Sept	Okt	Nov	Dez
Pflanzzeit	Jan	Feb	März	Apr	Mai	Juni	Juli	Aug	Sept	Okt	Nov	Dez

durchschn. Kulturdauer ausdauernd

Pflanzenabstand in cm 100

Diese heimische Staude unterscheidet sich von Wermut durch dunkelgrüne, nur unterseits filzig behaarte größere Blätter an rotbraun gefärbten Stengeln und kaum wahrnehmbaren Geruch.

Klima und Standort: Vereinzelt an sonnigen, nicht zu feuchten Wegrändern, auf Ödland oder Schuttplätzen. Boden: Frische, nährstoffreiche Sand- oder Lehmböden, Kalizeiger. Pflege und Düngung: Wegen der Genügsamkeit, Konkurrenzkraft und Schädlingsresistenz nicht erforderlich. Säen und Pflanzen: In der Regel reicht eine Pflanze für den Hausgarten, so daß keine Aussaat nötig ist. Am einfachsten den Wurzelstock einer Wildpflanze (in Staudengärtnerei kaufen) teilen und im Herbst oder Frühjahr an einem Solitärstandort im Garten auspflanzen. Beifuß hat auf viele Nachbarpflanzen einen ähnlichen, aber schwächeren wachstumshemmenden Effekt wie Wermut, besonders auf wenig belebten schweren Böden. Ernte: Bei sonnigem Wetter ausgereifte Blätter und junge Blütentriebe sammeln. Frisch oder getrocknet als Würzkraut sparsam verwenden. Beifuß ist appetitanregend, fördert die Fettverdauung und wird als nervenstärkendes, krampflösendes Mittel angewendet (auch als Würzmittel für Diabetiker). Den Namen Beifuß trägt die Pflanze, weil man ihr nachsagt, daß ihre Blätter, in die Schuhe gelegt, den Wanderer nicht müde werden lassen.

Eberraute

Artemisia abrotanum Asteraceae = Korbblütler

Höhe in cm	0	5	10	25	50	75	**100**	150	200	250	300	mehr
Aussaatzeit unter Glas	Jan	Feb	März	**Apr**	**Mai**	Juni	Juli	Aug	Sept	Okt	Nov	Dez
Aussaatzeit Freiland	Jan	Feb	März	Apr	Mai	**Juni**	Juli	Aug	Sept	Okt	Nov	Dez
Pflanzzeit	Jan	Feb	März	Apr	**Mai**	**Juni**	Juli	Aug	Sept	Okt	Nov	Dez

durchschn. Kulturdauer mehrj.

Pflanzenabstand in cm 50 Reihenabstand in cm 50

Die Heimat des Gewürzstrauchs ist wohl in Südost-Europa oder Kleinasien zu suchen. Von den anderen *Artemisia*arten unterscheidet sich der graugrüne Halbstrauch durch die sehr fein fädig zerteilte Blattspreite und den deutlichen Zitronenduft.
Klima und Standort: An freien, warmen, sonnigen Stellen vereinzelt oder in kleinen Gruppen. Boden: Sandiger bis steiniger durchlässiger Lehmboden, mineralisch mit Rohbodencharakter. Pflege und Düngung: In guter Gartenerde nicht düngen. Jährlich 1- bis 2malige Steinmehlgaben und Gießen mit Schachtelhalm, Comfrey oder Schafgarbenjauche sind vorteilhaft. Säen und Pflanzen: Samen keimen nach ca. 2 Wochen. Saatgut ist aber selten im Handel, so daß man sich mit Stecklingen oder Stockteilung behelfen muß. Ernte: Regelmäßiges Einkürzen ergibt reichverzweigte Pflanzen und erhöht den Ertrag an Jungtrieben. Bei zu dichtem Stand neigt die Pflanze aber dann im Inneren zum Verkahlen. Verarbeiten und Lagern: An schattigem Ort verschlossen aufbewahren, am besten frei aufgehängt trocknen und erst bei Bedarf zerkleinern. Die Eberraute diente früher als Weihrauchersatz und zwischen die Kleider gelegt als Mottenschutz. Fäulniswidrige Inhaltsstoffe machen sie zu einem wirksamen Wundheilmittel. In der Küche Verwendung zu Soßen, Braten und Salaten; sparsam verwenden.

Estragon

Artemisia dracunculus Asteraceae = Korbblütler

Höhe in cm	0	5	10	25	50	**75**	**100**	150	200	250	300	mehr
Aussaatzeit unter Glas	Jan	Feb	**März**	**Apr**	**Mai**	Juni	Juli	Aug	Sept	Okt	Nov	Dez
Aussaatzeit Freiland	Jan	Feb	März	Apr	Mai	**Juni**	**Juli**	**Aug**	**Sept**	Okt	Nov	Dez
Pflanzzeit	Jan	Feb	März	Apr	Mai	**Juni**	**Juli**	**Aug**	**Sept**	Okt	Nov	Dez

durchschn. Kulturdauer ausdauernd

Pflanzenabstand in cm 50 Reihenabstand in cm 50

Estragon ist die romanisierte Form von „draco" (lat. = Drache) oder „tharkhun" (maurisch = kleiner Drache). Dieses Tier gilt als uraltes Symbol der Weiblichkeit und greift das Artemismotiv des Gattungsnamens wieder auf (Artemis = Göttin der Jungfräulichkeit). Eine buschige Staude von herbem Geruch mit schmalen Blättchen und nickenden Blütenköpfchen die sich von Gelb nach Braun verfärben. Die in Südrußland heimische Pflanze wurde zur Zeit der Kreuzzüge bei uns eingeführt.
Klima und Standort: Feuchtigkeits- und wärmeliebend, aber ziemlich frosthart, bevorzugt lichte bis halbschattige Standorte. Boden: Frische, lockere humose, nährstoffreiche Ton- und Schwemmerde. Pflege und Düngung: Regelmäßige Kompostgaben oder Langzeitdüngung mittels Horn und Knochenmehl. Säen und Pflanzen: Keimdauer ca. 10 Tage, Sämlinge vereinzeln und während der Aufbauphase feucht halten. Vermehrung durch Wurzelausläufer oder Stecklinge. Ernte: Blätter und junge Triebe bis zum Frost. Getopfte Stöcke liefern auch im Winter auf dem Fensterbrett frisches Grün. Verarbeiten und Lagern: Getrocknet verliert der Estragon einen Teil seines Würzaromas, das man im Essig oder in Salaten so schätzt; deshalb frisch verwenden oder einfrieren. Er ist ein klassisches Würzmittel der französischen Küche. Das Kraut ist verdauungsfördernd, appetitanregend und fördert den Stoffwechsel.

Wermut

Artemisia absinthium — Asteraceae = Korbblütler

Höhe in cm	0	5	10	25	50	75	100	150	200	250	300	mehr
Aussaatzeit unter Glas	Jan	Feb	März	Apr	Mai	Juni	Juli	Aug	Sept	Okt	Nov	Dez
Aussaatzeit Freiland	Jan	Feb	März	Apr	Mai	Juni	Juli	Aug	Sept	Okt	Nov	Dez
Pflanzzeit	Jan	Feb	März	Apr	Mai	Juni	Juli	Aug	Sept	Okt	Nov	Dez

durchschn. Kulturdauer ausdauernd

Pflanzenabstand in cm 50 — Reihenabstand in cm 50

Auffälliger silbergrauer Halbstrauch aus Süd-Eurasien mit 2- bis 3fach gefiederten behaarten Blättern und nickenden, filzigen gelben Blütenköpfchen. Pflanze ist etwas süßlich, stark aromatisch riechend und schmeckt sehr bitter.
Klima und Standort: Wächst vereinzelt an freien, luftigen, aber warmen Stellen (z. B. auf Ödland, Dünen, an sonnigen Wegrändern oder Mauern). Boden: Neutrale, trockene, sandig-steinige Lehm- und Tonerde. Pflege und Düngung: Steinmehlgaben oder mit Brennessel- und Comfreyjauche spärlich düngen und gießen, verstärkt das kräftige Würzaroma. Ratsam ist ein Solitärstandort, um wachstumshemmende Einflüsse auf Nachbarpflanzen (z. B. Salbei, Kümmel, Fenchel, Bohnen, Erbsen u. v. a.) zu vermeiden. Pflanzenschutz: Wermut ist sehr widerstandsfähig und wehrt Schnecken, Insekten und Mäuse ab. Als vergorene (!) Jauche, unverdünnt ausgebracht, vertreibt sie Läuse und Säulchenrost an Johannisbeeren. Frisch verkompostiert oder vermulcht hält sie aber Regenwürmer ab, verzögert die Zersetzung und hemmt die Stickstofffixierung von Bodenorganismen. Säen und Pflanzen: Nach dem Auflaufen frühzeitig auspflanzen. Stecklings- oder Rißlingsvermehrung möglich. Ernte: Blätter und blühende Zweige bei sonnigem Wetter sammeln und luftig trocknen. Appetitanregendes Küchengewürz.

Ringelblume

Calendula officinalis — Asteraceae = Korbblütler

Höhe in cm	0	5	10	25	50	75	100	150	200	250	300	mehr
Aussaatzeit unter Glas	Jan	Feb	März	Apr	Mai	Juni	Juli	Aug	Sept	Okt	Nov	Dez
Aussaatzeit Freiland	Jan	Feb	März	Apr	Mai	Juni	Juli	Aug	Sept	Okt	Nov	Dez
Pflanzzeit	Jan	Feb	März	Apr	Mai	Juni	Juli	Aug	Sept	Okt	Nov	Dez

durchschn. Kulturdauer ein- bis zweij.

Pflanzenabstand in cm 20 — Reihenabstand in cm 20

Ein- bis zweijährige, harzig riechende Zier- und Arzneipflanze aus dem Mittelmeerraum mit länglichen, weichhaarigen, im Stengelbereich ungestielten Blättern. Blüten hellgelb bis orange, ca. 5 cm groß, abends oder bei Regenwetter geschlossen. Die mehr oder weniger stark geringelten und warzigen Fruchtformen gaben der Pflanze den Namen.
Klima und Standort: Wärmeliebend, halbschattig bis sonnig, mäßig feucht; verwildert in Weinbergen und auf Schuttplätzen. Von hohem Wert bei der Bodenerschließung. Boden: Nährstoffreich, kalkhaltig, locker, lehmig und durchlässig. Pflege und Düngung: Sät sich selbst aus, neigt aber zum Überhandnehmen. Deshalb auf guter Gartenerde nicht düngen und Wachstum zügeln; auf den Abstand vereinzeln, wo die Pflanze nicht als Bodendecker wachsen soll (z. B. unter Rosen, Himbeeren, Tomaten). Ringelblume wirkt ähnlich der Tagetes gegen Fadenwürmer. Pflanzenschutz: An feuchten windgeschützten Stellen mehltauanfällig. Säen und Pflanzen: Die an Ort und Stelle ausgesäten Samen keimen nach 3–4 Tagen. Ernte: Ab Juni Blütenköpfchen pflücken und an der Sonne trocknen. Verarbeiten und Lagern: Getrocknete Blüten zerkleinern und luftdicht aufbewahren. Ringelblumensalbe hilft gegen Krampfadern, wunde und spröde Hände. Der Tee ist schweißtreibend, wirkt bei Magen- und Blasenleiden und wurde bei Magengeschwüren empfohlen.

Marienblatt, Frauenminze

Chrysanthemum balsamita Asteraceae = Korbblütler

Höhe in cm	0	5	10	25	50	75	100	150	200	250	300	mehr
Aussaatzeit unter Glas	Jan	Feb	März	Apr	Mai	Juni	Juli	Aug	Sept	Okt	Nov	Dez
Aussaatzeit Freiland	Jan	Feb	März	Apr	Mai	Juni	Juli	Aug	Sept	Okt	Nov	Dez
Pflanzzeit	Jan	Feb	März	Apr	Mai	Juni	Juli	Aug	Sept	Okt	Nov	Dez

durchschn. Kulturdauer mehrj.

Pflanzenabstand in cm 60 Reihenabstand in cm 60

Die aus Vorderasien stammende Pflanze wird über 1 m hoch, sie blüht im Juli-August mit wenig ansehnlichen Blüten. Die meist elliptischen Blätter der ausladenden Staude duften nach Minze, Zitrone und Balsam gleichzeitig. Die Planze wird seit langem als Gewürzpflanze gezogen.
Klima und Standort: Lichthungrig und wärmeliebend, verträgt aber auch geringen Frost. Frühzeitige längere Trockenperioden schaden. Wächst in der Nähe menschlicher Siedlungen auf Schuttplätzen, Ödland. Boden: Bevorzugt neutrale Lehm- oder Tonerden. Säen und Pflanzen: Samen keimen problemlos innerhalb einer Woche. Vorkultur ratsam, aber nicht erforderlich. Keimlinge nach dem Erstarken vereinzeln und frostgeschützt auspflanzen. Pflege und Düngung: Reagiert sofort auf nitrathaltigen Dünger, sollte aber nicht gemästet werden. Kompost- und Düngejauchegaben reichen vollkommen. Ernte: 10–13 cm lange Laubtriebe schneiden, nicht ausbrechen. Mehrfacher Schnitt bis in den Herbst möglich. Blühende Pflanzen schmecken bitter. Verarbeiten und Lagern: Zarte Sprosse oder Blätter als Salatbeimischung oder Spinatersatz im Sommer. Junge Knospen gelten, kurz abgebrüht, als Delikatesse. Wegen ihres ungewöhnlichen Geschmacks traditioneller Bestandteil der ostasiatischen Küche (Chop-Suey-Grün). Die Blüten werden in Öl mit Fleisch oder Fisch mitgebacken und serviert.

Echte Kamille

Matricaria chamomilla Asteraceae = Korbblütler

Höhe in cm	0	5	10	25	50	75	100	150	200	250	300	mehr
Aussaatzeit unter Glas	Jan	Feb	März	Apr	Mai	Juni	Juli	Aug	Sept	Okt	Nov	Dez
Aussaatzeit Freiland	Jan	Feb	März	Apr	Mai	Juni	Juli	Aug	Sept	Okt	Nov	Dez
Pflanzzeit	Jan	Feb	März	Apr	Mai	Juni	Juli	Aug	Sept	Okt	Nov	Dez

durchschn. Kulturdauer in Wochen 15 und mehr

Pflanzenabstand in cm 20–30 Reihenabstand in cm 40

Die Echte Kamille stammt aus dem östlichen Mittelmeergebiet, ist aber bei uns seit langem als Ackerunkraut eingebürgert. Sie wird häufig mit der Römischen Kamille *(Anthemis nobilis)* verwechselt. Beide finden in Kräutertees Verwendung, haben einen apfelähnlichen Geruch und gänseblümchenähnliche Blütenköpfchen. Die Echte Kamille ist einjährig und von aufrechtem Wuchs. Das gelbe Zentrum der weißen Blütenköpfchen ist stumpfkegelig gewölbt und innen hohl. Sie erscheinen am Ende schlanker Stengel vom Frühjahr bis zum Herbst. Die Blätter sind stark zerteilt. Die Kamille ist eine wichtige Präparatpflanze in der biologisch-dynamischen Wirtschaftsweise.
Klima und Standort: Kann überall in Europa kultiviert werden, braucht volle Sonne. Boden: Jeder leichte, trockene Boden. Säen und Pflanzen: Die Aussaat kann im Spätsommer oder zeitigen Frühjahr ins Freie erfolgen. Im Spätwinter auch im Haus in Töpfe oder Kästen. Die Samen sind sehr fein, deshalb werden sie nur auf die Erdoberfläche gestreut. Während der Keimung den Boden stets feuchthalten. Nach dem Auflaufen die Sämlinge verziehen. Ernte: Wenn die Köpfchen voll erblüht sind. Verarbeiten und Lagern: Als Kräutertee. Die enthaltenen ätherischen Öle haben eine entzündungshemmende und krampflösende Wirkung. Die Blütenköpfchen trocknen und in einem verschlossenen Behälter lagern.

Borretsch

Borago officinalis — Boraginaceae = Rauhblattgewächse

Höhe in cm	0	5	10	25	50	75	100	150	200	250	300	mehr
Aussaatzeit unter Glas	Jan	Feb	März	Apr	Mai	Juni	Juli	Aug	Sept	Okt	Nov	Dez
Aussaatzeit Freiland	Jan	Feb	März	Apr	Mai	Juni	Juli	Aug	Sept	Okt	Nov	Dez
Pflanzzeit	Jan	Feb	März	Apr	Mai	Juni	Juli	Aug	Sept	Okt	Nov	Dez

durchschn. Kulturdauer einj.

Pflanzenabstand in cm 40 — Reihenabstand in cm 40

Der Name Borretsch leitet sich von „borra“ (roman.: Borste) her. Einjähriges Kraut (Westmediterran) mit borstig behaarten Blättern, leuchtend blauen Blüten und Geruch nach Gurken. Die vitamin- und mineralreiche Pflanze ist ernährungsphysiologisch wertvoll: Sie enthält Harz- u. Schleimstoffe.
Klima und Standort: Borretsch ist sehr wärmeliebend und verlangt vollsonnigen, nicht zu feuchten Standort. Boden: Sollte durchlässig, mineralreich, kalkhaltig, aber nicht zu fett sein. Säen und Pflanzen: Die relativ großen Samen bleiben 2–3 Jahre keimfähig und laufen schnell und gleichmäßig auf. Verpflanzen wird vom Pfahlwurzler schlecht vertragen. Die Pflanze sät sich zuverlässig selber aus. Pflege und Düngung: Eignet sich gut als Lückenfüller im Erdbeerbeet. Als Bienennährpflanze lockt sie Bestäuber an und bessert so den Fruchtansatz in ihrer Umgebung. Borretsch schließt schweren Boden auf, wehrt Schnecken und Schädlinge ab und harmoniert, solange er nicht überhandnimmt, mit den meisten Kulturpflanzen. Verarbeiten und Lagern: Die jungen Blätter dienen frisch als Salatwürze. Blüten eignen sich zum Garnieren von Speisen oder als Schnittblumen. Borretsch wirkt schweißtreibend, blutreinigend, entzündungshemmend und soll bei Gemütsschwankungen und Depressionen helfen.

Beinwell

Symphytum officinale — Boraginaceae = Rauhblattgewächse

Höhe in cm	0	5	10	25	50	75	100	150	200	250	300	mehr
Aussaatzeit unter Glas	Jan	Feb	März	Apr	Mai	Juni	Juli	Aug	Sept	Okt	Nov	Dez
Aussaatzeit Freiland	Jan	Feb	März	Apr	Mai	Juni	Juli	Aug	Sept	Okt	Nov	Dez
Pflanzzeit	Jan	Feb	März	Apr	Mai	Juni	Juli	Aug	Sept	Okt	Nov	Dez

durchschn. Kulturdauer mehrj.

Pflanzenabstand in cm 60 — Reihenabstand in cm 60

Beinwell ist eine heimische eurasische Halbrosettenstaude. Blätter bis zu 30 cm lang, als schmale, leistenförmige „Flügel“ den Stengel herablaufend, rauh behaart, Blüten rötlich-violett (selten weiß). Beinwell und **Comfrey** *(Symphytum asperum)* sind ähnlich, Comfrey wird größer.
Klima und Standort: Maritim bis kontinental, feuchte, halbschattige Wegränder und Wiesen entlang von offenen oder oberflächlichen unterirdischen Wasserführungen. Boden: Vorzugsweise lehmiger, immer feuchter und überwiegend neutraler Untergrund. Säen und Pflanzen: Da Saatgut selten im Handel ist, muß es wild gesammelt werden. Im Herbst an Ort und Stelle aussäen. Kleinere Seitensprosse von älteren Stöcken glatt abgetrennt, wachsen jedoch schneller. Ernte der Wurzel erfolgt im Herbst oder vor dem Neuaustrieb im Frühjahr, die der Blätter und Blütenstände jederzeit. Verarbeiten und Lagern: Die gummi-, schleim- und gerbstoffhaltigen Wurzeln längsgeschnitten etwas zerkleinern, rasch trocknen. Bei Bedarf Droge pulverisieren, mit etwas Wasser zu Brei kneten und bei Verrenkungen, Blutergüssen und Knochenbrüchen auflegen. Der ungewöhnlich hohe Allantoingehalt der Pflanze fördert Zellregeneration und Kallusbildung. Blätter, Blüten und Wurzelabfälle ergeben eine kali- und mineralreiche Düngejauche unter anderem für Tomaten, Kartoffeln, Sellerie und Kohl.

Schwarzer Senf

Brassica nigra Brassicaceae = Kreuzblütler

Höhe in cm	0	5	10	25	50	75	100	150	200	250	300	mehr
Aussaatzeit unter Glas	Jan	Feb	März	Apr	Mai	Juni	Juli	Aug	Sept	Okt	Nov	Dez
Aussaatzeit Freiland	Jan	Feb	März	Apr	Mai	Juni	Juli	Aug	Sept	Okt	Nov	Dez
Pflanzzeit	Jan	Feb	März	Apr	Mai	Juni	Juli	Aug	Sept	Okt	Nov	Dez

durchschn. Kulturdauer einj.

Pflanzenabstand in cm 20 Reihenabstand in cm 30

Westmediterrane Einjährige mit wenig verzweigten, meist borstig behaarten Stengeln und gestielten, bläulich bereiften, fiederspaltigen Blättern mit großen Endlappen. Der dicht traubige, gelbe Blütenstand streckt sich während der Fruchtreife und bildet aufrechte, anliegende, etwas kantige Schoten.
Klima und Standort: An warmen, sonnigen und luftfeuchten Stellen bestandsbildend. Boden: Nährstoffreiche, feuchte, kiesig bis sandige Ton- und Schwemmböden in Flußnähe. Schwarzer Senf fördert die Bodengare und schließt das Erdreich auf. Pflege und Düngung: Mittelstarker Zehrer, der auf Stickstoffdüngung mit verrottetem Mist oder reifem Kompost und Düngejauchen oder Mischkultur mit Schmetterlingsblütlern positiv reagiert. Pflanzenschutz: Bei Lausbefall an mastigen Pflanzen hilft Schachtelhalmjauche, vermischt mit Rainfarn und etwas Kernseifenlauge. Säen und Pflanzen: Möglichst frühzeitig, direkt vor Ort. Der Samen wird von Vögeln nicht gefressen und keimt nach 3–4 Tagen. Ernte der Schoten erfolgt, sobald die Früchte sich gelb färben. An schattigem Ort nachreifen lassen. Verarbeiten und Lagern: Die gereinigten, trocken aufzubewahrenden, schwarzbraunen Samen dienen ganz oder gemahlen als Würzmittel und zusammen mit den größeren gelblichen Körnern des Weißen Senfs *(Sinapis alba)* zur Senfherstellung.

Gartenkresse

Lepidium sativum Brassicacea = Kreuzblütler

Höhe in cm	0	5	10	25	50	75	100	150	200	250	300	mehr
Aussaatzeit unter Glas	Jan	Feb	März	Apr	Mai	Juni	Juli	Aug	Sept	Okt	Nov	Dez
Aussaatzeit Freiland	Jan	Feb	März	Apr	Mai	Juni	Juli	Aug	Sept	Okt	Nov	Dez
Pflanzzeit	Jan	Feb	März	Apr	Mai	Juni	Juli	Aug	Sept	Okt	Nov	Dez

durchschn. Kulturdauer in Wochen 2

Pflanzenabstand dicht Reihenabstand in cm 10

Die Heimat der Gartenkresse liegt im Orient. Verwildert als Gartenflüchtling auf Grasland, Sand und Schuttplätzen. Die Pflanze ist einjährig und hat eine dünne spindelförmige Wurzel. Die Blüten sind klein, weiß bis rötlich. Wichtige Rohkostpflanze.
Klima und Standort: Stellt keine großen Ansprüche. Werden leicht absonnige Standorte gewählt, verzögert sich die Samenbildung. Boden: Die Aussaatstellen sollten laufend gewechselt werden, da die Kresse verhältnismäßig stark zehrt. Luftige, gut versorgte Böden. Säen und Pflanzen: Die Aussaat kann immer, und zwar breitwürfig, erfolgen. Der Samen keimt schon nach 1–2 Tagen bei Temperaturen um 20°C, ansonsten längere Keimdauer. Es sollte alle 10–14 Tage, je nach Verbrauch, neu ausgesät werden. Jeder helle Platz, z. B. auf der Fensterbank, ist geeignet. Am besten in kleine Schalen in sandig-humose Erde säen. Saatdichte 80 g/m^2. Pflege und Düngung: Regelmäßiger Fruchtwechsel. Ernte: Etwa nach 14 Tagen ab dem Aussaat-Zeitpunkt. Wenn man nicht zu kurz schneidet, kann man mehrere Male ernten, ähnlich wie bei Schnittsalat. Verarbeiten und Lagern: Das junge Kraut frisch verarbeiten. Die gelbbraunen Samen können als Gewürz ähnlich wie Senf verwendet werden. Heute bietet der Handel schon fertige Saatschalen an, die laufend abgeerntet werden können.

Brunnenkresse

Nasturtium officinale — Brassicaceae = Kreuzblütler

Höhe in cm	0	5	10	25	50	**75**	100	150	200	250	300	mehr
Aussaatzeit unter Glas	Jan	Feb	März	**Apr**	**Mai**	Juni	Juli	Aug	Sept	Okt	Nov	Dez
Aussaatzeit Freiland	Jan	Feb	März	Apr	**Mai**	**Juni**	Juli	Aug	Sept	Okt	Nov	Dez
Pflanzzeit	Jan	Feb	März	Apr	Mai	Juni	Juli	Aug	Sept	Okt	Nov	Dez

durchschn. Kulturdauer ausdauernd

Pflanzenabstand in cm 30 — Reihenabstand in cm 40

Ursprünglich in Skandinavien, Nordwest- und Mitteleuropa heimische, heute weltweit verbreitete Wildstaude. Der an der Basis niederliegende, kriechende Stengel trägt gefiederte, dunkelgrüne, etwas fleischige Blätter mit vergrößerten Endfiedern und dichttraubige, weiße Blütenstände. Klima und Standort: An feuchten, kühlen, schattigen bis halbschattigen Bächen und Quellen mit reinem, sauerstoffreichem, bewegtem Wasser oft große Bestände bildend. Dient als Indikator für unverschmutztes, qualitätvolles Trinkwasser. Boden: Humose, sehr nährstoffreiche Schwemmerden. Pflege und Düngung: Die Kultur ist schwierig, aber bei regelmäßigem Wasseraustausch möglich. Sogar auf dem Beet läßt sie sich im Schatten bei reichlichem Gießen und wassergesättigter Luft, unter Glas oder Folie, halten; schmeckt aber dann schärfer. Pflanzenschutz nicht erforderlich. Säen und Pflanzen: Samen keimen nach einer Woche, werden beim Pikieren in Töpfe mit sandhaltiger, reifer Komposterde gepflanzt und bis zum Auspflanzen möglichst feucht gehalten. Ernte: Während der blütenlosen Zeit von Herbst bis Frühjahr regelmäßig 10–15 cm lange Triebspitzen abschneiden. An Wildstandorten gesammeltes Gut gründlich säubern. Beim Trocknen geht viel Aroma verloren, erkennbar an dem verstärkten Geruch. Das vitaminreiche Wildgemüse (Vitamin A, C, D, E) beugt Erkältungskrankheiten vor.

Mauerpfeffer, Tripmadam

Sedum reflexum — Crassulaceae = Dickblattgewächse

Höhe in cm	0	5	10	**25**	50	75	100	150	200	250	300	mehr
Aussaatzeit unter Glas	Jan	**Feb**	**März**	**Apr**	Mai	Juni	Juli	Aug	Sept	Okt	Nov	Dez
Aussaatzeit Freiland	Jan	Feb	März	Apr	Mai	Juni	Juli	Aug	Sept	Okt	Nov	Dez
Pflanzzeit	Jan	Feb	März	Apr	**Mai**	**Juni**	Juli	Aug	Sept	Okt	Nov	Dez

durchschn. Kulturdauer mehrj.

Pflanzenabstand in cm 15 — Reihenabstand in cm 25

In Europa heimische, rasenbildende Pionierstaude mit niederliegenden Stengeln und in wirteligen Scheindolden angeordneten, gelben Blüten. Sterile Sprosse sind dichter beblättert als blühfähige und haben bläulich bereifte, saftige, rundliche Blätter, daher der französische Name „Trique Madame" (= mollige Frau). Klima und Standort: Trockene, sonnige Felshänge, Mauern, Dünen oder Trockenwiesen. Boden: Mineralreich, kalkarm, locker, steinig oder sandig. Im Steingarten oder als Bodendecker dichte Polster bildend. Pflege und Düngung: Kalkarme Steinmehlgaben sind vorteilhaft, treibende Dünger und zu reichliches Gießen schaden dagegen. Säen und Pflanzen: Aussaat ist bei der leichten Vermehrbarkeit durch Stockteilung, Ausläufer und Blattstecklinge überflüssig. Ernte: Vor Blühbeginn sterile und fertile Sprosse pflücken. Die mineralreichen Blätter werden zerdrückt oder zerhackt und wegen ihres saueren etwas zusammenziehenden Geschmacks als Würzmittel benutzt oder sauer eingelegt. Die Volksmedizin verwendet den Blattsaft (oft zu gleichen Teilen vermischt) in Butter oder Schweinefett als durchblutungsförderndes Einreibemittel bei Geschwüren, Hautausschlägen, Hühneraugen und Fußpilz. Innerlich und äußerlich angewendet, senkt das Kraut hohen Blutdruck und hilft bei Arterienverkalkung. Übermäßiger Gebrauch kann schaden.

Wacholder

Juniperus communis — Cupressaceae = Zypressengewächse

Höhe in cm	0	5	10	25	50	75	100	150	200	250	300	**mehr**
Aussaatzeit unter Glas	Jan	Feb	März	Apr	Mai	Juni	Juli	Aug	Sept	Okt	Nov	Dez
Aussaatzeit Freiland	Jan	Feb	**März**	**Apr**	Mai	Juni	Juli	Aug	**Sept**	**Okt**	Nov	Dez
Pflanzzeit	Jan	Feb	März	Apr	Mai	Juni	Juli	Aug	Sept	Okt	Nov	Dez

durchschn. Kulturdauer mehrj.

Heimischer Nadelbaum von variablem Wuchs, in Dreierwirteln angeordneten, blaugrünen, spitzen Nadeln und rötlichgrauer in Längsstreifen schälbarer Rinde. Weibliche Bäume mit etwa erbsengroßen, blauschwarzen, beerenförmigen Zapfen.

Klima und Standort: Einzeln oder in kleinen Trupps auf warmen, sonnigen, mäßig feuchten Heideflächen, kalkhaltigen Trockenhängen. Boden: Karger, bevorzugt kalkhaltiger Untergrund. Pflege: Anspruchslos, kälte- und trockenresistent. Um „Beeren" auszubilden, müssen männliche Bäume in der Nähe stehen. Säen und Pflanzen: Aussaat ist langwierig. Am einfachsten mit schnellwurzelnden Leittriebstecklingen oder, bei buschigen Formen, mit Seitentriebstecklingen vermehren. Ernte: Steht unter Naturschutz. Beeren deshalb nicht sammeln, sie brauchen 2 Jahre bis zur Reife. Bei erhöhter Sonneneinstrahlung nimmt der Wirkstoffgehalt der Früchte zu. Verarbeiten und Lagern: Früchte im Schatten nachreifen lassen. In dunklen, geschlossenen Behältern aufbewahrt, behalten sie ihren süßlichen, aromatischen harzigen Geschmack bis zu 3 Jahren. Wacholderbeeren wirken appetitanregend, verdauungsfördernd, blutreinigend, beleben und entschlacken den Organismus. Sie sind harntreibend und daher günstig bei Gelenkserkrankungen, können aber die Niere überreizen. Nicht zum Frischverzehr geeignet.

Russisches Süßholz

Glycyrrhiza echinata
(Glycyrrhiza glabra) — Fabaceae = Schmetterlingsblütler

Höhe in cm	0	5	10	25	50	75	**100**	**150**	200	250	300	mehr
Aussaatzeit unter Glas	Jan	Feb	**März**	**Apr**	Mai	Juni	Juli	Aug	Sept	Okt	Nov	Dez
Aussaatzeit Freiland	Jan	Feb	März	Apr	**Mai**	Juni	Juli	Aug	Sept	Okt	Nov	Dez
Pflanzzeit	Jan	Feb	März	Apr	**Mai**	**Juni**	Juli	Aug	Sept	Okt	Nov	Dez

durchschn. Kulturdauer mehrj.

Pflanzenabstand in cm 100 — Reihenabstand in cm 100

Von Südosteuropa bis Vorderasien beheimatete Staude mit drüsigen, wechselständigen Blättern, die an Robinienlaub erinnern, aber unpaarig gefiedert sind und schmalere, leicht zugespitzte Teilblättchen haben. Beim Süßholz *(Glycyrrhiza glabra)* sind die Blüten blau-violett, stehen in Ähren und bilden etwas eingeschnürte, unbestachelte Hülsenfrüchte aus. Das Russische Süßholz *(G. echinata)* wird nur knapp halb so hoch, hat kleinere, spitzere Blättchen, kugelige bläuliche Blütenknöpfe und bestachelte Früchte.

Klima und Standort: Warme, sonnige, geschützte Heidestandorte. Boden: Trocken, sandig bis lehmig. Pflege und Düngung: Der Wurzelstock verträgt keine große oder langanhaltende Feuchtigkeit. Stickstofffixierende Wurzelbakterien machen eine Stickstoffdüngung überflüssig. Säen und Pflanzen: Frostschutz im Winter mit Laubkompost. Samen keimen willig (Lichtkeimer), die Pflanze läßt sich aber leichter durch Ausläufer und Stockteilung, im April, vermehren. Ernte: Nach 2–3 Jahren werden die Wurzeln ausgegraben, getrocknet und zerkleinert. Verarbeiten: Beim Auskochen entsteht ein süßer, etwas bitterer Extrakt, der, gereinigt und weiter eingedickt, als Bindemittel und zur Geschmacksverbesserung für Arzneimittel, Süßwaren und Tabak dient. Wegen des bitteren Beigeschmacks kein Zuckerersatz. Bestandteil von Hustentees.

Tüpfeljohanniskraut

Hypericum perforatum Guttiferae = Hartheugewächse

Höhe in cm	0	5	10	25	50	75	100	150	200	250	300	mehr
Aussaatzeit unter Glas	Jan	Feb	März	Apr	Mai	Juni	Juli	Aug	Sept	Okt	Nov	Dez
Aussaatzeit Freiland	Jan	Feb	März	Apr	Mai	Juni	Juli	Aug	Sept	Okt	Nov	Dez
Pflanzzeit	Jan	Feb	März	Apr	Mai	Juni	Juli	Aug	Sept	Okt	Nov	Dez

durchschn. Kulturdauer mehrj.

Pflanzenabstand in cm 40 Reihenabstand in cm 40

Aus der großen Familie der Guttibaumpflanzen wachsen lediglich die Arten der Gattung Hartheu auch in den gemäßigten Zonen mit Stauden oder Kräutern. Bei uns vertreten ist die Gattung mit dem Johanniskraut, einer 30 bis 100 cm hohen Staude mit hartem Stengel auf sonnigen Waldlichtungen und an Feldrändern. Die kleinen Blätter enthalten Öldrüsen, die das Blatt gegen Licht perforiert erscheinen lassen. Die Blüten stehen in einer gelben Trugdolde, die Kelch- und Kronblätter enthalten – markiert durch schwarze Punkte und Striche – einen roten Farbstoff („Johannisblut"). Die Pflanze enthält außer gelben und roten Farbstoffen noch ätherisches Öl, Gerb- und Bitterstoffe sowie Fett und Cholin.
Klima und Standort: Sowohl sonnige als auch schattige Lagen. Boden: Bevorzugt wird lehmiger Sandboden, aber auch jeder gute, nicht zu trockene Gartenboden. Pflege und Düngung: Die Pflanzen können zur allgemeinen Verjüngung stark heruntergeschnitten werden. Säen und Pflanzen: Kann im Frühjahr durch Samen erfolgen, der ausgestreut wird und nicht abgedeckt werden muß, oder durch Stecklinge, die von Ende Juni bis Anfang September geschnitten werden. Zwei Blätter sollen an den Zweigstücken stehen bleiben. Verwendung: Alte Heilpflanze, die getrocknet einen guten Haustee ergibt, zu Öl verarbeitet, gegen Nervenschmerzen, als Wurmmittel und bei Darmkrankheiten verwendet wurde.

Ysop

Hyssopus officinalis Lamiaceae = Lippenblütler

Höhe in cm	0	5	10	25	50	75	100	150	200	250	300	mehr
Aussaatzeit unter Glas	Jan	Feb	März	Apr	Mai	Juni	Juli	Aug	Sept	Okt	Nov	Dez
Aussaatzeit Freiland	Jan	Feb	März	Apr	Mai	Juni	Juli	Aug	Sept	Okt	Nov	Dez
Pflanzzeit	Jan	Feb	März	Apr	Mai	Juni	Juli	Aug	Sept	Okt	Nov	Dez

durchschn. Kulturdauer ausdauernd

Pflanzenabstand in cm 40 Reihenabstand in cm 40

Die Heimat dieser würzig duftenden, leicht bitter schmeckenden Würzpflanze liegt in Zentral- bis Vorderasien. Halbstrauch mit violettblauen Blütenähren und kreuzweise gegenständigen, schmalen Blättchen.
Klima und Standort: Licht- und wärmeliebend, aber frostresistent, gesellig an mäßig feuchten bis trockenen Südhängen. Boden: Steinig, humos, eher flachgründig, vorzugsweise kalkhaltig, nährstoffreich, durchlässig. Pflege und Düngung: Wenig gießen. Keine treibenden Dünger einsetzen. In der Aufbauphase ausgereiften Kompost, später mit Horn- oder Knochen- und Steinmehl düngen. Pflanzenschutz: Läuse, Schnecken, Kohlweißlinge u. a. meiden den aromatischen Duft der Pflanze, die sich daher als Beeteinfassung bewährt. Ysop verträgt sich aber nicht gut mit Rettich oder Radieschen. Säen und Pflanzen: Keimdauer 3–4 Wochen. Eingewöhnte Pflanzen vermehren sich durch Selbstaussaat. Stecklings- oder Rißlingsvermehrung sind problemlos. Jungpflanzen möglichst frühzeitig setzen und anfangs feucht halten. Ernte: Bei trockenem Wetter junge Triebe mit und ohne Blüten abschneiden und frisch oder getrocknet wie Thymian als Küchengewürz einsetzen. Ysop wirkt schleimabsondernd und hilft daher, als Gewürz, als Tee oder inhaliert bei Schnupfen, Husten, Asthma und Magenleiden.

Lavendel

Lavandula angustifolia — Lamiaceae = Lippenblütler

Höhe in cm	0	5	10	25	50	75	100	150	200	250	300	mehr
Aussaatzeit unter Glas	Jan	Feb	März	Apr	Mai	Juni	Juli	Aug	Sept	Okt	Nov	Dez
Aussaatzeit Freiland	Jan	Feb	März	Apr	Mai	Juni	Juli	Aug	Sept	Okt	Nov	Dez
Pflanzzeit	Jan	Feb	März	Apr	Mai	Juni	Juli	Aug	Sept	Okt	Nov	Dez

durchschn. Kulturdauer ausdauernd

Pflanzenabstand in cm 40 und mehr — Reihenabstand in cm 50

Westmediterraner Halbstrauch mit schmalen, graugrünen, unterseits helleren Blättchen mit eingerollten Rändern. Junge Triebe und Blütenstengel filzig behaart. Die violetten, ährigen Blütenstände duften. Klima und Standort: Warme, sonnige, sommertrockene Hänge, Mauern oder Ödflächen. Boden: Kalkhaltig, mager; eher leicht sandhaltiger Lehm mit guter Dränage. Pflege und Düngung: Bevorzugt Stein- und Knochenmehl oder ausgereiften Kompost verwenden. Treibende Dünger beeinträchtigen die Frostresistenz. Düngung nur im März/April/Mai. Sparsam gießen, Lavendel verträgt sich gut mit Ginster, Rosen, Ziergräsern, den meisten Stauden. Pflanzenschutz: Lavendel hält Läuse, Ameisen und angeblich auch Mäuse ab. In konzentrierter Form wirkt er fungizid. Säen und Pflanzen: Keimdauer 4–5 Wochen (Lichtkeimer), wächst sehr langsam und wird daher besser durch Stecklinge im Frühjahr vermehrt. Ernte: Wertvolle Bienen und Schmetterlingsnährpflanze, deshalb beim Einsammeln der oberen Stengelblätter und Blüten nicht alle Ähren abstreifen. Verarbeiten: An schattiger, luftiger Stelle schonend trocknen. Als Räuchermittel oder in Duftkissen und Trockensträußen. Als Badezusatz oder Öl (150 kg Blüten ergeben 1 kg Öl!) ein nervenberuhigendes und belebendes Migräne- und Rheumamittel. Der Tee fördert Gallenfluß.

Majoran

Majorana hortensis
(= Origanum majorana) — Lamiaceae = Lippenblütler

Höhe in cm	0	5	10	25	50	75	100	150	200	250	300	mehr
Aussaatzeit unter Glas	Jan	Feb	März	Apr	Mai	Juni	Juli	Aug	Sept	Okt	Nov	Dez
Aussaatzeit Freiland	Jan	Feb	März	Apr	Mai	Juni	Juli	Aug	Sept	Okt	Nov	Dez
Pflanzzeit	Jan	Feb	März	Apr	Mai	Juni	Juli	Aug	Sept	Okt	Nov	Dez

durchschn. Kulturdauer einj.

Pflanzenabstand in cm 20 — Reihenabstand in cm 20 und mehr

Der von Kleinasien bis Indien heimische, angenehm stark würzig duftende Halbstrauch wird bei uns nur einjährig kultiviert. Beiderseits graugrünfilzige, verkehrt eirunde Blätter und in kleinen, dichten kugeligen Köpfchen angeordnete, weiße Blüten. Klima und Standort: Wärmeliebend, frostempfindlich, vollsonnig, mäßig feucht. Boden: Nährstoffreich, kalkhaltig, locker, mit guter Dränage. Pflege und Düngung: Nährstoffversorgung mit nicht treibenden Düngern wie Knochenmehl oder ausgereifter Kompost. Boden wiederholt mit einer Grabgabel auflockern, wenn nicht gut gemulcht wird. Verträglich mit anderen Kulturpflanzen, aber wegen seiner Nährstoff- und Lichtansprüche für sich setzen. Ziemlich krankheitsrestistent, sein schädlingshemmender Einfluß wirkt auch auf Nachbarpflanzen. Frühzeitig im Herbst als Stecklinge eingetopft und an einem hellen Fenster untergebracht, liefern die Pflanzen auch im Winter Schnittgrün und Pflanzenmaterial für das nächste Jahr. Säen und Pflanzen: Während der Keimung sind 3–4 Wochen gleichbleibende Feuchtigkeit und viel Wärme notwendig. Pflanzung erst nach den Eisheiligen. Ernte: Bei Blühbeginn zurückschneiden. Verarbeiten: Frisch verwenden. Majoran wirkt appetitanregend und verdauungsfördernd, hilft bei Blähungen, Wassersucht, Magen- und Darmerkrankungen. Einreibemittel oder Badezusatz.

Melisse

Melissa officinalis — Lamiaceae = Lippenblütler

Höhe in cm	0	5	10	25	50	75	100	150	200	250	300	mehr
Aussaatzeit unter Glas	Jan	Feb	März	Apr	Mai	Juni	Juli	Aug	Sept	Okt	Nov	Dez
Aussaatzeit Freiland	Jan	Feb	März	Apr	Mai	Juni	Juli	Aug	Sept	Okt	Nov	Dez
Pflanzzeit	Jan	Feb	März	Apr	Mai	Juni	Juli	Aug	Sept	Okt	Nov	Dez

durchschn. Kulturdauer ausdauernd

Pflanzenabstand in cm 50 — Reihenabstand in cm 50

Aus Vorderasien stammende Staude mit Zitronenduft, mit unscheinbaren, bläulich bis gelblichweißen Blütenquirlen in den Achseln hellgrüner, herzförmiger bis ovaler, gesägter gegenständiger Blätter.
Klima und Standort: Warm, sonnig bis schattig, feucht. Boden: Tiefgründig, durchlässig, nährstoffreich und humos. Pflege und Düngung: Schicht aus halbverrottetem Mist oder mit Laub und Knochenmehl angereicherter halbreifer Kompost schützt die Pflanze vor Frostschäden und sorgt für ausreichende Nährstoffversorgung. Reichliches Gießen und regelmäßiger Rückschnitt fördern die Bestockung. Säen und Pflanzen: Samen ca. 3 Jahre keimfähig. Gleichmäßige Wärme und Feuchtigkeit während der 3- bis 4wöchigen Keimdauer. Vermehrung leichter durch Wurzelausläufer, Stockteilung oder Stecklinge. Oft sät sich die Zitronenmelisse auch selber aus. Ernte: Bei sonnigem Wetter jederzeit bis zum Frost. Blätter und junge Triebe möglichst frisch verwenden. Verarbeiten und Lagern: Selbst bei raschem Trocknen im Schatten, noch bevor die Blätter vergilben oder sich braun färben, geht ein Großteil der Wirkstoffe verloren. Zitronenmelisse gibt Salaten und Tees (nicht kochen), eine erfrischende, fruchtige Note. Wichtiger Bestandteil des Melissengeistes. Tee bei Schlaflosigkeit, Magenkrämpfen, Zahnfleischbluten und Mundgeruch. Früchte, Blätter, Wurzeln zu gleichen Teilen als Tee.

Krauseminze

Mentha spicata var. crispa — Lamiaceae = Lippenblütler

Höhe in cm	0	5	10	25	50	75	100	150	200	250	300	mehr
Aussaatzeit unter Glas	Jan	Feb	März	Apr	Mai	Juni	Juli	Aug	Sept	Okt	Nov	Dez
Aussaatzeit Freiland	Jan	Feb	März	Apr	Mai	Juni	Juli	Aug	Sept	Okt	Nov	Dez
Pflanzzeit	Jan	Feb	März	Apr	Mai	Juni	Juli	Aug	Sept	Okt	Nov	Dez

durchschn. Kulturdauer mehrj.

Pflanzenabstand in cm 50 — Reihenabstand in cm 50

Der deutsche Name „Krauseminze" ist nicht eindeutig und wird auch für andere Arten verwendet. (*Mentha aquatica var. crispa* und *Mentha piperita var. crispula*). In Südfrankreich, Norditalien und -jugoslawien beheimatete, grünlichweiß behaarte Staude mit länglich eirunden, sitzenden Blättern und gekräuselten Rändern. Blüten bläulichweiß.
Klima und Standort: Wärme- und feuchtigkeitsliebend, sonnige bis halbschattige Bergwiesen. Boden: Nährstoffreich, humos und feucht. Pflege und Düngung: Entspricht ganz der Pfefferminze. Säen und Pflanzen: Krauseminze ist meist unfruchtbar oder fällt aus Samen nicht rein aus. Deshalb durch Stockteilung, Ausläufer oder Stecklinge vermehren. Ernte: Siehe Pfefferminze. Verarbeiten: Die Pflanze ist nicht so reich an Menthol wie Pfefferminze und wirkt daher weniger kühlend. Ihr Geschmack erinnert an Kümmel. Als Arzneimittel wird sie wie Pfefferminze eingesetzt. Der Tee wirkt krampflösend und nervenstärkend und fördert Magen-, Galle- und Darmtätigkeit. Bestandteil von Riechmitteln bei Kopfschmerzen (sog. Migränestifte). Ein beliebtes Aromatisierungsmittel für pharmazeutische und kosmetische Produkte und Süßwaren. Auch als Küchengewürz z. B. für Soßen ist sie bei den Engländern gefragt. Aufgrund ihrer Mischerbigkeit ist die Variabilität der kultivierten Formen groß.

Pfefferminze

Mentha × piperita
(Mentha aquatica × Mentha spicata)

Lamiaceae = Lippenblütler

Höhe in cm	0	5	10	25	**50**	**75**	100	150	200	250	300	mehr
Aussaatzeit unter Glas	Jan	Feb	März	Apr	Mai	Juni	Juli	Aug	Sept	Okt	Nov	Dez
Aussaatzeit Freiland	Jan	Feb	März	Apr	Mai	Juni	Juli	Aug	Sept	Okt	Nov	Dez
Pflanzzeit	Jan	Feb	März	**Apr**	Mai	Juni	Juli	Aug	Sept	**Okt**	Nov	Dez

durchschn. Kulturdauer mehrj.

Pflanzenabstand in cm 50 Reihenabstand in cm 50

Die Pfefferminze ist ein 3facher Bastard aus den europäischen Arten *Mentha aquatica* und *M. spicata*, von der man annimmt, daß diese selbst wiederum einer hybridogenen Sippe angehört. Sie wurde erstmals in England beobachtet, ist aber inzwischen weltweit verbreitet. Ihre Blätter sind gegenständig dunkelgrün glänzend, deutlich gezähnt und oft violett überlaufen. Blüten rosarot bis lila in lockeren Scheinähren.
Klima und Standort: Warm, sonnig und nicht zu trocken. Boden: Nährstoffreich, humos, feucht (vorübergehend auch naß). Sandiger Lehm oder schwerer Niedermoor- und selbst Sumpfboden. Pflege und Düngung: Mittelstarker Zehrer, verlangt regelmäßige Düngung, am besten mit reifem Kompost, verrottetem Mist oder Pflanzenjauchen. Reichliches Gießen fördert das Wachstum. Alle 3 Jahre verpflanzen. Pfefferminze hemmt Fenchel im Wachstum, fördert aber die Tomate und deren Geschmack. Sie hält Kohlfliegen, Schnecken, angeblich auch Mäuse ab. Säen und Pflanzen: Muß durch Ausläufer oder Stockteilung vermehrt werden, weil sie unfruchtbar sind oder unerwünschte Rückkreuzungen auftreten. Im Handel befindliches Saatgut liefert zahlreiche unergiebige Mischformen. Ernte: Kurz vor der Blüte am gehaltvollsten. Obere Triebspitzen 10–15 cm einkürzen und schattig trocknen. Verarbeiten und Lagern: Stengel entfernen, Blätter zerreiben (siehe Krauseminze).

Indianernessel, Monarde

Monarda didyma

Lamiaceae = Lippenblütler

Höhe in cm	0	5	10	25	50	75	**100**	150	200	250	300	mehr
Aussaatzeit unter Glas	Jan	Feb	**März**	**Apr**	**Mai**	Juni	Juli	Aug	Sept	Okt	Nov	Dez
Aussaatzeit Freiland	Jan	Feb	März	Apr	Mai	Juni	Juli	Aug	Sept	Okt	Nov	Dez
Pflanzzeit	Jan	Feb	März	**Apr**	**Mai**	Juni	Juli	Aug	**Sept**	**Okt**	Nov	Dez

durchschn. Kulturdauer mehrj.

Pflanzenabstand in cm 40–50 Reihenabstand in cm 50

Die Heimat dieser Zierstaude ist Nordamerika. Sie ist flaumig behaart und hat kreuzweise gegenständige, nesselartige, dunkelgrüne, aromatisch riechende Blätter. Die Blüten stehen in 5- bis 6reihigen, dichten Quirlen in mehreren Etagen übereinander und sind überwiegend rot, seltener rosa oder weiß (bei neueren Züchtungen auch lila oder violett).
Klima und Standort: Halbschattige bis sonnige Gebüsche oder lichte Wälder, bevorzugt an Flußufern. Boden: Nährstoffreich, nicht zu trocken, humos bis lehmig. Pflege und Düngung: Die Pflanze gedeiht auch noch auf schwerem Rohboden und ist erstaunlich trockenresistent. An weniger feuchten, eher mageren Stellen wird der starke Ausbreitungsdrang der Pflanze eingedämmt, und ihr Wirkstoffgehalt nimmt zu. Bei frostfreiem Stand wächst sie halbstrauchig, neigt aber dann zum Verkahlen. Säen und Pflanzen: Keimdauer ca. 2–3 Wochen (Lichtkeimer). Sämlinge blühen im ersten Jahr. Vermehrung besser durch Kopfstecklinge oder Wurzelausläufer. Verarbeiten: Frisch aufgeblühte Sprosse schneiden und an luftigem, schattigem Ort trocknen. Die Pflanze ist ölhaltig und diente früher zur Paraffingewinnung. Ihr Tee wirkt schleimlösend, fördert die Verdauung, hilft bei Erkältung. Frische Blätter können während des ganzen Sommers gepflückt werden; sie dienen als Wundpflaster.

Basilikum, Basilienkraut

Ocimum basilicum — Lamiaceae = Lippenblütler

Höhe in cm	0	5	10	25	50	75	100	150	200	250	300	mehr
Aussaatzeit unter Glas	Jan	Feb	März	Apr	Mai	Juni	Juli	Aug	Sept	Okt	Nov	Dez
Aussaatzeit Freiland	Jan	Feb	März	Apr	Mai	Juni	Juli	Aug	Sept	Okt	Nov	Dez
Pflanzzeit	Jan	Feb	März	Apr	Mai	Juni	Juli	Aug	Sept	Okt	Nov	Dez

durchschn. Kulturdauer einj.

Pflanzenabstand in cm 30 — Reihenabstand in cm 30

Aus Südasien stammender, süßlich duftender, buschiger, bei uns nur einjährig kultivierbarer Halbstrauch mit großen, kahlen und ovalen Blättern, blasig aufgewölbter glänzender Blattspreite und kleinen Blüten. Klima und Standort: Feuchtigkeits-, licht- und sehr wärmebedürftig, frostgefährdet. Boden: Tiefgründig, durchlässig, humos und nährstoffreich. Pflege und Düngung: Zu kalt und trocken stehende Pflanzen entwickeln ledrige, inhaltsarme Blätter, denen das süßliche Aroma fehlt. Regelmäßig wässern und düngen mit Kompost und reifem Mist. Comfrey- oder Brennesseljauche bewirkt zügiges Wachstum. Schneckenfraß durch Mischkultur mit stark duftenden Lippenblütlern eindämmen. Basilikum vertreibt Schadinsekten an Tabak, Kartoffeln und Tomaten. Die Antipathie zwischen Basilikum und Weinraute ist altbekannt. Säen und Pflanzen: Saatgut bleibt 4–5 Jahre keimfähig und läuft bei Licht und reichlich Wärme nach ca. 2 Wochen auf. Dabei entsteht eine bläuliche Gallerte. Vorkultur und Folgesaat bis Anfang Mai sind ratsam. Ernte: Bei Blühbeginn junge Triebe bis auf ein Paar Blätter zurücknehmen. Vor dem Frost ausgegrabene und getopfte Pflanzen lassen sich am Fensterbrett überwintern und liefern weiterhin frisches Schnittgrün. Verarbeiten: Hilft bei Erkältung, Husten, Magenschmerzen, Verstopfung, Nervosität, wirkt antibakteriell und fördert Wundheilung.

Dost, Origanum

Origanum vulgare — Lamiaceae = Lippenblütler

Höhe in cm	0	5	10	25	50	75	100	150	200	250	300	mehr
Aussaatzeit unter Glas	Jan	Feb	März	Apr	Mai	Juni	Juli	Aug	Sept	Okt	Nov	Dez
Aussaatzeit Freiland	Jan	Feb	März	Apr	Mai	Juni	Juli	Aug	Sept	Okt	Nov	Dez
Pflanzzeit	Jan	Feb	März	Apr	Mai	Juni	Juli	Aug	Sept	Okt	Nov	Dez

durchschn. Kulturdauer mehrj.

Pflanzenabstand in cm 50 — Reihenabstand in cm 50

Heimische Staude mit Verbreitungsschwerpunkt in Italien. In Asien und Nordamerika verwildert. Die Pflanze hat eirund zugespitzte, unterseits behaarte drüsige Blätter und rosa Blüten in den Achseln purpur gefärbter Hochblätter. Sie duftet angenehm würzig und schmeckt bitter. Klima und Standort: Wärme- und lichtliebende Pionierpflanze trockener Hänge, Magerwiesen, Waldsäume und sonniger Schlagflächen. Boden: Kalkhaltige oder schwach saure Lehm-Humus- oder Rohböden. Pflege und Düngung: Das hohe Durchwurzelungsvermögen (bis 60 cm Tiefe), die dadurch bedingte Bodenerschließung und das erhöhte Nährstoffaneignungsvermögen machen die Kultur problemlos. Düngung überflüssig. Wärme und volle Sonne erhöhen Würzwert und Schädlingsresistenz. Origanum vertreibt Ameisen und Kohlschädlinge und hat positiven Einfluß auf Karotten, Fenchel, Dill u. a. Säen und Pflanzen: Keimung erfolgt im Licht und nur nach Einwirkung von Kälteperioden. Daher Saatgut kühl überwintern und frühzeitig säen. Vermehrung auch durch Ausläufer und Stockteilung. Ernte: Während der Blütezeit obere Sproßteile und Seitentriebe abernten. Schonend getrocknet und verschlossen aufbewahrt, behält die Pflanze ihre starke Würzkraft lange. Beliebtes Würzmittel (z. B. für Pizzas) und häufiger Bestandteil von Chilipulvern. Die Pflanze wird zur Dostölherstellung verwendet.

Rosmarin

Rosmarinus officinalis Lamiaceae = Lippenblütler

Höhe in cm	0	5	10	25	50	75	100	150	200	250	300	mehr
Aussaatzeit unter Glas	Jan	Feb	März	Apr	Mai	Juni	Juli	Aug	Sept	Okt	Nov	Dez
Aussaatzeit Freiland	Jan	Feb	März	Apr	Mai	Juni	Juli	Aug	Sept	Okt	Nov	Dez
Pflanzzeit	Jan	Feb	März	Apr	Mai	Juni	Juli	Aug	Sept	Okt	Nov	Dez

durchschn. Kulturdauer mehrj.

Pflanzenabstand in cm 40 Reihenabstand in cm 40

Immergrüner westmediterraner Strauch mit blaßvioletten bis lilagefärbten, wirtelig angeordneten Blüten in den Achseln nadelförmiger, unterseits weißfilziger, ledriger Blätter (randlich eingerollt). Die Pflanze riecht harzig aromatisch und schmeckt bitter.
Klima und Standort: Trockene, felsige Hanglagen in Küstennähe mit reichlich Sonne und Zutritt von feuchten Meereswinden. Boden: Sandiger, durchlässiger Lehm oder Kalksteinboden. Pflege und Düngung: Die frostgefährdete Pflanze am besten im Topf, während des Sommers im Freien und im Winter kühl, hell und ziemlich trocken halten. Rettich, Raps und Senf vertragen ihre Nähe nicht. Überdüngung vermeiden! Säen und Pflanzen: Saatgut bleibt ca. 3 Jahre keimfähig und läuft nach 4 Wochen auf. Sämlinge wachsen langsam und sind empfindlich gegen Störungen des Wurzelsystems, deshalb gleich in Töpfe pikieren. Einfacher ist die Vermehrung mit Stecklingen, Rißlingen oder Absenkern. Ernte: Gesammelt werden Blüten, Zweigspitzen, Blätter. Verarbeiten und Lagern: Schonend getrocknet, verschlossen und dunkel aufbewahrt, bleibt das Aroma lange erhalten. Rosmarin ist appetitanregend und verdauungsfördernd. Wirkt krampflösend, harntreibend und antiseptisch, fördert die Durchblutung und ist als Rheumamittel, Gesichtswasser, Haarwuchsmittel oder anregende Badeessenz gefragt.

Salbei

Salvia officinalis Lamiaceae = Lippenblütler

Höhe in cm	0	5	10	25	50	75	100	150	200	250	300	mehr
Aussaatzeit unter Glas	Jan	Feb	März	Apr	Mai	Juni	Juli	Aug	Sept	Okt	Nov	Dez
Aussaatzeit Freiland	Jan	Feb	März	Apr	Mai	Juni	Juli	Aug	Sept	Okt	Nov	Dez
Pflanzzeit	Jan	Feb	März	Apr	Mai	Juni	Juli	Aug	Sept	Okt	Nov	Dez

durchschn. Kulturdauer ausdauernd

Pflanzenabstand in cm 40 Reihenabstand in cm 40

Graufilziger, würzig riechender südosteuropäischer Halbstrauch mit kreuzweise gegenständigen länglich-ovalen Blättern, aus deren Achseln, quirlförmig angeordnet, violette Blüten wachsen.
Klima und Standort: Vollsonnige Trockenhänge. Boden: Eher karg und steinig, kalk- und mineralhaltig, durchlässig. Pflege und Düngung: Die Pflanze ist robust, wächst willig und ist hitze- und trockenresistent. In kalten Wintern friert sie zwar zurück, treibt aber zuverlässig wieder nach. Winterschutz. Steinmehlgaben erhöhen den Wirkstoffgehalt, Kompostdüngung den Blattertrag. Pflanzenschutz: Nicht zu mastig gehaltener Salbei wehrt aufgrund seiner aromatischen Ausdünstungen Schädlinge ab; auch bei benachbarten Pflanzen wie Rosen, Kohl, Karotten. Er verträgt sich nicht mit Kürbisgewächsen und hemmt Graswuchs in seinem Traufbereich. Ameisen meiden Salbei. Säen und Pflanzen: Nach 3 bis 4 Wochen laufen die wärme- und lichtbedürftigen Samen auf. In sandhaltige Komposterde pikiert, wird das Wurzelwachstum gefördert. Ernte: Ausgewachsene Blätter oder junge Triebe von Mai bis November. Verarbeiten und Lagern: Blätter als Küchengewürz und Tee. Salbei hilft bei Leber-, Magen- und Darmerkrankungen, wirkt blutreinigend, als Wundpflaster desinfizierend. Salbeiöl oder -tee wärmt und entkrampft, nützt bei Erkältungen und als Gurgelwasser bei Halsschmerzen.

Bohnenkraut

Satureja hortensis Lamiaceae = Lippenblütler

Höhe in cm	0	5	10	**25**	50	75	100	150	200	250	300	mehr
Aussaatzeit unter Glas	Jan	Feb	**März**	**Apr**	Mai	Juni	Juli	Aug	Sept	Okt	Nov	Dez
Aussaatzeit Freiland	Jan	Feb	März	Apr	Mai	Juni	Juli	Aug	Sept	Okt	Nov	Dez
Pflanzzeit	Jan	Feb	März	Apr	**Mai**	**Juni**	Juli	Aug	Sept	Okt	Nov	Dez

durchschn. Kulturdauer einj.

Pflanzenabstand in cm 20 Reihenabstand in cm 20

Vom Schwarzen Meer hat sich die Pflanze bis nach Südeuropa und Persien ausgebreitet. Bohnenkraut ist ein rauh behaartes 1- bis 2jähriges Kraut mit schmalen, ledrigen, drüsigen, graugrünen Blättchen und rosa bis blaßvioletten kleinen Blüten in einseitswendigen Ährchen.
Klima und Standort: Warme, vollsonnige Plätze. Boden: Lockere Kalkfelsböden oder nährstoffreiche sandige Tonerden mit guter Drainage. Pflege und Düngung: Sehr wärmebedürftig und daher meist nur einjährig kultivierbar. Verträgt sich gut in Mischkultur mit Zwiebeln oder als Begleitfrucht zu Kohl und Buschbohnen, als Schutz vor Läusen (vertreibt Motten im Kleiderschrank). Pflanzenschutz: Bei zu kaltem und feuchtem Standort können Rostpilze auftreten. Säen und Pflanzen: Nur frisches (1–2 Jahre altes) Saatgut ist keimfähig und braucht ca. 3 Wochen gleichbleibende Wärme, Feuchtigkeit und viel Licht. Vorkultur und vereinzeln in Töpfe vorteilhaft. Ernte: Zur Blütezeit Blätter und Blüten während längerer Schönwetterperioden. Verarbeiten: Schonend trocknen und erst vor Gebrauch zerkleinern. Frisch können nur junge Blättchen roh gegessen werden, ältere Blätter wegen ihrer Zähigkeit kurz mitkochen lassen. Bohnenkraut gilt als Lust- und potenzsteigerndes Mittel. Die medizinische Wirkung entspricht der von *S. montana*. Gurgelwasser bei Halsschmerzen, Husten und Mandelentzündung.

Winter- oder Bergbohnenkraut

Satureja montana Lamiaceae = Lippenblütler

Höhe in cm	0	5	10	25	**50**	75	100	150	200	250	300	mehr
Aussaatzeit unter Glas	Jan	Feb	**März**	**Apr**	**Mai**	Juni	Juli	Aug	Sept	Okt	Nov	Dez
Aussaatzeit Freiland	Jan	Feb	März	Apr	Mai	Juni	Juli	Aug	Sept	Okt	Nov	Dez
Pflanzzeit	Jan	Feb	März	Apr	**Mai**	**Juni**	Juli	Aug	Sept	Okt	Nov	Dez

durchschn. Kulturdauer mehrj.

Pflanzenabstand in cm 25 Reihenabstand in cm 25

Vom Mittelmeer bis zum Kaukasus wildwachsender Halbstrauch, der im Gegensatz zur vorigen Art kahl ist, und deutlich vierkantig gestielte meist zugespitzte Blättchen und keine flaumig behaarten Kelche besitzt.
Klima und Standort: Bevorzugt sommertrockene, vollsonnige warme Höhenlagen mit Hangneigung, gedeiht auch am Rand eines Staudenbeetes. Boden: Kalkhaltige Felsböden mit guter Drainage. Pflege und Düngung: Weniger empfindlich, überdauert in Kultur mehrere Jahre und sät sich an geeignetem Standort selbst aus. Steinmehldüngung ist vor allem auf humosem Gartenboden zur Gesunderhaltung vorteilhaft. Säen und Pflanzen: 3–4 Wochen gleichmäßig warm und feucht halten (Lichtkeimer). In Töpfe vereinzeln und beim Auspflanzen Wurzelwerk schonen. Auch durch Rißlinge und Stecklinge vermehrbar. Ernte und Verarbeitung: Wie *Satureja hortensis* ernten, trocknen oder weiterverarbeiten. Es hat das gleiche an Thymian erinnernde Aroma. Bestandteil von Kräutersalzen und Gewürzmischungen. Gute Bienenpflanze; wirkt belebend, fördert Leber- und Magentätigkeit und nimmt Hülsenfrüchten, stärkehaltigen Gemüsen und Kohl die blähende Wirkung. Als Gurgelwasser ist es gut bei Halsweh, Husten und Mandelentzündung. Wie alle Küchenkräuter wirkt auch diese Gewürzpflanze wohltuend auf den Magen und fördert die Verdauung.

Echter Gamander

Teucrium chamaedrys Lamiaceae = Lippenblütler

Höhe in cm	0	5	10	25	50	75	100	150	200	250	300	mehr
Aussaatzeit unter Glas	Jan	Feb	März	Apr	Mai	Juni	Juli	Aug	Sept	Okt	Nov	Dez
Aussaatzeit Freiland	Jan	Feb	März	Apr	Mai	Juni	Juli	Aug	Sept	Okt	Nov	Dez
Pflanzzeit	Jan	Feb	März	Apr	Mai	Juni	Juli	Aug	Sept	Okt	Nov	Dez

durchschn. Kulturdauer mehrj.

Pflanzenabstand in cm 20 Reihenabstand in cm 20

Der Gamander kommt in ca. 100 Arten in den gemäßigten Gebieten der Erde, besonders im Mittelmeerraum, vor; als Kraut, Strauch oder Halbstrauch. Die Büsche lassen sich, ähnlich wie Buchsbaum, als Einfassungen von Heide- und Steingärten gut formieren. Sie breiten sich durch unterirdische Ausläufer stark aus. Die Blätter sind oval, glänzend dunkelgrün, etwa 2 cm lang und sitzen an vielfach verzweigten, an der Basis oft verholzten Stengeln. Die Blätter sind dicht behaart und haben gesägte Ränder. Die etwa 2 cm großen Lippenblüten erscheinen von der Sommermitte an in Gruppen bis zu 6 Blüten in den Blattachseln.
Klima und Standort: Winterhart, ausgenommen Gebiete mit sehr kaltem Klima. Volle Sonne, verträgt noch lichten Halbschatten. Boden: Jeder gut drainierte, leichte Boden mit mittlerem Nährstoffgehalt. Säen und Pflanzen: Die Vermehrung erfolgt gewöhnlich durch Teilung oder Triebstecklinge. Die Samen benötigen zur Keimung bis zu 30 Tage. Bewurzelte Stecklinge werden im Frühjahr nebeneinander in den Boden gesetzt. Pflege und Düngung: Jedes Frühjahr die verholzten Stengel zurückschneiden. Verwendung: Früher wurde aus Blättern und Stengeln ein Tee zubereitet, dem Wirksamkeit gegen Halsschmerzen, Gicht und Fieber zugeschrieben wurde, ebenso bei Magenbeschwerden. Heute vorwiegend als Zierstrauch kultiviert.

Quendel, Deutscher Thymian

Thymus serpyllum Lamiaceae = Lippenblütler

Höhe in cm	0	5	10	25	50	75	100	150	200	250	300	mehr
Aussaatzeit unter Glas	Jan	Feb	März	Apr	Mai	Juni	Juli	Aug	Sept	Okt	Nov	Dez
Aussaatzeit Freiland	Jan	Feb	März	Apr	Mai	Juni	Juli	Aug	Sept	Okt	Nov	Dez
Pflanzzeit	Jan	Feb	März	Apr	Mai	Juni	Juli	Aug	Sept	Okt	Nov	Dez

durchschn. Kulturdauer mehrj.

Pflanzenabstand in cm 20 Reihenabstand in cm 20

In ganz Eurasien verbreiteter, rasenbildender, sehr variabler Halbstrauch. Die Blätter sind schmal, elliptisch oder rundlich stumpf, drüsig und am Rand gewimpert. Die rotvioletten Blüten stehen in Köpfchen oder lockeren Scheinähren. Die Pflanze riecht schwach aromatisch.
Klima und Standort: Gesellig auf trockenem, sonnigem Heiderasen, Dünen, an Wegrändern oder in lichten Kiefernwäldern vom Flachland bis ins Gebirge. Boden: Überwiegend kalkarme, wenig humose, lockere Sandböden, auch auf Terrassen zwischen Steinplatten. Pflege und Düngung: Keine zusätzliche Düngung erforderlich. Staunässe wird nicht vertragen. Am besten als Steingartenstaude oder für Einfassungen geeignet. Frostresistent. Säen und Pflanzen: Saatgut keimt nach 1–2 Wochen (Licht- und Frostkeimer), bei Herbstaussaat im April/Mai. Bei passendem Standort sät sich die Pflanze danach selber aus und bildet lückenlose Bestände. Stecklings- und Rißlingsvermehrung möglich. Ernte: Ganze, blühende Sprosse abernten und schonend trocknen. Quendel ist eine wertvolle Bienennährpflanze, die einen hervorragenden Honig ergibt. Verarbeiten: Quendel ist weniger würzkräftig als *Thymus vulgaris*, dafür aber vielseitiger verwendbar. Regelmäßiger Gebrauch kräftigt die Kondition. Quendeltee empfiehlt sich bei Magen- und Darmbeschwerden, Keuchhusten und Rheuma.

Thymian

Thymus vulgaris Lamiaceae = Lippenblütler

Höhe in cm	0	5	10	**25**	50	75	100	150	200	250	300	mehr
Aussaatzeit unter Glas	Jan	Feb	**März**	**Apr**	**Mai**	Juni	Juli	Aug	Sept	Okt	Nov	Dez
Aussaatzeit Freiland	Jan	Feb	März	Apr	Mai	Juni	Juli	Aug	Sept	Okt	Nov	Dez
Pflanzzeit	Jan	Feb	März	Apr	**Mai**	**Juni**	Juli	Aug	Sept	Okt	Nov	Dez

durchschn. Kulturdauer ein- bis zweij.

Pflanzenabstand in cm 20 Reihenabstand in cm 20

Stark aromatisch riechender, dicht verzweigter Zwerghalbstrauch mit schmal-elliptischen, unterseits weißfilzigen, eingerollten Blättern. Die hellrosa Blüten mit purpurfarbenen Kelchen stehen in Scheinähren.
Klima und Standort: Gesellig wachsende Pionierpflanze auf warmen, sonnigen, felsigen Trockenhängen. Boden: Kalkzeiger. Auf lockerhumosen, nicht zu feuchten Böden mit guter Drainage. Pflege und Düngung: Schwere, lehmige Gartenerde mit Sand und Kompost auflockern und mit Kalk- und Steinmehl düngen. Staunässe vermeidet man durch Anhäufeln oder Pflanzung im Steingarten. Die Pflanze ist frostgefährdet. Pflanzenschutz: Krankheitsresistent, wehrt Fadenwürmer und Schadinsekten ab und eignet sich daher gut für Mulchen, Auszüge oder als Einfassung gepflanzt, für das Gemüsebeet. Säen und Pflanzen: Saatgut keimt nach 10–13 Tagen (Lichtkeimer). Vorkultur und vereinzeln in Töpfe vorteilhaft. Stecklings- oder Rißlingsvermehrung möglich. Ernte: Bei sonnigem Wetter blühende Triebe abernten. Verarbeiten und Lagern: Gefroren oder schonend getrocknet, bleibt das Würzaroma weitgehend erhalten. Als Tee oder in Salben bei Erkrankungen der Atemwege und Erkältung. Er wirkt blutreinigend, krampflösend, verdauungsfördernd und stimulierend. Thymianöl ist stark antibakteriell und gilt als gutes Deodorant bei Körper- und Mundgeruch.

Eibisch

Althaea officinalis Malvaceae = Malvengewächse

Höhe in cm	0	5	10	25	**50**	**75**	**100**	150	200	250	300	mehr
Aussaatzeit unter Glas	Jan	**Feb**	**März**	Apr	Mai	Juni	Juli	Aug	Sept	Okt	Nov	Dez
Aussaatzeit Freiland	Jan	Feb	März	**Apr**	**Mai**	Juni	Juli	Aug	Sept	Okt	Nov	Dez
Pflanzzeit	Jan	Feb	März	Apr	Mai	Juni	Juli	Aug	Sept	Okt	Nov	Dez

durchschn. Kulturdauer mehrj.

Pflanzenabstand in cm 30–45 Reihenabstand in cm 60

Die Gattung ist mit etwa 25 Arten im gemäßigten Europa, Asien und Afrika beheimatet. Der Echte Eibisch, eine Staude, ist an feuchten Standorten, vor allem in küstennahen Gebieten, häufig wildwachsend anzutreffen. Seit der Zeit Karls des Großen wird Eibisch in Gärten als Heilpflanze gezogen und angebaut, heute jedoch vorwiegend als Zierpflanze kultiviert. Er ist mit der Stockrose *(Althaea rosea)* nahe verwandt. Die blaß- bis dunkelrosa Blüten stehen in armblütigen Trauben in den oberen Blattachseln und öffnen sich im Spätsommer. Die Blätter sind samtfilzig, graugrün gefärbt mit gezähnten Rändern.
Klima und Standort: Überall in Mitteleuropa. Die heißen, trockenen Sommer im Süden verträgt er allerdings nicht. Liebt volle Sonne. Boden: Feuchte, leichte Sandböden. Säen und Pflanzen: Die Aussaat erfolgt entweder im Frühjahr im Haus in Kästen oder im Sommer ins Freiland. Die Sämlinge, sobald sie 5–8 cm hoch sind, ausdünnen oder verpflanzen. Die Vermehrung kann auch durch Teilung älterer Stauden im Frühjahr erfolgen. Dabei die fleischige Wurzel mit einem scharfen Messer so zerlegen, daß jedes Teilstück eine Knospe trägt. Verwendung: Die Wurzeln und Blätter sind sehr schleimhaltig. Sie dienen getrocknet als Zusatz zu Brust- und Hustentees. Die zarten Blätter und Triebspitzen wurden früher roh als Salat und gekocht als Gemüse genossen.

Schwarzkümmel

Nigella sativa Ranunculaceae = Hahnenfußgewächse

Höhe in cm	0	5	10	**25**	50	75	100	150	200	250	300	mehr
Aussaatzeit unter Glas	Jan	Feb	März	Apr	Mai	Juni	Juli	Aug	Sept	Okt	Nov	Dez
Aussaatzeit Freiland	Jan	Feb	März	Apr	**Mai**	**Juni**	**Juli**	**Aug**	Sept	Okt	Nov	Dez
Pflanzzeit	Jan	Feb	März	Apr	Mai	Juni	Juli	Aug	Sept	Okt	Nov	Dez

durchschn. Kulturdauer einj.

Pflanzenabstand in cm 10 Reihenabstand in cm 10 und mehr

Dieses einjährige Ackerunkraut ist im Mittelmeergebiet heimisch. Es ähnelt mit seinen fädig zerteilten Blättern und den auffällig gelb gefärbten Wurzeln der bekannten „Jungfer im Grünen“ *(Nigella damascena)*, unterscheidet sich jedoch von ihr durch die weniger rundlich aufgeblasene Frucht, einen rauhaarigen Stengel und die fehlende mehrfach gefiederte Hochblattkrause.

Klima und Standort: Sommertrockenes Klima, wärme- und lichtbedürftig, in Äckern auf Schuttplätzen und Ödland. Boden: Kalkhaltig, nährstoffreich, humos bis sandig-lehmig, locker und durchlässig. Pflege und Düngung: Aufgrund des großen Durchwurzelungsvermögens und der reduzierten Blattfläche sehr trockenresistent und problemlos zu kultivieren. Schwarzkümmel verträgt sich schlecht mit Buschbohnen, Kümmel, Koriander, Tomaten und Artemisia. Säen: Die schwarzen, kantigen Samen keimen schon nach wenigen Tagen (Dunkelkeimer), riechen angenehm und schmecken scharf bitter. Ernte: Sobald sich die Früchte gelb färben, werden die Pflanzen abgeerntet, im Schatten getrocknet und die dabei ausfallenden Samen trocken und lichtgeschützt aufbewahrt. Schwarzkümmel diente früher als Pfefferersatz und Brotgewürz. Als Tee oder Gewürz wirkt er harntreibend, fördert Speichel- und Milchdrüsenfunktion, regt Gallentätigkeit an und hilft bei Magenkrämpfen.

Kleiner Wiesenknopf, Pimpinelle

Sanguisorba minor Rosaceae = Rosengewächse

Höhe in cm	0	5	10	25	**50**	75	100	150	200	250	300	mehr
Aussaatzeit unter Glas	Jan	Feb	**März**	**Apr**	Mai	Juni	Juli	Aug	Sept	Okt	Nov	Dez
Aussaatzeit Freiland	Jan	Feb	März	**Apr**	**Mai**	Juni	Juli	Aug	Sept	Okt	Nov	Dez
Pflanzzeit	Jan	Feb	März	Apr	**Mai**	**Juni**	Juli	Aug	Sept	Okt	Nov	Dez

durchschn. Kulturdauer mehrj.

Pflanzenabstand in cm 30 Reihenabstand in cm 30

Heimische Halbrosettenstaude mit verholzendem Wurzelstock. Die Blätter sind unpaarig gefiedert mit ovalen, grobgesägten Fiederblättchen und im Unterschied zum Großen Wiesenknopf *(Sanguisorba officinalis)* unterseits nicht blaugrün. Die Blüten stehen in kompakten Köpfchen mit grünen Hochblättern und haben strahlige karminrote Narben.

Klima und Standort: Zwischen Geröll und auf Trockenwiesen des Berglandes. Als Kulturpflanze sekundär auch im Flachland auf Mager- und Fettwiesen; vollsonnig bis halbschattig. Boden: Nährstoffreich, eher trocken, durchlässig, bevorzugt auf kalkiger Unterlage. Pflege und Düngung: Gelegentliche Kalk- und Kompostgaben. Steinmehldüngung erhöht die Schädlingsresistenz und steigert den Mineralgehalt. Regelmäßiger Schnitt fördert ihre Vitalität. Säen und Pflanzen: Keimt innerhalb 8–16 Tagen und ist leicht zu ziehen. Vorkultur ist nicht unbedingt notwendig. Freilandaussaat bereits ab April möglich. Ernte: Die Blätter können ganzjährig geerntet werden und sind wegen ihres nußartigen Geschmacks und des an Gurken erinnernden Geruchs in frischem Zustand ein gefragtes, appetitanregendes und magenstärkendes Küchengewürz, das auch manchen Weinen zur Geschmacksverbesserung zugegeben wird. Pimpinelle gehört zu den klassischen sieben Kräutern der „echten grünen Soße“. Kraut nur frisch verwenden.

Waldmeister

Galium odoratum — Rubiaceae = Rötegewächse

Höhe in cm	0	5	10	25	50	75	100	150	200	250	300	mehr
Aussaatzeit unter Glas	Jan	Feb	März	Apr	Mai	Juni	Juli	Aug	Sept	Okt	Nov	Dez
Aussaatzeit Freiland	Jan	Feb	März	Apr	Mai	Juni	Juli	Aug	Sept	Okt	Nov	Dez
Pflanzzeit	Jan	Feb	März	Apr	Mai	Juni	Juli	Aug	Sept	Okt	Nov	Dez

durchschn. Kulturdauer mehrj.

Pflanzenabstand dicht

Die in ganz Eurasien verbreitete Staude bildet einen stark durchwurzelten, kriechenden Wurzelstock mit 4kantigen, glatten Stengeln, an denen in Quirlen 6–9 zarte, länglich-lanzettliche, dunkelgrüne Blättchen stehen, die bei Verletzung oder beim Trocknen den an Heublumen erinnernden Waldmeisterduft (Cumarin) absondern.
Klima und Standort: Lichte bis schattige und etwas feuchte Laubmischwälder (v. a. unter Buchen). Boden: Nährstoffreich, locker, neutral bis schwach sauer bzw. humos lehmig. Pflege und Düngung: Wo Fallaub liegen bleiben kann, ist keine Düngung notwendig, ansonsten reicht jährlich eine dünne Schicht aus torfhaltigem Kompost oder Rindermulch. Die keimhemmende Wirkung der Pflanze bewirkt nach einiger Zeit einen unkrautfreien, geschlossenen Bestand. Säen und Pflanzen: Frostkeimer. Die Keimung ist langwierig und die Anzucht schwierig. Daher besser durch Teilung älterer Stöcke vermehren. Ernte: Sprosse vor Blühbeginn ernten. Verarbeiten und Lagern: Triebe nicht zerkleinern, sondern als Ganzes verwenden. Nach kurzzeitigem Auslaugen wieder entfernen. Das Trocknen soll schonend, schnell, ohne Braunfärbung und im Dunkeln erfolgen. In großen Mengen verursacht Waldmeister Kopfschmerzen, Schwindel und Übelkeit. Deswegen darf Waldmeisterbowle seit 1970 nicht mehr öffentlich angeboten werden.

Weinraute

Ruta graveolens — Rutaceae = Rautengewächse

Höhe in cm	0	5	10	25	50	75	100	150	200	250	300	mehr
Aussaatzeit unter Glas	Jan	Feb	März	Apr	Mai	Juni	Juli	Aug	Sept	Okt	Nov	Dez
Aussaatzeit Freiland	Jan	Feb	März	Apr	Mai	Juni	Juli	Aug	Sept	Okt	Nov	Dez
Pflanzzeit	Jan	Feb	März	Apr	Mai	Juni	Juli	Aug	Sept	Okt	Nov	Dez

durchschn. Kulturdauer mehrj.

Pflanzenabstand in cm 50 — Reihenabstand in cm 50

Der mediterrane Halbstrauch hat graugrüne, drüsig punktierte, 1- bis 3fach fiederspaltige Blätter und grünlichgelbe, überwiegend 4zählige Blüten in Scheindolden.
Klima und Standort: Warm, sommertrocken, an sonnigen Felshängen, Schutthalden und Kiesgruben. Boden: Kalkhaltig, sandig bis steinig, mineralisch. Pflege und Düngung: Zusätzliches Düngen und Gießen nicht notwendig. Neben Rosen und Beerenobst gepflanzt, hält die Weinraute Schädlinge ab, ansonsten sollte sie aber besser für sich gepflanzt werden (z. B. als Steingartenstaude). Pflanzenschutz: Krankheitsresistent, vertreibt Mäuse und Schadinsekten und eignet sich daher gut zum Mulchen. Säen und Pflanzen: Die Samen keimen nach einer Woche, die Aufzucht ist aber schwierig. Besser mit Stecklingen oder Rißlingen vermehren. Ernte: Zur Ernte der Blätter und jungen Blütenstände Handschuhe anziehen, da der strenge Geruch lange an den Fingern haftet und bei empfindlichen Personen zu Hautausschlag führen kann. Verarbeiten und Lagern: Frisch oder getrocknet Bitterstoff lieferndes Küchengewürz. Als Arzneitee bei hohem Blutdruck, Gefäßerkrankungen, Magenverstimmung und Nervosität. Das Öl dient zur Aromatisierung von Weinbrand (daher der Name). Früher wurde die Pflanze als Einstreu im Stall gegen Läuse eingesetzt.

Tabak

Nicotiana tabacum Solanaceae = Nachtschattengewächse

Höhe in cm	0	5	10	25	50	75	**100**	**150**	**200**	250	300	mehr
Aussaatzeit unter Glas	Jan	Feb	**März**	Apr	Mai	Juni	Juli	Aug	Sept	Okt	Nov	Dez
Aussaatzeit Freiland	Jan	Feb	März	**Apr**	**Mai**	Juni	Juli	Aug	Sept	Okt	Nov	Dez
Pflanzzeit	Jan	Feb	März	Apr	**Mai**	Juni	Juli	Aug	Sept	Okt	Nov	Dez
Nach der Saat etwa 8 Wochen					durchschn. Kulturdauer in Wochen ca. 24							
Pflanzenabstand in cm 50					Reihenabstand in cm 60							

Neben Kartoffeln, Mais und Paprika war es die bis dahin in Europa unbekannte Tabakpflanze, welche die Spanier auf ihren Zügen nach Südamerika von den Zigarren rauchenden Indianern übernahmen. Zwar kam die Pflanze schon Mitte des 16. Jahrhunderts nach Europa, doch wurde das Rauchen der Blätter nach indianischem Vorbild hier erst 150 Jahre später Mode. Der Tabak hat seinen botanischen Namen nach dem französischen Botschafter in Portugal, Jean Nicot, der seinerzeit die Pflanze in Europa verbreiten half. Der vermutlich in Argentinien und Bolivien heimische Tabak lebt einjährig; der ihn kennzeichnende Wirkstoff Nikotin wird im Wurzelbereich gebildet und von dort in die breiten, wechselständigen Blätter gebracht. Aus den rotvioletten, trichterförmigen Blüten wachsen nach der Bestäubung braune Kapseln heran, die zahlreiche Samen bergen.

Klima und Standort: Tabak wächst sowohl in den Tropen als auch im subtropischen und gemäßigten Klima. Hohe Temperaturen von 25 °C und mehr erhöhen den Ertrag wesentlich; neben der Kultur im Freiland ist daher der Anbau unter Glas sinnvoll. An seinem sonnigen Platz benötigt der Tabak reichlich Feuchtigkeit. Unmittelbar vor der Tabakkultur am gleichen Standort keine verwandten Arten, z. B. Kartoffeln oder Tomaten, anbauen. Boden: Die Tabakpflanze liebt sandigen Boden. Je nach Sorte kann der Boden-pH-Wert zwischen 5,5 und 7,2 liegen. Säen und Pflanzen: Aussaat ab März auf der Fensterbank oder im Saatbeet mit Schichten aus Stallmist, Sand und Einheitserde. Je Quadratmeter Saatbeet etwa 0,1 Gramm Saatgut in Wasser umrühren und mit Gießkanne sofort aussäen. Die Gießkanne muß eine groblöchrige Brause haben. Nur sehr dicht beieinander stehende Sämlinge nach dem Auflaufen pikieren. Pflege und Düngung: Öfteres Hacken des Bodens, auch schon vor dem Auspflanzen. Köpfen der Tabakpflanzen zum Zeitpunkt der Vollblüte. Die Wachstumsperiode über muß man alle Geiztriebe bis auf die obersten 3–4 Geizen abschneiden. Regelmäßige Entfernung der Unkräuter auf der Anbaufläche. Vor dem Tabakanbau organische Düngung mit etwa 2–3 kg Stallmist je m^2 Boden. Im Frühjahr Lockerung des Bodens. Pflanzenschutz: Mögliche Erkrankungen sind der Befall mit Blauschimmel und die Umfallkrankheit, durch Stockälchen hervorgerufen. Vorbeugende Spritzungen und Bodengaben aus Schmierseifenlösungen und Ackerschachtelhalmtee wirken dem entgegen. Eine Blauschimmelinfektion muß den zuständigen Pflanzenschutzdienststellen gemeldet werden. Bei Viruserkrankungen durch Tabakmosaik und Mauke die kranken Pflanzen ohne Berührung der gesunden beseitigen. Ernte: Die Blätter reifen ihrer Entstehung nach von unten nach oben und werden in vier Stufen geerntet, wenn sie hellgrün oder schon fast gelb sind. Zuerst werden die unteren Rosettenblätter („Grumpen", „Primings") ausgebrochen, dann die großen Sandblätter („Lugs"), schließlich die Blätter des Hauptguts („Leaves") und des Oberguts („Tips"). Verarbeiten und Lagern: Bei eigener Verarbeitung ist das Aroma des handelsüblichen Tabaks nur schwer zu erreichen. Die frischgepflückten Blätter werden in Bündeln zu „Docken" aufgefädelt und in dunklen, belüfteten Räumen luftgetrocknet. Die Blätter werden dann zusammengepreßt und wochenlang fermentiert. Danach werden sie bis zur endgültigen Reife noch einmal gelagert. Sorten: In Deutschland werden vorrangig die Sorten 'Geudertheimer' und 'Burley E' angebaut, die für lehmige, sandige Böden geeignet sind. Aber auch die Sorte 'Virgin Aurea' wird hier mit immerhin fast 400 Hektar Anbaufläche kultiviert.

Gewürzpaprika

Capsicum annuum Solanaceae = Nachtschattengewächse

Höhe in cm	0	5	10	25	50	75	100	150	200	250	300	mehr
Aussaatzeit unter Glas	Jan	Feb	März	Apr	Mai	Juni	Juli	Aug	Sept	Okt	Nov	Dez
Aussaatzeit Freiland	Jan	Feb	März	Apr	Mai	Juni	Juli	Aug	Sept	Okt	Nov	Dez
Pflanzzeit	Jan	Feb	März	Apr	Mai	Juni	Juli	Aug	Sept	Okt	Nov	Dez

Nach der Saat etwa 6 Wochen durchschn. Kulturdauer in Wochen 16–20

Pflanzenabstand in cm 25–30 Reihenabstand in cm 40

Die aus Südamerika stammende Pflanze ist eigentlich ein Halbstrauch. In unserem Klima kann sie nur einjährig kultiviert werden. Paprika wächst aufrecht, etwas sparrig und verzweigt. Die dunkelgrünen Blätter sind zugespitzt und stark geädert. Die großen weißen oder blaßvioletten Blüten erscheinen in den Vergabelungen der Äste oder in den Blattachseln.
Klima und Standort: Sehr wärmebedürftig, volle Sonne. Boden: Alle gepflegten, humusreichen Gartenböden. Kalte, schwere Böden und hoher Grundwasserstand sind ungeeignet. Säen und Pflanzen: Anfang März die 4–5 Jahre keimfähigen Samen in eine Schale säen. Bei 25 °C Keimung nach zwei Wochen. Immer zwei Pflanzen zusammen pikieren und nach den Maifrösten auspflanzen. Pflege und Düngung: Boden lockern, Unkraut entfernen, gleichmäßige Feuchtigkeit und regelmäßig bei Fruchtansatz Flüssigdünger verabreichen. Grunddüngung mit Kompost. Verwendung: Die Früchte als vielseitiges Gewürz. Bei unzureichender Wärme des Standorts entwickeln die erst grünen, später roten Früchte nicht die erwünschte, nachhaltig brennende Schärfe. Sie nimmt zu den Spitzen der Schoten hin ab und verfliegt auch bei behutsamer Trocknung nicht. In ungünstigen Lagen unseres Klimas kommt nur der Anbau unter Glas in Frage.

Kapuzinerkresse

Tropaeolum majus Tropaeolaceae = Kapuzinerkressengewächse

Höhe in cm	0	5	10	25	50	75	100	150	200	250	300	mehr
Aussaatzeit unter Glas	Jan	Feb	März	Apr	Mai	Juni	Juli	Aug	Sept	Okt	Nov	Dez
Aussaatzeit Freiland	Jan	Feb	März	Apr	Mai	Juni	Juli	Aug	Sept	Okt	Nov	Dez
Pflanzzeit	Jan	Feb	März	Apr	Mai	Juni	Juli	Aug	Sept	Okt	Nov	Dez

durchschn. Kulturdauer einj.

Pflanzenabstand in cm 60 Reihenabstand in cm 60

Die einjährige Zierpflanze stammt aus Peru. Sie hat charakteristische kreisrunde, hellgrüne Blätter, einen fleischigen, kriechenden Stengel und trichterförmige, gespornte gelbrote Blüten verschiedenster Farbstufen.
Klima und Standort: Feucht, warm, sonnig bis halbschattig, frostfrei. Je sonniger, um so blühfreudiger. Boden: Nicht zu trockene, nährstoffreiche, kalkhaltige und durchlässige sandige Lehmböden. Pflege und Düngung: Stickstoffzeiger, der bei übermäßigem Nahrungsangebot üppiges Blattwerk entwickelt, aber spärlich blüht. Hervorragender Bodendecker für verunkrautete Brachflächen, weil sie in kurzer Zeit eine dichte, unkrautfreie Blattschicht ausbildet und die Bodengare fördert. Geeignet auf groben, wenig belebten Böden als Vorkultur für Gemüsebeete oder zum Bepflanzen von Baumscheiben. Wehrt Fadenwürmer ab und befreit benachbarte Pflanzen von Läusen. Säen und Pflanzen: Die großen, hellbraunen, runzeligen Samen bleiben 4 Jahre lang keimfähig. Sie keimen nach einer Woche, sind robustwüchsig und erlauben eine Direktaussaat. Ernte: Blätter, vor der Blüte gepflückt, schmecken milder und haben einen weniger stark ausgeprägten Kressegeschmack. Verarbeiten: Die Blätter sind vitaminreich und lassen sich, allerdings nur frisch, zu Salaten verwenden. Knospen und junge Früchte sauer einlegen wie Kapern. Kapuzinerkresse wirkt verdauungsfördernd und blutreinigend.

Baldrian

Valeriana officinalis — Valerianaceae = Baldriangewächse

Höhe in cm	0	5	10	25	50	75	100	150	200	250	300	mehr
Aussaatzeit unter Glas	Jan	Feb	März	Apr	Mai	Juni	Juli	Aug	Sept	Okt	Nov	Dez
Aussaatzeit Freiland	Jan	Feb	März	Apr	Mai	Juni	Juli	Aug	Sept	Okt	Nov	Dez
Pflanzzeit	Jan	Feb	März	Apr	Mai	Juni	Juli	Aug	Sept	Okt	Nov	Dez

durchschn. Kulturdauer mehrj.

Pflanzenabstand in cm 30 — Reihenabstand in cm 50

Die Gattung kommt mit etwa 250 Arten auf der Nordhalbkugel und in Südamerika vor. Der Echte Baldrian ist eine stattliche, bis 1 m hohe Staude mit Fiederblättern, die in ganz Eurasien in Laubwäldern und auf feuchten Wiesen vertreten ist. Der Baldrian wurde schon im Mittelalter wegen seiner durchdringend riechenden Wurzelstöcke kultiviert. Der Geruch wirkt auf Katzen höchst anziehend. Baldrian diente früher als Gewürz und Heilmittel, z. B. gegen Gicht, und als Abwehr gegen bösen Zauber. Aus dem Blattpolster erheben sich Stengel mit flachen Trugdolden aus blaßrosa oder weißen Blüten. Sie erscheinen meist erst im Sommer des 2. Jahres.

Klima und Standort: In Mitteleuropa winterhart, gedeiht in Sonne wie im Halbschatten. Boden: Nährstoffreich, feucht, mit Kompost angereichert. Säen und Pflanzen: Aussaat im Frühjahr oder Herbst, Samen nicht bedecken, nur auf feuchten Boden andrücken. Oder Jungpflanzen kaufen. Pflege und Düngung: Einhalten der Pflanzabstände (50 × 30 cm). Fruchtstände nach der Blüte entfernen, um Selbstaussaat zu verhindern und Rhizomwachstum anzuregen. Nach der dritten Blüte Pflanzen ausgraben, teilen und Teilstücke neu pflanzen. Verwendung: Schlaf- und Beruhigungsmittel aus der Wurzel, biologisch-dynamisches Präparat aus den Blüten.

Zitronenstrauch, Südam. Eisenkraut

Aloysia triphylla — Verbenaceae = Eisenkrautgewächse

Höhe in cm	0	5	10	25	50	75	100	150	200	250	300	mehr
Aussaatzeit unter Glas	Jan	Feb	März	Apr	Mai	Juni	Juli	Aug	Sept	Okt	Nov	Dez
Aussaatzeit Freiland	Jan	Feb	März	Apr	Mai	Juni	Juli	Aug	Sept	Okt	Nov	Dez
Pflanzzeit	Jan	Feb	März	Apr	Mai	Juni	Juli	Aug	Sept	Okt	Nov	Dez

Nach der Saat etwa 6 Wochen — durchschn. Kulturdauer ausdauernd

Pflanzenabstand Topf

Die in Uruguay und Chile heimische Pflanze trägt ihre bis 10 cm langen, lanzettförmigen Blätter in Wirteln; die sehr kleinen Blüten tragen eine schlauchartige, weiße oder violettweiße Blütenkrone, die sich in vier Lappen unterteilt.

Klima und Standort: Der ausdauernde Strauch ist nicht winterhart; Topfkultur an hellen bis höchstens halbschattigen Standorten ist empfehlenswert. Boden: Tiefgründig humos und nährstoffreich, gut aufgelockert. Säen und Pflanzen: Meist ungeschlechtliche Vermehrung durch Triebe und Absenker. Bei der Vermehrung durch Samen Aussaat schon im zeitigen Frühjahr in Torfquelltöpfe oder Pflanzengefäße mit Gartenerde und Sandanteil. Nach dem Keimen auf 1–2 Pflanzen je Gefäß vereinzeln. Pflege und Düngung: Vorbereitende, nicht zu reichliche organische Düngung der Kulturerde mit reifem Kompost oder Stallmist-Trockensubstanz. Bei längerer Trockenheit die ins Freie gestellte Topfpflanze wässern. Ernte: Erst ab dem zweiten Jahr vor Beginn der Hauptblüte einzelne Blätter vorsichtig abschneiden. Verarbeiten und Lagern: In Italien werden frische Blätter wegen ihres wohlduftenden Zitrus-Geruchs zwischen einzelne Wäschestücke gelegt. Aus den getrockneten Blättern wird, mit schwarzem Tee gemischt, ein krampflösender Aufguß gefertigt, verdauungsfördernd und harntreibend schon in geringer Menge.

Der Obstgarten

Zugehörigkeit und Herkunft

Unser heimisches Baumobst entstammt mit Ausnahme der Nüsse nur einer Pflanzenfamilie, den Rosengewächsen. Ihnen gehören auch die Beerenobstarten Brombeeren, Himbeeren, Hagebutten und Erdbeeren an, die einzige Kultur-Obstart, deren Sprosse nicht verholzen, die also nicht zu den Gehölzen zählt. Johannisbeeren und Stachelbeeren sind Steinbrechgewächse, Heidelbeeren und Preiselbeeren Heidekrautgewächse. Die wildwachsenden Ahnen der Kern- und Steinobstarten stammen überwiegend aus Südosteuropa und Kleinasien. Nach heutigem Wissen gelang den Menschen der altpersischen Kultur der entscheidende Schritt von den Wildarten zu ertragreichen und wohlschmeckenden Zuchtarten. Griechen und Römer brachten viele Nutzpflanzen, auch unsere jetzt bei uns heimischen Obstarten, über die Alpen nach Mitteleuropa. Die Fähigkeit der alten Kulturvölker, Ackerfrüchte, vor allem das Getreide, und Obstgehölze zu kultivieren, bestimmte ihre Entfaltung wesentlich. Die heute getrennten Begriffe für Kultur im menschheitlichen Sinn und für Kultur im landwirtschaftlich-gärtnerischen Sinn führen zu einem gemeinsamen Ursprung.

Klimaansprüche

Äpfel, Birnen, Pflaumen und Kirschen sind aber keine „Südländer", die bei uns *auch* gedeihen. Vielmehr wachsen und reifen sie gerade in Mitteleuropa so gut, daß man sie zurecht als heimisch bezeichnet. Seit ich erlebte, wie in Norwegen im Einflußbereich des Golfstroms noch bis zum Polarkreis Tafeläpfel reifen, weiß ich, daß es in Mitteleuropa unter 1000 m keine für Äpfel ungeeigneten Lagen, allenfalls örtlich ungeeignete Sorten gibt.

Etwas anders verhält es sich mit der Birne, die durchschnittlich mildere Lagen und wärmeres Klima braucht als der Apfel, obwohl gerade ihre Wildform, die Holzbirne, in Mitteleuropa heimisch war. Der Holzapfel dagegen wanderte einst über den Kaukasus bei uns ein. „Bauernbirnen", kleinfrüchtige, aber süßfleischige Sorten, die heute nicht mehr gehandelt und wohl nur noch als alte Bäume zu finden sind, reifen noch in Höhenlagen bis 1000 m. Die Birne blüht eine gute Woche vor dem Apfel und leidet deshalb öfter unter Spätfrost. Pfirsiche, Aprikosen und Mandeln brauchen für ihre artgemäße Entfaltung und sichere Reife die trockenwarmen Sommer des Mittelmeergebietes oder besonders begünstigte Lagen, in denen auch nördlich der Alpen die Weinrebe in jedem Jahr ausreift.

Kann man bei den Nutzpflanzen des Gartens leicht durch Versuche herausfinden, wo klimabedingte Grenzen zwischen sicherem und riskantem Anbau liegen, so sollte man beim Neuanbau von Obst die sichtbaren Erfahrungen der Nachbarn und der örtlichen Baumschulen nutzen und nur anbauen, was dem jeweiligen Klima entspricht. Reichtragende, großfrüchtige Spalierbirnen gerade in Gebirgslagen, etwa im Oberallgäu und in Oberbayern oder Tirol, beweisen allerdings auch, daß, ähnlich wie bei Gartenpflanzen, ein günstiges Kleinklima klimatische Nachteile einer Lage ausgleichen kann. Die Beerenobstarten sind, abgesehen von anspruchsvolleren Kreuzungen oder Gästen aus Nordamerika, unserem mitteleuropäischen Klima völlig gemäß, sie reifen problemlos auch in rauheren Lagen aus.

Zum Anbau

Obstgehölze gedeihen auf allen Böden, auf denen Gärten angelegt werden können. Für die Nährstoffversorgung durch Handelsdünger oder Kompost gilt sinngemäß das gleiche wie für die Kulturpflanzen des Gartens. Auf schnellwirkende, wasserlösliche Mineraldünger kann man bei den größeren Ertragszyklen der Gehölze noch leichter verzichten als bei Gemüsepflanzen.

Erst durch regelmäßige Schnittpflege entwickeln unsere Edelobstgehölze die Ertragskraft und die Fruchtqualität, zu denen sie fähig sind. Sich selbst überlassene Obstbäume neigen zu verstärktem Höhenwuchs auf Kosten ihrer Kronenbreite und zur Kronenverdichtung. Mehr über Schnittmaßnahmen steht auf Seite 141.

Die Frage, welche Gehölzgrößen und Gehölzformen für das Baumobst gewählt werden, entscheidet sich im Hausgarten vor allem am zur Verfügung stehenden Platz. Für kleine und mittlere Gärten kommen in der Regel keine Hochstämme in Frage, wenn gleichzeitig Kulturflächen für Gemüse genutzt werden sollen. Wo aber Grünland für Obstgärten zur Verfügung steht, sollte man dem „guten alten" Hochstamm wenigstens hin und wieder den Vorzug geben – auch aus ästhetischen und ökologischen Gründen. Die heute zum großen Teil verschwundenen Streuobstwiesen im Bereich ländlicher Siedlungen boten einst einer Vielzahl von Wildtieren Lebensraum. Einige von ihnen, wie Steinkauz und Wiedehopf, mußten als gefährdet in die Rote Liste aufgenommen werden.

Tendenzen

In den fünfziger und sechziger Jahren entdeckten die wieder zu Wohlstand gekommenen Gartenfreunde unseres Landes die Ziergehölze und immergrünen Nadelbäume für pflegeleichten Schmuck ihrer Grundstücke. Selbstversorgung war nicht mehr gefragt. Viele alte Obstbäume wurden gerodet, weil man Bauplätze brauchte und Gehölzen den Vorzug gab, die weniger Arbeit machten. Die heimische Flora kam dabei in der Regel zu kurz. Aber gerade sie bildet die Grundlage für ein artenreiches Insekten- und Vogelleben im siedlungsnahen Kulturland.

Im Erwerbsobstbau lief eine Rationalisierungswelle an, die der früheren Sortenvielfalt besonders bei Äpfeln und Birnen ein fast uniformiertes Handelsangebot weniger Marktsorten entgegensetzte. Regionale und lokale Sorten starben aus oder gerieten in Vergessenheit. Der Hochstamm verschwand weitgehend aus den gewerblichen Obstplantagen. So ging uns in wenigen Jahren ein Stück Kultur im ursprünglichen Sinne des Wortes verloren.

Heute kann eine Gegenbewegung beobachtet werden. Viele Gartenfreunde besinnen sich wieder der Vorzüge eigenen Anbaus und pflanzen Obstgehölze. Man erinnert sich auch der alten Sorten, Baumschulen kümmern sich um ihre Wiederbelebung. Vereine und andere Interessengemeinschaften suchen systematisch nach alten Sorten, um sie wieder allgemein zugänglich zu machen. Mit gutem Beispiel geht die Fördergesellschaft „Grün ist Leben" vom Bund Deutscher Baumschulen mit ihrem Handbuch „Obstgehölze" voran. Der Gartenfreund findet in diesem empfehlenswerten Buch zahlreiche alte Sorten, auch regionale und nur örtliche in Text und Bild vorgestellt (siehe Literaturverzeichnis S. 184).

Beerenobst

Berberitze, Sauerdorn

Berberis vulgaris Berberidaceae = Sauerdorngewächse

Blütezeit: Je nach Sorte im Mai/Juni
Fruchtreife: Herbst, September bis November

So zahlreich wie die Arten und Sorten der Berberitze sind auch ihre volkstümlichen Namen: Sauerdorn, Dreidorn oder Bilsendorn. Wegen des sauren Geschmacks der kleinen, flaschenförmigen Früchte auch: Saurach, Surbeere, Essigflasche oder Weinscharl. Die Vertreter der Gattung *Berberis* sind teils immergrüne, teils sommergrüne Pflanzen. In Gärten, Grünanlagen und Parks werden sie vor allem als robuste, winterharte Ziersträucher mit meist gelben Blüten, frühem, bronzefarbenem oder rotem Laub und roten bis schwarzen Früchten angebaut. Außer den rund 450 Arten Eurasiens, Nordafrikas und Amerikas gibt es fast unübersehbar viele Zuchtformen und Sorten. Der Name Sauerdorn bezieht sich auf die sehr sauren Früchte und die Dornen des Strauches. Die Beeren von *B. vulgaris* enthalten viel Vitamin C und Pectose und finden Anwendung bei Leber-, Gallen- und Steinleiden. Man erntet sie ab bis nach den ersten Frösten, die sie weicher und süßer machen. Für den Rohgenuß zu sauer, läßt sich mit viel Zucker doch eine sehr pikante Marmelade aus ihnen zubereiten. Die pinienkernförmigen Beeren werden gekocht, aber nicht zerkleinert.
Klima und Standort: Vor allem in Südeuropa verbreitet, aber auch in Mitteleuropa vom Tiefland bis ins Hochgebirge beheimatet: an Waldrändern, auf steinigen Hängen; liebt vollsonnigen Stand. Boden: Magere Kalkböden, unempfindlich gegen Trockenheit. Vermehrung: Erfolgt durch Stecklinge, bei wuchernden Arten auch durch Teilung der Wurzeln. Pflege: Die Berberitze braucht nur sparsam mit gelegentlichen Reifkompostgaben und etwas Kalk, besser Steinmehl, gedüngt zu werden. Gießen erübrigt sich bei der Wildform *B. vulgaris*. Schnitt wird gut vertragen. Deshalb eignen sich kleinwüchsige Sorten gut als Einfassungen. Der Sauerdorn ist Zwischenwirt des Getreiderostes *(Puccinia graminis)*, ein Pilz, der Getreide mit großer Schadwirkung befallen kann. In Ackernähe sollte man deshalb auf den Anbau der Berberitze verzichten.

Holunder

Sambucus nigra Caprifoliaceae = Geißblattgewächse

Blütezeit: Mai/Juni/Juli. Große, weiße Blütenteller von süßlichem Duft
Fruchtreife: August/September. Glänzend schwarze Beeren

Der Holunder ist einer der anspruchslosesten Sträucher. Die am Haus und im Garten wachsende Art (Sorten ausgenommen) unterscheidet sich nicht von den an Waldrändern, auf Lichtungen und in Hecken stehenden Holunderbüschen. Das Gewächs steht zwischen Nutz- und Wildpflanze. Heute hat der Holunder viel von seiner einstigen Bedeutung eingebüßt. Fliederbeersuppe und Holdermus waren früher weitverbreitete bäuerliche Gerichte. Aus den Beeren gewinnt man Saft und Hollerwein. Wurzeln, Rinde, Blüten, Blätter und Früchte fanden Anwendung in der Naturheilkunde. Der Holunder verzweigt sich niedrig über dem Boden und nimmt eine buschig-kugelige Gestalt an. Der Baum oder Busch ist von geradezu unheimlicher Schnellwüchsigkeit. Wird er abgesägt, treibt er aus den Wurzeln sofort neu aus und blüht wieder im darauffolgenden Jahr. Er kann bis 7 m oder mehr hoch werden.
Klima und Standort: Keine besonderen Ansprüche. Frischer, humoser und eher feuchter Boden wird bevorzugt. Er blüht und fruchtet auch noch im Schatten und ist daher für die Nordseite des Hauses geeignet. Man kann ihn als Luftverbesserer auch noch dort anpflanzen, wo andere Bäume keine Lebensgrundlage mehr vorfinden. Vermehrung: Aussaat der kleinen, in den Beeren enthaltenen Samen, schneller durch Steckholz. Pflege: Keine. Ein Schnitt würde die bauchig aufgewölbte Gestalt nur stören. Wenn genügend Platz vorhanden ist, sollte er besser unterbleiben. Sorten: *Sambucus nigra* hat schwarze Früchte, *S. nigra macrocarpa* bringt riesige Fruchtdolden bis zu 30 cm Durchmesser hervor und große Einzelfrüchte. Der kleinere Traubenholunder oder Rote Holunder *(S. racemosa)* hat feuerrote, ungenießbare Früchte. Er meidet Kalk und kommt noch auf ärmsten Böden vor. Roter und Schwarzer Holunder eignen sich besonders als Heckenpflanzung und bieten Vögeln viel Nahrung.

Sanddorn

Hippophae rhamnoides Elaeagnaceae = Ölweidengewächse

Blütezeit: März/April
Fruchtreife: Ab August an den weiblichen Sträuchern

Die Gattung Sanddorn ist bei uns mit verschiedenen Unterarten in den Alpentälern und im Küstengebiet anzutreffen. Der Sanddorn ist ein reizvoller Zier- und Nutzstrauch mit hübschen, orangegelben Beerenfrüchten (Scheinbeeren), die reich an Vitaminen sind. Bevor die Bedeutung des Sanddorns als Vitaminspender erkannt wurde, galt der etwas sperrige Strauch, der manchmal auch kleine Bäume bildet, wegen seiner kräftigen Bewurzelung nahezu ausschließlich als ideales Gehölz für die Befestigung von Böschungen und Dünen. An der Küste von Nord- und Ostsee, wo er aus diesem Grund stark verbreitet ist, wird er Seekreuzdorn genannt. Die Sträucher haben dünne Zweige, und das Laub ist 5–8 cm lang und schmal. An ihrer Oberseite sind die Blätter graugrün, unterseits silbrig wie die der Weiden. Die kleinen gelben Blüten erscheinen im März/April, noch vor dem Laubaustrieb. Für den Garten ist wichtig, männliche und weibliche Sträucher zusammenzupflanzen, da nur die weiblichen ab August den Beerenschmuck hervorbringen. Die Beeren bleiben auch noch nach dem Laubabwurf an den Sträuchern. Durch den hohen Vitamin-C-Gehalt der Beeren gewann der Sanddorn hohe wirtschaftliche Bedeutung. Saft und Mark der Beeren werden Tees und Milchgetränken zugesetzt. In Gärten und Parkanlagen wird der Sanddorn als Zierstrauch gezogen.
Klima und Standort: Der Sanddorn braucht im Garten einen sonnigen Platz, nach Möglichkeit auf sandigem Boden. Wichtiger als Sand ist die Wasserzügigkeit des Untergrundes, der auch steinig sein darf. Staunässe wird nicht vertragen. Düngung im Garten nicht erforderlich, allenfalls Steinmehlgaben. Vermehrung: Erfolgt durch Stecklinge oder Wurzelausläufer. Die Stecklinge werden im Frühjahr geschnitten und in einen Frühbeetkasten mit Sandboden gesteckt, wo sie sich leicht bewurzeln. Schon im Spätsommer kann die Auspflanzung in den Garten erfolgen. Die Beeren müssen sofort verarbeitet werden.

Gemeine Bärentraube

Arctostaphylos uva-ursi Ericaceae = Heidekrautgewächse

Blütezeit: April bis Juni
Fruchtreife: Herbst

Die Bärentraube ist ein immergrüner Kriechstrauch mit kleinen Blüten und dekorativen Früchten. Sie bildet niedrige Pflanzenteppiche und ist mit ihren festen grünen Blättern eine Zierde für jeden Steingarten. Sie ist seit Jahrhunderten eine wertvolle Kulturpflanze und mit zahlreichen Arten in den gemäßigten und kälteren Zonen der nördlichen Halbkugel vertreten. Die Alpen-Bärentraube *(Arctostaphylos alpinus)* kommt in den Alpen und anderen Hochgebirgen der Nordhalbkugel vor, die immergrüne Gemeine Bärentraube *(A. uva-ursi)* auch in den Ebenen und den 76Mittelgebirgen. Sie erinnert mit ihren kleinen Blättern und den roten Früchten an die Preiselbeere. Die Blätter enthalten viel Gerbsäure, die in Nordeuropa bei der Lederverarbeitung verwendet wird. Der aus ihnen bereitete Tee hilft bei Blasen- und Nierenleiden. Die Bärentraube wurzelt leicht und bedeckt bald teppichartig größere Flächen. Die urnenartigen Blüten mit den roten Köpfchen sind etwas unscheinbar, dafür aber leuchten im Herbst die roten Früchte aus dem Dunkelgrün der Blätter.
Klima und Standort: Die Bärentrauben-Arten sind anspruchslose Bodendecker. Sandig-humoser, nicht trockener Boden bringt sie zu üppigem Wachstum. Arten: Die Nevada-Bärentraube *(A. nevadensis)* stammt aus dem Westen Nordamerikas. Die Blätter sind sehr unterschiedlich, tragen an ihrem oberen Ende aber immer eine Stachelspitze. Sie blüht im April/Mai, die Früchte sind dunkelbraun. Sie gedeiht auch an moorigen Stellen. Unsere heimische Bärentraube *(A. uva-ursi)* ist immergrün und hat dunkelgrüne Blätter mit heller Unterseite. Sie blüht im April/Mai, die glänzenden Früchte im Herbst sind leuchtendrot, erbsengroß, säuerlich und mehlig. Die Vermehrung beider Arten erfolgt problemlos durch Stecklinge.

Kulturheidelbeere

Vaccinium corymbosum Ericaceae = Heidekrautgewächse

Blütezeit: Mai. Einige Kältegrade schaden der Blüte nicht
Fruchtreife: Juli/August

Bei uns in Deutschland wachsen vier Arten der Gattung *Vaccinium* wild: die Heidelbeere *(Vaccinium myrtillus)*, die Preiselbeere *(V. vitis idaea)*, die Trunkelbeere *(V. uliginosum)* und die Moosbeere *(V. oxycoccos)*. Als anbaufähiges Beerenobst nimmt die Kulturheidelbeere bei uns noch keinen allzu großen Raum ein. In ihrer Heimat Nordamerika, von dort stammen auch die meisten Zuchtsorten, wird sie dagegen feldmäßig angebaut. Die Beeren einiger Sorten erreichen die Größe von Kirschen. Klima und Standort: Die Kulturheidelbeere kann auch in kühlem Klima und rauheren Lagen, im Norden bis in arktische Regionen, blühen und fruchten, wenngleich sie zur Reifung der Beeren einen sonnigen bis höchstens halbschattigen Standort benötigt. Sie ist ein Frostkeimer, d. h. sie braucht während der Winterruhe über einen längeren Zeitraum Temperaturen von unter 4 °C. Die Kulturheidelbeere bevorzugt sauren, kalkfreien Boden mit hohem Grundwasserspiegel, der dem Begriff „stauende Nässe" entspricht. Die „saure" Bodenqualität erreicht man durch umfangreiche Zugabe von Torf und Moorerde sowie durch Düngung mit Laub- und Nadelkompost oder verrotteten Holzabfällen. Trokkenzeiten vom Frühjahr bis zur Fruchtreife verträgt sie nicht; daher muß man für ausreichende, regelmäßige Bewässerung sorgen und mulchen. Gedüngt wird mit Komposterde ohne Kalkzugaben. Schnittpflege: Auslichten und systematische Verjüngung der Sträucher. Vermehrung: Durch Wurzelschößlinge, Steckhölzer und Ableger. Am besten bezieht man mehrjähriges Pflanzgut beim Gärtner oder in der Baumschule. Die vollen Ernteerträge setzen erst nach einigen Jahren ein. Manche Sorten erreichen eine Höhe bis zu 150 cm. Der Saft der blauen Beeren der Kulturheidelbeere färbt nicht. Sorten: 'Berkeley', mittelspät; 'Bluecrop', mittelfrüh; 'Blueray', mittelfrüh; 'Earliblue', sehr früh; 'Herbert', spät und 'Ivanhoe' mittelfrüh.

Großfrüchtige Moosbeere

auch Kulturpreiselbeere oder Cranberry genannt

Vaccinium macrocarpon Ericaceae = Heidekrautgewächse

Blütezeit: Ende Juni/Anfang Juli
Fruchtreife: Je nach Sorte September oder Oktober

Die aus Amerika stammende Großfrüchtige Moosbeere hat große Ähnlichkeit mit unserer heimischen Wildart *V. oxycoccus*. Es sind niedrige, langlebige Sträucher mit am Boden rankenden, dünnen, verholzenden Trieben, die schon nach 2–3 Jahren dichte, geschlossene Matten bilden. Die gestielten, bis 10 mm großen Blüten sind weißlich-zartrosa gefärbt und auf Fremdbestäubung angewiesen. Die im Mittel 20 mm langen und 15 mm breiten Früchte sind je nach Sorte rund, oval, birnenförmig, rot, dunkelrot oder fast schwarzrot und schmecken sauer.
Klima und Standort: Die Pflanzen lieben mäßig kühle Sommer und ertragen noch Wintertemperaturen von −18 °C, trotzdem ist Winterabdeckung zu empfehlen. Boden: Die Halbsumpfpflanze bevorzugt feuchte Moor- oder Sandböden, die sauer sind. Normalen Gartenboden mit Torf und Waldhumus vorbereiten, niemals Kalk geben. Sie braucht volle Sonne, um zu blühen und zu fruchten. Pflanzen und Pflege: Jungpflanzen kaufen oder selbst heranziehen. Im Frühjahr geschnittene, etwa 15 cm lange Rankenstücke aber auch im Juli/August geschnittene krautige Stecklinge bewurzeln sich in einem Torf-Sand-Gemisch (3 : 1) bei 20–25 °C Luft- und Bodentemperatur. Im Frühjahr oder Herbst pflanzen. Boden unkrautfrei halten, bevor er von den sich ausbreitenden Pflanzen überwachsen ist, bei Trockenheit wässern und gelegentlich mit einem neutralen Volldünger düngen. Ernte und Verarbeitung: Nach 3–4 Jahren Vollertrag. Die Beeren sind bei wenig über 0 °C monatelang verwertbar. Vielfältige Verwendungsmöglichkeiten, z. B. zu Wild und Geflügel, als Saft, Kompott, Marmelade. Selbst zur Herstellung von Seifen, Parfüms und anderen Kosmetika werden die Beeren verwendet. Sorten: In Nordamerika wird die Cranberry seit 1760 kultiviert und heute großflächig angebaut. Eine umfangreiche Sortenauswahl entstand durch Auslesen aus Wildvorkommen und Hybridzüchtungen.

Heidelbeere

Vaccinium myrtillus Ericaceae = Heidekrautgewächse

Blütezeit: Mai und Juni
Fruchtreife: Anfang Juli bis Ende August

Die vitaminreichen, schwarzblauen Heidelbeeren (Blaubeere, Bickbeere) sind in Wäldern auf der ganzen nördlichen Halbkugel verbreitet. Der selten höher als 50 cm wachsende Strauch hat dunkelgrüne, ovale und leicht gezähnte Blätter, die an einem kurzen Stiel sitzen. Die kantigen Zweige sind grün, die hellgrünen Blüten weisen einen rötlichen Schimmer auf. Die Blätter verfärben sich im Herbst zu lebhaften Rottönen. Die Gattung *Vaccinium* umfaßt etwa 150 Arten.
Klima und Standort: Wenig anspruchsvoll; in der Natur meist in lichtungsreichen Nadelwäldern, in Hochmooren bis ins Hochgebirge, selten in reinen Laubwäldern. Im Garten sonnige bis halbschattige Lagen. Boden: Die Heidelbeere bevorzugt feuchten, etwas sauren Boden. Im Garten müssen die Sträucher gut gegossen und dürfen nicht gekalkt werden, wenn man lohnende Erträge erzielen will. Die höher wachsende Kulturheidelbeere (*V. Corymbosum*) ist im Garten leichter anzubauen und bringt wesentlich höhere Erträge als unsere heimische Wildart. Säen und Pflanzen: Die Vermehrung kann durch Aussaat, Stecklinge oder durch Teilung der Wurzeltriebe erfolgen. Verarbeiten: Die Beeren eignen sich vorzüglich zum Rohverzehr (direkt vom Strauch), sie können aber auch zu Saft und einem schmackhaften Kompott verarbeitet werden. Der rote Farbstoff unserer Heidelbeeren wurde früher wegen seiner Intensität zum Färben von Wein verwendet.

Moosbeere

Vaccinium oxycoccos Ericaceae = Heidekrautgewächse

Blütezeit: Mai bis Juli
Fruchtreife: Herbst

Die Moosbeere oder Sumpfbeere ist ein immergrüner Kleinstrauch, dessen dünne Stengel über moorigen Boden kriechen. Zur gleichen Familie zählen die nahe verwandte Großfrüchtige Moosbeere, die Preiselbeere und Heidelbeere. Moosbeeren sind über die ganze nördliche Halbkugel verbreitet. In Mitteleuropa kommt die Moosbeere in Torfmooren der Ebene und in Gebirgen bis rund 1300 m Höhe vor. Sie gehört zu den zierlichen Zwergen unter den Sträuchern. Die fünf Millimeter langen, eirunden, immergrünen Blätter richten sich in sonniger Lage senkrecht auf und wenden dem Licht ihre bläulich schimmernde, wachsüberzogene Unterseite zu. Die nickenden Blüten erscheinen an dünnen roten Stielen so reichlich, daß sie in Hochmooren quadratmetergroße Flächen in ein helles Purpur tauchen. Die Blütezeit dauert oft bis zu sechs Wochen. Im Herbst bilden sich die großen (bis zu 16 mm) dunkelroten Beerenfrüchte, die von den dünnen Blütenstielen nicht getragen werden können, so daß sie auf das Moos hinabsinken. Man kann sie wie Preiselbeeren sammeln. Oft liegen die noch im folgenden Sommer auf den Moospolstern. Im Volksmund wird diese Pflanze auch Filzbeere, Sumpfbeere, Moosgrante oder Fennbeere genannt.
Standort und Boden: Die Moosbeere kann im sauren Moorbett gedeihen, wo auf feuchtnassem Grund Torfmoose wachsen. Besonderer Pflege bedarf die Moosbeere nicht, wenn es gelingt, sie im Garten auf sonnigem bis halbschattigem Standort heimisch zu machen. Das Moorbeet darf nie kalkhaltige Dünger bekommen oder austrocknen. Vermehrung: Erfolgt durch Versetzen von Moospolstern. Man nimmt größere, mit Moosbeeren durchzogene oder überwachsene Moospolster vorsichtig ab und setzt sie am neuen Standort zwischen Torfmoosen wieder ein. Verwendung: wie Preiselbeeren.

Preiselbeere, Kronsbeere

Vaccinium vitis-idaea Ericaceae = Heidekrautgewächse

Blütezeit: April
Fruchtreife: Ab August

Die Wildart der immergrünen Preiselbeere ist in Kiefernwäldern, Heiden und Mooren verbreitet. Die Kultur-Preiselbeere bildet 20–25 cm hohe Sträuchlein. Die großen roten Früchte reifen ab August und lassen sich vielseitig verwenden. Im Volksmund heißen sie auch Jagerbeer, Wilder Buchsbaum oder rote Heidelbeere.
Standort und Boden: Die Preiselbeere stellt etwa die gleichen Ansprüche an den Boden wie die Heidelbeere. Er sollte sauer reagieren, leicht, humusreich und feucht sein. Durch Düngetorf und Humusdünger lassen sich diese Bedingungen leicht schaffen. Die Preiselbeere gedeiht an sonnigen bis halbschattigen Standorten. Die Pflanzen sind gute Bodendecker. Pflege und Düngung: Nach der Blüte im April nur kleine Mengen Volldünger geben, weil die Nährstoffansprüche gering sind. Die Humusversorgung kann durch Düngetorf, Lauberde und Waldhumus erfolgen. Rückschnitt im Frühjahr regt Wachstum und Fruchtbarkeit an. Pflanzen: Im Herbst oder Frühjahr. Die kleinen Sträucher werden mit Topfballen geliefert. Die Pflanzweite soll etwa 40 cm betragen. Preiselbeeren sind winterhart und verfärben ihr Laub im Herbst rot. Verarbeiten: Die roten Früchte sind von einem herben Geschmack. Sie werden zu einem Kompott verarbeitet, das bevorzugt zu Rindfleisch und Wildbraten gegessen wird; zum Rohverzehr etwa in Quarkspeisen gut geeignet. Die Beeren enthalten Vitamin A und C, Apfel-, Zitronen- und Gerbsäure sowie viele wichtige Mineralstoffe. Der Saft der Beeren hat harntreibende und keimtötende Wirkung; aus ihnen wird auch Preiselbeerwein hergestellt. Die Blätter sammelt man erst nach der Fruchtreife und verwendet sie als Tee bei Blasen- und Nierenerkrankungen. In Skandinavien schichtet man rohe Preiselbeeren in Steingut- und andere Gefäße, stampft sie leicht, so daß sie sich mit dem eigenen Saft bedekken und kann sie so monatelang aufbewahren. Sorten: 'Koralle', 'Erntedank', 'Erntekrone', 'Erntekrone' (Auslesen der Wildart).

Weißdorn

Crataegus chrysocarpa Rosaceae = Rosengewächs

Blütezeit: April / Mai
Fruchtreife: Ab September, wenn Rotfärbung beginnt

Die Gattung *Crataegus* ist mit etwa 100 Arten und oft schwer bestimmbaren Hybriden in Europa, Asien und Nordamerika verbreitet. Eine reine Art ist *C. chrysocarpa*, mit großen roten Früchten und gelbem Fleisch von angenehm süßem Geschmack. Im Garten vielseitig verwendbar, auch wegen der Blüten und der Herbstfärbung des Laubes.
Klima und Standort: Vollsonnige, mehr zur Trockenheit neigende Lagen. Boden: Kräftige, lehm- und kalkhaltige Böden. Auch sandige Böden werden gut vertragen. Säen und Pflanzen: Am besten werden die Pflanzen in einer anerkannten Markenbaumschule gekauft. Dann besteht die Gewähr für Sortenechtheit. Aussaat ist möglich, aber langwierig. Man pflanzt sie im März / April oder Oktober / November in einem Abstand von 180 cm – falls mehrere Gehölze nebeneinander gepflanzt werden. Pflege und Düngung: Höchstens geringer Schnitt notwendig. Auf gut mit Kalk versorgten Böden erübrigt sich eine Nachdüngung. Günstig sind leichte Kompostgaben gemischt mit Gesteinsmehl. Pflanzenschutz: Pflanzen möglichst einzeln verwenden (Solitärstand). Ernte: Man erntet die reifen Früchte, sobald sie sich rot verfärbt haben, etwa ab September. Verarbeiten und Lagern: Die Früchte eignen sich für Mehrfruchtmarmelade. Sorten: Man wählt großfrüchtige Arten. So z. B. *C. pinnatifida var. major.* Die einheimische Art, *C. laevigata*, ist eine alte Hausteepflanze. Aus den getrockneten Blättern bereitet man Tee, der bei Herzbeschwerden gute Dienste leistet.

Monatserdbeeren

Gartenerdbeeren 'Hummi Gento'

Erdbeere

Fragaria vesca und F. chiloensis Rosaceae = Rosengewächse

Blütezeit: Mai, Juni
Fruchtreife: Ab Ende Juni

Die Erdbeere verlangt wenig Platz im Garten, die Pflanzen sind preiswert, und sie tragen schon im Jahr der Pflanzung. Die Vermutung, daß unsere großfruchtigen Gartenerdbeeren *(Fragaria elatior grandiflora, F. ananassa)* aus der wildwachsenden Walderdbeere *(F. vesca)* herangezüchtet wurde, ist nicht zutreffend. Die Erdbeere als Kulturpflanze ist noch nicht sehr alt, sie entstand in Frankreich. Sie ging aus der nach Europa eingeführten nordamerikanischen Scharlacherdbeere *(F. virginiana)* und der aus Chile stammenden Chile-Erdbeere *(F. chiloensis)*, die 1712 nach Europa gelangte, hervor. Zwar wurde zur Zucht der vielen Kultursorten auch die heimische Walderdbeere miteingekreuzt, doch gingen nur die mehrmals tragenden Sorten oder Monatserdbeeren *(F. vesca var. semperflorens)* unmittelbar aus der Walderdbeere hervor. Mittlerweile ist es auch gelungen, die sommerlange Blüh- und Tragwilligkeit der Monatserdbeeren mit der Großfruchtigkeit der einmal tragenden Gartenerdbeeren in neuen Sorten zu verbinden.
Klima und Standort: Jeder Gartenboden, in dem auch andere Nutzpflanzen herangezogen werden, selbst leichte und schwere Böden, wenn sie durch Kompostwirtschaft einen Humusanteil erhalten. Düngung durch Laubkompost und eine Mulchschicht, die Tannen- oder Fichtennadeln enthält, kommt der Waldpflanzennatur der Erdbeere entgegen. Erdbeeren lieben einen Standort im Schutz anderer Pflanzen, nicht aber unmittelbar im Schatten von Bäumen. Sie sind dankbar für noch nicht vererdeten, aber abgelagerten Stallmist und für mäßig reifen Kompost. Im Garten sollte man die natürlichen Standortbedürfnisse möglichst berücksichtigen. Sie eignen sich gut für den Anbau in Mischkulturen: etwa Erdbeerreihen zwischen Gemüsereihen auf ein Beet pflanzen, zusammen mit Zwischenkulturen von Spinat und Feldsalat. Durch Mulchen für Bodengare und gleichmäßige Bodenfeuchtigkeit sorgen. Bodenvorbereitung: Vor der Pflanzung muß das Land gründlich von Dauerunkräutern befreit werden. Vorkultur mit Hülsenfrüchten (Erbsen) oder untergegrabene Grunddüngung. Am besten ist eine Kompostdüngung. Pflanzgut und Pflanzzeit: Zum Selbstziehen aus Samen eignen sich allenfalls Monatserdbeeren. Gartenerdbeeren beschafft man als Jungpflanzen. Solche aus schon vorhandenem Beet werden nach der Ernte (Anfang August) gepflanzt, im Abstand von ca. 30 cm, nachdem sie gut bewurzelt sind. Gründliche Wässerung, erste Düngung nach etwa 14 Tagen. Das Herz der Jungpflanzen soll gerade noch über dem Boden stehen, Reihenabstand etwa 90 cm. Die sich nach der Blüte bildenden Ausläufer werden abgeschnitten. Gartenerdbeeren: Eine vor der Ernte ausgebrachte Mulchschicht (Stroh, Holzwolle) schützt die Früchte vor Verschmutzung und Fäulnis und erschwert Schnecken den Zugang. Nach der Ernte werden noch vorhandene oder neu gebildete Ausläufer entfernt, nicht aber die Laubblätter der Pflanzen (Winterschutz). Erdbeeren sind ausdauernde, winterharte Stauden und tragen bei richtiger Pflege auch drei und vier Jahre gut. Danach die Erdbeerpflanzung entweder durch eigene Ableger oder Jungpflanzen erneuern. Aus der nahezu unübersehbaren Fülle der Sorten eine Auswahl zu bieten, ist wenig sinnvoll. Sehr ertragreich sind zum Beispiel 'Aphrodite', 'Hummi Ferma', 'Gorella', 'Red Gauntlet' und die mittelfrühe Sorte 'Vigerla', die sich gut einfrieren läßt, und schließlich die verschiedenen Varietäten der Senga-Sorten des Züchters Sengbusch, allen voran 'Senga-Sengana'. Monatserdbeeren: Sie stehen den Walderdbeeren nahe. Die Früchte entwickeln ein besonders feines Aroma. Blütezeit von Anfang Mai unermüdlich bis Oktober. Erst die ersten Herbstfröste setzen der Ernte ein Ende. Vermehren durch Aufzucht aus Samen möglich oder Jungpflanzen vom Gärtner. Mäßig besonnte Standorte, geringe Ansprüche an den Boden. Bewährte Sorten sind: 'Rügen' (ziemlich große Früchte), 'Baron von Solemacher', 'Hummi Gento' und 'Ostara'. Pflanzenschutz: Zu erheblichen Problemen können – auch im Hausgarten – Vögel und Schnecken zur Erntezeit werden. Vor allem die in vielen Gärten heimischen Amseln picken gern die reifen Früchte an. Auffällige Schutznetze schaffen Abhilfe. Schneckenbefall verhindert ein Schneckenzaun, ein starker Mulchrand aus Nadelstreu, trockenem Sägemehl, Holzasche.

Brombeere

Rubus fruticosus Rosaceae = Rosengewächse

Blütezeit: Juni bis September
Fruchtreife: Von August bis in die letzten besonnten Herbsttage

Die Brombeere spielt bislang in unseren Gärten nicht die Rolle wie Gartenhimbeeren, obwohl viele Sorten zur Verfügung stehen: bestachelte, stachellose, rankende und aufrecht wachsende. Alle haben schwarze Früchte, die von Grün über Rot zu Schwarz reifen. Sie nehmen mit jedem Boden vorlieb, sind für unser Klima wie geschaffen und bringen auch in schlechten Sommern eine gute Ernte. Nur wenn der Herbst verregnet ist, reifen die letzten Früchte nicht mehr aus. Brombeeren sind auch wenig von Krankheits- und Schädlingsbefall bedroht. Nur das Holz ist frostempfindlich. Die Brombeere ist anspruchsloser als die Himbeere, braucht aber etwas mehr Kalk, sie wächst auch auf alkalischen Böden. Auch Trockenzeiten machen der Brombeere weniger aus als der Himbeere. Der Boden sollte trotzdem durchlässig sein und Humusanteile enthalten, sie verträgt Lehm, aber keine Staunässe. Regelmäßige Düngung mit Komposterde und hin und wieder eine Erhaltungsgabe Kalk sind für gute Ernten wichtig.
Klima und Standort: Sonnig, keine längere oder gar ständige Beschattung. In Gärten, die teilweise beschattet sind, legt man die Brombeerhecke in Ost-West-Richtung, in günstigen Lagen besser in Nord-Süd-Richtung an. Gegen tiefe Winterfröste ist die Brombeere empfindlich, daher eine leichte Winterabdeckung mit Stroh oder Tannenreisern. „Erfrieren" Brombeeren, so treiben sie zwar aus den erhalten gebliebenen Wurzeln neu nach, aber man büßt eine Ernte ein, weil Brombeeren nur am zweijährigen Holz tragen. Pflanzzeit: Wie bei Himbeeren im Herbst oder Frühjahr. Rankende Sorten brauchen eine Stütze. Jungtriebe werden im Frühjahr ausgelichtet, so daß nur starke Ruten stehenbleiben, rankende Sorten werden etwas eingekürzt. Vermehrung: Brombeeren zeichnen sich durch große Fruchtbarkeit aus, brauchen auch keine Fremdbestäubung durch andere Sorten. Vermehrung vegetativ durch Wurzelschnittlinge, Stecklinge oder durch Spitzenableger. Dazu biegt man im Sommer eine Triebspitze zum Boden herunter und hält sie mit einem Drahthaken am Boden fest. Bis zum Herbst hat sich dieser Ableger bewurzelt und kann im folgenden Frühjahr verpflanzt werden. Diese Vermehrung ist sortenecht. Sorten: Die bekannteste ist 'Theodor Reimers', sie wächst und rankt stark; sie gedeiht auch auf leichtem Boden als sogenannte Sandbrombeere, bildet dichte Hecken und liefert jahrzehntelang gute Erträge. Sie ist an Ranken und Blattstielen stark bestachelt. 'Wilsons Frühe' stammt aus Amerika und wächst aufrecht, ist weniger frostempfindlich. Trotz ihrer Anspruchslosigkeit mögen alle Sorten eine gute Humusversorgung. Die stachellosen Sorten aus Amerika 'Thornless Evergreen', 'Thornfree', 'Merton Thornless' und andere sind unempfindlich und ziemlich winterhart. Der Formenreichtum der Brombeere und ihrer nächsten Verwandten umfaßt viele Arten, Sorten und Varietäten vom Steingartengehölz *Rubus articus* von nur 20 cm Höhe über duftend blühende, stachellose Sorten wie *Rubus odoratus* aus Nordamerika bis zu den heimischen Heckenbildnern. Die neuesten brauchen jährlich einen starken Schnitt. Ohne Pflege neigen Brombeeren zum Verwildern. Verarbeiten: Brombeeren werden gern frisch verzehrt. Für Kompott weniger geeignet, aber für Marmelade, Gelee, Süßmost, Likör, Obstbrand- und Dessertwein.

'Malling Promise'

Loganbeere (Hybride)

Rubus loganobaccus x = R. ursinus 'Loganberry' — Rosaceae = Rosengewächse

Blütezeit: Juli
Fruchtreife: September

Vor etwa 100 Jahren gelang in Kalifornien dem Züchter J. H. Logan eine Kreuzung aus Himbeeren und pazifischen Ursini-Brombeeren: die Loganbeere. Sie hat im Fruchthandel der USA mittlerweile eine beachtliche Bedeutung erlangt. Ihr Anbau gelingt darüber hinaus in England, Dänemark und Holland. Liebhaber versuchen es auch in Deutschland, allerdings nur in besonders mildem Klima, wie in den Weinbaugebieten, mit Erfolg. Aber selbst dort benötigen diese Brombeerhybriden ausreichenden Schutz vor Wind und Frost. Die Loganbeere ähnelt sehr der Brombeere und muß wegen der langen Triebe, die zu schwach sind, um sich selbst zu tragen, an Spalieren gezogen werden. Die Ranken werden bis vier Meter lang. Die Loganbeere reift im August und September, die Früchte sind dunkelviolett, sehr groß, nämlich 3–4 cm lang, im Reifezustand weich, saftig und von säuerlichem Geschmack. Sie lassen sich wegen ihres besonderen Aromas gut zu Saft, Gelee oder Marmelade verarbeiten. Erneute Kreuzungen der Loganbeere mit der Himbeere ergaben die Laxtonbeere und die Boysenbeere, mit der Brombeere die Youngbeere. In Amerika werden noch weitere Brombeerhybriden angebaut. Sie sind für unser Klima zu wärmebedürftig und durchweg nicht winterhart. Deshalb werden sie auch in Zukunft bei uns keine allgemeine Bedeutung erlangen.
Klima und Standort: An den Boden stellt die Loganbeere geringe Ansprüche, sie braucht aber einen Standort in voller Sonne oder lichtem Schatten. Vermehrung: Erfolgt durch Wurzelschnittlinge, Ableger und Stecklinge.

Himbeere

Rubus idaeus — Rosaceae = Rosengewächse

Blütezeit: Ab Mai
Fruchtreife: Ab Juli bis September. Herbsthimbeeren bis November

Die Wildart Himbeere gehört zur heimischen Pflanzenwelt und ist damit voll unserem Klima angepaßt. Die Kultursorten mit ihren deutlich größeren Früchten gingen aus Kreuzungen der Europäischen Himbeere *(Rubus idaeus)* mit der Amerikanischen Himbeere *(R. strigosus)* hervor. Die Zucht neuer Sorten hält an. Die Früchte der Himbeere duften und haben ein beinahe parfümiert wirkendes Aroma, das von den Waldhimbeeren noch übertroffen wird. Sie enthalten wenig Säure, dagegen mehr Vitamin C als die meisten Apfelsorten und doppelt so viel Eisen wie diese.
Klima und Standort: Waldhimbeeren wachsen gern auf Kahlschlägen im Wald und auf Lichtungen. Sie suchen den tiefgründigen, feuchten, humosen, also nährstoffreichen Boden und meiden Beschattung durch Bäume. Wichtig ist gleichbleibende, nie aussetzende Feuchtigkeit, allerdings keine Staunässe. Guter Himbeerboden darf leicht sauer sein. Zu starke Stickstoffgaben führen zu schnellem Wachstum bei gehemmter Blüten- und Fruchtbildung und erhöhen die Anfälligkeit für Krankheiten (Rutenkrankheit). Vorratsdüngung mit Komposthumus. Der hohe Nährstoffbedarf rührt auch daher, daß die Himbeere jährlich ihre zweijährigen oberirdischen Teile erneuert. Im ersten Jahr treibt sie grüne, stark beblätterte Ruten, die ohne Blätter den Winter überdauern und im zweiten Sommer Seitentriebe bilden, blühen und fruchten. Im Herbst sterben sie ganz ab. Ihre Stelle nimmt dann der einjährige Nachwuchs ein. Man bezeichnet die Himbeere als Halbstrauch. Er erneuert sich viele Jahre lang aus seiner Wurzel. Bei manchen Kultursorten blühen die einjährigen Ruten schon im Hochsommer und tragen im Herbst. Reichlich bemessene Kompostgaben oder abgelagerter Mist im Herbst sichern den Bedarf an Humus. Mulchen schafft die notwendigen „Waldbedingungen". Pflanzung: Man kann Himbeeren im Herbst (bis Oktober) oder im Frühjahr pflanzen. In der Regel wählt man etwa 50 cm Abstand von Pflanze zu Pflanze, der Reihenabstand sollte für leichtes Ernten nicht

Gelbe Himbeere

unter 2 m betragen. Himbeeren sind mit sich selbst fruchtbar, doch ein Nebeneinander mehrerer Sorten wirkt sich günstig auf die Fruchtbarkeit aus. Vor dem Pflanzen werden die Wurzeln leicht, die Ruten stark zurückgeschnitten, das regt den Neuaustrieb an. Himbeeren benötigen im Garten einen Halt, den man ihnen durch Spanndrähte schafft. In der Regel zieht man den unteren Draht bei etwa 1 m Höhe, den oberen bei gut 1,50 m. Die Ruten bindet man locker an. Nach der Ernte schneidet man die abgeernteten Ruten so knapp wie möglich über dem Boden ab, so beugt man der Rutenkrankheit vor. Die Rutenstummel mit Komposterde bedecken, leicht anhäufeln und die Jahresdüngung verabreichen. Den einjährigen Rutennachwuchs ebenfalls ausdünnen. Bei guter Bodenpflege mit Kompost, dem von Zeit zu Zeit alter Mist und Rindenschrot zugesetzt wird, kann eine Himbeerkultur ein Jahrzehnt lang gute Erträge bringen. Bei Nachlassen wird eine Neuanpflanzung nötig. Sorten: Das Sortenangebot wechselt. Die folgenden Angaben stammen aus dem Handbuch des BdB (Bund deutscher Baumschulen) „Obstgehölze" 1. Auflage 1985. Sorten: 'Gigant' – sehr kräftiger Wuchs, mittelgroße Frucht, gutes Aroma, mittlere Erträge, frühe Reifezeit; eine robuste, gesunde Sorte für den Hausgarten. 'Glen Clova' – sehr kräftiger Wuchs, mittelgroße Früchte, sehr gutes Aroma, hohe bis sehr hohe Erträge, frühe Reifezeit; Frühsorte für Erwerbsanbau und Hausgarten, empfindlich gegen Virusinfektionen. 'Himbostar' – mittelstarke Ruten, Seitentriebe sehr bruchempfindlich, große, sehr feste Früchte, gutes Aroma, hohe Erträge, mittelfrühe Reifezeit; hervorragende Sorte für Erwerbsgärtner bei windgeschütztem Standort. 'Korbfüller' – mittelstarker Wuchs, sehr große, dunkelrote Frucht, mittlere Erträge, Herbsternte an einjährigen Ruten; sehr gute Sorte für Hausgarten und Erwerbsanbau. 'Malling Promise' – kräftige Ruten, große weiche Frucht, botrytisanfällig, sehr frühe Reifezeit, mittlere bis hohe Erträge; wichtige Frühsorte für geschützten Standort, vorwiegend für Hausgarten. 'Schönemann' – starke Ruten, wenig empfindlich gegen Rutenkrankheiten, sehr große Frucht mit gutem Aroma, sehr hohe Erträge, späte Reifezeit, lange Erntedauer; zur Zeit eine der ertragreichsten Sorten für Erwerbsanbau.

Japanische Weinbeere

Rubus phoeniculasius Rosaceae = Rosengewächse

Blütezeit: Juni bis August
Fruchtreife: Spätherbst

Die Japanische Weinbeere gehört zur Gattung *Rubus* wie die Himbeere und Brombeere. Sie ist eine Wildart der Gattung Rubus aus Japan, Korea und China. Die Japanische Weinbeere wird bis zu 3 m hoch und hat überhängende Zweige, die dicht mit roten Drüsenborsten und wenigen kleinen Stacheln besetzt sind. Die meist 3zählig gefingerten, breit eiförmig zugespitzten Blätter werden bis zu 10 cm lang, sind unregelmäßig gesägt, oberseits leicht behaart, unterseits weißfilzig. Die Blüten erscheinen im Juni und Juli in kleineren hellrosa Rispen, aus denen sich kleine rote, eßbare Früchte entwickeln, die von einem rotborstigen Kelch umgeben sind. Die Kelchblätter öffnen sich erst mit der Reife der säuerlichen, aber wohlschmeckenden Früchte. Die Japanische Weinbeere ist erst seit 1876 in Kultur. In Europa wird sie von Liebhabern gezogen.

Klima und Standort: Bevorzugt wird ein halbschattiger bis schattiger Platz. Boden: Die Beschaffenheit des Bodens spielt keine besondere Rolle, die Pflanze gedeiht auf jedem Gartenboden. Pflege und Düngung: Die Pflege beschränkt sich auf das Herausschneiden abgetragener Ruten nach der Ernte, denn nur das zweijährige Holz trägt Früchte. Auch die langen Seitentriebe – Räubertriebe genannt – werden abgeschnitten. Säen und Pflanzen: Zierformen der Brombeere kann man im Frühjahr aussäen. Im übrigen erfolgt die Vermehrung durch Wurzelausläufer, -schnittlinge und Stecklinge. Abgesenkte Triebspitzen bewurzeln sich. Ernte: Geerntet werden die voll ausgereiften Früchte. Die Japanische Weinbeere breitet sich in wintermildem Klima und auf eher schattigen Standorten schnell aus. Man sollte ihr im Garten einen Solitärstandort einräumen. Leider ist die Art in unserem Klima nicht ausreichend winterhart.

'Rosenthals Langtraubige'

Johannisbeere (rote, schwarze, weiße)

Ribes rubrum, Ribes nigrum Saxifragaceae = Steinbrechgewächse

Blütezeit: Ab April
Fruchtreife: Ab Juni. Im Hausgarten voll ausreifen lassen

Johannis- und Stachelbeeren waren als Kulturpflanzen Griechen und Römern unbekannt. Vermutlich führte die Kreuzung jeweils mehrerer Wildarten zu den heutigen Gartenformen. Von den über 130 Arten der Gattung Ribes sind die meisten als Ziersträucher in Gebrauch. Nur wenige Arten sind fruchttragende Nutzarten: rote, weiße und schwarze. Viel Säure, derbe Fruchthäute und harte Kernchen machen die Früchte zu einem für den Rohverzehr „rauhen" Obst. Der Vitamin-C-Gehalt ist jedoch sehr hoch. Die Säfte aus Johannisbeeren enthalten viel Kalzium und Eisen.
Klima und Standort: Wenig Ansprüche an Klima, Lage und Boden. Bodenpflege, Düngung und Schnitt danken Johannisbeeren mit höheren Erträgen, auch im Halbschatten, daher als Lückenpflanzung im Obstgarten geeignet. Nicht zu empfehlen sind Einzelsträucher in ungeschützter Südlage, auch starken, ständigen Wind mögen sie nicht. Der Boden kann leicht, lehmig oder steinig sein, er muß jedoch Humus enthalten. Magere Böden durch Kompostwirtschaft verbessern. Als Flachwurzler sind sie auf ausreichende und stetige Feuchtigkeitszufuhr angewiesen, vertragen aber keine Staunässe; während Trockenzeiten wässern. Der Boden darf nicht sauer also kalkarm sein, vor allem die schwarzen Johannisbeeren brauchen Kalk. Pflanzung: Man bezieht die Pflanzen zwei- oder dreijährig aus Gärtnereien oder Baumschulen. Gepflanzt wird im Frühjahr oder Herbst. Weiße Johannisbeeren entfalten sich meist nicht so wuchskräftig wie rote. Mehrere Sträucher nicht zu eng pflanzen; Mindestabstand 1 m, besser 1,5 m. Johannisbeeren sind selbstfruchtbar, man braucht also nicht mehrere Sorten. Schnitt: Der erste Schnitt erfolgt gleich nach der Pflanzung (bei Herbstpflanzung im darauffolgenden Frühjahr). Vor der Pflanzung werden die längsten, abgeknickte oder beschädigte Wurzeln eingekürzt. Die Triebe kürzt man um ein Auge, längere auch um mehrere, um die Bildung von Seitentrieben anzuregen. Der Jahresschnitt erfolgt im Herbst, nach dem Laubfall, um gut gegliederte und lichtdurchlässige Strauchkronen zu erzielen. Der Verjüngungsschnitt wird im Spätwinter oder zeitigen Frühjahr vorgenommen (vor dem Steigen der Säfte). Die ältesten Gerüstzweige werden knapp über dem Boden abgeschnitten. Von den Neutrieben bleiben etwa acht der kräftigsten stehen. Starke Seitentriebe so weit kürzen, daß das Strauchinnere luftig und licht bleibt. Der Rückschnitt fördert die Ausbildung der Blütenknospen. Kein Trieb sollte älter als 5 Jahre werden (Umtrieb). Vermehrung: Bei Sträuchern gräbt man vor dem Austrieb gut entwickelte Wurzelstöcke vorsichtig aus, teilt sie und setzt die Teilstücke an die gewünschten Plätze ein. Wurzeln und Zweige etwas einkürzen. Aus dem Jahresschnitt an kräftig entwickelten einjährigen Trieben gewinnt man die Steckhölzer. Die etwa 20 cm langen Stecklinge erhalten unter einem Auge einen schrägen Anschnitt und werden an geschützter Stelle in die Erde gesteckt. Die Triebspitze ragt etwa 8 cm aus dem Boden. Stecklingsvermehrung ist im Frühjahr und Herbst möglich. Nach einem Jahr sind die Jungpflanzen versetzungsfähig. Man kann auch vermehren, indem man einjährige Triebe zum Boden herunterbiegt, befestigt und mit Erde bedeckt, wobei die Triebspitze frei sein soll. Ein Jahr später kann man das bewurzelte Zweigstück vom Mutterstück abtrennen und teilen. Sorten: Die Sortenwahl ist unproblematisch. Es gibt innerhalb der roten, weißen und schwarzen Johannisbeeren auch keine großen Unterschiede; allenfalls auf frühe und/oder späte Sorten achten. Frühe: 'Jonkheer van Tets' und 'Heros'. Später (August) reifen 'Heinemanns Rote Spätlese' und 'Rotet'. 'Rote Holländische' und 'Rote Vierländer' bringen gute Erträge. Unter den weißen Sorten haben sich 'Weiße Versailler', unter den schwarzen 'Silvergieters Schwarze' und die mit sich selbst fast unfruchtbare 'Rosenthals Langtraubige Schwarze' sowie 'Wellington XXX' bewährt. Unterschiede der schwarzen zur roten Johannisbeere: Sie gedeiht und reift auch in allen rauhen Lagen. Im Bergland können Spätfröste frühblühende Sorten schädigen. Gut gepflegte Johannisbeersträucher werden über 15 Jahre alt.

'Rote Triumph'

Jostabeere (Hybride)

Ribes uva-crispa x *Ribes nigrum* Saxifragaceae = Steinbrechgewächse

Blütezeit: Ab April
Fruchtreife: Ab Juni, voll ausreifen lassen

Die Jostabeere ist eine neue Pflanzenart, eine fruchtbare Arthybride, die dem Züchter R. Bauer durch Kreuzung aus schwarzer Johannisbeere und Stachelbeere gelang. Sie trägt die Merkmale beider Elternteile. Die Vermehrung war erst durch künstliche Chromosomenverdoppelung möglich. Der Strauch ist wüchsiger als die schwarze Johannisbeere, die Fruchtgröße liegt mit 3 g je Beere deutlich über der von schwarzen Johannisbeeren, aber unter der von Stachelbeeren. Die Früchte sind nicht wie bei schwarzen Johannisbeersorten in Trauben angeordnet, sondern hängen paarweise. An dem erfrischenden Geschmack der Früchte haben beide Sorten ihren Anteil, im Aussehen und Geschmack tendieren sie jedoch mehr zu den schwarzen Johannisbeeren: dunkelviolett bis schwarz, aber ohne Öldrüsen und Geruch, glattschalig, aromatisch, hoher Vitamingehalt. Die Blätter stehen in Form und Größe etwa zwischen den beiden Ausgangsarten. Die Reifezeit der Jostabeere liegt früher als bei den meisten Sorten der schwarzen Johannisbeere. Die Beeren halten sich lang am Strauch. Der Ertrag ist mittelhoch. Die Früchte lassen sich vielseitig verwenden und eignen sich auch zum Rohverzehr.
Klima und Standort: Die Jostabeere stellt ähnliche Ansprüche an Standort und Boden wie das übrige Beerenobst. Die Sträucher sind selbstfruchtbar. Wegen ihrer besonders ausgeprägten Wüchsigkeit beanspruchen die Sträucher der Jostabeere viel Platz. Die Triebe tragen keine Stacheln. Die günstigere Pflanzzeit ist der Herbst. Die Kultur und Pflege gleicht der der schwarzen Johannisbeere, da die Jostabeere dieser im Wuchscharakter ähnelt, sie erfordert jedoch nur schwächeren Schnitt. Die Sträucher sind absolut winterhart, entwickeln sich gesund und werden so gut wie nicht von Schädlingen und Krankheiten befallen.

Stachelbeere (rote, weiße, grüne, gelbe)

Ribes uva crispa Saxifragaceae = Steinbrechgewächse

Blütezeit: April, unscheinbare Blüten
Fruchtreife: Ab Juni bis August bei späten Sorten

Die heutigen Kultursorten der Stachelbeere gehen auf die in Europa und Asien heimische Wildart Gemeine Stachelbeere *(Ribes uva crispa)* zurück. Zur Verbesserung der Mehltauanfälligkeit wurden neuerdings mehltauresistente Arten aus Nordamerika eingekreuzt (z. B. *R. cynosbati* und *R. hirtellum*). Die Stachelbeere wurde schon Anfang des 16. Jahrhunderts in unseren Gärten kultiviert. Eine Blütezeit erlebte die Stachelbeerzucht im vorigen Jahrhundert in England. Nach Keipert wurde 1852 eine Frucht mit 58 g Gewicht der Sorte 'London' ausgestellt. Der unfreiwillige Import des Amerikanischen Stachelbeermehltaus beschränkte die Weiterentwicklung erheblich. Hinzu kommt die Schwierigkeit, die Früchte im Erwerbsbau rationell zu ernten. Auch heute noch werden Stachelbeeren in weit geringerem Maße angebaut als Johannisbeeren. Entsprechend der engen Verwandtschaft zwischen Johannis- und Stachelbeere, ähneln sich auch ihre Ansprüche an Boden, Klima und Pflege. Stachelbeersträucher sind im allgemeinen niedriger als Johannisbeeren, die Blätter sind kleiner und die Zweige mit Stacheln besetzt.
Boden und Standort: Die Stachelbeere liebt einen nährstoffreichen, immer gut durchfeuchteten Boden an hellem Standort. Anhaltend pralle Sonne und Wind führen zu Verlusten durch Platzen der Früchte, Trokkenheit und unzureichende Düngung fördern die Blattfallkrankheit. Ausreichende Bodenfeuchtigkeit erreicht man am besten durch ganzjährige Bodenbedeckung. Stachelbeeren brauchen Kalk. Kaliummangel wird durch graubraun verdorrte Blattränder angezeigt. Kompostangaben, denen Holzabfälle oder Holzasche zugesetzt wird, beugen Kalimangel vor. Mineraldüngergaben können durch Steinmehl erfolgen. Chlor mögen Stachelbeeren nicht, Stickstoffüberdüngung fördert den Befall mit Mehltau, daher am besten nur verrotteten Mist geben. Pflanzen,

Gelbe Sorte

Schneiden und Vermehren erfolgt wie bei der roten Johannisbeere (siehe dort). Der jährliche Rückschnitt läßt nur vier bis sechs Gerüstäste stehen; ein- und zweijährige Triebe fruchten am besten. Die einjährigen Triebe werden im Herbst eingekürzt, denn die Mehltauerreger überwintern in den Triebspitzen. Am besten verbrennen. Schädlinge und Krankheiten: Der schon erwähnte Mehltau ist eine regelrechte Plage. Er wurde erst vor der Jahrhundertwende von Amerika nach Europa eingeschleppt. Man sollte möglichst mehltauresistente Sorten anbauen, um ihm am sichersten entgegenzuwirken. Fuß-, Halb- und Hochstämme sind weniger gefährdet als Büsche, da die Pilzerreger des Mehltaus eine stickigfeuchte Atmosphäre brauchen. Man zieht Stachelbeeren in Büschen, Spalieren, Niedrig- oder Fußstämmchen und Hochstämmchen, die für kleinere und mittlere Hausgärten bevorzugt werden sollten. Sie sind bei biologischer Bodenpflege und jährlichem Kronenschnitt problemlos. Sorten: Es gibt Stachelbeeren mit weißen, grünen, gelben oder roten Früchten und frühe, mittelfrühe oder späte Sorten. Stachelbeeren sind selbstfruchtbar, also keine Fremdbestäubung durch andere Sorten. Die Stachelbeerensaison kann durch die Wahl entsprechender Sorten auf etwa ein Vierteljahr ausgedehnt werden. 'Hönings-Früheste' ist eine ganz frühe Sorte mit gelben Früchten und süßem, angenehmen Geschmack. Mittelfrüh reifen 'Lauffener Gelbe' und 'Lady Delamere', besonders genügsame Sorte mit grünen Beeren. Die 'Weiße Triumphbeere' zeichnet sich durch regelmäßige Ernten aus, die 'Rote Triumphbeere' aus Schottland ist starkwüchsig mit dunkelrot reifenden Früchten. Sie ist aber anfällig gegen Mehltau. Rote Beeren tragen auch 'Maiherzog' und die neue Sorte 'Remarka', gelbgrüne die Sorte 'Reverta'. Die meisten Sorten ertragen Windbelastung besser als die Johannisbeere und sind deshalb auch eher zur Anlage von Hecken geeignet. Die Verarbeitungsmöglichkeiten der Stachelbeeren sind sehr vielseitig. Sie lassen sich zu Kompott, Marmelade, Gelee und als Kuchenbelag verwerten. Reif geerntete Früchte eignen sich ferner zum Rohverzehr und zur Bereitung von Süßmost, Dessert- und Schaumwein.

Fuchs-Rebe

Vitis labrusca — Vitaceae = Weingewächse

Blütezeit: Mai bis Juni
Fruchtreife: Herbst

Die in Amerika heimische, dem echten Wein *(Vitis vinifera)* sehr ähnliche Fuchsrebe ist reblausresistent und diente nach ihrer Überführung nach Europa in erster Linie als Unterlage für die Pfropfung europäischer Edelreiser. Lediglich in Oberitalien wird die Fuchsrebe im größeren Umfang angebaut; der lateinische Artname „labrusca" hat mit dem Wein „Lambrusco" jedoch nichts zu tun. Die Früchte der Fuchsrebe ergeben keine guten, in Europa geschätzten Weine; die Beeren kennzeichnet ein unangenehmer „Fuchsgeschmack".
Klima und Standort: Wie auch der echte Wein bevorzugt die Fuchsrebe einen warmen Standort mit Schutz vor späten Frühjahrsfrösten und vorzeitiger Kälte im Herbst. Warmes und feuchtes Wetter zur Blütezeit bringt reiche Erträge im Oktober. Boden: Gedeiht gut auf eher mageren Böden. Säen und Pflanzen: Meist ungeschlechtliche Vermehrung durch Reiser. Pflanzen im späten Frühjahr nach den letzten Bodenfrösten. Gelockerte Erde gründlich bewässern. Pflege und Düngung: Stützen der Rebe mit Weinstock oder Kletterspalier. Jährliche, nicht zu reichliche organische Düngung mit vererdetem Kompost oder Stallmist, verrottet oder als Trockenmasse. Pflanzenschutz: Kein Reblausbefall, jedoch gelegentlich Infektion mit Mehltau. Vorbeugende Spritzung und Bodengabe von Ackerschachtelhalmtee. Ernte der Beeren ab Ende September und im Oktober, wenn die Früchte durch Herbstbesonnung zur Vollreife gekommen sind. Verarbeiten und Lagern: Verwendung als Tafelobst und Trocknen der Beeren zur Nutzung als Backobst. Auch Vergären des Beerenmostes zu Wein, der sich allerdings mit der Qualität der Edelrebsorten nicht messen kann.

'Muskat de Hambourg'

Weinrebe

Vitis vinifera Vitaceae = Weinrebengewächse

Blütezeit: Mai bis Juni
Fruchtreife: Herbst

Die Weinrebe zählt zu den ältesten Kulturpflanzen überhaupt; schon vor mehr als 5000 Jahren wurde in Kleinasien aus den Früchten der Wildrebe Wein gekeltert. Unter römischer Aufsicht wurden 300 n. Chr. bereits erste Weingüter in Deutschland eingerichtet. Mitte des 19. Jahrhunderts erlitt der Weinbau in Europa einen herben Rückschlag, als mit amerikanischen Reben die bis dahin hier unbekannte Reblaus eingeschleppt wurde. Die Weinrebe ist eine ausdauernde Schlingpflanze, deren Langtriebe („Lotten") in Sproßranken enden. An den Achseln der Blätter entwickeln sich die „Geizen" genannten Kurztriebe. Aus den in Rispen angeordneten, grünlichen Blüten entstehen nach der Befruchtung die grünen oder roten Weinbeeren, die bis zu vier Samen tragen.
Klima und Standort: Die wärmeliebende Weinrebe benötigt ein Klima, in dem sie vor Spätfrösten im Frühjahr und vor Kälte im Herbst geschützt ist. In Deutschland ist erfolgreicher Weinbau deshalb hauptsächlich auf die warmen, windgeschützten Täler an Rhein, Mosel, Main, Neckar und Ahr beschränkt. An ihrem vollsonnigen Standort braucht die Pflanze bereits zur Blütezeit eine warme, feuchte Witterung; den Sommer über verträgt sie auch Trockenperioden. In der Zeit der Reife, zwischen August und Oktober, ist der ständige Wechsel zwischen Besonnung und Befeuchtung optimal. Wer im Hausgarten außerhalb von Weinbaugegenden die Weinrebe als Tafelobst und Liebhaberei ziehen will, braucht dafür den sonnigsten Platz, z. B. eine windgeschützte Südwand. Boden: Volle Aromaentwicklung der Beeren auf kargen Böden; fette Böden sind weniger geeignet. Der „Bodenton" (Lehm, Löß, Mergel, Sand, Tonboden) bestimmt in der gewerblichen Kelterei den Weingeschmack entscheidend mit. Pflanzen: Meist Vermehrung durch Pfropfung europäischer Edelreiser auf reblausfeste, krankheitsresistente Unterlagen. Pflanzung der Weinrebe im Frühjahr nach den letzten Bodenfrösten. Man besorgt sich veredelte Reben und setzt sie schräg in eine Pflanzgrube mit gelockerter, schwach gedüngter Erde. Die Triebspitze soll höchstens 2 cm über dem Boden freibleiben. Pflege und Düngung: Stützen der Weinrebe mit geeignetem Stab bzw. einem Wandspalier. Beim Austrieb im Frühjahr Ausgeizen der Kurztriebe; nur deren unterste Niederblattknospe wird belassen, da sie sich im folgenden Frühling zu einem neuen Langtrieb („Lottenknospe") entwickelt. Bei Anbau im Freiland einen Mindestabstand von 120 cm zwischen den Weinstöcken herstellen. In Gegenden ohne Weinklima muß man die Reben im Frühjahr vor späten Frösten durch Hauben aus Klarsichtfolie schützen, wie sie auch für Tomaten üblich sind. Jährliche, sparsame organische Düngung mit vererdetem Kompost oder Stallmist-Trockenmasse mit etwa 2,5 kg/m^2 Anbaufläche. Da nur Neutriebe Früchte ansetzen, wird der Rebstock in jedem Frühjahr scharf zurückgeschnitten. Je nach der angestrebten Wuchsform unterscheidet man Zapfen- oder Bogrebenschnitt. Meist ist auch ein Sommerschnitt erforderlich. Reichtragende üppige Weinlauben wie in südlichen Ländern lassen sich bei uns ohne Glasschutz nicht verwirklichen. Pflanzenschutz: Bei Befall mit Rebläusen kommt es zur Ausbildung krugförmiger Gallen an den Pflanzenblättern; an den Wurzeln der befallenen Reben treten knotige Schwellungen auf. Spritzung mit vergorener Brennesseljauche oder Pyrethrum-Elixier. Vorbeugende Spritzung und Ausbringen in den Boden von Ackerschachtelhalmbrühe gegen Mehltau und Blattfallkrankheit. Verarbeiten und Lagern: Neben der Nutzung der Beeren als Tafelobst werden in südlichen Ländern durch Trocknen Rosinen, Sultaninen und Korinthen gewonnen. Die gewerbliche Weingewinnung ist aufwendig. Im Haushalt kann man Wein aus Trauben wie vergorene Säfte anderer Obstarten durch Pressen und Ansetzen des Süßmostes ohne Zusätze in Gärbehältern gewinnen. Sorten: Insgesamt gibt es in Deutschland 54 klassifizierte Rebsorten. Bei den weißen Rebsorten dominieren der robuste 'Müller-Thurgau', der spätreifende 'Riesling' und der klassische 'Silvaner'. Auch die Sorten 'Ruländer', 'Morio Muskat', 'Scheu' und 'Kerner' werden häufig angebaut. Bei den roten Weinen sind 'Portugieser', 'Trollinger' und 'Blauer Spätburgunder' die Hauptrebsorten.

Steinobst

Kornelkirsche

Cornus mas Cornaceae = Hartriegelgewächse

Blütezeit: Februar, noch vor dem Laub
Fruchtreife: Spätsommer

Die artenreiche Gattung Hartriegel umfaßt ebenso 10 cm hohe Stauden wie 10 m hohe Bäume. Hartriegelgewächse werden meist als Ziergehölze in Gärten und Parks gezogen; ihre Blüten locken viele Insekten an, die Früchte ernähren Vögel. Allen Sträuchern und Bäumen der Gattung gemeinsam ist das sehr zähe Holz. Schon die alten Griechen fertigten aus ihm schwer spaltbare Lanzenschäfte. Die Kornelkirsche zählt mit zu den ersten Blühern im Garten. Schon im Februar erscheinen an den noch kahlen Zweigen des bis zu 5 m hohen Strauchs oder bis 10 m hohen Baumes kleine gelbe Doldenblüten. Der Laubaustrieb erfolgt erst später. Die Blätter sind an der Oberseite dunkelgrün, unterseits etwas heller, oval und zugespitzt. Die Blattunterseiten sind in den Nervenwinkeln stark behaart. Ältere Sträucher bringen rote, längliche Steinfrüchte hervor, die erfrischend sauer schmecken, aber deshalb nur in kleinen Mengen roh genießbar sind. Aus den Sträuchern der Kornelkirsche läßt sich durch Beschneiden eine robuste Hecke formieren. Sie verfügen über ein starkes Ausschlagvermögen.
Klima und Standort: Die wärmeliebende Kornelkirsche braucht einen sonnigen bis halbschattigen Standort. Sie fehlt in Nordeuropa und im höheren Bergland, besiedelt aber gern offene, steinige Hänge. Boden: Der Strauch bevorzugt gut dränierten (wasserzügigen) Untergrund, gern auf Kalkgestein. Stauende Nässe und saure Böden werden nicht vertragen. Vermehrung und Pflege: Die Vermehrung erfolgt durch Stecklinge, die man im Sommer schneidet, aber erst im folgenden Frühjahr auspflanzt. Vermehrung aus Samen ist möglich, aber langwierig. Die Kornelkirschen im Garten nicht wild wuchern lassen, sondern kräftig schneiden, was sie ohne Komplikationen vertragen und mit reichem Flor und vielen Früchten lohnen. Verwendung: Die Früchte lassen sich zu Kompott und Marmelade verwerten.

Nektarine

Prunus reticulata Rosaceae = Rosengewächse

Blütezeit: März und April
Fruchtreife: Ab Ende Juli, Hauptreife August bis September

Die Nektarine ist eine Unterart des Pfirsichs, unterscheidet sich aber von den bei uns bekannten Pfirsichfrüchten mit der flaumigen Außenhaut durch ihre überaus glatte Schale ohne jeden Haarflaum. Ausreichende Lebensbedingungen im Freiland findet die wärmeliebende Nektarine bei uns nur in den Gebieten mit Weinklima, also an Rhein, Mosel, Ahr, Neckar und Main. Die Pflanze hat zwar einen winterharten Stamm, ist aber durch ihre frühe Blütezeit durch Fröste gefährdet.
Klima und Standort: Warmer, geschützter Standort – eventuell an der Südwand des Hauses – mit guter Befeuchtung, jedoch ohne Staunässe. Boden: Wie der gewöhnliche Pfirsichbaum bevorzugt die Nektarine einen eher leichten, aber tiefgründig humosen Boden mit bester Wasserführung und Durchlüftung. Säen und Pflanzen: Üblich ist die ungeschlechtliche Vermehrung durch Pfropfung von Nektarinenreisern auf robuste Unterlagen der Gattung Prunus. Pflege und Düngung: Mulchen mit Rindenschrot oder Grasschnitt empfehlenswert. Jährliches Einarbeiten von organischen Düngern wie vererdetem Kompost oder verrottetem Stallmist. Bei der frühen Blütezeit sind erst wenige Insekten aktiv; ggf. Pollenübertragung mit einem feinen Pinsel. Jährlicher Rückschnitt des in der Regel 5–9 m hochwachsenden Baumes ist empfehlenswert. Ernte: Mit den ersten vollen Ernten der 20–30 Jahre alt werdenden Pflanze ist nach 5–7 Jahren zu rechnen. Verarbeiten und Lagern: Wie auch Pfirsiche und Aprikosen werden Nektarinen bei Temperaturen von 0 bis −1 °C im Handel bis zu drei Wochen ohne Aromaverlust gelagert. Neben der Verwendung als Tafelobst können die Früchte auch getrocknet als Backobst genutzt werden. Bei Kühlschranktemperatur ist eine Lagerung des frischen Obstes bis zu einer Woche möglich. Sorten: 'Nektarose' bringt schon nach 3–4 Jahren volle Erträge, weißfleischige, widerstandsfähige Sorte von kräftigem Wuchs und hohem Ertrag. 'Silver Lode' treibt sehr früh aus und ist bei uns spätfrostgefährdet.

Aprikose

Prunus armeniaca — Rosaceae = Rosengewächse

Blütezeit: März
Fruchtreife: Juli bis August

Der kleinwüchsige Aprikosenbaum ist in Westasien beheimatet. Die sommergrüne Pflanze trägt dunkelgrüne eiförmige Blätter mit gesägtem Rand. Die meisten heute gezogenen Aprikosensorten sind selbstfruchtbar; aus den weißen, manchmal rosafarbenen Blüten entwickeln sich nach der Bestäubung die gelben bis rötlichen Steinfrüchte mit ihrer zarten Flaum-Behaarung. Der Aprikosenbaum wird in fast allen Ländern mit geeignetem Klima kultiviert; die meisten Aprikosen werden in der UdSSR, Spanien, Türkei, Ungarn und Österreich produziert. Der Anteil der Aprikosen an Karotin übertrifft mit 18 mg je Kilogramm Fruchtfleisch andere Steinobstarten erheblich.

Klima und Standort: In Mitteleuropa ist die Kultur mit erfolgreichen Erträgen nur in Gebieten mit Weinklima im Freiland möglich. Die gemäß ihrer Herkunft wärmeliebende Aprikose braucht einen vollsonnigen Platz; der Standort an der Südwand des Hauses kommt ihren Ansprüchen entgegen. Als Spalierpflanze an der Hauswand kann die abstrahlende Wärme für sie genutzt werden. Zwar ist ihr Stammholz weitgehend frosthart, doch wird sie durch ihre frühe Blütezeit durch Spätfröste gefährdet. Dabei gelten schon Temperaturen von −4°C für die geschlossene Knospe, −2,3°C für die volle Blüte und −0,7° für die jungen Früchte als kritisch. Temperaturspitzen und Trockenzeiten im Sommer verträgt sie dagegen gut. Boden: Der Aprikosenbaum verlangt einen eher leichten, jedoch auch humosen Boden mit Sandanteil. Der pH-Wert sollte zwischen 5,3 und 6,2 liegen; bei zu hohem Gehalt an freiem Kalk kann die Aprikose mit Chlorose oder Spurenelement-Mangelerscheinungen reagieren. Säen und Pflanzen: Keimdauer bei eigener Aufzucht aus Samen etwa 8 Wochen bei Raumtemperatur, jedoch sind Keimung, Wachstum oder Fruchtung von selbst aus Samen gezogenen Pflanzen meist nicht erfolgversprechend. Die Regel ist die Vermehrung durch Pfropfung von Aprikosenreisern auf robuste und wurzelechte Sämlinge der Hauszwetsche; aber auch andere Arten der Gattung Prunus werden als Unterlage benutzt. Bei der Pflanzung Abstand von etwa 6 m zum nächsten Obstgehölz einhalten. Pflege und Düngung: Beim Standort an der Hauswand der Gefahr der Wurzeltrockenheit durch Wässern und Mulchen entgegenwirken. Durch die frühe Blütezeit, zu der erst wenige Insekten aktiv sind, kann es Schwierigkeiten bei der Blütenbestäubung geben. Mit angefeuchtetem Pinsel vorsichtig die Pollen von Blüte zu Blüte übertragen. Jährlicher leichter Auslichtungsschnitt des Aprikosenbaums ist empfehlenswert. Nach erfolgtem Kronenaufbau soll das Bäumchen nur noch sehr behutsam geschnitten werden. Im Herbst regelmäßiges Einarbeiten von Kompost und Hornspänen als organische Düngung, dabei den Boden auflockern. Pflanzenschutz: Beim Auftreten der Kräuselkrankheit verfärben sich die Aprikosenblätter ins Rötlich-Braune und verformen sich. Die infizierenden Pilze setzen sich am Baum fest, überwintern in den Knospenschuppen und brechen im Frühjahr wieder aus. Vorbeugende Spritzungen mit wässeriger Lösung aus Grüner Seife (Schmierseife) erschweren die Pilzinfektion. Bei Befall mit der Obstbaumspinnmilbe oder Roten Spinne Spritzungen mit einschlägigen Mitteln. Unbedingt Wartezeit beachten! Ernte: Mit den ersten Vollernten vom 25–35 Jahre alt werdenden Aprikosenbaum ist nach 4–6 Jahren nach der Pflanzung zu rechnen. Erträge von 25–30 kg je Baum gelten bei bester Pflege als durchschnittlich. Verarbeiten und Lagern: Aprikosen können roh, luftgetrocknet und als Backobst verwendet werden. In der landwirtschaftlichen Erwerbswirtschaft werden frische Früchte bei Temperaturen von −1 bis 0°C bis zu drei Wochen gelagert. Bei Kühlschranktemperatur sind Lagerungen von 1–2 Wochen möglich, ohne daß die Aprikosen an Aroma und Substanz verlieren. Sorten: 'Mombacher Frühe' stammt aus dem deutschen Anbaugebiet um Mainz und ist unserem Klima gut angepaßt; hohe und regelmäßige Erträge, reift Mitte bis Ende Juli. 'Aprikose aus Nancy', eine altbewährte Sorte aus Frankreich, nicht kälteempfindlich, große, gut nachreifende Früchte, platzen bei Dauerregen. 'Ungarische Beste', hohe, früh einsetzende Erträge, spätreifend, nur in mildem Klima erfolgreich anzubauen.

'Mamie Ross'

Pfirsich

Prunus persica Rosaceae = Rosengewächse

Blütezeit: Zwei Wochen vor der Apfelblüte; weiß, rosa, bis zu einem warmen Rot
Fruchtreife: Mitte Juli (frühe Sorten) bis September

Die Römer brachten den Pfirsich im 3. oder 4. Jahrhundert in unser Gebiet, sie hatten ihn von den Griechen übernommen und diese von den Persern. Lange Zeit hieß die begehrte, köstliche Frucht 'Persischer Apfel'. Tatsächlich wurde er schon zwei Jahrtausende vor Christi Geburt in China kultiviert. In unseren Breiten kann man den Pfirsich nur in klimatisch bevorzugten Lagen am Bodensee, am Kaiserstuhl, in der Pfalz, in Franken, an der Bergstraße und in der Rheinebene mit Aussicht auf Erfolg anbauen (allgemein in Weinanbaugebieten), da die Blüte sehr frostempfindlich ist; in Deutschland kaum über 200 m Meereshöhe. Winterfrost schadet den Pfirsichbäumen dagegen nur bei anhaltend großer Kälte. In Süd- und Nordtirol gedeihen Pfirsichspaliere an den Wänden von Bauernhäusern trotz kalter und schneereicher Winter. Die weltweit zahlreichen Pfirsichsorten setzen sich aus zwei Hauptgruppen zusammen: Weiß- und gelbfleischige Früchte. Die weißen sind die früheren Sorten, die gelben die gehaltvolleren und aromatischeren.
Klima und Standort: Der Pfirsichbaum braucht viel Sonne. Boden: Er verlangt einen warmen, eher leichten, humosen Boden, gute Wasserführung und unbedingt Durchlässigkeit, er darf aber keinen hohen Grundwasserstand aufweisen. Natürliche Bodengare (belebter Humus) sorgt auf die Dauer für die erforderliche gute Durchlüftung. Die großen Früchte bewirken einen hohen Nährstoff-, Kalk- und Wasserbedarf. Vorteilhaft ist eine Mulchschicht, sie darf die Bodenerwärmung im Frühjahr aber nicht verzögern. 20 Jahre beträgt das Durchschnittsalter eines Pfirsichbaumes, in ungünstigen Lagen erheblich weniger. Pflanzenschutz: Die Erfrierungsgefahr für spät oder nicht ausgereifte Triebe ist sehr groß. Die durch die Pfirsichblattlaus (lebt wirtswechselnd auch auf Kartoffeln) übertragene Kräuselkrankheit ist gefürchtet. Manche Sorten ('Amsden', 'Madame Rogniat') sind dagegen mehr oder weniger resistent. Pflanzen: Einjährige Veredelungen werden wegen möglicher Frostschäden besser im Frühjahr als im Herbst gepflanzt. Pflanzenabstand 4–5 m. Vermehren: Im allgemeinen durch Veredelung auf Pfirsich-Sämlinge bei leichten Böden, auf Pflaumenunterlagen bei schwereren Böden. Schnittpflege: Pfirsichbüsche und -bäume bleiben ziemlich klein. Nur in günstigem, warmem Klima werden sie 5–7 m hoch. Drei Kulturformen haben sich bei uns bewährt: Busch, Niederstamm (bis 120 cm) und Fächerspalier. Der Pfirsich blüht und fruchtet am 2jährigen Holz. Deshalb wird er im Frühjahr geschnitten. Fruchttriebe sollten sowohl Blatt- als auch Blütenknospen tragen und gut besonnt werden. Bei zu vielen Fruchtansätzen wird ausgedünnt. Ernte: Sein volles Aroma erreicht der Pfirsich nur dann, wenn er bis zur Vollreife am Baum bleibt. Die Früchte sind pflückreif, wenn sie am Stielansatz etwas weich werden. Nicht bei Regenwetter ernten. Sorten: Im Rheinischen Vorgebirge wurde eine kernechte Sorte gezüchtet, die man sortenecht aus dem Samen vermehren kann: 'Roter Ellerstädter' oder 'Kernechter vom Vorgebirge', eine wüchsige, an unser Klima angepaßte Sorte, verhältnismäßig unempfindlich gegen Kälte und Krankheiten, im September reifen die weißfleischigen Früchte, das Fleisch löst sich gut vom Stein. 'Amsden', eine der frühesten, aus Amerika stammende Sorte, sehr warmer Freilandstand oder Aufzucht im Treibhaus, saftige, tiefrote Früchte, ab Mitte Juli, keine Fremdbestäubung, wenig krankheitsanfällig (Kräuselkrankheit und Monilia), die Blüte ist sehr frostempfindlich, allgemeine Krankheitsanfälligkeit bei Aufzucht in nicht entsprechendem Klima. 'Madame Rogniat', Fruchtreife ab Mitte August, große rote, weißfleischige, saftige und aromatische Früchte, steinlösend, gute Wachs- und Tragfähigkeit, widerstandsfähig gegen Krankheiten, selbstfruchtbar. 'Rekord von Alfter'; August und September reife, große, goldgelbe und rote, gelbfleischige , saftige, aromatische Früchte, steinlösend, gute Wuchs- und Tragfähigkeit. Die Sorte 'South Haven' hat ähnliche Eigenschaften wie die letztgenannte. Reifezeiten im September – gelbfleischig und steinlösend – haben die Spätpfirsiche 'Hal-Berta Giant' und 'Wasserberger'. 'Früher Roter Ingelheimer', 'Redhaven', 'Starking Delicious', 'Anneliese Rudolph' und 'Cumberland' eignen sich für Hausgärten.

Hauszwetschge

Pflaume, Zwetschge

Prunus domestica Rosaceae = Rosengewächse

Blütezeit: Im April, noch vor dem Austrieb der Blätter
Fruchtreife: Frühe Sorten im August, mittlere und späte im September und Oktober

Wildformen der Pflaumen wachsen bei uns in Mitteleuropa nicht, wie es bei Kirschen und beim Kernobst der Fall ist. Die Pflaume stammt wahrscheinlich aus Vorderasien, möglicherweise aus dem alten Kulturland zwischen den Flüssen Euphrat und Tigris. Wichtige Kulturformen stammen ziemlich gesichert aus dem westlichen Asien, dem Gebiet des heutigen Iran. Schriftzeugnisse besagen, daß den Römern Kultursorten der Pflaume schon um Christi Geburt bekannt waren. Die Wildarten Schlehe und Kirschpflaume dürften bei der Entstehung der Hauspflaume eine Rolle gespielt haben. Pflaumen, Zwetschgen, Mirabellen und Renekloden sind Formen bzw. Unterarten der Hauspflaume. Als Zwetschge gelten aber meist nur bestimmte Formen der Pflaume. Die Abgrenzung ist fließend und botanisch nicht als Unterart begründet. Die Früchte der Zwetschge haben eine länglichere Form als die der Pflaume, festeres Fleisch, einen flachen Kern und dünne Fruchtstiele. Zwetschgen sind meist blau, in der Reife nie grün oder gelb gefärbt. Pflaumen werden zum Rohgenuß bevorzugt. Pflaumen (und Zwetschgen) wachsen als mittelgroße Bäume, sind mittel- bis starkwüchsig. Auf geeigneten Unterlagen und Schnitt kann man auch niedrige Gehölzformen ziehen. Einige Sorten brauchen Fremdbestäubung, andere nicht. Die gelb reifenden Mirabellen (Wachspflaumen) und die gelbgrünen Renekloden (Edelpflaumen) stellen an die Wärme ihres Standortes höhere Ansprüche als die blauen Pflaumen. Pflaumen tragen an zwei- und dreijährigem Holz, ein regelmäßiges oder starkes Zurückschneiden ist nicht erforderlich. Junge Gehölze brauchen jährliche Erziehungsschnitte.
Klima und Standort: Pflaumen lieben vollsonnige Standorte in milden Lagen. Die Hauszwetschge wird auch in rauheren und in Gebirgslagen erfolgreich angebaut. Boden: Sollte tiefgründig humos, darf auch leicht sandig sein, wenn man ihn ausreichend mit Nährstoffen versorgt und in Trockenzeiten wässert. Auch Lehmböden eignen sich, wenn man stauende Nässe ableitet und Nährhumus zuführt. Kalkmangel vertragen Pflaumen schlecht, der pH-Wert sollte bei 6,5 bis 7 liegen. Durch Kalkmangel und Trockenheit während der Fruchtreife kann es zu Fruchtfall kommen. Schutz durch Kalkgaben und ausreichendes Wässern. Dennoch ist bei Kalkgaben Vorsicht geboten, Überkalkung kann zu Chlorose führen. Vermehrung: Veredelung auf Sämlingsunterlagen ist nicht bei allen Sorten erforderlich, man kann sie teilweise durch Wurzelschößlinge (Hauszwetschge) sortenecht vermehren. Sorten: Die Zwetschge weist viele Lokalrassen auf, die in der jeweiligen Gegend durch Ausläufer vermehrt und herangezogen werden. 'The Czar', eine der bekanntesten, aus England stammende Sorte, Blüte im April und Reife im August, das gelbe Fleisch ist saftig und löst sich leicht vom Stein, kann allein angepflanzt werden, da Fremdbestäubung nicht erforderlich. 'Ontariopflaume', gelbe, große, fast kugelrunde Früchte, reift Anfang August, selbstfruchtbare Sorte, Aroma bleibt hinter dem anderer Sorten zurück. Das Fruchtfleisch ist sehr druckempfindlich. 'Lützelsachser Frühzwetsche', reift schon ab Juli, Früchte schmecken angenehm säuerlich. Nötige Fremdbestäubung liefern 'Viktoriapflaume' und 'Bühler Frühzwetsche'. 'Bühler Frühzwetsche', das saftige Fleisch hat ein gutes Aroma, ist widerstandsfähig gegen Krankheiten, braucht aber warme Standorte, dann Fruchtreife der mittelgroßen, dunkelblauen Früchte ab Mitte August. 'Viktoriapflaume', reift über gelbe zu roten Früchten heran, je nach Lage im August oder September; Ausdünnen der Fruchtansätze nach der Blüte, sonst bleiben die Früchte klein und haben zu wenig Süße, keine Fremdbestäubung, Früchte reifen nicht auf einmal, geringe Frostempfindlichkeit von Blüten und Holz, frühe Erträge bei Jungbäumen, Fruchtmonilia und Bleiglanzkrankheit können auch bei dieser robusten Sorte auftreten; bei Dauerregen platzen die Früchte, schwacher bis mittelkräftiger Wuchs mit hängenden Zweigen. Unter den Zwetschgen ist die 'Deutsche Hauszwetsche' die wichtigste. Fruchtreife im Oktober, Früchte sind saftig, süß, dabei säuerlich und aromatisch, für Frischverzehr wie für die Verarbeitung gleichermaßen geeignet; geschützte Standorte wählen; mittelstarker Wuchs bis zu kräftigen Bäumen.

Süßkirsche

Prunus avium Rosaceae = Rosengewächse

Blütezeit: Je nach Sorte April bis Juni
Fruchtreife: Juni bis August

Trotz ihrer relativ großen Anfälligkeit gegenüber Bakterienbrand und der Neigung ihrer Früchte, bei Regen zu platzen, hat die Süßkirsche in Europa schon seit Tausenden von Jahren weite Verbreitung gefunden. Sie stammt von der Vogelkirsche ab, deren ursprüngliche Heimat Kleinasien und der Kaukasus war. Seit langem ist die Vogelkirsche auch in unseren heimischen Wäldern eingebürgert und nicht selten. In der Antike war die Süßkirsche bei Griechen und Römern gleichermaßen beliebt. Die Römer brachten auf ihren Feldzügen zahlreiche Sorten über die Alpen, wo sie in der Folge in vielen Hausgärten angepflanzt wurde. Wie Apfel und Birne ist die Kirsche dem mitteleuropäischen Klima bestens angepaßt. 75% der gesamten Weltproduktion von Süßkirschen kommen heute aus Europa. Die Bundesrepublik Deutschland gilt immer noch als das größte Anbauland, obwohl durch das verhältnismäßig hohe Ertragsrisiko und die kostenintensive Ernte die hiesige Süßkirschenproduktion abnimmt. Vielleicht wird sich das wieder ändern, wenn die aussichtsreichen Neuzüchtungen von kleinkronigen und niedrigen Süßkirschbäumchen Erfolg haben werden.
Klima und Standort: Süßkirschen sind anspruchslose Bäume, sofern sie an einen sonnigen, milden Standort gepflanzt werden. Jahresniederschlagsmengen unter 1000 mm sind günstig. Während der Erntezeit sollte es möglichst nicht regnen. Schlecht sind neblige und eingeschlossene Lagen. Süßkirschen bevorzugen reichliche Luftbewegung. Temperaturen unter −25 °C schaden den Trieben und Knospen. Boden: Durchlässige, lehmige aber tiefgründige Böden eignen sich am besten. Ist reichlich Humus vorhanden, darf der Untergrund auch steinig oder kiesig sein. Stauende Nässe wird von der Süßkirsche nicht vertragen. Bei zu schwerem Lehm oder Ton besteht die Gefahr von Gummifluß. Auch Kali-, Kalk- oder Phosphormangel und/oder zuviel Stickstoffdüngung kann diese Krankheit hervorrufen. Der günstigste pH-Wert liegt zwischen 5,5 und 8. Die Blüten und jungen Früchte sind sehr kälteempfindlich. Säen und Pflanzen: Für den Hausgarten und als Hangbepflanzung eignen sich Halbstämme. Großkronige und entsprechend hohe Bäume erfordern Pflanzabstände von 10 m. Nach sechs bis acht Jahren beginnt die Süßkirsche zu tragen. Der Baum wird 50 und mehr, manchmal sogar bis zu 100 Jahre alt. Da alle Sorten selbstunfruchtbar sind und somit eine Kreuzbestäubung erfordern, muß man mindestens zwei Bäume anpflanzen (oder sich mit den Nachbarn absprechen). In der Baumschule erfährt man am besten, welche Sorten sich gegenseitig befruchten, denn nicht alle vertragen sich. Die zusammen gepflanzten Sorten sollten ungefähr zur selben Zeit blühen. Pflege und Düngung: Übliche Obstbaumdüngung. Am Jungbaum einen lockeren Kronenaufbau erziehen, dann werden später große Schnitteingriffe vermeidbar. Sie führen zu unerwünschter Quirlbildung der Leitäste und zu Gummifluß. Pflanzenschutz: Ungeeignete Standorte und/oder schlechtes Klima (zu hohe Luftfeuchtigkeit) begünstigen Monilia, Echten Mehltau und andere Pilzerkrankungen. Bei Monilia spritzt man bei den ersten Anzeichen (trockene Zweige und Früchte, ringförmige gelbbraune Verfärbung der Kirschen) ein im Handel erhältliches biologisches Pflanzenschutzpräparat (z. B. Ledax-san, Bio-S oder Artanax); zur Vorbeugung empfiehlt es sich, regelmäßig kranke Zweige und Früchte zu entfernen und rund um den Baumstamm Meerrettich anzupflanzen. Gegen Echten Mehltau wendet man Schwefelpräparate an. Biologische Mittel wie Schachtelhalmabkochungen wirken nur vorbeugend. Kirschfruchtfliege siehe bei Sauerkirsche. Ernten und Lagern: Kirschen sind nicht lagerfähig. Für den Verzehr frischer Früchte läßt man sie am Baum ausreifen, weil sie dann am besten schmecken. Will man sie weiterverarbeiten, werden sie kurz vor der Vollreife vom Baum genommen. Verwendung: Frischverzehr, eingemacht für Kompott oder Kuchen, Marmeladen, Fruchtweine. Sorten: 'Kassins Frühe', 'Badeborner', 'Büttners Rote Knorpel', 'Dönissens Gelbe Knorpelkirsche' (mit gelben Früchten), 'Große Germersdorfer', 'Fromms Herzkirsche', 'Große Schwarze Knorpelkirsche', 'Rivers Frühe', 'Rote Maikirsche', 'Große Prinzessinkirsche' und viele andere.

Schattenmorelle

Sauerkirsche, Weichsel

Prunus cerasus Rosaceae = Rosengewächse

Blütezeit: Je nach Sorte Mai oder später
Fruchtreife: Je nach Sorte Juli/August

Die heute bekannten Sauerkirschsorten stammen von Wildformen ab, zu deren Heimat Kleinasien, der Kaukasus und Südosteuropa zählen. Obwohl ihre Kultur genauso alt wie die der Süßkirsche ist, wurde und wird die Sauerkirsche in geringerem Umfang angebaut. Einige Sorten eignen sich gut zum Frischverzehr. Für den Hausgarten bringen die kleinwüchsigen Sauerkirschen dank ihres geringeren Platzbedarfes und größerer Anspruchslosigkeit Vorteile. In Jugoslawien und in den USA werden Sauerkirschen großflächig für industrielle Verarbeitung der Früchte angebaut. Wer in seinem Garten Kirschen ernten möchte, sollte mit einer selbstfruchtenden Sauerkirschsorte beginnen. Bei Süßkirschen braucht man wenigstens zwei Bäume.
Klima und Standort: Die Ansprüche der Sauerkirsche ähneln denen der Süßkirsche, sind jedoch insgesamt geringer. Manche Sorten nehmen sogar mit halbschattigen Plätzen vorlieb, sofern die Lage (Luft und Erde) nicht allzu feucht ist. Boden: Wie bei der Süßkirsche. Aufgrund ihrer Genügsamkeit gedeiht die Sauerkirsche jedoch auf fast allen Böden. Zu schwere und zu nasse Erde fördert die bekannten Pilzkrankheiten wie Monilia und Echter Mehltau. Veredelungen auf der Unterlage der Steinweichsel begnügen sich auch mit leichten Sandböden. Säen und Pflanzen: Im Gegensatz zur Süßkirsche gibt es bei der Sauerkirsche neben den selbstunfruchtbaren Sorten auch selbstfruchtbare. In einer Anlage reicht ein Pflanzabstand von 4 m aus; die Reihen sollten 5 m auseinanderliegen. Pflege und Düngung: Kräftige, triebanregende Düngung bei der Schattenmorelle, sonst übliche Obstbaumdüngung. Regelmäßiger Jahresschnitt fördert die notwendige Neubildung von Fruchttrieben. Schattenmorellen etwa tragen nur am einjährigen Holz. Bei ihnen ist es unerläßlich, die abgeernteten Zweige auf einen nachwachsenden Trieb zurückzusetzen. Solcherart Pflege ist die beste Garantie für regelmäßig reiche Ernte. Unterbleibt der Rückschnitt, so setzen nur die nachwachsenden Triebspitzen Früchte an – der Baum wird in der Folge innen kahler. Aber auch in diesem Zustand kann ein Baum durch radikales Zurückschneiden auf Jungtriebe verjüngt werden. Pflanzenschutz: Die Sauerkirsche ist wie die Süßkirsche anfällig für Pilzerkrankungen (Behandlung siehe bei Süßkirsche). Beide Arten werden zudem gern von der gefürchteten Kirschfruchtfliege heimgesucht. Diese etwa 5 mm lange Fliege legt ihre Eier einzeln in halbreife Kirschen ab. Die sich bald darauf bildenden Maden lassen das Fruchtfleisch rasch verfaulen. Bei warmer Witterung sind alle Kirschsorten von dieser Gefahr bedroht. Wirksame Gegenmaßnahmen: Von Mai bis Juli (Flugzeit!) Kirschfliegen-Fallen aufhängen; das Spritzen des Baumes drei Wochen nach der Blüte mit Wermuttee verhindert die Eiablage; Mulchen der Baumscheibe mit Grasschnitt oder Stroh; früh reifende Kirschsorten sind weniger anfällig. Ernten und Lagern: Wie bei der Süßkirsche (siehe dort). Verwendung: Mehr als die Süßkirsche ist die Sauerkirsche für die Weiterverarbeitung zu Saft, Gelee, Marmeladen, zum Einmachen und Tiefgefrieren geeignet. Selbst in vollreifem Zustand kann man heute viele Sauerkirschsorten maschinell ernten und in großem Umfang industriell verwerten. Mildsäuerliche Sorten wie 'Köröser Weichsel' und 'Königin Hortense' sind auch frisch ein köstlicher Genuß. Sorten: Weit verbreitet ist die sehr anspruchslose Schattenmorelle. Die vollsaftigen, dunkelroten Kirschen sollten ihres weichen Fruchtfleisches wegen rasch verbraucht werden. Diese schwachwüchsige Sorte gedeiht noch unter teilweiser Beschattung und wird gern als Spalierobst gezogen. Kleinstbäume dieser Sorte von maximal 1,5 m Höhe lassen sich sogar in Trögen auf Balkonen anpflanzen (nach der Ernte bis auf das zweijährige Holz zurückschneiden). Die Schattenmorelle ist selbstfruchtbar. Auch die neuere Sorte 'Morellenfeuer' aus Dänemark, mit mäßig starkem Wuchs und gutem Ertrag, ist nicht auf Fremdbestäubung angewiesen. Weitere bewährte Sorten sind 'Ludwigs Frühe', 'Diemitzer Amarellen', 'Rexelle' und 'Hermanns Rubinweichsel'.

Kapuzinerkresse auf der Baumscheibe

Kalkhaltiger Stammanstrich und Dreipunktstütze gegen Schneebruch

Zur Düngung und Pflege von Obstbäumen

Neben dem Schneiden ist die nachhaltigste Pflege unserer Obstgehölze eine mittelbare, sie gilt dem Boden. Die Wildobstarten, von denen unsere Kulturarten abstammen, wachsen in lichten Laubmischwäldern. Man kann daraus die wichtigsten Bodenansprüche ableiten: Frische, aber nicht zu feuchte oder gar nasse Böden mit hohem Humusanteil der oberen Schichten und eine natürliche Bodenbedeckung, die ein reges Bodenleben bis nahe der Oberfläche ermöglicht. Der pH-Wert sollte um den Neutralpunkt 7 liegen, bei Kernobst auch geringfügig darunter. Zu trockene und zu alkalische Böden, vor allem aber verdichtete, legen Spurenelemente des Bodens fest, so daß an einem Obstbaum solchen Standortes Mangelerscheinungen oder Ertragsschwäche auftreten können, obwohl die benötigten Elemente im Boden enthalten sind.

Steinobstarten haben gegenüber den anderen Obstarten einen etwas höheren Kalkbedarf. Für gute Erträge brauchen Obstbäume, vor allem Kernobstarten, wesentlich mehr Nährstoffe als sie etwa im Waldboden enthalten sind. Regelmäßige Nährstoffzufuhr durch Düngung ist für die Obstgehölze ebenso wichtig wie für den Gemüsegarten. Obstbäume reagieren aber empfindlich auf zu hohe Stickstoffgaben, auch wenn der Stickstoff in organischer Form konzentriert zugeführt wird, etwa durch Jauche oder Geflügelmist. Erhöhte Anfälligkeit gegen saugende Schädlinge sind die Folge.

Im häuslichen Obstgarten genügt in der Regel eine kräftige Jahresdüngung, vorzugsweise im Herbst mit verrottetem Stapelmist oder Reifkompost. Die Kompostzuschläge sollten möglichst vielfältig sein, Spezialkomposte, zum Beispiel aus Laub, eignen sich wegen ihrer Einseitigkeit weniger gut. Kompost wird in der Regel mit etwas Kalk aufgesetzt. Kalk sollte man aber nicht frischem Mist zusetzen, weil diese Kombination zu Stickstoffverlusten führt.

Wie wird gedüngt? Üblicherweise auf Baumscheiben, das heißt, auf den Kreisflächen unter dem Stamm bis über den Traufbereich der Krone hinaus. Besonders ältere Bäume können in Stammnähe keine Nährstoffe aufnehmen. Die aktiven Feinwurzeln der Bäume wachsen hauptsächlich nach außen. Unterkulturen entziehen dem Obstbaum Nährstoffe und haben sich deshalb nicht bewährt. Auch eine dichte Grasnarbe läßt nur einen Teil der zugeführten Nährstoffe zu den Baumwurzeln dringen. Ein Offenhalten der Baumscheibe wäre wünschenswert, doch schädigen Umgraben oder Hacken die oberflächennahen Wurzeln des Gehölzes. Deshalb bietet sich eine Bodenbedeckung aus organischen Stoffen an, zum Beispiel zerkleinerte Rinde, vorteilhaft mit ein paar Händen voll Steinmehl angereichert. Auf dieser durchlässigen Bodenbedeckung kann von Zeit zu Zeit zusätzlich mit einer Schicht von Rasenschnitt gemulcht werden.

Baumscheiben im Garten oder in Gartennähe kann man auch mit einjährigen Blumen bepflanzen, zum Beispiel Kapuzinerkresse. Sie beschattet den Boden, vermindert dadurch die Verdunstung und verfilzt den Oberboden nicht wie eine Grasnarbe. Zur Herbstdüngung können die leicht vergänglichen Pflanzen mühelos abgezogen und nach der Mist- oder Kompostgabe wieder aufgelegt werden. Der erste Frost leitet ihre rasche Zersetzung ein.

Obstgehölze sollte man weder mit tierischer Jauche noch mit Fäkalien düngen. Stehen weder Stapelmist noch Kompost zur Verfügung, kommen organische Mehrfachdünger in Frage. Wie alle Gehölze brauchen die Obstbäume zur Holzbildung Kalium. Deshalb ist auf einen ausreichenden Kalianteil zu achten. Gegebenenfalls kann man die Düngung mit Holzasche ergänzen. Düngt man mineralisch, ist Volldüngern der Vorzug zu geben, die auch Spurenelemente enthalten. Bei diesen wasserlöslichen Düngern empfiehlt sich wegen ihrer schnelleren Aufnahme durch die Wurzeln, die Düngergabe klein zu halten, aber mehrmals während der Vegetationsperiode zu wiederholen.

Ein Stammanstrich im Herbst mit Preicobact oder anderen kalkhaltigen Mitteln, die auch selbst hergestellt werden können (zum Beispiel Kalkmilch, Lehm und Wasserglas) schützen die Rinde vor Frostschäden und verhindern das Überwintern von Insekten und deren Larven. Damit verstopft man allerdings auch den Kleibern und Baumläufern eine winterliche Nahrungsquelle.

Kernobst

Gemeine Felsenbirne

Amelanchier ovalis und andere — Rosaceae = Rosengewächse

Blütezeit: Ende März bis Mai
Fruchtreife: Juli/August

Die Felsenbirne (auch Felsenmispel) ist ein reichblühender Strauch oder kleiner Baum mit dunkelgrünem Laub, das sich im Herbst prachtvoll verfärbt. Im Frühjahr ist das Gehölz über und über in einen weißen Blütenflor eingehüllt. Aus den kugeligen, purpurfarbenen bis schwarzen erbsengroßen Früchten läßt sich ein schmackhaftes Kompott zubereiten. Bei uns haben sich vor allem Arten aus Nordamerika durchgesetzt. Standort und Pflege: Die Felsenbirne ist anspruchslos, sie bevorzugt kalkhaltige Böden. Am dekorativsten wirkt sie in Einzelstellung. Vermehrung: Man kann die Felsenbirne durch Aussaat oder krautige Stecklinge vermehren, die im Frühjahr in normale Gartenerde gesteckt werden, sich leicht bewurzeln und noch im Herbst an den vorgesehenen Platz ausgepflanzt werden können. Arten: *Amelanchier canadensis* wird ein kleiner Baum. Die länglich-ovalen Blätter sind im Frühjahr unterseits leicht filzig, verkahlen jedoch später. Das Laub verfärbt sich im Herbst orangerot. Die schneeweißen Blüten bedecken schon im April den ganzen Baum. Aus ihnen entwickeln sich purpurfarbene Früchte von der Größe der Johannisbeeren. *A. laevis,* die Kahle Felsenbirne, wird ein bis um 10 m hoher Baum oder Strauch, der im Mai in voller Blüte steht, die allerdings nicht lange anhält. Ab Juni bilden sich aus ihnen zierende, violette und sehr schmackhafte Früchte, aus denen man Kompott zubereiten kann. *A. ovalis,* die einzige heimische Felsenbirne, ist weniger ansehnlich. Sie erreicht eine Höhe von meist nicht mehr als 2 m mit ovalen, dunkelgrünen Blättern, die sich im Herbst orangerot verfärben. Sie blüht im April und Mai schneeweiß. Auch ihre fast schwarzen, bläulich bereiften Früchte sind eßbar, schmecken aber eher fade.

Japanische Zierquitte

Chaenomeles japonica — Rosaceae = Rosengewächse

Blütezeit: März bis Mai
Fruchtreife: Herbst

Die Zierquitte ist ein reich blühender, sommergrüner Strauch und zählt zu den wertvollsten Frühlingsblühern. Die vier formenreichen Arten sind in Ostasien beheimatet. Sie werden je nach Sorte bis zu 3 m hoch und blühen in verschiedenen Rottönen, Rosa, Orangerot und leuchtendem Weiß. Die Blüten erscheinen vor dem Laubaustrieb an den dornigen Zweigen. Die Früchte lassen sich zu Quittengelee, -marmelade oder Most verarbeiten. Früchte vor Winter auszupfen. Klima und Standort: Zierquitten gedeihen auch noch in magerem Boden, allerdings sollte der Standort so sonnig wie möglich sein. Man kann sie in Einzelstellung oder als Hecken pflanzen, dann brauchen sie jedoch mehr Bodenraum. Wegschneiden sollte man bei veredelten Zierquitten die aus dem Boden sprießenden Wildtriebe. Überalterte, große Sträucher dürfen vorsichtig ausgelichtet werden. Zierquitten sind winterhart und haben sich als industriefest erwiesen. Säen und Pflanzen: Wildformen lassen sich durch Aussaat ziehen, aber es dauert lange, bis sich ein blühfähiger Busch entwickelt hat. Züchtungen werden im Juni und Juli durch Stecklinge vermehrt. Am einfachsten ist die Vermehrung durch Ableger. Man senkt einen Zweig auf den Boden, befestigt ihn mit einem Drahthaken und schüttet Erde auf. Nach der Bewurzelung den Zweig vom Strauch schneiden, vorsichtig ausgraben und an den vorgesehenen Platz auspflanzen. Sorten: 'Crunson and Gold' wird 1 bis 2 m hoch und hat dunkelrote Blüten mit auffallenden gelben Staubfäden und einem üppigen Fruchtbehang. 'Ely Mossel' blüht dunkelrot, sehr früh und hat im Sommer eine Nachblüte. 'Etna' wächst breit und hat halbgefüllte, scharlachrote Blüten. Die unempfindliche Japanische Zierquitte wird zwischen 1 und 2 m hoch, wächst breit und hat sehr dornige Zweige. Die ziegelroten Blüten erscheinen oft schon im März.

Birnenquitte

Apfelquitte

Quitte

Cydonia oblonga Rosaceae = Rosengewächse

Blütezeit: Spät im Frühjahr (Mai, Juni), daher keine Schäden in der Fruchtentwicklung durch Spätfröste. Weiße oder zartrosa Blüten
Fruchtreife: Je nach Sorte Sommer und Herbst

Die heutige Kulturform stammt aus Griechenland. Der Quittenbusch war schon im Altertum bekannt, wie zwei Wandbilder in Pompeji bezeugen. Man nannte die Quitte „Apfel der Hesperiden" oder auch „Apfel der Schönheit". Wildformen der Quitte wachsen in Turkestan, im Kaukasus, im Sudan und im Südosten der Arabischen Halbinsel. Die Quitte erfreut im Frühjahr durch ihre Blüten, im Herbst durch ihre aromatisch duftenden Früchte und durch eine besonders kräftige Färbung des Laubes. Nach der Fruchtform unterscheidet man Apfel- und Birnenquitten. Die Quittenfrucht ist leuchtend gelb und wird bis zu drei Pfund schwer.
Klima und Standort: Der Quittenbaum oder -busch benötigt einen sonnigen Standort in milder Lage. Er gedeiht zwar auch unter rauheren Klimabedingungen, die Früchte entwickeln dann aber nicht ihren typisch starken, zitronenähnlichen Duft. Boden: Quitten gedeihen auf lehmigen wie auf leichten Böden. Sie sollten humusreich, feucht und warm sein und den pH-Wert 7 nicht überschreiten. Bei zu hohem Kalkgehalt besteht Chlorosegefahr. Säen und Pflanzen: Die Quitte vermehrt man aus Samen, besser aus Abrissen oder abgeschnittenen Einjahrestrieben, die etwa 30 cm lang sein sollten (Abrisse 40 cm) und ziemlich tief in den Boden kommen. Die Kultursorten werden auf Unterlagen veredelt; für kleinere Formen verwendet man hierfür Quitte A und für Hochstämme unter anderem den verwandten Rotdorn. Sie können eine Höhe von 8 m erreichen. Pflege und Düngung: Quittengehölze brauchen kaum Pflege und sind wenig anfällig gegen Krankheiten und Schädlinge. Sie sind jedoch verhältnismäßig empfindlich gegen Winterfrost. Unausgereiftes Holz kann in ungünstigen Lagen stark zurückfrieren. Darum soll man Quittenbäume erst im Frühjahr auslichten. Die Schnittpflege ist gering und beschränkt sich bei jungen Gehölzen auf die Erziehung einer lichten Krone (ähnlich wie bei Birne und Apfel), bei früchtetragenden Bäumen auf das Auslichten. Übliche, jedoch eher zurückhaltende Düngung. Ernten und Lagern: Die Früchte so lange wie möglich – bis zu den ersten Frösten – am Baum reifen lassen. Am Ende der Reifezeit verlieren sie ihre weißflaumige Behaarung. In einem kühlen Keller lassen sich die Quitten, ähnlich wie Äpfel zwei bis drei Monate lang lagern. Verwendung: Zum Rohverzehr eignen sich die frischen hartfleischigen Früchte nicht. Allenfalls sind länger gelagerte Früchte in kleiner Menge genießbar. Ihr Geschmack ist sehr herb und säuerlich. Die durch neuere Forschungen bestätigte Heilkraft der Quittenfrucht war bereits in der Antike bekannt; die Alten schrieben ihr zudem symbolische Kräfte zu. Apfel- und Birnenquitten unterscheiden sich in ihren Inhaltsstoffen nicht voneinander. Das Fruchtfleisch enthält Apfel- und Gerbsäure, daneben einen beachtlichen Anteil an Fruchtzucker und etwas mehr Vitamin C als Äpfel. In der Volksheilkunde werden die Schleimstoffe der Kerne verwendet. Innerlich eingenommen, lindert Quittenschleim Durchfälle, Entzündungen des Rachens, der Schleimhäute, Mandeln und der Luftwege. Die aus dem Saft frischer Quitten gewonnene Quitteneisentinktur hilft bei Bleichsucht. Eine Handvoll Quittenblätter, zehn Minuten lang in einem Liter Wasser gekocht, hilft als Tee gegen Schlaflosigkeit und Nervosität. Da der hohe Pektingehalt der Früchte ihren Saft sehr gut gelieren läßt, kann man sie zu einem delikaten Gelee verwerten, außerdem zu Süßigkeiten, z. B. „Quittenbrot", sowie zu Kompott und Likör. Vor ihrer Verarbeitung sollten die Früchte vollreif und möglichst durch längeres Lagern (vier, acht Wochen oder mehr) weich und teigig geworden sein. Nur für die Tinktur nimmt man frische Früchte. Ihre heute bedeutendste Rolle spielt die Quitte als Veredelungsgrundlage für zahlreiche Birnenbüsche und Birnenzwergformen. Sorten: Birnen- und Apfelquitten sind sich im Geschmack und in ihren Ansprüchen gleich. Empfehlenswerte Kultursorten sind 'Champion' und 'Portugiesische Birnquitte', 'Bereczki', 'Riesenquitte von Lescovac' und 'Vranja'. Letztere bestäubt sich selbst und ist sehr ertragreich.

Goldparmäne

Boskoop

Apfel

Malus silvestris var. domestica

Rosaceae = Rosengewächse

Blütezeit: April/Mai. Farbe: rosa überhaucht
Fruchtreife: Man unterscheidet je nach Reifezeit und Sorte Sommer-, Herbst- und Winteräpfel

Die Kultursorten des Apfels gehen auf Kreuzungen zwischen Wildformen aus Südosteuropa, Klein- und Mittelasien zurück. Der Zwergapfel *(Malus pumila)* und der Holzapfel *(M. silvestris)* dürften die wichtigsten Formen sein. Neuerdings wurden auch weitere Arten der Gattung Malus eingekreuzt. Der Apfelbaum wird schon seit Jahrtausenden kultiviert und hat sich im gemäßigten Europa, in Asien, Amerika und in Australien zum wichtigsten Obstbaum entwickelt. Heute zählen die Sorten weltweit nach Tausenden, und beinahe jährlich kommen durch Auswahl, Neuzüchtung und Veredelung neue hinzu. Der Apfel ist ein wertvoller Vitaminspender. Er enthält die Vitamine A, B und C. Ihr Gehalt schwankt nach Sorte und Jahreszeit. Neben den Vitaminen liefert die Frucht auch Fruchtsäuren und Spurenelemente wie Kupfer, Eisen, Mangan und die Mineralstoffe Natrium, Kalzium und Kalium.
Klima und Standort: Der Apfel benötigt ein gemäßigtes Klima mit mäßig warmen Sommern und nicht allzu tiefen Wintertemperaturen. Ein schöner, sonniger Herbst erhöht Aussehen und Geschmack der Früchte. In Deutschland gedeihen die meisten Sorten bis in Höhen von etwa 600 m. Spätfrostgefährdete Regionen, z. B. Tallagen, in denen sich die Kälte staut, sind nicht geeignet, da die offene Apfelblüte nur Temperaturen bis etwa −1 bis 2°C erträgt. Wichtig für die volle Fruchtentwicklung sind ausreichende Niederschläge und eine hohe Luftfeuchtigkeit. Boden: Die Ansprüche an den Boden sind nahezu überall zu erfüllen und sind abhängig von der Unterlage. Er soll tiefgründig, gut durchlüftet und ausreichend feucht sein. Kalte, nasse (Staunässe) Standorte führen zu ungenügender Baum- und Fruchtentwicklung. Auf stauende Nässe im Boden reagiert der Apfelbaum auch mit erhöhter Frostempfindlichkeit, da das Holz nicht genügend ausreifen kann. Einen falsch gewählten Standort und Boden zeigt der Apfelbaum mit Spitzendürre an. Grundsätzlich soll der Boden eher sauer als alkalisch sein, d. h. der pH-Wert sollte höchstens bei 7 liegen, besser ist 6,5–5,5. Daher auch Vorsicht bei Kalkgaben walten lassen. Bindiger bis schwerer Lehmboden behagt dem Apfel, zu leichter Sandboden dagegen nicht. Weniger geeignete Böden durch Kompost- und Humusgaben verbessern. Eine 40 cm starke Humusschicht reicht aus, denn das Wurzelwerk des Apfels breitet sich flach und weit aus. Das gilt es auch bei zusätzlicher Düngung und Wässerung zu beachten. Pflanzung: Der Pflanzung voraus geht eine gründliche Bodenvorbereitung und das Ausheben der eigentlichen Pflanzgrube, die so tief und so breit sein muß, wie es die Wurzeln erfordern. Sie brauchen ausreichend Platz und dürfen nicht in das Pflanzloch hineingezwängt werden, da sonst die Wurzelenden nach dem Antreten leicht nach oben weisen. Die Selbstanzucht aus Samen ist für den Hausgarten nicht zu empfehlen, sondern der Kauf von Jungbäumen aus einer anerkannten Baumschule, die auch bei der Sortenwahl – vor allem geeigneter Lokalsorten – berät. Alle verletzten und beschädigten Wurzeln werden vor der Pflanzung mit einem scharfen Messer entfernt und die Hauptwurzeln verschieden lang etwas eingekürzt. Kann die Pflanzung nicht sofort nach dem Kauf erfolgen, werden die Jungbäume eingeschlagen und wenn erforderlich vor der Pflanzung bis zu 24 Stunden gewässert. Nach diesen Vorbereitungsarbeiten kann die Pflanzung vorgenommen werden, wobei der Baum nur bis zum Wurzelhals in den Boden kommen darf. Allgemein gilt die Regel: ein Baum oder Strauch darf im Garten nicht tiefer gepflanzt werden, als er zuvor in der Baumschule gestanden hat. Nachdem der Baum in die Pflanzgrube versenkt ist, den mit Kompost aufbereiteten Aushub locker auffüllen und gleichmäßig festtreten und gründlich wässern. Für Obstbäume ist die Herbstpflanzung anzuraten. Der junge Baum kann dann noch neue Wurzeln ausbilden und übersteht mögliche Frühjahrstrockenheit besser. Pflege und Düngung: Die wichtigsten Pflegemaßnahmen bestehen in den verschiedenen Schnittformen (s. S. 141). Bei gut bearbeitetem und vorbereitetem Boden darf eine zusätzliche Düngung nur sehr behutsam erfolgen, da sonst Qualitätsmängel an den Früchten auftreten können.

'Golden Delicious'

'Gravensteiner'

Pflanzenschutz: Ein wirksamer und vorbeugender Pflanzenschutz besteht schon in der richtigen Sortenwahl. Pflanzen Sie nur Bäume, die im Klima Ihrer Heimat gut gedeihen und denen die Bodenbeschaffenheit in Ihrem Garten zusagt. Die sogenannte Baumscheibe, das ist die Fläche, die dem Durchmesser der Krone des Baumes entspricht, sollte stets offen gehalten und gepflegt werden, da die Saugwurzeln in den oberen Erdschichten dieses Bereichs liegen. Zur Pflege der Baumscheibe gehört die regelmäßige Versorgung mit Kompost und organischem Dünger und das Abdecken mit Mulchmaterial wie Laub, Grasschnitt, zerkleinertes Unkraut und anderes. Zu den gefährlichsten Apfelschädlingen zählen der Apfelwickler, der seine Eier in die noch unreifen Äpfel legt, die Larve der Apfelsägewespe, der Apfelblütenstecher und der Apfelblattsauger. Bei ungeeigneten Standort- und Bodenverhältnissen ist der Apfelbaum auch anfällig gegen Pilzkrankheiten. Der Bio-Fachhandel bietet zur Bekämpfung geeignete Spritzmittel auf biologischer Grundlage an. Verarbeiten und Lagern: Die breite Verwendbarkeit des Apfels vom Frischverzehr über Kompott, Gelee und Saft sowie die gute Lagerfähigkeit vieler Sorten machen ihn zu einer geschätzten Obstart. Sorten: Der Erfolg der Apfelbaumkultur beginnt mit der richtigen Sortenwahl und der Entscheidung für schwachwachsende, mittelstark wachsende oder starkwachsende Bäume, die natürlich von der Gartengröße und dem dadurch zur Verfügung stehenden Platz abhängt. Für alle Apfelsorten gilt: sie sind selbst unfruchtbar und daher auf Kreuzbestäubung zweier verschiedener Sorten angewiesen; es müssen also immer zwei Sorten zusammen gepflanzt werden, wobei eine Sorte immer ein guter Pollenspender sein soll. Aus der Fülle der Sorten kann nur eine kleine Auswahl vorgestellt werden. Frühsorten: 'Stark Earliest'; mittelgroß, aromatisch, rotbackig, schlechter Pollenspender, zusammen z. B. mit dem Weißen Klarapfel pflanzen. 'Weißer Klarapfel', ein Frühapfel, weiß, säuerlich, braucht stark wachsende Unterlagen, guter Pollenspender. Sehr druck- und transportempfindlich. Anfällig für Platzen und Mehligwerden. Frühester Tafelapfel zum Frischverzehr, nur bedingt (einige Tage) lagerfähig. Gedeiht auch in weniger günstigen Lagen. Herbstsorten: 'Gravensteiner', der Baum bildet eine breite Krone aus, daher nur für große Gärten geeignet. Die Äpfel sind saftig und würzig mit feinem Duft. Schlechter Pollenspender. Anfällig für Druckflecken, Stippe, Apfelwickler, Schorf. Sehr starker Wuchs. Der Ertrag setzt spät ein. Hohe Ansprüche an Standort und Boden. Für trockene Böden nicht geeignet. Nährstoffreiche, tiefgründige, mittlere, durchlässige Böden. Frischverzehr als Spitzentafelapfel. Hervorragend für Musbereitung. Bei +6°C Lagerung bis November möglich. 'James Grieve', Früchte mittelgroß bis groß mit roten Streifen, saftig und edelwürzig. Guter Pollenspender. Anfällig für Druckflecke, Stippe, Apfelwickler. Ertrag setzt früh ein, ab dem 2. und 3. Standjahr. Für Frischverzehr, Mus und als Kuchenbelag. An sich nicht für Lagerung bestimmt, aber bis September/Oktober möglich. Wintersorten: 'Goldparmäne', Früchte mittelgroß, goldgelb und würzig. Guter Pollenspender. Schnitt und Düngung sind wichtig. Für Frischverzehr ab Oktober und für alle häuslichen Verarbeitungsmöglichkeiten. Bei +6°C lagerfähig bis Februar. Der Ertrag setzt mittelfrüh bis spät ein bei Neigung zu Kleinfrüchtigkeit. Nährstoffreiche, frische, wärmere Böden; für trockene, kalte und nasse Standorte nicht geeignet. Bis in mittlere Höhenlagen. 'Golden Delicious', Früchte goldgelb und süß. Guter Pollenspender. Verlangt warmen Standort und guten Boden. Gut lagerfähig. Sehr ertragreich, wichtigste Sorte im Obsthandel. 'Boskoop', gelbes, festes Fruchtfleisch von erfrischend säuerlichem Geschmack. Schlechter Pollenspender. Anfällig für Stippe, Fleisch- und Schalenbräune, Kernhausfäule und Glasigkeit. Für Frischverzehr ab Dezember und für alle häuslichen Verarbeitungsmöglichkeiten. Lagerfähig bis März, allerdings Neigung zum Welken. Der Ertrag setzt früh bis mittelfrüh ein. Die Sorte ist breit anbaufähig bis in mittlere Höhenlagen auf feuchten, nährstoffreichen Böden. Nicht für spätfrostgefährdete Lagen und trockene Böden. 'Jonathan', Früchte süß und saftig, Geschmack beinahe derb. Bei früher Ernte gut lagerfähig. Anfällig für Mehltau. Starker Rückschnitt erforderlich, braucht viel Feuchtigkeit. Begehrt als roter Apfel (Weihnachtsapfel) für Frischverzehr. Ertrag setzt ab dem 3. Standjahr ein. Warme bis wärmste Standorte, nicht für kühle und kalte Standorte und Böden. Insgesamt hohe Ansprüche. Erfolgversprechend für die Kultur sind auch viele Lokalsorten.

Mispel

Mespilus germanica Rosaceae = Rosengewächse

Blütezeit: Mai bis Juni
Fruchtreife: Spätherbst

Die Mispel stammt aus dem Vorderen Orient und hat sich schon vor Jahrtausenden bis nach Mitteleuropa, dem damaligen Germanien, ausgebreitet. Aus der irrtümlichen Annahme, die Mispel sei hier heimisch gewesen, stammt der lateinische Artname *germanica*. Das heute nur noch wenig beachtete Kernobst wächst als Strauch oder Baum und kann eine Höhe bis zu 6 m erreichen. Unsere Vorfahren bauten die Mispel noch bis ins 19. Jahrhundert hinein häufig an. Die Zweige der jüngeren Pflanze sind oft dornig, die jungen Triebe weißfilzig behaart. Die fast ungestielten, wechselständigen Blätter werden bis zu 12 cm lang, sind ganzrandig, oberseits dunkelgrün und unterseits weiß behaart. Die weißen, meist einzelnen und endständigen Blüten werden bis 6 cm breit; aus ihnen entwickeln sich die etwa walnußgroßen Früchte.
Klima und Standort: Die Mispel gedeiht gemäß ihrer Herkunft aus wärmeren Ländern vorzugsweise in milden Lagen auf sonnigem bis halbschattigem Standort. Boden: Kalkhaltige, eher trockene Böden sowie steiniger Untergrund entsprechen am besten den natürlichen Ansprüchen. Säen und Pflanzen: Man kann durch Samen vermehren, durch Absenker oder durch Veredelung auf Weißdornsämlinge. Veredelte Pflanzen entwickeln in der Regel weniger Dornen. Pflege und Düngung: Die Mispel stellt sowohl an Pflege als an Düngung keine nennenswerten Ansprüche. Ernten und Lagern: Die anfangs grünlichen bis rostroten Früchte werden im Spätherbst braun. Sie sind dann noch fest und sollen bis nach den ersten Frösten am Baum bleiben. Nach der Ernte werden sie zunächst gelagert bis sie weich werden und einen Teil ihrer Gerbsäure verlieren. Sie können dann auch roh gegessen werden. Sie enthalten Kohlenhydrate und Pektine. Mit anderen Obstarten gemischt, kann aus ihnen eine schmackhafte Marmelade zubereitet werden. Man verwendet sie auch zum Würzen von Getränken.

Schlehe

Prunus spinosa Rosaceae = Rosengewächse

Blütezeit: April bis Mai
Fruchtreife: Erst nach den ersten Herbstfrösten

Der Schlehdorn oder Schwarzdorn ist in ganz Europa heimisch, in den Mittelmeerländern sowie im Nahen und Mittleren Osten. *Prunus spinosa* ist ein dichtverzweigter bis 4 m hoher Strauch, der ein ausgedehntes Wurzelgeflecht ausbildet. Die jungen Zweige sind samtartig behaart, und die Seitenzweige laufen in spitze Dornen aus. Die eiförmigen Blätter sind stumpfgrün. Die weißen, dicht an dicht an kurzen Trieben stehenden Blüten erscheinen in der Regel vor den Blättern. Die Früchte sind blauschwarz, dicht bereift und von herbsaurem Geschmack, den sie jedoch nach einigen Herbstfrösten verlieren. Sie enthalten viel Vitamin C. Man verarbeitet sie zu Säften, Marmeladen, Likören und Schnäpsen. Das harte, feinfaserige Holz des Schlehdorn wird gern für Drechslerarbeiten verwendet.
Standort und Boden: Schlehdorn liebt kalkhaltigen Boden und sonnigen bis halbschattigen Standort. Pflege: Die Wildart stellt keine Pflegeansprüche. Da sie sich durch Wurzelsprosse stark ausbreitet, muß man sie auf Kulturland durch tiefes Ausschneiden neuer Bodentriebe eindämmen. Düngung ist nicht erforderlich. Vermehrung: Erfolgt durch Wurzelsprosse oder Aussaat. Die noch nicht völlig reifen Schlehen werden vom Fruchtfleisch befreit und dann die Kerne sofort in kalkhaltige Erde ausgesät. Sorten: Die Sorte 'Plena' hat dicht gefüllte Blüten, die Sorte 'Purpurea' zeichnet sich durch purpurfarbene Blüten aus.

'Boscs Flaschenbirne'

'Diels Butterbirne'

Birne

Pyrus communis Rosaceae = Rosengewächse

Blütezeit: In der Regel vor den Äpfeln; rein weiß mit kräftig roten Staubbeuteln, die später gelb werden
Fruchtreife: Je nach Sorte von Juli bis November; auch Dezember/Januar

Die heutigen europäischen Kultursorten der Birne werden auf Wildformen der Holzbirne (*Pyrus communis* bzw. *P. pyraster*) zurückgeführt. Holzbirnen wachsen in verschiedenen Formen (Arten und Unterarten) in Westasien, aber auch in Süd- und Mitteleuropa. Kultursorten von Äpfeln und Birnen waren schon den alten Griechen bekannt. Die Römer verbreiteten sie in ihrem Reich und brachten sie auch über die Alpen. In Frankreich und Belgien entstanden im 18. und 19. Jahrhundert die meisten unserer heute noch angebauten Tafelbirnen.
Klima und Standort: Birnen sind wärmeliebender als Äpfel und bevorzugen ein milderes und ausgeglicheneres Klima. Späte Nachtfröste und starker Regen können den gesamten Fruchtansatz vernichten. Insbesondere spätfrostgefährdete Gebiete scheiden daher für die Kultur aus. In Weinanbaugebieten und in mildem Seeklima gedeihen Birnen besonders gut. Nur die zum Verzehr ungeeigneten sogenannten Mostbirnen, die zu Birnenschnaps verarbeitet werden, wachsen auch in Höhen bis 1000 m. Die Birne wurzelt nicht flach und weit kriechend wie der Apfel, sondern dringt mit einer Pfahlwurzel auch in tiefere, ständig feuchte Erdschichten vor. Daher erträgt sie Trockenzeiten auch besser und begnügt sich mit einer weniger hohen Luftfeuchtigkeit. Auf ungenügend warmen Standorten bilden die Früchte nur wenig Aroma aus; sie vertragen im Gegenteil besser Hitze und trockene Luft. Boden: Die Birne bevorzugt einen tiefgründigen, nährstoffreichen, gut durchlüfteten Boden, der ausreichend feucht sein muß. Schwere Lehmböden mit einem Grundwasserspiegel (etwa 2–3 m), der von der Pfahlwurzel noch erreicht werden kann, sind ideal; allerdings keine Staunässe im Untergrund, weil dann durch die verhinderte Tiefenausbreitung der Wurzeln auch der Kronenausbau leidet und die Anfälligkeit für Krankheiten wächst. Auf hohe pH-Werte des Bodens reagiert die Birne, vor allem auf Quittenunterlage, mit Chlorosen. Pflanzen: Für die Pflanzung gilt im großen und ganzen das für den Apfel Gesagte. Wie der Apfel kann auch die Birne weder durch Samen noch durch Stecklinge sortenecht vermehrt werden (s. Veredeln S. 170). Die Quitte hat sich als Unterlage bewährt. Pflege und Düngung: Außer Schnitt (s. S. 141) bedarf es unter günstigen Bedingungen keiner besonderen Pflegemaßnahmen und Düngung. Pflanzenschutz: Die am häufigsten auftretenden Birnenschädlinge sind der Birnenblattsauger – ein blattlausähnliches Insekt, das in der Rinde überwintert und im Frühjahr die Eier an die jungen Triebe ablegt. Die Larven verursachen Blattkräuselung und eine klebrige Absonderung. Die Birnengallmücke setzt ihre Eier an die Blütenknospe, die Larven dringen in den Fruchtansatz ein, die Früchte verfärben sich und fallen ab. Der Birnenknospenstecher legt im Herbst seine Eier an die neuen Knospen. Der Birnbaumprachtkäfer legt im Sommer seine Eier auf die Rinde ab. Die Larve bohrt sich unter die Rinde in das Holz hinein. Den Schädlingen durch gute Pflege der Baumscheibe (s. Baumpflege S. 129) vorbeugen. Spritzungen mit Brennesseljauche dämmen den Befall ein, wirksam sind auch Spritzmittel auf biologischer Grundlage.
Verarbeiten und Lagern: Birnen sind ohne besondere Kühleinrichtungen nur wenige Wochen lagerfähig, auch die sogenannten Lagersorten. Die Genußreife hält nur kurze Zeit. Das gilt vor allem für die Sommer- und Herbstsorten. Deshalb werden sie industriell durch spezielle Verfahren als Konserve haltbar gemacht. Der Gehalt an Vitamin C und Fruchtsäuren ist geringer als beim Apfel, deshalb sind Birnen im Geschmack auch milder; der Anteil an Spurenelementen ist ebenfalls geringer, der Wasseranteil dagegen ist höher, deshalb sind Birnen im allgemeinen auch saftiger. Wiederum im Gegensatz zum Apfel bleiben Birnen nicht bis zur Vollreife am Baum. Ihre Genußreife erlangen sie erst nach einer kurzen Lagerzeit. Neben dem Frischverzehr eignen sie sich auch vorzüglich zur Herstellung von Kompotten. Manche Sorten dienen nahezu ausschließlich der Erzeugung von Most, Birnenschnaps oder -wein, was schon den Römern bekannt war. Sorten: Die meisten Kultursorten sind wie der Apfel auf Kreuzbestäubung angewiesen, deshalb müssen immer meh-

'Frühe von Trévoux'

'Gute Luise'

rere Sorten zusammen gepflanzt werden. Man unterscheidet Sommer-, Herbst- und Wintersorten. Sommersorten sind baumreif oder nach wenigen Tagen Lagerung genußreif, je nach Sorte von Juli bis November. Sommersorten sind nicht lagerfähig und dienen ausschließlich dem Frischverzehr oder der Bereitung von Kompotten. Herbstsorten sind ebenfalls entweder baumreif oder erreichen nach kurzer Lagerzeit ihre Genußreife, von Ende September bis Anfang November. Wintersorten sind erst nach längerer Lagerung, etwa ab Mitte/Ende November bis Februar/März, eßbar. Eine scharfe Trennung zwischen den einzelnen Sorten ist nicht möglich. 'Boscs Flaschenbirne', die Frucht ist mittelgroß bis groß, die Schale trocken bis rauh, dünn. Das weißgelbliche Fruchtfleisch ist feinkörnig, saftig, süß, mild säuerlich mit feinem Aroma. Die Ernte erfolgt kurz vor der Baumreife. Nach Lagerung, 3–4 Wochen im Freilager, genußreif. Spitzentafelsorte für den Frischverzehr, auch für Kompotte oder als Dörrfrucht geeignet. Der Ertrag setzt mittelfrüh bis mittelspät ein, ist regelmäßig und mittelhoch, die Qualität ist gleichmäßig. Der Wuchs ist mittelstark, das Holz nur wenig widerstandsfähig gegen Frost, also nur für wärmere Standorte auf warmen, nährstoffreichen, auch mäßig trockenen Böden. 'Williams Christ' (oder Christbirne), Frucht mittelgroß bis groß, die Schale glatt, mäßig fest, fein duftend. Das gelblichweiße Fleisch ist von süßsäuerlichem Geschmack mit feinem Aroma, weich und sehr saftig. Der Erntezeitpunkt ist für die Qualität der Früchte ausschlaggebend. Sie erfolgt 8–10 Tage vor der Baumreife, wenn die Schale beginnt gelb zu werden. Weltspitzensorte für den Frischverzehr, nur 10–14 Tage lagerfähig. Der Ertrag setzt früh ein und ist ab dem 3. Standjahr regelmäßig und hoch. Der Wuchs ist mittelstark und wird später schwächer. Widerstandsfähiger gegen Blütenfrost als gegen Holzfrost. Anfällig für Schorf und Feuerbrand. Bevorzugt geschütztere Lagen, dann auch noch in mittleren Höhenlagen, auf warmen, durchlässigen, nährstoffreichen Böden. 'Frühe von Trévoux', die Frucht ist klein bis mittelgroß, die Schale glatt, mittelfest, trocken. Das gelblichweiße Fruchtfleisch ist von erfrischend süßsäuerlichem Geschmack, schwach aromatisch und saftig. Insgesamt wohlschmeckende Tafelbirne für den Frischverzehr, auch für Kompott geeignet. Bis zu 3 Wochen im Normallager lagerfähig bei hartreifer Ernte. Der Ertrag beginnt früh bis mittelfrüh, vom 5. Standjahr an zunehmend hoch und regelmäßig. Der anfangs mittelstarke Wuchs läßt später nach. Gute Widerstandsfähigkeit von Holz und Blüten gegen Frost. Auf geeigneten Standorten wenig anfällig für Krankheiten. Bis in Höhenlagen anbaufähig, bevorzugt auf warmen, mäßig feuchten, nährstoffreichen Böden. 'Gute Luise', Frucht mittel bis groß, die Schale glatt, dünn, mäßig fest und zart. Das gelblichweiße Fruchtfleisch ist fein, sehr saftig, von süßsäuerlichem Geschmack und für die Sorte typisch hocharomatisch. Sehr wohlschmeckende Spitzentafelsorte für den Frischverzehr und häusliche Konserve. Delikateßdörrfrucht. Unter günstigen Bedingungen – bei – 1 °C und hoher Luftfeuchtigkeit – 6 bis 7 Monate lagerfähig bei hartreifer Ernte kurz vor der Baumreife. Der Ertrag setzt je nach Unterlage früh bis mittelfrüh ein, regelmäßig und zwischen sehr hoch und mittelhoch wechselnd. Der Wuchs, anfangs mittel bis stark, läßt mit dem Einsetzen hoher Erträge stark nach. Holz und Blüten nur mäßig widerstandsfähig gegen Frost, stark anfällig für Schorf und Weißfleckenkrankheit. Auf nährstoffreichen, ausreichend feuchten Böden bis in mittlere Höhenlagen kultivierbar. Stark kalkhaltige Böden sind ungeeignet. 'Butterbirne', Frucht mittelgroß, Schale glatt, mitteldick und fest. Schälen empfehlenswert. Das feinkörnige, gelblichweiße, saftige Fruchtfleisch hat einen feinsäuerlichen Geschmack, für die Sorte typisch melonenartig. Aromatische Tafelbirne für den Frischverzehr und für Kompotte. Bei + 4 °C im Normallager 4–8 Wochen lagerfähig bei Ernte mit Beginn der Baumreife. Mittel bis hoher, regelmäßiger, früh einsetzender Ertrag. Der Wuchs ist mittelstark. Geringe Widerstandsfähigkeit des Holzes gegen Frost, lokal auch anfällig für Schorf. Von der Küste bis in mittlere Höhenlagen anbaufähig, auf wärmeren Standorten und feuchteren Böden. 'Konferenzbirne' (auch Conference), eine der dankbarsten, anspruchslosen Birnensorten für den Hausgebrauch. Die Frucht ist mittelgroß bis groß, die Schale glatt, dick, fest, griesig, störend, daher vor dem Frischverzehr schälen. Das Fruchtfleisch, von der Schale her grünlich bis gelblichweiß, zum Kernhaus hin rötlichgelb, schmeckt zuckermelonenartig, süß, sehr saftig und angenehm würzig. Tafelbirne für den Frischverzehr. Bis

'Williams Birne'

Anfang November lagerfähig. Ernte Mitte September bis Mitte Oktober. Ab dem 4. Standjahr einsetzender Ertrag. Umveredlung schon im 2. Jahr möglich. Im Vollertrag sehr hoch und regelmäßig. Der Wuchs ist mittelstark, Schnitt sehr wichtig, rechtzeitig verjüngen und laufend überwachen. Die Blüten sind nur mäßig, das Holz ist ausreichend widerstandsfähig gegen Frost. Auf nassen Standorten anfällig für Krebs, Feuerbrand und Viren. Hohe Widerstandsfähigkeit gegen Schorf. Anbaufähig auf genügend feuchten Böden auf allen für den Birnenanbau geeigneten Standorten. 'Clapps Liebling', Frucht mittel bis groß, die Schale hart, trocken, glatt, dick und griesig. Für den Frischverzehr schälen, aber noch eßbar. Das gelblichweiße Fruchtfleisch ist saftig, süß, von mild säuerlichem Geschmack, nicht sehr aromatisch. Tafelbirne für den Frischverzehr. Hartreif, 5–8 Tage vor der Baumreife ernten. Früher bis mittelfrüher Ertrag. Später regelmäßig und hoch. Starker Wuchs, nach Erziehungsschnitten auslichten und verjüngen. Gute Widerstandsfähigkeit der Blüten gegen Frost, Holz nur mäßig. In Küstengebieten stark anfällig für Schorf, Feuerbrand und Viren. Bis in mittlere Höhenlagen anbaufähig, bevorzugt auf wärmeren, nährstoffreichen, mittleren Böden. Bei genügend Feuchtigkeit auch auf leichteren, kalten, weniger schweren Böden. 'Bunte Julibirne', die Frucht ist normal bis mittelgroß, die Schale hart, glatt und trocken. Das gelblich- oder grünlichweiße Fruchtfleisch ist saftig und hat einen schwachsäuerlichen Geschmack, bei nicht nennenswertem Aroma. Diese früheste Sommerbirne eignet sich nur für den Frischverzehr. Genußreif nicht mehr als 5 Tage haltbar. Die Ernte beginnt in sehr warmen Lagen schon vor Mitte Juli, hartreif kurz vor der Baumreife. Ertrag vom 3. Standjahr an, dann regelmäßig und mittelhoch. Blüten und Holz sind ausreichend widerstandsfähig gegen Frost. Der Wuchs ist schwach bis mittelstark. Bis in mittlere Höhenlagen kultivierbar, bevorzugt auf warmen Frühlingslagen und wärmeren, genügend feuchten, nährstoffreichen Böden. Nicht auf ärmeren, trockenen Böden anbauen.

Apfelrose

Rosa villosa (R. pomifera) Rosaceae = Rosengewächse

Blütezeit: Juni und Juli
Fruchtreife: Herbst

Wildrosen, zu denen die Apfelrose und andere gehören, sind natürliche Arten von ursprünglicher Schönheit, die auf der ganzen Welt wachsen. Aus Kreuzungen der Wildrosen untereinander sind unsere heutigen Gartenrosen gezüchtet worden. Viele Wildrosen werden auch heute noch in vielen Rosengärtnereien gezogen, nicht zuletzt als Unterlage für die gezüchteten Kulturrosen. Sie stehen wild häufig an Waldrändern, Hecken und Rainen und wachsen im Garten zu dichten, blühenden Hecken zusammen. Sie bringen im Herbst ihren zierenden Fruchtschmuck, die Hagebutten, hervor, die sich in der Küche vielseitig verwerten lassen und Vögeln während der kalten Jahreszeit als Nahrung dienen. Wildrosen brauchen keine besondere Pflege, nur ältere Sträucher werden ausgelichtet. Die Apfelrose ist rosablütig, kann aber auch fast weiß oder karminrot blühen. Blüten und Blätter verbreiten einen Duft nach Äpfeln. Sie wird bis 2 m hoch. Blüten und Früchte werden groß; die Hagebutten sind oft rund und sehen dadurch wie kleine Äpfel aus. Sie können jedoch auch birnenförmig gestreckt sein. Die lebhaft roten Früchte tragen weiche Stacheln, sie schmecken angenehm säuerlich und können wie andere Hagebutten verarbeitet werden. Die gefiederten, 5- bis 7zähligen Laubblätter sind meist doppelt gesägt, weich behaart und seidig glänzend.

Klima und Standort: Keine besonderen Ansprüche; in Europa ist die Apfelrose weit verbreitet, im Norden bis Skandinavien. Boden: Der Boden kann steinig sein. In der Natur bevorzugt die Apfelrose kalkhaltige Böden des Berglandes. Säen und Pflanzen: Die Apfelrose bildet oft unterirdische Ausläufer und kann durch diese leicht vermehrt werden. Auch die Vermehrung durch Samen ist möglich. In England wird die Apfelrose seit Mitte des 18. Jahrhunderts kultiviert.

Hundsrose

Rosa canina Rosaceae = Rosengewächse

Blütezeit: Juni bis August
Fruchtreife: Ernte nach dem ersten Frost

Die in fast ganz Europa verbreitete Wildrose wird volkstümlich oft auch Heckenrose genannt. Die Hundsrose ist eine sehr formenreiche Art: über 100 Varietäten; niedrige Büsche von etwa 80 cm und große von bis zu 3 m Höhe. Im ersten Jahr haben sie alle aufrechte Zweige, erst dann beginnen sie sich stärker zu verzweigen und überzuhängen. Die ungefüllten Blüten sind rosa bis fast weiß und duften lieblich. Nach der Blüte entwickeln die Pflanzen leuchtende, rote Hagebutten, die zahlreiche „Nüßchen" enthalten. Man kann sowohl die Kerne als auch das Fleisch der Hagebutten nutzen.
Klima und Standort: Gemäßigtes Klima und sonniger Standort. Boden: Nahrhafter, nicht zu trockener Boden. Im Garten brauchen die Hundsrosen keinen Dünger und in normalen Jahren auch keine Wassergaben. Bei der Pflanzung sollte man bedenken, daß sie weitreichende Wurzelausläufer bilden, die im Garten lästig werden können. Vermehrung: Erfolgt durch die vielen Wurzelausläufer, die im Frühjahr abgetrennt werden. Die jungen Pflanzen sollen in der ersten Zeit nicht der vollen Sonne ausgesetzt sein und regelmäßig gewässert werden. Ernte: Erst im November nach dem ersten Frost, der die Früchte weich und süß macht. Auf kargem Boden bleiben die Früchte klein. Aroma und Vitamingehalt sind aber nicht geringer als bei den großen Früchten. Verarbeitung: Aus dem roten Fleisch wird Hagebuttenmark gewonnen, ein vitaminreicher Brotaufstrich, ferner ein feiner Hagebuttenwein. Tee aus den Kernen ist ein altes Hausmittel gegen Erkrankungen von Niere und Blase. Auch die ganzen oder halbierten Früchte ergeben getrocknet einen schmackhaften, süßsäuerlichen Tee. Für diese Verwendung erntet man die noch harten Hagebutten schon im September.

Kartoffelrose

Rosa rugosa Rosaceae = Rosengewächse

Blütezeit: Mai bis September. Remontant (= mehrmals blühend)
Fruchtreife: Ab August

Die Kartoffelrose gehört zu den wertvollsten Ziergehölzen. Sie stammt aus Nordostasien, ist windbeständig und vollkommen winterhart, leidet aber unter trockenen Lagen. Der dichte, bis 3 m hohe Strauch wächst gern in die Breite und eignet sich daher gut als Zaunbepflanzung. Die Wildform hat offene, rosarote Blüten, aus denen auffallend große Hagebutten entstehen. In Sorten erhält man violette, rote, rosarote und weiße, einfache und gefüllte Blüten.
Klima, Standort und Boden: *Rosa rugosa* und ihre Hybriden sind dem mitteleuropäischen Klima voll angepaßt. Sie brauchen sauren Boden, der immer etwas feucht sein sollte (pH-Wert von 4,1 bis 5), und sonnig bis halbschattigen Standort. Bei zu hohem Kalkanteil im Boden entsteht Eisenmangel, da die Wurzeln dieses Spurenelement dann nicht mehr in genügender Weise aufnehmen können. Die Blätter werden gelb, können nicht mehr ausreichend assimilieren, die betroffenen Teilstücke der Rosen sterben ab. Nach einiger Zeit geht die gesamte Pflanze ein. Der Bleichsucht (Chlorose) kann man mit einem leicht löslichen Eisendünger zuvorkommen. Vermehrung: Man kann *R. rugosa* durch Samen vermehren: Die Kerne der Hagebutten in Töpfe mit sandig-humoser Erde säen und im Garten stehen lassen. Im Frühjahr oder Herbst die jungen Pflanzen an Ort und Stelle setzen. Daneben Vermehrung durch Wurzelausläufer. Pflege und Düngung: Die Kartoffelrose wird nur zurückgeschnitten, wenn man sie auf ihrem Standort eindämmen muß; das gilt besonders für die Wurzelausläufer. Möglichst organisch und kalkfrei düngen. Ernte: Ab August. Verwertung der Hagebutten zu Marmelade (roh), Likör oder getrocknet für Saucen und Tee. Sorten: Eine der schönsten Züchtungen ist die bis 2 m hohe 'Hansa' mit großen, violettroten, gefüllten Blüten. 'Parfum de la Hay', stark duftend. 'Blanc Double de Coubert', weißblumig. 'C. F. Meyer', rosa gefüllte, duftende, remontierende Blüten.

Mährische Eberesche

Sorbus aucuparia var. edulis und andere — Rosaceae = Rosengewächse

Blütezeit: Ab Mai
Fruchtreife: Ab August

Die Gattung Eberesche ist auf der nördlichen Halbkugel mit etwa 100 Arten vertreten: als Sträucher und Bäume. Sie sind dem mitteleuropäischen Klima bestens angepaßt und bedürfen keiner besonderen Pflege. Standort und Boden: Nahrhafter, tiefgründiger Boden in sonniger bis halbschattiger Lage. Ebereschen laugen ihren Standort aus. Die kleinen Arten der Gattung eignen sich gut für Gärten, die hohen sind wertvolle Allee- und Parkbäume. Die heimische Eberesche ist sehr vielseitig verwendbar. Vermehrung: Sie erfolgt bei den reinen Arten durch Aussaat. Die Gartenformen werden auf die heimische Eberesche, die Schwedische Mehlbeere oder die Mehlbeere okuliert. Arten: Die Amerikanische Eberesche *(Sorbus americana)* wirkt besonders im Herbst reizvoll. Die Mehlbeere *(S. aria)* liebt sonnigen Standort und blüht im Mai und bringt bis zu 2 cm große orangerote Früchte hervor. Sie kann eine Höhe bis zu 15 m erreichen. Unsere heimische Eberesche wird auch bis 15 m hoch und bildet eine runde Krone aus. Die 20 cm langen Blätter sind gefiedert. Die weißen Blüten stehen in Dolden zusammen, ihnen folgen runde, korallenrote Früchte. Sie sind für Marmeladen verwertbar, aber für den Rohgenuß zu bitter. Die süße Edel-Eberesche oder Mährische Eberesche *(S. aucuparia var. edulis)* gedeiht auch an kühlen Standorten und in höheren Lagen. Die Früchte sind wertvolle Vitaminspender. Sie stehen in Dolden zusammen und haben im August/September den höchsten Vitamingehalt. Ihren vollen süßen Geschmack erreichen sie aber erst Ende September, Anfang Oktober. Die Früchte lassen sich zu Süßmost, Gelee, Kompott, Marmelade und Sirup verarbeiten. Die Schwedische Mehlbeere oder Oxelbeere *(S. intermedia)* wird ein bis zu 10 m hoher Baum, der sich als widerstandsfähig gegen Luftverschmutzung erwiesen hat. Die ab August reifen, scharlachroten Beeren werden erst durch Kochen genießbar.

Speierling

Sorbus domestica — Rosaceae = Rosengewächse

Blütezeit: Mai bis Juni
Fruchtreife: Nach den ersten Frösten

Der Speierling – auch Haus-Vogelbeere genannt – kommt vornehmlich in südlichen Gebieten Europas vor, nördlich bis nach Mitteldeutschland und östlich bis zum Kaukasus. Nördlich der Alpen findet man die Wildart nur zerstreut in warmen Lagen, bisweilen verwildert. Sie erreicht eine Höhe bis 20 m und ist der Wild-Vogelbeere sehr ähnlich, die Doldenrispen sind jedoch armblütiger. Das Holz ist glatt und dauerhaft, die bräunlichroten Früchte werden bis 2,5 cm groß und haben die Form kleiner Äpfel oder Birnen. Die Borke ist rauh, und die Blätter sind stark gefiedert. Der Speierling wurde früher als Obstbaum in Weinbaugegenden häufiger kultiviert. Die Früchte schmecken aber herb und sind erst nach längerem Liegen oder nach den ersten Frösten genießbar. Sie werden heute überwiegend zur Herstellung von Most verwertet, der u. a. als Zusatz zu Apfelweinen gegeben wird und dessen Aroma, Haltbarkeit und Klarheit erhöht.

Klima und Standort: Der Baum benötigt einen sonnigen Platz im Garten. Der natürliche Standort des wärmebedürftigen Speierlings ist oft steinig. Im Mittelmeergebiet einschließlich Nordafrika findet man ihn häufig in lichten Eichen-Trockenwäldern mit guter Nährstoffversorgung, aber nur geringer Bodenfeuchtigkeit. Boden: Alle nährstoffhaltigen, tiefgründigen, genügend feuchten Böden eignen sich. Der Boden wird, wie von allen Sorbusarten, stark ausgelaugt. Andere Gewächse der Familie *Rosaceae* kümmern an einem Platz, wo einmal Ebereschen gestanden haben. Vermehrung: Die reinen Arten lassen sich aussäen. Die reifen Früchte werden geerntet und 4–6 Wochen feucht aufgeschichtet. Nach Wegwaschen des Fruchtfleisches die Samen sofort aussäen. Die Gartenformen des Speierlings werden auf die heimische Eberesche, die Schwedische Mehlbeere oder die Mehlbeere okuliert.

Fruchtbögen an Birnbaum

Verjüngungsschnitt an altem Birnbaum (Wittfelder)

Obstbaumschnitt

Jede Schnittmaßnahme an einem Obstbaum sollte dem Ziel dienen, eine nach allen Seiten gut entfaltete, übersichtliche Krone mit tragfähigen Leitästen und guter Belichtung aller ihrer Teile aufzubauen oder zu erhalten. Im allgemeinen fördert man Breitenentfaltung der Krone auf Kosten ihrer Höhe – unabhängig von der jeweiligen Gehölzgröße. Apfelbäume wachsen von Natur aus breiter als Birnbäume. Steinobst bedarf in der Regel nicht so starker Eingriffe wie Kernobst.

Schon mit diesem sehr allgemeinen Leitbild und ohne genauere Kenntnisse der Wachstumsgesetze kann man Auslichtungsschnitte an Obstbäumen durchführen. Geschnitten wird während der kalten Jahreszeit vor dem Austrieb, aber nicht bei Frost. In winterkalten Lagen empfiehlt sich der Schnitt gegen das Frühjahr hin, um größere Schnittwunden nicht niedrigen Temperaturen aussetzen zu müssen. Drei Grundregeln für das Auslichten zu dichter Kronen:

1. Alles dürre Holz (ohne Knospen) wird auf Astring weggeschnitten.
2. Bei sich kreuzenden Trieben wird das nach innen, also zur Kronenmitte hin stehende Holz entfernt.
3. Darüber hinaus können alle nach innen wachsenden Äste weggeschnitten werden, sofern sie nicht deutliche Lücken im Kronenaufbau hinterlassen.
4. Von zwei engstehenden, parallel wachsenden Trieben oder Ästen wird der schwächere entfernt (Konkurrenztrieb).

Für die Erziehung einer gut entfalteten und tragfähigen Krone bei Jungbäumen bedarf es genauerer Kenntnisse der Wachstums- und Schnittgesetze. Sie können im folgenden nur angedeutet werden.

Das Wachstum eines Baumes hängt unmittelbar mit der Physiologie seiner Ernährung zusammen. Deshalb stehen auch Baumschnitt und Düngung in einer Wechselbeziehung und müssen für gute Ergebnisse aufeinander abgestimmt werden.

Die Ernährung des Zellgewebes erfolgt bei den höheren Pflanzen über zwei Ströme: Einer führt Wasser mit darin gelösten Mineralsalzen von den Wurzeln, ein zweiter Assimilate (Zucker und Stärke) von den Blättern zu den Zellen, den Orten des Verbrauchs. Der Wasser-Nährsalzstrom läuft durch Leitungsbahnen im Holzinneren (Leitbündel) von unten nach oben, der Kohlenhydratstrom unter der Rinde im Kambium von oben nach unten. Diese beiden gegenläufigen Versorgungsströme müssen im Gleichgewicht stehen oder durch Schnitt ins Gleichgewicht gebracht werden. Überwiegt der „Salzstrom", so entfaltet der Baum eine vermehrte Triebigkeit: starke Holz- und Blattbildung, aber wenige Blüten und Früchte. Übermäßige Kali- und Stickstoffdüngung unterstützt die Triebigkeit.

Ein starker „Zuckerstrom" fördert dagegen die Ausbildung von Blütenknospen, also Fruchtbildung. Eine ausreichende Versorgung mit Phosphor und Kalk fördert diesen Vorgang, der andererseits von der Blattbildung und guter Besonnung abhängt. Man kann nun beobachten, daß eine Knospe um so stärker austreibt, je höher sie an einem Trieb steht (Spitzenförderung). Senkrecht stehende Triebe dienen vorwiegend der Holzbildung. Der Salzstrom vermindert sich, wenn Triebe mehr waagerecht oder nach unten geneigt stehen. Die Versorgung durch Assimilate verstärkt sich, es kommt zu vermehrter Blüten- und Fruchtbildung. Aus diesem Grund und für eine bessere Besonnung der Triebe fördert man das Breitenwachstum der Krone. Durch das Gewicht von Seitentrieben mit Fruchtbehang neigen sich aber auch zunächst senkrecht stehende Triebe mit der Zeit hinunter und bilden dann erwünschte Fruchtbögen. Diese Entwicklung wird durch Schnitt oder durch Herunterbinden senkrechter Triebe gefördert. Die letztgenannte Maßnahme kann Vorteile bringen, weil jeder Schnitt das Triebwachstum anregt.

Für gut und allseitig entwickeltes Fruchtholz braucht man starke Leitäste. Sie sollen aber nicht quirlständig in Etagen angeordnet sein, sondern besser angenähert spiralig oder unregelmäßig aus der Stammverlängerung wachsen. Dadurch erreicht man eine günstigere Verteilung der mechanischen Stammbelastung durch die Leitäste und nützt den vorhandenen belichteten Kronenraum besser aus.

Hat man die Krone durch regelmäßigen Schnitt zu einem tragfähigen, raumgreifenden Leitastgerüst erzogen, bedarf der Baum im Ertragsalter nur noch der Auslichtung und später der Verjüngung durch das Entfernen abgetragenen Fruchtholzes.

Sägeschnitte werden grundsätzlich mit Wundschutz verschlossen.

Schalenobst

Haselnuß

Corylus avellana Betulaceae = Birkengewächse
Corylus maxima (= Lambertsnuß)

Blütezeit: Spätwinter und Vorfrühling (Februar/März)
Fruchtreife: Spätherbst

Die Haselnuß ist mit 15 Arten auf der nördlichen Halbkugel verbreitet und bildet 4–5 m hohe Sträucher aus. Nur die Baum-Haselnuß *(Corylus colurna)*, auch Türkische Haselnuß oder Dicknuß genannt, wird bis 20 m hoch. Die Haselnuß ist mit Birke, Erle und Hainbuche nahe verwandt. Der einhäusige, getrenntgeschlechtliche Strauch wird vom Wind bestäubt; er trägt die männlichen Kätzchenblüten und die weiblichen, wegen ihrer Winzigkeit kaum sichtbaren, aber kräftig roten „Pinselblütchen". Der reichlich vorhandene Pollen ist eine bevorzugte Bienenweide zu einer Zeit, wenn andere Pflanzen noch nichts bieten können. Früher wurde mit Haselnußruten Fruchtbarkeit beschworen und böser Zauber abgewendet. In der Hand von Wünschelrutengängern zeigen Haselnußgerten Wasseradern an. Heute werden viele Haselarten und Kultursorten wegen ihrer zierenden Blütenkätzchen, schmückendem Laub (Bluthasel) oder besonderer Wuchsform (z. B. „Korkenzieherhasel") gepflanzt. Erwerbsanbau für Nußernten ist nur in wärmeren Ländern lohnend, z. B. in Griechenland, in der Türkei und in Nordafrika.
Klima und Standort: Die Haselnuß ist als heimisches Gehölz absolut winterhart. Wenn sie aber nach milden Wintern schon im Februar blüht, können Fröste den Fruchtansatz schädigen oder ganz verhindern. Deshalb ist die Haselnuß bei uns nicht ertragssicher. Als Waldrandpflanze kommt die Haselnuß auch im Halbschatten fort. Aber nur gut besonnte Ruten bringen Früchte hervor. Hecken aus Haselnußsträuchern bieten wegen ihrer nachgiebigen Äste und weichen Blätter nur mäßigen Windschutz. Vorteilhaft ist eine Pflanzung parallel zur Hauptwindrichtung. Die Hasel ist verhältnismäßig unempfindlich gegen Abgase. Boden: Der Strauch gedeiht in jedem Gartenboden. Reiche Erträge setzen gute Nährstoffversorgung voraus. Die Hasel wächst sowohl auf sauren als auch auf kalkhaltigen Böden. Sie braucht nur wenig Feuchtigkeit und verträgt keine stauende Nässe. Säen und Pflanzen: Die Haselnuß ist mit sich selbst unfruchtbar, man muß deshalb mehrere Sträucher zusammenpflanzen. Nur die reinen Arten können durch Aussaat vermehrt werden, Kultursorten durch Ableger, Absenker oder Veredeln. Für den Garten beschafft man sich am besten Pflanzen aus der Baumschule. Die fruchttragenden Kultursorten bringen größere Nüsse und reichere Ernten als die heimische Wildart. Pflanzenabstand 3–4 m, in der Sichtschutzhecke 2 m, Reihenabstand 4–6 m. Vollertrag nach 5–7 Jahren. Pflege und Düngung: Nur einjährige Triebe tragen Früchte, deshalb empfiehlt sich jährlicher Rückschnitt. Erziehung von Hohlkronen hat sich bewährt (etwa 8 Hauptäste). Für gute Ernten gibt man Stallmist oder Kompost, Mulchen bringt Vorteile, Kalkgaben sind auf normalen Böden nicht erforderlich. Ernten und Lagern: Haselnüsse sind erntereif, wenn sich die Nußbasis braun färbt. Sie fallen dann durch Schütteln ab. Verfrüht geerntete Nüsse schrumpfen und sind nicht lagerfähig. Man entfernt die Kelche und lagert luftig, kühl und trocken. 4–5 kg Nüsse je Strauch bedeuten bei uns eine gute Durchschnittsernte, bis 12 kg sind möglich. Verwendung: Rohgenuß oder für Backwerk. Hoher Fett- und Eiweißgehalt, dazu Kalzium, Eisen, Vitamin A, B_1, B_2 und C. Sorten: Man unterscheidet die unempfindlichen Zellernüsse, sie sind Abkömmlinge der Wildart, und die im Geschmack feineren Lambertsnüsse. Sie sind jedoch empfindlicher und nicht frosthart, also für Mitteleuropa meist ungeeignet. Die Hüllen (Kelche) der Zellernüsse sind zweiblättrig und kürzer als die Nuß, die der Lambertsnüsse röhrenartig, sie überragen die Nuß. Zwischen beiden Gruppen gibt es zahlreiche Hybriden. Bewährte Sorten: 'Dariane' gilt als gute Befruchtersorte, 'Cosford', 'Bergers Zellernuß', 'Hallesche Riesen', 'Nottinghams Fruchtbare', 'Wunder aus Bollweiler', 'Webers Preisnuß', 'Rotblättrige Lambertsnuß' (Blutnuß).

Männliche Kätzchen

Walnuß

Juglans regia

Juglandaceae = Walnußgewächse

Blütezeit: Mai bis Juni
Fruchtreife: Herbst

Der Walnußbaum stammt aus den warmen Gegenden West- und Mittelasiens. Wildwachsende Bäume finden sich auch in Südosteuropa; bei uns wird der weitausladende Baum ausschließlich kultiviert. Weil er aus Italien (Welschland) nach Mitteleuropa kam, erhielt er hier den Namen Walnuß (Welschnuß). Aus den unscheinbaren weiblichen Blüten entstehen nach der Windbestäubung die einsamigen Steinfrüchte. Deren faserige Fruchtlage springt bei der Reife auf und entläßt den Samen – die Walnuß – mit der bekannten harten, holzigen Schale. Unter günstigen Wachstumsbedingungen erreicht der Walnußbaum eine Höhe von 25, gelegentlich sogar von 30 m. Damit ist er in günstigen Lagen der größte Baum im Obstgarten. Auf der nördlichen Erdhalbkugel haben sich 15 verschiedene Arten eingebürgert. Wo es das Klima zuläßt, sollte man der Walnuß wieder vermehrt als „Hausbaum" einen Einzelstand einräumen – so wie es früher in vielen Landstrichen üblich war. Der stattliche Walnußbaum ist nicht nur ein wohltuender Schattenspender, der strenge Geruch, den seine Blätter verströmen, hält auch Fliegen und Mücken fern. In Deutschland wird die Walnuß in Baden-Württemberg und Rheinland-Pfalz in größerem Umfang angebaut. Bedeutende Exportländer sind Rumänien, Bulgarien, Jugoslawien, Italien, Südfrankreich, die USA und die UdSSR. In ungünstiger Lage bleiben die Bäume und die Früchte klein. Die einhäusige Pflanze mit ihren fiedrigen Blättern ist selbstfruchtend. Klima und Standort: Der Walnußbaum ist nicht grundsätzlich anspruchsvoll. Für eine volle Entwicklung des Baumes und eine gute Fruchtbildung sollte die Lage aber mild sein. In Weinbaugegenden gedeihen Walnußbäume besonders gut. Weil die Blüten sehr frostempfindlich sind, kann es bei späten Kälteeinbrüchen zu Ausfällen kommen. Dem bis zu 1,20 m tiefreichenden und weit über den Traufrand der Krone hinausreichenden Wurzelgeflecht sollte genügend Entfaltungsraum zur Verfügung stehen. Boden: Der Boden sollte belebt, humusreich und gut durchlüftet sein. Säen und Pflanzen: Die eigene Aufzucht aus Samen ist ungünstig, weil solche Bäume erst nach 15 bis 20 Jahren Früchte tragen, deren Qualität zudem meist schlecht ist. So kam früher in der Regel erst die zweite Generation in den Genuß der Walnüsse. Heute gibt es neue Zuchtformen, die auf schwachwachsende Unterlagen veredelt werden. Ihre Kronen erreichen nur rund 6 m Breite und tragen schon nach dem zweiten Jahr Früchte. Üblich ist die Vermehrung durch Pfropfung von Walnußreisern auf Sämlinge der Schwarznuß *(Juglans nigra)* als Unterlage. Pflanzung im Frühjahr oder im Herbst. Diese Bäume tragen nach vier bis sechs Jahren die ersten Nüsse; volle Ernten setzen erst nach zehn Jahren oder später ein. Der Walnußbaum braucht für seine Entwicklung sehr viel Platz und liebt daher im Bereich von 10 bis 20 m keine Nachbarn. Mehrere Bäume pflanzt man je nach Sorte in Abständen von 8×9 bis 10×10 m. Pflege und Düngung: Jedes Jahr ist ein früher Rückschnitt für junges Fruchtholz erforderlich. Muß man sägen, ist die Wunde zu schützen, um ein Ausbluten zu verhindern. Boden regelmäßig auflockern und einmal im Jahr reife Komposterde als organische Düngung einarbeiten. Sehr förderlich ist eine Dauerbedeckung der Baumscheibe mit Rasenmulch. Die allgemeinen Pflege- und Düngeregeln für Obstbäume gelten auch für die Walnuß. Da Walnußbäume auch auf sauren Böden gedeihen, braucht der Boden in der Regel nicht gekalkt zu werden. Ernten und Lagern: Nüsse niemals mit Stöcken von den Bäumen herunterschlagen, sondern warten, bis sie aufgrund ihrer natürlichen Vollreife von selbst herunterfallen! Nach dem Auflesen sofort an eher kühler Luft trocknen. Werden Walnüsse nicht ausreichend getrocknet, bilden sich in ihrem Inneren giftige Schimmelpilze. Solche Nüsse dürfen nicht verzehrt werden. Nach der Trocknung haben die Nüsse 40 bis 60% ihres ursprünglichen Erntegewichts verloren. Trocken und luftig lagern. Verwendung: Zum frischen Verzehr als Schälnüsse unmittelbar nach der Ernte (die noch bittere Haut läßt sich vom Kern abziehen) und später das ganze Jahr über als Trockennuß. Wie alle Nüsse sind Walnüsse reich an wertvollen pflanzlichen Vitalstoffen wie Eiweiß, Fetten, Mineralien und Spurenelementen. Sorten: 'Esterhazy II', Nr. 26, Nr. 139, Nr. 120, Nr. 1247, und die 'Rote Donaunuß' mit der Nr. 1239.

Mandel (Süß- und Krachmandel)

Prunus dulcis, *Prunus amygdalus* Rosaceae = Rosengewächse

Blütezeit: Im Frühjahr, häufig schon im März, vor der Pfirsichblüte
Fruchtreife: Ab Juli bis August

Man vermutet ihre Heimat in den mittelasiatischen Landschaften Mesopotamien, Turkestan und Nordpersien. Der Mandelbaum liebt Wärme; verwilderte Formen finden sich daher in Europa nur in Italien, Portugal, Spanien und auf den Mittelmeerinseln. Bei uns läßt er sich nur in den milden Weinbauregionen wie Bergstraße, Weinstraße, Kaiserstuhl und Pfalz kultivieren. Erwerbsmäßig angebaut wird der mit dem Pfirsich verwandte Baum vor allem in Portugal, Sizilien, auf den Kanarischen Inseln, ferner in Südafrika, Chile, Kalifornien und Australien. Seiner dekorativen und sehr frühen Blüte wegen hielt der Mandelbaum als Zierpflanze Einzug in zahlreichen Gärten, auch in Klimaten, die für eine Fruchtreife nicht mehr ausreichen. Aus den rosa-weißlichen Blüten entwickeln sich nach der Befruchtung pflaumengroße, leicht behaarte Steinfrüchte von grünlicher Färbung. Die harte, von einer ledrigen Außenschicht umgebene Fruchtlage beinhaltet den Steinkern mit dem als „Mandel" bekannten Samen. Bei der Reife platzt sie auf.
Klima und Standort: Wegen seiner besonders frühen Blüte ist der Mandelbaum spätfrostgefährdet. Bei uns in Mitteleuropa kommt er nur in günstigen Lagen zur Fruchtreife. Aber auch als Zierbaum braucht er einen vollsonnigen Platz. Während der kleinwüchsige Baum Winterfrösten bis zu −20°C trotzen kann, verträgt die geschlossene Blüte im Frühjahr (Februar/März) höchstens −4,5°C. Der bald folgende Fruchtansatz geht schon bei −0,5 bis −1°C zugrunde. Im Süden ist der Mandelbaum verhältnismäßig anspruchslos und gedeiht selbst dort noch, wo die genügsamen Olivenbäume ertraglos bleiben. Die Mandel ist an feuchte Winter gewöhnt; Temperaturspitzen und Trockenzeiten im Sommer werden gut vertragen. Boden: Nimmt auch mit kargen Böden vorlieb, die einen hohen Sandanteil und geringe Nährstoffreserven aufweisen. Der Baum liebt trockene, durchlässige Untergründe. Sein Kalkbedarf ist jedoch höher als bei anderen verwandten Obstsorten (z. B. Pfirsich). Säen und Pflanzen: Für den Garten empfehlen sich ausschließlich fertig veredelte Pflanzen aus der Baumschule. Im Herbst bzw. Frühjahr werden die Viertel- oder Halbstämme in sandhaltiger Anzuchterde im Garten eingepflanzt. Für die Veredelung nimmt man meist Unterlagen von Pflaumen und Renekloden oder Sämlinge der Bittermandel. Wer sich Mandelbäumchen selbst aus Samen ziehen möchte, sollte diese ab Ende Januar in sandige Erde stecken und an einer sonnigen Stelle bei Zimmertemperatur gleichmäßig feucht halten. Pflege und Düngung: Muß wie der Pfirsichbaum jährlich gründlich zurückgeschnitten werden. Regelmäßige Ergänzung des Bodens durch Gartenerde, jedoch keine fette Komposterde. Ernten und Lagern: Wie bei der Walnußernte gilt es, Geduld aufzubringen, bis die Mandeln von selbst vom Baum fallen. Die Früchte lösen sich dann allein aus ihrer grünen Hülle. Ein ausgewachsener Mandelbaum bringt beachtliche Erträge, bis zu 40 kg Mandeln. Getrocknet sind sie lagerfähig wie Walnüsse. Verwendung: Süße Mandeln bilden den Grundstoff des Marzipans. Bittere Mandeln dürfen wegen ihres hochgiftigen Blausäuregehalts nur in geringen Mengen verkauft werden. 10 Tropfen Bittermandelöl können schon tödlich wirken. Bittere Mandeln sind daher wie Medizin unter Verschluß zu halten und nur wohldosiert zu verwenden. Erhitzt man sie, so verliert sich die tödliche Wirkung der Blausäure. Bittermandeln werden vorwiegend in der Kosmetikindustrie zu feinen Duftölen verarbeitet. Die süßlichen Samen der Krachmandel dienen der Ölgewinnung und als Zutaten für Backwerk; sie trägt ihren Namen wegen der zerbrechlichen, porösen Steinschale des Kerns. Neben mehr als 50% Fett enthält die süße Mandel rund 20% wertvolles Eiweiß, die Vitamine A und B sowie zahlreiche Mineralstoffe. Die aus süßen Mandeln hergestellte sogenannte Mandelmilch bietet sich als idealer Ersatz für Kuhmilch in der Säuglingsernährung an. Arten und Sorten: Zu den Ziermandeln zählen die Zwergmandel *(Prunus tenella)* und das chinesische Mandelbäumchen *(P. triloba)*. Bei den Ertragssorten trennt man die Sorten in drei Gruppen: Süß-, Bitter- und Krach- bzw. Knackmandel. Für unsere Breiten empfehlen sich die Sorten 'Ungst II' und 'III', 'Dürkheimer Riesen', 'Osten-Bad Dürkheim' und 'Wachenheimer Baseler'.

Die Nutzpflanzen des Südens

Das Klima Mitteleuropas mit seinen kalten Winterhalbjahren bietet den hier heimischen Pflanzen von Oktober bis März, oft bis in den April, nur unwirtliche Lebensbedingungen. Unter den Gefrierpunkt sinkende Lufttemperaturen mit Schneefall und Eisbildung, kurze Tage und lange Nächte erschweren der Flora das Dasein. Von der Urzeit bis heute haben die Pflanzen sich diesen klimatischen Besonderheiten angepaßt und damit leben gelernt: Ähnlich wie so viele Tiere in unseren Breiten auf Kühle, Regen, Frost und Schnee mit einer langen Winterruhe reagieren und mit verringerter Aktivität diese unfreundliche Jahreszeit überleben, machen viele Pflanzenarten bei uns eine Vegetationsruhe durch. Sie werfen im Herbst ihre Laubblätter ab und erwachen erst im Frühjahr, wenn die Temperaturen ansteigen und die Tage wieder länger werden, zu neuem Leben. Dann bilden sie ihre neuen Blätter aus, denen die Blüten folgen. Aus ihnen reifen nach der Befruchtung die Früchte mit den der Fortpflanzung dienenden Samen. Dieser Lebensablauf ist für die ausdauernden Blütenpflanzen bei uns die Regel; so gibt es denn in Deutschland nur drei heimische Pflanzenarten mit immergrüner Beblätterung – den Efeu, die Mistel und die Stechpalme *Ilex aquifolium.*

Andere Temperatur- und Feuchtigkeitsverhältnisse treffen dagegen die Nutzpflanzen der subtropischen Winterregenländer an, die dort heimisch sind oder seit langer Zeit in diesen Gebieten angebaut werden. Ein großer Teil der auf unseren Märkten gehandelten Südfrüchte stammt aus den Mittelmeerländern; die Orangenbäume in Spanien, die Feige in der Türkei oder der Granatapfelbaum in Griechenland unterliegen in ihren Kulturregionen nur sehr selten Winterfrösten. Wenn jedoch die Temperaturen einmal in Gefrierpunktnähe sinken, bedeutet das meist den Erfrierungstod für Blüten und Früchte der kälteempfindlichen Pflanzenarten, und die Obstbauern treffen wegen der Ernteausfälle herbe wirtschaftliche Verluste. – In der Regel folgt einem heißen Hochsommer ohne Regen oder mit sehr geringen Niederschlagsmengen ein milder, sehr feuchter Winter. So bringen etwa die Monate Juni–August bei Catania auf Sizilien durchschnittliche Temperaturen von 27°C und mehr; in der Zeit von Ende November bis Anfang Februar liegen sie bei etwa +10°C.

Es ist also in Ländern dieser Klimazonen der überaus trockene Sommer, der den Pflanzen gefährlich werden könnte; sie mußten sich im Laufe der Zeit diesen Bedingungen anpassen und sich vor Verlust des ohnehin raren Wassers durch Verdunstung schützen. Sie entwickelten etwa eine immergrüne, harte und ledrige Beblätterung, die bei mangelnder Feuchtigkeit nicht gleich in sich zusammenfällt, oder bildeten auf ihren Blättern eine Wachsschicht als Verdunstungsschutz aus, oder sie verringerten Oberfläche und Spaltöffnungsgröße ihrer Blätter. Ein überaus weit vernetztes und tiefgründiges Wurzelsystem ist für die Ausnutzung der kargen Wassermengen ebenfalls sinnvoll.

Auf diese Art gegen eine schnelle Austrocknung gerüstet, sind die Nutzpflanzen des Mittelmeerraumes je nach Artenunterschied in fast jedem Jahresabschnitt zu Blüten- oder Fruchtbildung befähigt. Während die Pflanzen unserer Breiten ihre Hauptblütezeit meist in Frühjahr und Sommer durchmachen, beginnt etwa der Johannesbrotbaum erst im September mit dem Blütenansatz und läßt die jungen Früchte den Winter über bis zum Frühjahr reifen.

Wiederum andere Ansprüche an Licht, Temperatur und Feuchtigkeit stellen die Nutzpflanzen tropischer Feuchtgebiete. Die Flora der Äquatornähe ist an im Jahresablauf gleichbleibende Tageslängen gewöhnt; so beträgt etwa die Differenz der Zeiten zwischen Sonnenauf- und Sonnenuntergang auf der tropischen Insel Java über das Jahr höchstens 48 Minuten. Damit verbunden sind durch die Jahreszeiten annähernd konstant bleibende Temperaturen, die zum Beispiel bei Tanga in Tansania im Durchschnitt nur zwischen etwa +28°C von Dezember bis Februar und +23°C von Juni bis August schwanken. Die tropische Feuchtsavanne erhält auch mehr und gleichmäßiger Regen als das subtropische Winterregenland; Monate mit völliger Trockenheit gibt es dort nicht. Die Kaffeepflanze *Coffea liberica* ist solchen tropischen Klimaverhältnissen gut angepaßt; in ihren Anbaugebieten sollen die mittlere Jahrestemperatur bei über 20°C und der jährliche Niederschlag bei etwa 2000 mm liegen.

Natürlich kann man die meisten Nutzpflanzengäste aus den Subtropen und Tropen in mitteleuropäischen Breiten nicht im Freiland anbauen. Zwar gedeihen Edelkastanie oder Walnußbaum an geschützten Standorten auch hier, doch sind die Erträge längst nicht so ergiebig wie im mediterranen Raum. Die Freilandkultur bringt nur in warmen Gebieten mit Weinklima – in Deutschland die windgeschützten Täler an Mosel, Neckar, Ahr, Rhein und Main – zufriedenstellende Ernten.

Für die erfolgreiche Anzucht und Pflege der Südpflanze benötigt man ein beheizbares Treibhaus an einem hellen Standort oder zumindest ein großes, geräumiges Blumenfenster, in dem man ihr die Temperaturverhältnisse schaffen kann, die sie aus ihrem Herkunftsland gewohnt ist. Bei eng verwandten Arten wird man je nach Platzbedingungen kleinwüchsige Pflanzen den größer werdenden Schwestern vorziehen; die Kultur der kleineren Mandarine ist sinnvoller als die Aufzucht des großen Grapefruchtbaumes. Einen schönen, warmen Sommertag nutzt man und stellt die Kübelpflanze an einen geschützten Platz im Garten. Der tropischen Pflanze verhilft man im Winter durch Kunstlichtquellen zu einem 12-Stunden-Tag. Die großwüchsige Pflanze hält man unter Glas durch Schnittmaßnahmen im Zaume. – Wer den Gästen aus dem Süden annähernd die Kulturbedingungen ihrer Heimatländer zu bieten vermag, kann auch in unseren Breiten Blüten und Früchte der exotischen Pflanzen bewundern und nutzen.

Südländer

Strahlengriffel

Actinidia arguta Actinidiaceae = Strahlengriffelgewächse

Blütezeit: Mai bis Juni
Fruchtreife: Ab September

Der Gattungsname Strahlengriffel *(Actinidia)* umfaßt etwa 40 sommergrüne, meist zweihäusige, vorwiegend schlingende Gehölzarten des ostasiatischen Raumes vom Himalaja bis Ostsibirien und Sachalin, China, Japan, Korea und Malaya. Die Familie der Strahlengriffelgewächse *(Actinidiaceae)* wurde bei uns durch die Art *A. chinensis* allgemein bekannt, deren Früchte den Handelsnamen „Kiwi" erhielten. Die bei uns angebotenen Kiwis stammen überwiegend oder ausschließlich aus Neuseeland, der Heimat des gleichnamigen Vogels.
Klima und Standort: Milde Lagen sind günstig, aber nicht Voraussetzung. Nach bisherigen Erfahrungen sind die Arten der Gattung frosthart. Keinerlei besondere Ansprüche bekannt. Vermehrung: Am zweckmäßigsten kauft man Jungpflanzen mit Wurzelballen aus der Baumschule (soweit erhältlich), und zwar müssen männliche und weibliche gepflanzt werden, wenn eine Befruchtung erfolgen soll. Arten: In Ostasien, aber auch in der Sowjetunion werden neben *A. chinensis* vor allem *A. arguta* ihrer Früchte wegen kultiviert. Bei uns sind sie (noch) so wenig bekannt, daß die Art keinen deutschen Namen trägt. *A. arguta* ist eine in ihrer Heimat bis 7 m hoch windende Schlingpflanze mit kahlen Zweigen, papierartig dünnen, scharf gesägten elliptischen, kurz zugespitzten Blättern von 8–12 cm Länge an 4–8 cm langen rötlichen Stielen. Die achselständigen weißen Blüten bilden Scheindolden und öffnen sich im Juni. Die Art läßt sich auch bei uns kultivieren. Auch sie stellt keine besonderen Bodenansprüche. Sie hat sich sogar als industriefest erwiesen. Um Früchte zu gewinnen, braucht man eine männliche Pflanze mit Staubblüten und eine weibliche mit Stempelblüten. Die Art ist winterhart, doch gibt man ihr zweckmäßigerweise im Herbst eine Abdeckung. Die grüngelben Früchte bleiben mit 2–2,5 cm Länge deutlich kleiner als „Kiwis". Sie schmecken feigenähnlich und haben einen hohen Vitamingehalt. Nach Krüssmann unterscheidet man in der Sowjetunion drei reichtragende Sorten unterschiedlicher Reifezeit (August bis September). Der berühmte russische Obstzüchter Mitschurin bearbeitete neben *A. arguta* auch *A. kolomikta* züchterisch; sie wird bei uns nur 2 m hoch. Ihre kugeligen, süßen und wohlschmeckenden Früchte sind blauschwarz und nur 2 cm groß. Eine dritte Art, *A. polygama*, schlingt bis 6 m hoch und wird zur Begrünung von Zäunen und Wänden gezogen, sie braucht gleichmäßige Bodenfeuchte. Ihre Früchte sind gelb und bitter. Die eßbaren Früchte der Actiniden haben einen feigenähnlichen Geschmack, erinnern aber auch an Stachelbeeren. Ihr Fruchtfleisch enthält viele kleine, weiche und eßbare Kerne.

Kiwi

Actinidia chinensis Actinidiaceae = Strahlengriffelgewächse

Blütezeit: Ab Juni bis Juli
Fruchtreife: Ab Ende September

Die in China heimische, deshalb und wegen ihrer behaarten Fruchthaut auch „Chinesische Stachelbeere" genannte Pflanze ist zweihäusig und trägt herzförmige Blätter, aus deren Achseln die rötlichen Blüten wachsen. Die braunschaligen Beerenfrüchte der ausdauernden Kiwipflanze entwickeln sich nur, wenn die Blüten einer weiblichen Pflanze mit den Pollen einer anderen, männlichen bestäubt wurden. In der Kultur benötigt man eine männliche Pflanze als Pollenspender für etwa drei weibliche Kiwis. Der Vitamin-C-Gehalt der Früchte liegt mit etwa 3 g/kg Fruchtfleisch weit über dem der Zitrusfrüchte.
Klima und Standort: Die Chinesische Stachelbeere ist sehr wärmeliebend; deshalb ist die Kultur unter Glas dem Platz im Freiland vorzuziehen. Bei Freilandkultur muß man einen vollsonnigen, geschützten Platz für die Pflanze aussuchen; die Pflanzecke an der Südwand des Hauses kommt ihren Ansprüchen entgegen. Boden: Tiefgründig und humos, mit Sandanteil. Gute Wasserdurchlässigkeit; Staunässe mag die Kiwipflanze nicht. Säen und Pflanzen: Eigene Aufzucht aus Samen oft nicht erfolgreich; die Regel ist die Vermehrung durch Pfropfung von Kiwi-Edelreisern auf robuste Unterlagen der Gattung *Actinidia*. Auspflanzen der Kiwis ab dem späten Frühjahr bei warmem Wetter; gründliche Befeuchtung der Erde. Pflege und Düngung: Die eine Wuchshöhe von 4 m und mehr erreichende Schlingpflanze braucht einen stabilen Stab, an dem sie emporklettern kann. Im Freiland Winterschutz durch Tannenreisig oder Strohmatten. Jährliches Einarbeiten von reifem Kompost in den Boden. Sorten: Die Kiwisorte 'Hayward' ist einem mitteleuropäischen Weinbauklima relativ gut angepaßt; ihre bauchig-walzenförmigen Früchte sind großwüchsig und aromatisch. Ernte: Ende Oktober bis Mitte November, Genußreife nach Lagerung. Gekühlt monatelang haltbar. Diese Sorte wächst sehr stark. Man sollte ihr deshalb einen Platz von etwa 5 auf 3 m einräumen.

Pistazie

Pistacia vera Anacardiaceae = Sumachgewächse

Blütezeit: Spätes Frühjahr
Fruchtreife: September bis Oktober

Die aus Asien stammende Pistazie mit ihren fiedrigen, wechselständigen Blättern erreicht im Anbau in den Mittelmeerländern und den USA eine Wuchshöhe von bis 10 m. Aus den weiblichen unscheinbaren Blüten der zweihäusigen Pflanze entwickeln sich kleine, längliche Steinfrüchte, deren Fruchtlage bei der Reife eintrocknet und den länglich ovalen Steinkern offenlegt. Die Pistazienkerne, die Samen dieser Steinfrüchte, umgibt eine rötlichviolette Samenschale. Sie haben etwa 640 kcal/100 g Nährwert und sind hellgrün gefärbt.
Klima und Standort: Die wärmeliebende Pistazie gedeiht in unseren Breiten nur in der Kultur unter Glas. Im Sommerhalbjahr verträgt die im Topf gezogene Pflanze auch einen warmen, geschützten Platz im Garten; Trockenperioden schaden ihr nicht. Die Wintertemperaturen sollen zwischen +5 und +15 °C liegen. Boden: Eher leichter, aber durchlüfteter und wasserdurchlässiger Boden. Zu hohe Verdichtung der Kulturerde und Staunässe vermeiden. Säen und Pflanzen: Vermehrung ungeschlechtlich durch Stecklingsanzucht aus etwa 15 cm langen Zweigen ab März. Bei Aufzucht aus Samen Aussaat ohne die holzige Steinkernschale ab Ende Februar in größere Torfquelltöpfe oder Pflanzschalen mit Sandanteil. Wegen der Zweihäusigkeit der Pistazie (männliche und weibliche Blüten sitzen an verschiedenen Individuen) immer mehrere Pflanzen aufziehen. Pflege und Düngung: Lockerung des Kulturbodens; jährliches Einarbeiten von Komposterde oder Trockensubstanz aus Stallmist. Ernte: Die Pistazienkerne sind ausgereift, wenn die Steinkernschale sich an der Spitze aufspaltet. Verarbeiten und Lagern: Nutzung als Wurstzutat („Mortadella"), für feine Backwaren und mit Salz geröstet.

Eßkastanie

Castanea sativa Fagaceae = Buchengewächse

Blütezeit: April bis Juni
Fruchtreife: Ab September

Die aus Kleinasien stammende Edelkastanie ist heute in Südeuropa weit verbreitet; auf ihren Heerzügen brachten die Römer diese Pflanze auch nach Britannien und Germanien. Der bis 30 m hoch wachsende Baum ist sommergrün und trägt länglich-ovale, scharfgesägte Blätter. Aus den weiblichen Blüten der einhäusigen Pflanze reifen die Nüsse, deren eiweißreiche Samen mit 210 kcal/100 g einen erheblichen Nährwert aufweisen.
Klima und Standort: Zur Fruchtreife gelangt die Edelkastanie in befriedigenden Mengen nur in Gebieten mit Weinklima. An ihrem sonnigen Standort sollte die Pflanze vor strengem Winterfrost geschützt werden; Temperaturen zwischen 5–15°C im Winter und 30°C und mehr im Sommer werden ihren Ansprüchen gerecht. Gründliche Bewässerung empfiehlt sich bei langen Temperaturspitzen im Sommerhalbjahr. Boden: Der humose Boden mit Sandanteil soll eine gute Ableitung des Wassers ermöglichen; nicht geeignet sind stark verdichtete Böden mit schlechter Wasserdurchlässigkeit. Säen und Pflanzen: Am Winterende einzelne Samen in 10-cm-Töpfe auslegen, mit durchfeuchteter Mischung aus Einheitserde und Sand. Keimung auf der Fensterbank oder im geheizten Treibhaus; Keimdauer bei Wohnraumtemperatur etwa 6–9 Wochen. Pflege und Düngung: Bei guten Kulturbedingungen der Edelkastanie unter Glas muß man das Pflanzenwachstum durch Schnittmaßnahmen jährlich begrenzen. Ab etwa dem dritten Jahr nach der Keimung werden regelmäßig die Gipfelknospen abgeschnitten. Eine Mindesthöhe von 200 cm sollte erhalten bleiben. Verarbeiten und Lagern: Durch Kochen gewinnen die in rohem Zustand harten und mehligen Kastanien einen süßlichen Geschmack; beim Rösten von „Maronen" zerspringt die Nußschale, die Samenschale wird sichtbar.

Mandarine, Apfelsine

Citrus reticulata und *Citrus sinensis* Rutaceae = Rautengewächse

Blütezeit: Ganzjährig, hauptsächlich jedoch im Frühjahr
Fruchtreife: Über das Jahr verteilt, mehrere Wochen nach der Blüte

Wie alle Pflanzen aus der Gruppe der Zitrusgewächse sind Mandarine und Apfelsine durch das Zitrus-Aroma der stark duftenden Blätter und Früchte gekennzeichnet. Die leicht ledrigen Blätter der immergrünen, ursprünglich im Fernen Osten beheimateten Pflanzen stehen wechselständig. Die kleinen Blüten sind weiß. Der Vitamin-C-Gehalt der orangefarbenen bis fast roten Früchte beträgt etwa 0,3 g/kg Fruchtfleisch.
Klima und Standort: Wärmeliebend und nicht frostfest; Anbau im mitteleuropäischen Freiland nicht möglich. Kultur als Topfpflanze. Sonniger Standort; im Winter sollte die Temperatur bei etwa 10°C liegen. Entsprechend ihrer Kultur in den Winterregenländern verträgt die Pflanze Feuchtigkeit im Winter und längere Trockenheit im Sommer. Boden: Für den Pflanztopf der Zitrusgewächse eignet sich Einheitserde, der – besonders beim jungen Setzling – Sand beigemischt werden sollte. Für die erwachsene Pflanze reicht ein Pflanzgefäß von etwa 10 l Rauminhalt aus, wenn man sie durch Schnitt bei einer „Zimmergröße" von etwa 2 m hält. Säen und Pflanzen: In unseren Breiten Aussaat ab Mitte Februar auf der Fensterbank oder im beheizten Treibhaus; bei 20°C Umgebungstemperatur beträgt die Keimdauer etwa vier Wochen. Vereinzeln der Keimlinge und Umtopfen in kleine Pflanzgefäße. Im gewerblichen Anbau meist Vermehrung der Pflanzen durch Veredeln. Pflege und Düngung: Um ausreichend große, eßbare Früchte zu erhalten, Blütenzahl durch Abschneiden verringern. Abstützen schon der jungen Pflanze mit geeigneten Stäben erforderlich; bei der fruchtenden Mandarinenpflanze werden außerdem stark tragende Triebe abgestützt. Jährliche Düngung mit reifer Komposterde. Sorten: Die samenlosen Clementinen und Satsumas sowie die sehr kleinen, vollroten Tangerinen gelten als Sorten der Mandarinepflanze.

Feige

Ficus carica Moraceae = Maulbeergewächse

Blütezeit: Ab Mai
Fruchtreife: September bis Oktober

Die Feige, in Südasien heimisch, ist eine uralte Kulturpflanze, die heute hauptsächlich in den Mittelmeerländern angebaut wird. In den Achseln der großen, gelappten Blätter bildet die eine Wuchshöhe bis zu 10 m erreichende Pflanze Blütenstände mit vielen unscheinbaren, kleinen Blüten. Nach dem im Pflanzenreich einmaligen Befruchtungsvorgang, bei dem durch das Zusammenspiel der Gallwespe *Blastophaga psenes* mit drei jährlich gebildeten Blütengenerationen die Bestäubung erfolgt, entwickeln sich die etwa birnenförmigen, grünlich bis violett gefärbten Feigen. Es gibt jedoch auch Feigenpflanzen, die ihre Fruchtverbände ohne Befruchtung entwickeln können.
Klima und Standort: Die wärmeliebende, laubabwerfende Pflanze gedeiht in Mitteleuropa im Freiland nur in Gebieten mit sehr mildem Klima; selbst dort ist Winterschutz angebracht. An ihrem sonnigen Standort verträgt sie Trockenzeiten im Sommer gut. Der warme, vor kalten Winden geschützte Platz ist für die Feige gerade gut genug. Boden: Gedeiht auf leichten, sogar steinigen Böden, deren pH-Wert im alkalischen Bereich liegt. Säen und Pflanzen: Vermehrung durch Aufzucht aus Stecklingen der Pflanzen, deren Fruchtbildung ohne Bestäubung erfolgt. Bei der Vermehrung durch Samen Aussaat auf der Fensterbank oder im geheizten Treibhaus ab Ende Februar; jedoch ist eine Fruchtbildung solcherart gezogener Feigenbäume nicht zu erwarten. Auspflanzen der Sämlinge ab Mai bei warmem Wetter. Pflege und Düngung: Nur zwei- bis dreijährige sparsame organische Düngungen erforderlich. Sorten: Bei den durch Gallwespen bestäubten Pflanzen müssen Eßfeigen *(var. domestica)* und Bocksfeigen *(var. caprificus)* für eine erfolgreiche Befruchtung vorhanden sein.

Maulbeere

Morus nigra, Morus alba Moraceae = Maulbeergewächse

Blütezeit: Ab April
Fruchtreife: Vom Sommer bis in den Herbst hinein

Der in Asien heimische, bis zu 10 m hoch wachsende Maulbeerbaum ist eine einhäusige, selten auch zweihäusige Pflanze mit eiförmigen, gesägten Blättern. Aus den unscheinbaren weiblichen Blüten entstehen nach der Befruchtung weiße *(Morus alba)* oder rötlichschwarze *(Morus nigra)*, brombeerähnliche Früchte, die eigentlich keine Beeren, sondern Fruchtverbände sind. Für den Genuß bevorzugt werden die Früchte der schwarzen Maulbeerbäume; die weiße Maulbeere hat in Ostasien ihren Wert als Futterpflanze für die Seidenraupenzucht.
Klima und Standort: Die sommergrüne Pflanze wird heute in Europa hauptsächlich im mediterranen Raum angebaut, gedeiht jedoch mit geringerem Erfolg auch im gemäßigten Mitteleuropa. An ihrem vollsonnigen Platz verträgt sie durchaus Trockenzeiten im Sommer; als Spalierpflanze an einer Südwand kann sie gut gegen zu starke Fröste im Winter geschützt werden. Boden: Tiefgründig, humos, mit guter Wasserdurchlässigkeit. Nährstoffreich. Säen und Pflanzen: Aussaat der Samen in gewässerte Torfquelltöpfe oder Gefäße mit Einheitserde und hohem Sandanteil. Nach dem Auflaufen pikieren. Auspflanzen ins Freiland nicht vor Mitte – Ende Mai. Pflege und Düngung: Freiwachsenden Bäumen genügt der übliche Winterschnitt. Bei zu geringem Fruchtansatz, Rückschnitt der fruchttragenden Seitenäste auf etwa vier Augen. Jährliches Einarbeiten von reifem Kompost als organische Düngung. Regelmäßiges Lockern des Bodens. Verarbeiten und Lagern: Außer zur Frischverwendung eignen sich die süß-säuerlichen schwarzen Maulbeeren auch zur Bereitung von Maulbeerwein, Marmelade und Sirup. Die Früchte können auch getrocknet in süßem Brot verbacken werden.

Granatapfel

Punica granatum Punicaceae = Granatapfelgewächse

Blütezeit: Ab Juni
Fruchtreife: September bis Oktober

Die im Gebiet vom östlichen Mittelmeer bis hin zum Himalaja heimische Pflanze wächst als kleinwüchsiger Baum oder Strauch mit einer meist immergrünen, leicht ledrigen und länglichen Beblätterung; aus den Blattachseln treten die großen, orangefarbenen bis korallenroten Blüten hervor. Die apfelgroßen Früchte tragen unter ihrer derben, gelbroten Schale Hunderte von tiefroten Samen, deren Schale zur Fruchtreife hin fleischig wird und den nutzbaren Teil dieser alten Kulturpflanze darstellt. Der eßbare Teil ist die fleischige äußere Samenschale.
Klima und Standort: Die subtropisches oder tropisches Klima gewohnte Pflanze gedeiht im mitteleuropäischen Klima im Freiland nicht und ist lediglich als Topfpflanze unter Glas zu ziehen, jedoch mag sie im Sommerhalbjahr bei warmem Wetter einen sonnigen Platz im Garten. Die Wintertemperatur soll 5 bis 10°C nicht unterschreiten; im Sommer kann der Granatapfelbaum Temperaturspitzen und Trockenzeiten vertragen. Boden: Tiefgründiger Boden mit Sandanteil, warm und wasserdurchlässig. Staunässe verträgt der Granatapfelbaum nicht. Säen und Pflanzen: Ungeschlechtliche Vermehrung durch Stecklingskultur aus 10–20 cm langen Zweigen ab Mitte März. Aussaat von Samen in Torfquelltöpfen oder Pflanzgefäßen mit Einheitserde und Sandanteil ab Ende Februar; Keimdauer bei Zimmertemperatur etwa zwei bis vier Wochen. Gleich nach dem Auflaufen pikieren. Pflege und Düngung: Regelmäßige Lockerung der Kulturerde und sparsames Einarbeiten von reifem Kompost oder Trockensubstanz aus Stallmist. Verarbeiten und Lagern: Aus den aufgeschnittenen Granatäpfeln werden die Samen mit einem Löffel entnommen und roh verzehrt oder zu Saft oder Marmelade verarbeitet. Verwendung hauptsächlich für kühle Getränke.

Andenbeere, Kapstachelbeere, Erdkirsche

Physalis peruviana, Physalis pruinosa Solanaceae = Nachtschattengewächse

Blütezeit: Ab Juni
Fruchtreife: Ab September

Kapstachelbeere *(Physalis peruviana)* und Erdkirsche *(Ph. pruinosa)* sind eng miteinander verwandt und im Erscheinungsbild sehr ähnlich. Die aus Südamerika stammenden Pflanzen sind einjährige Kräuter, aus deren Blattachseln blaßgelbe Blüten mit meist dunklem Innenkranz hervorwachsen. Anbau vorwiegend in Indien, Java, Australien, Kenia und im Kapland. Die Kultur ist auch bei uns möglich. Die kirschgroßen, ockergelben Früchte sind von dem zunächst grünen Blütenkelch umgeben, der bei der Fruchtreife eintrocknet und sich bräunlich färbt. Die wohlschmeckenden süßen Früchte haben einen hohen Gehalt an den Vitaminen A, B_{12} und C sowie an Mineralstoffen.
Klima und Standort: Die ein warmes, feuchtes Klima liebenden Pflanzen sind bei uns im Freiland nur an vollsonnigen, warmen Plätzen zu reichen Erträgen zu bringen. Empfehlenswert ist daher ein Platz unter Glas mit hoher Luftfeuchtigkeit. Bei längerer Trockenheit muß täglich kräftig gegossen werden. Boden: Gründlich aufgelockert, tiefgründig und humos, mit reichen Nährstoffreserven. Säen und Pflanzen: Ab Februar bis April Aussaat auf der Fensterbank oder im beheizten Treibhaus in Torfquelltöpfe oder Pflanzgefäße mit Einheitserde und Sandanteil. Nach dem Keimen einzeln umtopfen. Ab Ende Mai im Abstand von 80×80 cm bei warmem Wetter auspflanzen. Pflege und Düngung: Stützen der Pflanzen mit geeigneten Stäben, wie auch bei Tomaten üblich. Vor dem Auspflanzen der bis zu 150 cm hoch wachsenden Pflanzen gründliches Einarbeiten von reifem Kompost in den Boden oder organische Düngung mit etwa 100 g/m^2 Naturdünger. Ernte: Laufend im ganzen Spätsommer und Frühherbst. Die Früchte sind reif, wenn der umgebende Kelch trocken und brüchig geworden ist.

Pilze

Pilzbrut im Glas

Braunkappe auf Stroh

Waldpilze in Kultur

Der Anbau von Waldpilzen im Hausgarten, aber auch als Neben- und Haupterwerb nimmt zu. Die Speisekarten in den Restaurants beweisen es. Mit weiteren Forschungen wird die Zahl der kulturfähigen Waldpilzarten künftig voraussichtlich größer werden. Im folgenden soll der Anbau der gebräuchlichsten und erfolgsichersten Pilzarten beschrieben werden: Braunkappe, Austernseitling und Shiitake.

Braunkappe, Riesenträuschling *(Stropharia rugosoannulata)*
Hut: anfangs halbkugelig, später ausgebreitet (bis 25 cm); weiß, grauweiß, gelb, gelbbraun, rotbraun, weinrot, violettrot. Blätter (Lamellen): hellgrau bis graublau, bei reifen Sporen schwarzviolett. Stiel: bis 25 cm hoch, 2–5 cm dick, weißlich bis bräunlich beringt. Die Braunkappe ist heute der meist angebaute Pilz bei Hobbygärtnern. Am besten hat sich die Kultur auf Strohballen bewährt. Sie ist etwa 4 Monate ertragreich. Je Strohballen kann man 3–10 kg Pilze ernten. Die Kultur kann in jedem Garten angelegt werden. Schattig unter Gehölzen, im Halbschatten oder in der Sonne. Ein vollschattiger Platz darf nicht zu kühl sein, bei vollsonnigem Platz muß das Stroh sorgfältig und ständig feucht gehalten werden. Man verwendet handelsübliche Preßballen von 10–15 kg Trokkengewicht aus Weizen-, Roggen- oder Gerstenstroh. Haferstroh eignet sich weniger gut. Strohballen sind in jeder Landhandelsstelle billig zu beziehen. Das Stroh soll trocken gelagert sein, gesund aussehen und angenehm riechen. Die goldgelben glänzenden Halme sind fest und lassen sich nur schwer zerreißen. Feuchtes oder schimmeliges Stroh kommt für Pilzkulturen nicht in Frage.
Pilzbrut zum Impfen der Strohballen, auch Pilzmyzel genannt, ist im Gartenfachhandel erhältlich; eine Packung reicht in der Regel für zwei Strohballen. Bis zum Verbrauch muß die Pilzbrut kühl, aber frostfrei aufbewahrt werden, nicht über 10 °C Raumtemperatur. Sie ist dann einige Wochen haltbar. Bei Lagertemperaturen über 25 °C nur ein paar Tage. Von guter Brutqualität hängt der Anbauerfolg ab.
Das Durchfeuchten der Strohballen ist die wichtigste und zugleich umständlichste Arbeit. Das Pilzmyzel kann nur bei ausreichender Feuchtigkeit wachsen. Das Wässern kann in einer Tonne geschehen, man taucht den Ballen für etwa 48 Stunden unter Wasser. Da er schwimmt, muß er beschwert werden. Auch ein Schubkarren eignet sich zum Wässern; da er darin nur halb im Wasser liegt, muß man dafür zweimal 48 Stunden rechnen. Das Wasser sollte zweimal gewechselt werden. Wässert man mit Gartenschlauch oder Gießkanne, so braucht man dafür 5–7 Tage, wenn man den Strohballen täglich zehnmal begießt, bis das Wasser unter dem Ballen wegläuft.
Man kann die Wässerungszeit wesentlich verkürzen, wenn man heißes Wasser verwendet, es löst die Wachsschicht der Strohhalme. Der Strohballen ist zum Impfen fertig, wenn er auch in seinem Inneren gründlich durchfeuchtet wurde. Er hat dann etwa das Dreifache seines Trockengewichtes und läßt sich nur noch schwer heben. Es empfiehlt sich deshalb, die Ballen am Ort der Anlage zu wässern. Da die Ballen feucht, aber nicht naß sein sollen, läßt man sie 24 Stunden auf ihrer Längsseite liegen, um überschüssiges Wasser aus dem Stroh zu bekommen.
Nun stößt man mit einem zugespitzten Pfahl oder mit einem Gerätestiel oder Pflanzholz etwa 15 Löcher in die obere Breitseite des Strohballens. Die Löcher sollten einigermaßen gleichmäßig verteilt und 20 cm tief sein (halbe Ballenhöhe).
Zum Spicken der Ballen wird die Brut in etwa daumengroße Stücke aufgeteilt und möglichst tief in die Löcher gedrückt. Man kann mit einem abgerundeten Holz nachschieben. Danach schließt man die Löcher, um die Brut vor Temperaturschwankungen und Schädlingen zu schützen, am einfachsten mit dem Stiefelabsatz. Insekten könnten das Myzel schädigen, wenn es nicht gut eingeschlossen wird. Deshalb empfiehlt sich die Anlage der Pilzkultur im Herbst oder Frühjahr, weil um diese Zeit kaum Schädlinge aktiv sind.
Nach dem Spicken darf der Strohballen weder austrocknen noch durch langen Regen zu naß werden. Man sollte ihn dann mit einer Folie abdecken. In der sogenannten Durchwachszeit nach dem Spicken durchwächst das weiße Pilzgeflecht den Strohballen. Eine Herbstanlage kann sich selbst überlassen werden, weil während des Winters keine

Braunkappe

Geimpfte Strohballen im Halbschatten des Gartens

Austrocknungsgefahr besteht. In rauhen Lagen deckt man den Ballen mit Reisig oder Laub gegen starke Fröste ab. Bei späten Anlagen im November oder Dezember kann die Brut nicht mehr in den Strohballen einwachsen und braucht etwas Frostschutz.

Frühjahrsanlagen erfordern behutsames Gießen, damit sie nicht austrocknen. Nasses Stroh beeinträchtigt jedoch das Myzelwachstum, deshalb soll nicht zu häufig und nicht zu stark bewässert werden. In zu nassen Strohballen kann das Myzel absterben.

Die Regel für optimale Feuchtigkeit heißt: Erst dann eine viertel Gießkanne je Strohballen, wenn das Stroh etwa 2 cm tief ausgetrocknet ist; bei warmer Witterung und Kulturstandort in der Sonne bedeutet dies etwa jeden dritten Tag, im Schatten lediglich einmal in der Woche. Bei langen Regenperioden von mehr als 3–4 Tagen deckt man die Strohballen mit Folie ab. Ein normaler Regenguß schadet jedoch in keiner Weise. Bei vollschattiger Lage hebt ein Folientunnel die Temperatur und beschleunigt das Durchwachsen. Für guten Luftaustausch soll die Folie wenigstens 30 cm Abstand vom Stroh haben. Die optimale Temperatur für das Myzelwachstum liegt um 25 °C; das Pilzgeflecht wächst aber auch schon ab 5 °C. Bei über 35 °C beginnt es abzusterben.

Bei Herbstkulturen kann man etwa ab Mai oder Juni des folgenden Jahres ernten. Im Frühjahr angelegte Strohballen werden etwa nach 2–4 Monaten die ersten Pilze hervorbringen.

Der Ernteverlauf ist vom Witterungsverlauf abhängig. Die Idealtemperatur liegt bei 25 °C. Pilze werden jedoch in einem Bereich von 12 bis 30 °C gebildet. Warme Sommer bringen meist mehr Ertrag als kühle.

Die Braunkappen erscheinen ohne sichtbare Vorankündigung über Nacht. Einzelne Pilze können bis zu 1000 g schwer werden. Über einen Zeitraum von 3–5 Monaten reifen in Schüben immer wieder Pilze heran. Durchschnittlich kann man davon ausgehen, daß alle 8–14 Tage eine Wachstumswelle bis zu 4 Pfund Pilze bringt. Anschließend folgt eine ebenso lange Pause. Der Gesamtertrag über etliche Monate hinweg liegt bei 3–6 kg je Strohballen. Unter Bestbedingungen können bis zu 10 kg je Ballen geerntet werden.

Man dreht die Braunkappen vorsichtig und vollständig aus dem Stroh, ohne benachbarte Pilze zu zerstören. Während der Erntezeit wird das Stroh etwas feuchter gehalten, damit die jungen Fruchtkörper nicht austrocknen.

Die hervorsprießenden Braunkappen werden gern über Nacht von Schnecken gefressen, sie können unter dem Stroh ihr Tagesversteck haben. Es empfiehlt sich deshalb, in der Nähe der Strohballen keine Möglichkeiten zum Unterschlupf für Schnecken zuzulassen und die Ballen nach Schnecken zu kontrollieren. Am sichersten vermeidet man Schneckenfraß, wenn man Pilzkulturen innerhalb eines Schneckenzaunes (nach einem patentierten Verfahren hergestelltes Profilblech) anlegt.

Der stark zusammengesackte Strohballen ist das sichtbare Zeichen dafür, daß die Kultur verbraucht ist. Auf der Kompostmiete ergibt dieses Stroh einen guten Naturdünger. Das verbrauchte Stroh ist meist von Schimmel befallen und für die Anlage einer neuen Pilzkultur darf deshalb nicht einfach ein neuer Strohballen auf den alten gelegt werden. Vielmehr ist das ausgezehrte Stroh vollständig zu entfernen. Die Neuanlage erfordert auch neue Pilzbrut.

Erntereife Pilze ziehen Fliegen an, die ihre Eier in den Pilzkörpern ablegen, die Pilze werden madig. Während der warmen Sommermonate sollten die Pilze deshalb zügig geerntet werden.

Die häufigsten Ursachen für Mißerfolge sind zu trockenes oder zu nasses Stroh.

Die geernteten Braunkappen halten sich im Kühlschrank 3–4 Tage. Sie brauchen bei der Zubereitung weder geschält noch geputzt zu werden, alle Teile sind eßbar.

Zum Einfrieren werden die Pilze 3 Minuten überbrüht (blanchiert). Sie halten sich in der Tiefkühltruhe bis zu 10 Monaten.

Austernpilze auf Stroh

Shiitake auf Holz

Austernpilz, Kalbfleischpilz *(Pleurotus ostreatus)*
Hut: anfangs muschelähnlich, später ausgebreitet (bis 30 cm); weißlich, gelblich, bräunlich bis grau, graubraun (Sommerseitling), stahlgrau, blaugrau, blau bis violettlich (Winterseitling). Blätter (Lamellen): weißlich bis hellbraun, hellgrau, weit herablaufend. Stiel: meist kurz, in den Hut übergehend, 1–8 cm hoch, 1–3 cm dick, exzentrisch, wie Blätter gefärbt oder wenig dunkler. Austernpilze oder Austernseitlinge werden auf Stroh und auf Holz kultiviert. Anders als die Braunkappe sollte der Austernseitling möglichst im Vollschatten angebaut werden.
Der Anbau des Sommer-Austernpilzes auf Stroh erfolgt etwa von März bis Juli. Die Anlage des Winter-Austernseitlings ist von Juli bis November und im Frühjahr bis April sinnvoll.
Die Brut des Austernpilzes ist etwas empfindlicher als die der Braunkappe. Man sollte sie beim Impfen der Strohballen so wenig wie möglich berühren, da dies zu Schimmelbildung im Stroh führen kann. Je Spickstelle (Loch im Stroh) rechnet man 1–2 gehäufte Eßlöffel Brut. Ob die Brut auseinanderfällt oder in Stücken bleibt, ist ohne Belang. Die Vorbereitungen des Strohs und das Impfen der Brut erfolgt wie bei der Braunkappe beschrieben. Da sich der Austernseitling überwiegend auf der Strohoberfläche bildet, sollte diese stets leicht feucht sein. Bei warmem Wetter sollte man die Strohballen täglich einmal kurz besprengen, am besten vormittags. Lieber öfter, aber weniger gießen! Die Idealtemperatur für das Durchwachsen des Strohs mit Pilzmyzel liegt für beide Austernpilzarten bei etwa 20 °C. Das Myzel wächst jedoch schon ab etwa 5 °C. Die Fruchtkörper des Austernpilzes sind zuerst als winzige Knötchen sichtbar und entwickeln sich je nach Temperatur in 6–14 Tagen zu stattlichen Exemplaren. Sie bilden Büschel von meist dachziegelartiger Formation. Etwa 4–5 Monate wachsen in mehreren Wellen immer wieder Pilze heran, Pausen von drei Wochen und mehr sind möglich. Der Wintertyp des Pilzes bildet seine Fruchtkörper in einem Bereich von 4 bis 18 °C, der Sommertyp benötigt für die Pilzbildung mindestens 14 °C. Der Gesamtertrag kann etwa 5 kg je Strohballen erreichen.

Die Pilze werden so tief wie möglich am Stroh abgeschnitten. Durch das büschelige Wachstum müssen meist auch junge Exemplare mitgeerntet werden. So lange die Pilze noch klein sind, ist die Feuchtigkeit besonders notwendig. Mehr als ein oberflächliches Benetzen braucht der Austernpilz während der Erntezeit jedoch nicht.
Die Kultur ist beendet, wenn länger als 5 Wochen keine Pilze mehr erscheinen und das Stroh zusammengesackt ist.

Shiitake, Pasaniapilz *(Lentinus edodes)*
Hut: anfangs eingerollt, später ausgebreitet (bis 20 cm); hellgelbbraun bis braun, rotbraun, mit zottigen weißlichen bis braunen Schuppen. Blätter (Lamellen): weißlich, gelblich, bräunlich. Stiel: 3–10 cm hoch, 0,5–1,5 cm dick, weißgrau bis bräunlich. Vergänglicher Schleier (Cortina) bei jungen Pilzen ringähnlich. Wert: ausgezeichneter Speisepilz. Gilt auch als Medizin, da er den Cholesterinspiegel im Blut verringert. Hut, Lamellen und Stiel bei Druck dunkel fleckend.
Shiitake-Pilze werden in Asien, vor allem in Japan, seit Jahrtausenden auf langen Holzknüppeln gezogen. Sie gelten dort als Lebenselixier und werden wegen ihres hocharomatischen, unverwechselbaren Geschmacks auch in deutschen Feinkostgeschäften angeboten, allerdings meist nur getrocknet.
Die Kultur der Shiitake-Pilze erfolgt auf Laubhölzern. Der Pilz kann auf Stämmen von etwa 40 cm Länge und bis zu 45 cm Durchmesser angesetzt werden. Ideal sind jedoch Knüppel von 1–1,5 m Länge und einem Durchmesser von 8–25 cm. Birke, Buche, Eiche und Erle sind vorzuziehen.
Ein wichtiges Kriterium für das Gelingen der Kultur ist der Zustand des Holzes. Es sollte höchstens seit 8 Monaten geschnitten sein. Länger gelagertes Holz ist meist schon von anderen Pilzen befallen und deshalb nicht mehr geeignet. Je frischer das Holz, desto günstiger ist dies für das Wachstum des Pilzes. Das Alter des Baumes spielt keine Rolle, solange er gesund war. Gesundes Holz ist an seinen frischen Schnittflächen hell und fest. Die Stämme müssen eine gewisse Mindestfeuchtigkeit aufwei-

Holz wird mit Pilzbrut geimpft

Champignons aus dem Keller

sen. Zeigen sich breite, tiefe Risse im Holz, muß es erst für drei Tage in einem Behälter gewässert werden. Sind keine oder nur feine Haarrisse zu sehen, kann sofort geimpft werden.

Zum Beimpfen sägt man in die Mitte der stärkeren Stämme, parallel zu den Schnittflächen, einen etwa 1–2 cm breiten Einschnitt. Er sollte nur so tief sein, daß das Holz noch stabil bleibt und nicht auseinanderbricht. Bei längeren Knüppeln wird durch zwei Einschnitte ein zügigeres Durchwachsen ermöglicht. Von einem Ende des Holzes ausgehend erfolgt nach einem Drittel der erste, nach einem weiteren Drittel der zweite Einschnitt. In die Schnitte wird die Brut bis zum Rand eingefüllt. Man kann mit einem sauberen Stab oder sauberem Finger nachdrücken. Damit die Brut nicht herausfällt, ist mit Reißnägeln ein Streifen Plastikfolie über den Schnitt zu befestigen. Als Schutz vor Infektionen (Schimmel und tierische Schädlinge, Fliegen/Maden) wird die Folie so dicht wie möglich über den Stamm gezogen. Wenn alle Stämme oder Knüppel mit der Pilzbrut geimpft sind, werden sie zum Durchwachsen an einen schattigen und feuchten Ort gebracht. Feuchtes und warmes Klima mit Temperaturen um 20 °C sind ideale Bedingungen für ein zügiges Myzelwachstum. Doch auch bei 10 °C wächst das Myzel noch weiter. Birke, ein Weichholz, läßt die ersten Pilze nach etwa 3–6 Monaten erwarten. Buche und Eiche bringen ihre Fruchtkörper unter günstigen Bedingungen vielleicht nach 6–8 Monaten. Die Regel sind jedoch 8–12 Monate. Bei diesen Harthölzern ist mit höherem Gesamtertrag und einer Kulturdauer bis zu 8 Jahren zu rechnen, bei der Birke bestenfalls über 4 Jahre.

Damit das Holz nicht austrocknet, streut man eine Schicht feuchten Laubes darüber oder bedeckt es mit feuchtem Stroh. Die Plastikfolie muß für den Luftaustausch mit Löchern versehen werden. Die Pilzhölzer bedürfen während der Wachstumszeit keiner weiteren Pflege.

Wer eine Kultur im Spätherbst oder Winter anlegt, muß die Stämme in einem zumindest frostfreien Raum lagern. Die ungeschützte Brut verträgt keinen stärkeren Frost.

Hat das Myzel bei mindestens 15 °C etwa 10 Wochen Zeit, in den Stamm einzudringen, so kann der Frost der Kultur nicht mehr schaden, weil das Myzel im Holz bestens geschützt ist. Im Haus müssen die Stämme vor dem Austrocknen bewahrt werden, etwa durch feuchte Säcke.

Für die Erntezeit werden die Stämme feucht-schattig aufgestellt, da die Pilze sich an jeder Stelle des Holzes bilden können. Ein Eingraben der Knüppel oder Stammenden ist nicht unbedingt erforderlich, empfiehlt sich jedoch zum Feuchthalten des Holzes. Im Freien wachsen die Pilze bei etwa 10 bis 24 °C; mit Unterbrechungen also von April bis November. Da die Shiitake-Stämme für die Pilzbildung keinen Erdkontakt benötigen, können sie auch in einem Raum aufgestellt werden. Für die Fruchtkörperbildung muß jedoch mindestens 10 °C herrschen. Leicht feucht gehalten wird man so auch im Winter mit diesen delikaten Pilzen versorgt. Diffuses Licht genügt völlig.

Die Erntewellen verlaufen sehr unterschiedlich. In kurzen Abständen können innerhalb einiger Tage bis zu 20 Pilze an einem Stamm erscheinen oder Pausen von mehreren Monaten eintreten.

Schneckenschutz ist auch beim Shiitake-Pilz erforderlich.

In ganz ähnlicher Weise wie hier beschrieben können auch Austernseitlinge auf Holz kultiviert werden.

Champignon *(Agaricus spec.)*

Das Kultivieren von Champignons (Egerlingen) ist für den Hausgebrauch umständlich und führt häufig zu Mißerfolgen. Die Herstellung des Champignon-Nährbodens (Substrat) setzt Fachkenntnisse voraus.

Wer Champignons im Garten, auf dem Balkon oder im Keller anbauen möchte, besorgt sich am besten eine sogenannte Fertigkultur. Man braucht dann nur noch zu wässern – und zu ernten.

Die vorstehenden Kulturempfehlungen für Pilze wurden auszugsweise und im Einverständnis mit dem Autor der empfehlenswerten Schrift „Waldpilzzucht für jedermann“ von Willy J. Hawlik im Verlag Dr. Richter GmbH, Gerstäckerstr. 4, 8000 München 82, entnommen. Wer sich eingehender mit der Kultur von Waldpilzen beschäftigen möchte, findet in diesem Bändchen die erforderlichen Informationen.

Gartenbauliche Begriffe von A–Z

Abhärten: In geschützten Räumen vorgezogene Pflanzen werden schrittweise an Freilandbedingungen gewöhnt. Man erreicht das durch sich steigerndes Lüften und Entfernen des Glas- bzw. Folienschutzes; bei Pflanzgefäßen durch zeitweises Aufstellen im Freien. Das Umsetzen oder Auspflanzen geschieht am besten bei bedecktem Himmel.

Ableger: Viele Pflanzen, vor allem Gehölze und kriechende Stauden, lassen sich vegetativ, das heißt durch an- oder abgeschnittene Triebe (= Ableger) vermehren. Man steckt die mit glattem Schnitt von der Pflanze abgetrennten Triebstücke so in feuchten, gelockerten Boden, z. B. Humus-Sandgemisch, daß sie Wurzeln und Blätter treiben können.

Akarizide: Mittel gegen Milben, z. B. Spinnmilben.

Alternanz: Wechsel zwischen Ertrags- und Ausfalljahren, etwa bei Apfelbäumen. Durch richtige Boden- und Baumpflege (z. B. Schnitt und Fruchtausdünnung) weitgehend vermeidbar.

Anhäufeln von Erde um die wachsende Pflanze fördert bei Kartoffeln die Knollenbildung, bei Lauch das Längenwachstum des weißen Schaftes. Bei Rosen und Stauden häufelt man im Herbst als Winterschutz an.

Ätzkalk (CaO): Ungelöschter, gebrannter Kalk, ätzt stark. Kann gegen Schnecken eingesetzt werden.

Ausdünnen von Fruchtansätzen der Obstbäume kurz nach der Blüte und nach dem Junifall bringt größere Früchte.

Auslichten von Obstgehölzen, besonders von Baumkronen, ermöglicht bessere Sonnenbestrahlung der fruchtenden Zweige (Nährstoffversorgung) und beugt Pilzkrankheiten vor.

Azotobacter: Frei im Boden lebende Bakteriengattung mit der Fähigkeit, Luftstickstoff ohne Mithilfe von Pflanzenwurzeln zu binden. Wichtig für die Bodenfruchtbarkeit.

Baumband aus organischen Fasern, Bast, Kokos oder Kunststoff dient zum Befestigen von Jungbäumen am Baumpfahl. Man bindet in Form einer Acht.

Baumhose: Hülle aus Maschendraht um junge Baumstämme zum Schutz gegen Wildschaden (Verbiß und Fegen).

Baumwachs oder Baumteer schützt Schnittflächen an Obstgehölzen vor Fäulnis und Infektion.

Befruchtersorten braucht man im Obstbau zum Bestäuben von mit sich selbst unfruchtbaren Sorten. Unter anderen fruchten alle Kernobstarten nur nach Fremdbestäubung.

Ableger

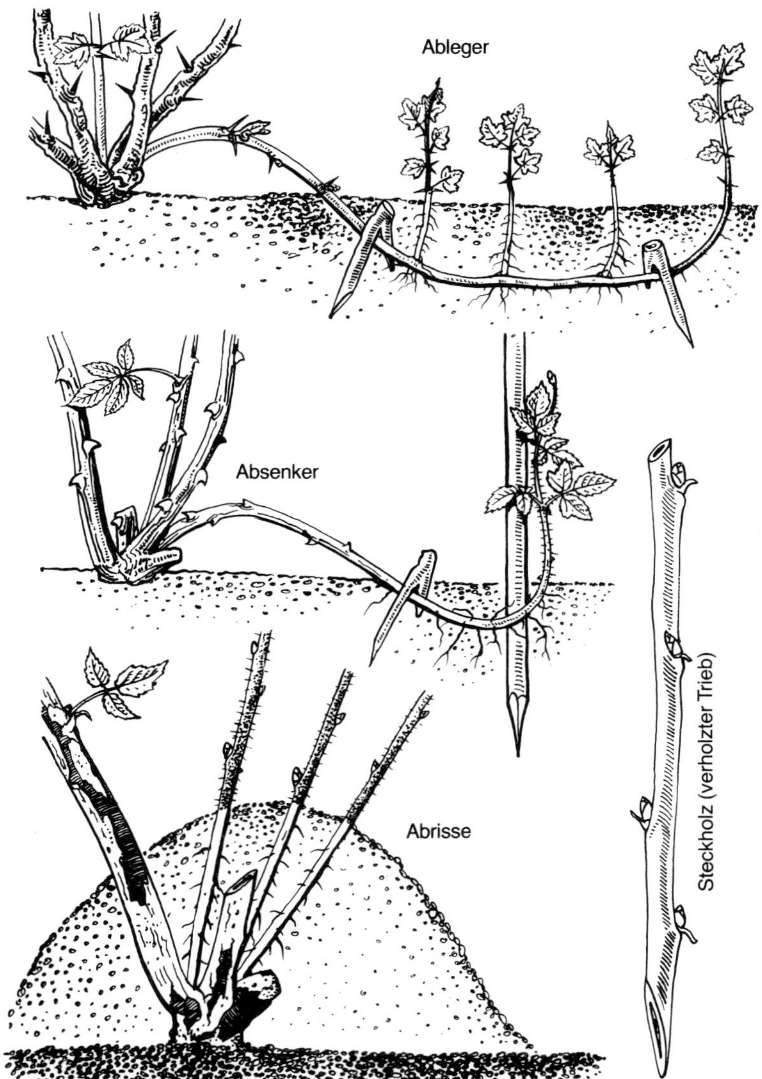

Beizen: Durch chemische Beizmittel werden Samen behandelt, um anhängende Krankheitserreger abzutöten (Naß- und Trockenbeizung). Quecksilberhaltige Produkte sind nicht mehr zugelassen. Samenbehandlung im biologischen Landbau durch pflanzliche Mittel.

Bentonit: Eine Gesteinsart, die zur Bodenverbesserung fein vermahlen wird (nach Fundort Benton in Wyoming/USA).

Berührungsgifte (Kontaktgifte) töten Gliederfüßer durch die Haut im Gegensatz zu Atem- und Fraßgiften.

Biologisch-dynamische Wirtschaftsweise nach Rudolf Steiner (1924). Landbaumethode mit organischen Düngemitteln, Präparaten in homöopathischer Dosierung und Berücksichtigung kosmischer Rhythmen durch bestimmte Aussaat- und Bearbeitungszeiten. Keine Anwendung wasserlöslicher Mineraldünger und chemischer Gifte. Im Handel sind Erzeugnisse dieser Wirtschaftsweise als Demeter-Produkte gekennzeichnet.

Biologischer Landbau: Sammelbegriff naturnaher Anbauweisen unter Ausschluß chemischen Pflanzenschutzes. Statt mineralischer Düngermittel werden organische eingesetzt.

Biologischer Pflanzenschutz geschieht allgemein durch richtige Sortenwahl, Bodenpflege auf der Grundlage organischer Düngung und Anwendung nach Möglichkeit ungiftiger Pflanzenpflegemittel. Speziell versteht man darunter eine Schädlingsbekämpfung durch Lebewesen als gezielte Nachahmung und Verstärkung natürlicher Vorgänge.

Biotop: Lebensraum verhältnismäßig einheitlicher Bedingungen mit einer sich darauf einstellenden Pflanzen- und Tiergemeinschaft.

Biozönose: Gemeinschaft von Lebewesen eines Biotops in einem beweglichen (dynamischen) Gleichgewicht gegenseitiger Abhängigkeit.

Blattdüngung: Pflanzen können Nährstoffe auch durch die Spaltöffnungen ihrer Blätter aufnehmen. Im gewerblichen Garten- und Obstbau verbindet man die Blattdünger oft mit Pflanzenschutzmitteln.

Blattfleckenkrankheit (Mosaikkrankheit): Sammelbegriff für pilzliche, aber auch bakterielle Infektionen, die sich in Blattflecken unterschiedlichsten Aussehens äußern. Sie wird auch durch Viren verursacht.

Blauvolldünger: Mineralischer, wasserlöslicher Mehrnährstoffdünger, gekörnt und oft zur Kennzeichnung blau eingefärbt (Markendünger).

Bleichen von Gemüse durch Lichtentzug (Anhäufeln, Abdecken, Zusammenbinden der Pflanze) soll das Pflanzengewebe heller und zarter machen. Im Hausgarten im allgemeinen nicht empfehlenswert, weil das Erntegut bei Blattgrünmangel Nährstoffe und Vitamine verliert.

Blutmehl: Organischer Stickstoffdünger (10–14% N) aus tierischen Abfällen, schnell wirkend.

Boden läßt sich nach seinem Anteil an Sand, Ton und Humus klassifizieren. Sand macht den Boden leicht, Ton schwer, Humus fruchtbar. Der Kalkgehalt des Bodens wird in der Natur vom darunterliegenden Gestein bestimmt. Ausnahme: Hochmoorböden.

Bodenatmung: Die Bodenlebewesen geben überwiegend Kohlendioxid ab und nehmen Sauerstoff auf. Auch die Pflanzenwurzeln beteiligen sich an dem Gasaustausch zwischen Boden und Atmosphäre. Er nimmt mit der Bodenfruchtbarkeit zu.

Bodenbakterien spielen eine entscheidende Rolle als Zersetzer organischer Verbindungen und damit für die Bodenfruchtbarkeit. Die Vielzahl organischer Stoffe, die zum Teil schwer abzubauen sind (Zellulose, Horn, Chitin, Knochen), bedingt eine Vielzahl von Bakterien, unter ihnen Stickstoffbinder und räuberische Bakterienarten. Das Vorhandensein oder Fehlen von Sauerstoff spielt eine wichtige Rolle für die Artenzusammensetzung des Bakterienlebens im Boden.

Bodenbedeckung: Fruchtbare Erde ist in der Natur in der Regel von einer Pflanzendecke überzogen. Sie schützt den Boden vor Austrocknung. Im Garten ahmt man diesen Zustand durch Bodenbedeckung aus organischem Material (= Mulchen) oder Folie nach.

Bodengare entsteht auf Dauer durch ein reiches Bodenleben, das heißt durch organische Düngung. Man bezeichnet damit einen porösen, locker-elastischen Zustand des Oberbodens (Humus). Die scheinbare Bodengare durch mechanische Lockerung oder Frosteinwirkung ist bei unfruchtbaren Böden nicht von Dauer.

Bodenleben nennt man die Gemeinschaft aller im Boden lebenden Bakterien, Pflanzen und Tiere. Das Gewicht der Bodenlebewesen kann bis zu einem Fünftel der organischen Anteile eines Bodens ausmachen.

Bodenmüdigkeit: Nach mehrjähriger einseitiger Nutzung durch vorwiegend eine Pflanzenart können Kulturböden trotz Düngung stark im Ertrag zurückgehen. Hierbei spielen auch die Ausscheidungen und Zersetzungsstoffe von Pflanzenwurzeln eine Rolle. Organische Düngung und Fruchtwechsel schließen Bodenmüdigkeit aus.

Bodenreaktion: Wasserstoffionen-Konzentration eines Bodens, gemessen in pH-Werten zwischen etwa 3,5 (stark sauer) bis 8,5 (alkalisch). Der Kalkgehalt eines Bodens spielt die entscheidende Rolle für seinen pH-Wert. Die meisten Kulturpflanzen bevorzugen einen pH-Wert nahe dem Neutralpunkt 7. Kalkgaben erhöhen den pH-Wert.

Brennesseljauche wird als Flüssigdünger im Hausgarten verwendet. Man weicht frische oder getrocknete Brennesseln vor oder während der Blüte in einer Tonne ein und läßt sie ein bis zwei Wochen gären. Vor dem Ausbringen wird die Jauche, die auch andere Pflanzen enthalten kann, so weit verdünnt, daß sie hellbraun ist. Ein- bis zweitägige Brennesselbrühe (unvergoren) wird nur wenig oder nicht verdünnt als Spritzmittel gegen Schadinsekten, vor allem Blattläuse, verwendet.

Braunfäule (Krautfäule, Phytophthora), eine pilzliche Erkrankung bei Kartoffeln und Tomaten, die bei hoher Luftfeuchtigkeit und hoher Wärme auftritt. Die Blätter werden braun, die Knollen und Früchte faulen. Man spritzt mit Fungiziden.

Bügelsäge: Handsäge für den Baumschnitt mit verstellbarem Sägeblatt.

Calcium (Kalzium), unentbehrliches Element für den Pflanzenwuchs. Hauptbestandteil von Kalkdüngern. Calcium (Ca) wirkt alkalisch und hebt deshalb den pH-Wert des Bodens. Kalkdünger werden auch in allen biologischen Anbauweisen verwendet.

Chilesalpeter (Natriumnitrat): Stickstoffdünger (15%), der aus Rohsalpeter gewonnen wird, jodhaltig.

Chlor (Cl) wird in Düngemitteln von Spinat, Sellerie- und Kohlarten gut (die Wildpflanzen dieser Arten wuchsen in Meernähe), von anderen Pflanzen dagegen schlecht vertragen. Im Hausgarten sollte man keinen chlorhaltigen Dünger verwenden, allenfalls bei Sellerie, besonders Stangensellerie. Man kann den Pflanzen auch kleine Mengen Kochsalz geben.

C/N-Verhältnis: Organische Stoffe, etwa Kompostzuschläge, werden nach ihrem Kohlenstoff- (C) und Stickstoffgehalt (N) beurteilt. Beispiel: Frischer Rasenschnitt enthält rund 12mal soviel Kohlenstoff wie Stickstoff, sein C/N-Verhältnis ist 12. Je mehr Stickstoff ein Material im Verhältnis zum Kohlenstoff enthält, desto „enger", je mehr Kohlenstoff es gegenüber dem Stickstoff enthält, desto „weiter" bezeichnet man das Verhältnis. Extrem eng: Harn 0,8, extrem weit: Sägemehl 511 (Durchschnitt der Trockensubstanz). Ein günstiger Durchschnittswert für Zuschläge zum Kompost liegt bei etwa 30. Stoffe mit wesentlich weiteren C/N-Verhältnissen verlängern die Rotte, solche mit wesentlich engeren begünstigen bei Sauerstoffmangel Fäulnis.

Denitrifikation: Organisch gebundener Stickstoff wird bakteriell bei Sauerstoffmangel in gasförmigen Stickstoff (N^2) abgebaut und entweicht in die Luft; ein unerwünschter Vorgang im Mist und im Kompost bei mangelnder Durchlüftung. Denitrifikation bedeutet Stickstoffverlust und sollte durch Belüftung in Form von Umsetzen oder Zuschlag zellulosereicher organischer Materialien (weites C/N-Verhältnis) vermieden werden.

Derris: Insektizid, das aus den Wurzeln der gleichnamigen Pflanze hergestellt wird; für Warmblüter ungiftig.

Direktaussaat: Säen an den endgültigen Standort, nach Möglichkeit schon im später erforderlichen Pflanzenabstand. Man umgeht dadurch das Pikieren und Verpflanzen.

Drainieren: Bodenentwässerung durch Gräben, Drainschläuche oder Kies sowie deren Kombinationen. Im Hausgarten nur bei Staunässe oder besonders trockenliebenden Pflanzen empfehlenswert.

Drillmaschine: Der Samen wird mechanisch in gewünschtem Abstand in die Erde gebracht. Für Gärten gibt es Handdrillmaschinen.

Düngemittel: Es gibt organische und mineralische sowie kombinierte organisch-mineralische Düngemittel. Allgemein zeigen wasserlösliche Mineraldünger eine schnellere Wirkung; organische Dünger wirken vor allem über das Bodenleben und fördern die Humusbildung mit Langzeitwirkung für die Bodenfruchtbarkeit. Kulturpflanzen brauchen in der Regel mehr Nährstoffe während einer Vegetationsperiode als Wildpflanzen, deshalb kommt man bei ertragsorientiertem Gartenbau nicht ohne Düngemittel aus. Die Pflanzen des Naturgartens brauchen dagegen wenig oder nicht gedüngt zu werden. Ähnliches gilt für die meisten Gewürzkräuter und die heimischen Blumen.

Edelreis: Trieb von einem veredelten Obstgehölz zum Okulieren oder Pfropfen. Man schneidet das Edelreis während der kalten Jahreszeit, weil dann die Knospen ausgereift sind.

Edeltrieb: Er wächst aus dem Holz oberhalb einer Veredlungsstelle.

Einheitserde: Anzuchterde einheitlicher Herstellungsart aus Torf, Ton und mineralischen Nährstoffen.

Einschlämmen: Gehölze und Stauden wässert man nach dem Einpflanzen so stark und ohne Brause, daß sich die Krümel der noch lockeren Pflanzerde durch das eindringende Wasser enger aneinander und um die Wurzeln legen.

Einschlagen: Die Wurzeln lebender Pflanzen sollen nicht austrocknen, deshalb wird zwischenzulagerndes Pflanzgut in Furchen gelegt und mit feuchter Erde bedeckt. Die oberirdischen Teile der Pflanze bleiben an der Luft.

Erosion: Bodenverlust durch Wasser- und Windwirkungen. Unbedeckte Böden sind besonders gefährdet.

Fäkalien: Kot und Harn von Menschen; sie sollten nicht im Hausgarten verwendet werden. Ihr hoher Chloranteil wirkt pflanzenschädlich.

Flächenkompostierung: Organisches Material oder Rohkompost wird fein zerteilt, in dünnem Schleier auf das Kulturland gebracht. Die mit Hilfe der Bodenlebewesen einsetzende Rotte düngt den Boden mit Langzeitwirkung. Siehe auch Mulchen.

Flüssigdüngung kann auf dem Boden oder auf Pflanzenblättern ausgebracht werden. Man düngt mineralisch, organisch oder kombiniert und erzielt schnellere Wirkungen als etwa mit Komposterde. Flüssigdünger bringt man deshalb während der Vegetationszeit, Festdünger zur Bodenverbesserung im Herbst aus.

Folien aus PVC (Polyvinylchlorid) und Polyäthylen dienen im Garten als Glasersatz mit fast gleich hoher Lichtdurchlässigkeit für flächige Abdeckung zum Verfrühen von Gemüse (gelochte und wachsende Folie), eingefärbt als Bodenbedeckung (Mulch- und Schlitzfolien) und zum Schattieren. Ohne besonderen Schutz gegen die UV-Strahlung haben Folien im Freien meist nur eine Lebensdauer von einem Jahr. Polyäthylen hat sich im Garten besser als PVC bewährt.
Spezialfolien ab 1 mm Stärke dienen zum Abdichten des Untergrundes von Gartenteichen. Bei selbstgebauten Folienhäusern aus Dachlatten und vorgefertigten Verbindungsstücken ist besonders auf Windfestigkeit und ausreichend gestützte Dachschrägen zu achten, damit sich bei Regen keine Wassersäcke bilden.
Folientunnel stützt man durch Bögen aus Draht oder Kunststoff. Sie müssen sturmsicher verankert und wegen Kondenswasserbildung und Wärmestau gut belüftbar sein.

Fräse: Hand- oder motorgetriebene Geräte zum Lockern des Bodens und zum Einarbeiten von Kompost oder anderen Düngern. Motorfräsen erleichtern die Arbeit auf großen Flächen, im Hausgarten sind sie allgemein entbehrlich. Fräsen arbeiten mit Sternradsätzen und Messerwellen. Mechanische Bodenlockerung kann die biologische Bodengare nicht ersetzen.

Frostgare: siehe Bodengare.

Frostplatten entstehen meist südseitig an Obstbäumen, wenn winterliche starke Sonnenbestrahlung mit tiefen Nachtfrösten wechselt. Der Schaden entsteht in den Zellen des Kambiums (unter der Rinde).

Fruchtfolge: Um der Bodenermüdung vorzubeugen, baut man Kulturpflanzen in bestimmtem, auch turnusmäßigem Wechsel nacheinander an. Auf diese Fruchtfolge wird die Düngung abgestellt. Biologisch günstige Fruchtfolgen beugen übermäßiger Schädlingsentwicklung über und unter dem Boden vor. Man vermeidet, Pflanzen der gleichen Familie auf derselben Fläche nacheinander anzubauen. Nach kräftiger Düngung oder Leguminosenanbau empfehlen sich Starkzehrer, denen Mittel- und schließlich Schwachzehrer folgen, wenn ein großer Teil der Nährstoffvorräte im Boden verbraucht wurde.

Frühbeet: Fest installierter oder beweglicher Rahmen, meist aus Holz, mit Glas, Kunstglas oder Folien abgedeckt, zum Vorziehen oder Kultivieren von Nutzpflanzen und Blumen im Frühjahr. Erwärmung durch Stallmist, Heizkabel oder Heizmatten mit zwischengeschaltetem Trafo möglich. Bei Glasfensterabdeckungen riskiert man Bruch durch Schneefälle oder andere Einwirkungen, Folien sollten durch untergespannten Maschendraht gestützt werden, damit sich bei Regen keine Wassersäcke bilden. Die gleiche Wirkung bei vereinfachter Handhabung, aber höherem Anschaffungspreis erfüllen Frühbeethauben und andere Konstruktionen aus Plexi- oder Acrylglas. Je nach Bautyp lassen sie sich beliebig erweitern und leicht umsetzen oder platzsparend stapeln, wenn sie nicht gebraucht werden.

Fungizide: Pilzbekämpfungsmittel.

Gelbspritzmittel (DNOC) töten Wintereier auf Obstgehölzen, schädigen aber auch alle grünen Pflanzenteile, sind giftig für Bienen und andere Insekten, Haustiere und Menschen. Giftabteilung 2, Giftgruppe 3; Anwendung nur ausgangs des Winters.

Gewächshaus, Treibhaus oder Grünhaus, kann mit Heizung (Warmhaus) oder ohne Heizung (Kalthaus) betrieben werden. Für den Hausgarten kommt ein Anlehn- oder ein Kleingewächshaus in Frage. Blankglas muß für empfindliche Kulturen bei starker Sonneneinstrahlung schattiert werden, um Verbrennungen an Pflanzen vorzubeugen. Bei Kunststoffen ist auf Beständigkeit gegen UV-Strahlung zu achten. Doppelstegplatten z. B. aus Carbonatglas isolieren durch eingeschlossene Lufträume und brauchen trotz hoher Lichtdurchlässigkeit nicht schattiert zu werden. Auch Kalthäuser verlängern die Vegetationsperiode.

Giftabteilung: Pflanzenschutzmittel müssen in der BRD nach der neuen Giftverordnung wie folgt gekennzeichnet werden:

Glas: Häufigstes Material für Gewächshäuser; hohe Lichtdurchlässigkeit. Man unterscheidet Blankgläser mit glatten Oberflächen und Klargläser (Gußglas), deren Innenseite zur Zerstreuung einfallenden Lichtes genörpelt ist. Dieses Glas beugt Verbrennungsschäden an Pflanzen vor.

Grabgabel ersetzt den Spaten. Sie dringt leichter in den Boden ein und schont die Regenwürmer. Sie eignet sich besonders für Erntearbeiten.

Grauschimmelfäule (Botrytis): Pilzerkrankungen, die bevorzugt auf Salat, Bohnen, Spargel, Tomaten und Erdbeeren auftreten kann. Mineralische Stickstoffdüngung, Magnesiummangel, hohe Luftfeuchtigkeit und schlechte Belichtung begünstigen den Befall, der sich in Ringflecken und grauem Pilzrasen äußert. Vermeidet man diese Bedingungen, kann man im Hausgarten auf chemische Spritzmittel verzichten.

Grubber: Stabiles Ziehgerät mit drei Rundzinken zum Bodenlockern.

Gründüngung: Die grünen Teile von Pflanzen, die für diesen Zweck kultiviert werden, arbeitet man oberflächlich in den Boden ein. So ähnelt die Düngewirkung der einer dünnen Flächenkompostierung. Gründüngung dient je nach Pflanzenart der Bodenbedeckung, der Bodenverbesserung, die mit Hilfe von Knöllchenbakterien Stickstoff für die Folge-Kultur im Boden anreichert. Wichtige Stickstoffsammler für Gründüngung: Ackerbohne, Erbsen/Wickengemenge, Kleearten, Lupinen, Platterbse und Serradella. Als besonders schnellwüchsige Bodendecker- und Gründüngungspflanze für den Hausgarten kommt Gelbsenf in Frage. Als Kreuzblütler sollte er nicht vor oder nach Kohlarten gepflanzt werden.

Hacken dient der Bodenlockerung, der Bodenbelüftung und beugt starker Verdunstung durch Unterbrechung der Bodenkapillaren vor. Hacken ist die wichtigste mechanische Unkrautbekämpfung. Hacken kann schaden, wenn man im Bereich von Kulturen zu tief oder zu nahe an die Pflanzen heranhackt und so deren feine Haarwurzeln im Oberflächenbereich schädigt. Obstbaumscheiben sollten aus diesem Grund nicht regelmäßig gehackt werden. Man unterscheidet Pendelhacken (z.B. Herzhacke) und Ziehhacken zum Durchschneiden von Unkrautwurzeln.

Häufeln des Bodens, z.B. bei Kartoffeln und Lauch, geschieht durch ein Zuggerät mit pflugscharförmigen Zinken, es entstehen Häufelfurchen.

Haarröhrchen (Kapillaren) bilden sich im Boden und sorgen für eine tiefenwirksame Verdunstung (Wasserverluste besonders im Frühjahr). Umgekehrt nimmt der Boden bei Taubildung Wasser durch dieses Röhrchensystem auf.

Harnstoff wird im Erwerbsgartenbau als Stickstoff-Blattdünger ausgebracht. Im kompostversorgten Hausgarten ist diese Düngung überflüssig.

Hecken aus niedrigen bis mittelhohen Laubgehölzen sollte man bei Kleingärten nur im Norden, Nordosten oder Nordwesten von ertragsorientierten Kulturflächen pflanzen, weil hier der Schattenwurf am wenigsten stört. Hecken verbessern im übrigen die Ökologie und das Kleinklima des Gartens.

Hemmstoffe bilden sich beim Zersetzen toter und als Wurzelausscheidungen lebender Pflanzen. Sie können bei enggestellten Fruchtfolgen das Wachstum von Kulturpflanzen behindern. Deshalb sind weitgestellte bzw. artenreiche Fruchtfolgen, bei denen auch die Pflanzenfamilie wechselt, empfehlenswert.

Herbizide: Mittel zur Bekämpfung von Unkräutern. Sie sollten im Hausgarten nicht angewendet werden.

Hippe: Klappmesser mit einwärts gebogener, zugespitzter Klinge für Baumpflege und Veredelung.

Hochstamm: Obstbaumform ab 160–180 cm Stammhöhe.

Holländern: Umgraben (etwa 50 cm tief), bei dem die Schollen in zwei Schichten gewendet, aber nicht gegenseitig ausgetauscht werden. Nur bei Neuumbruch oder verdichteten Böden erforderlich.

Holzasche kann als Kalidünger verwendet werden. Gegen Erdflöhe streut man Holzasche um gefährdete Pflanzen.

Holzwolle dient im Garten als langsam verrottendes Mulchmaterial; bevorzugt bei Erdbeeren, damit die reifenden Früchte nicht auf dem Boden liegen. Sollen größere Mengen Holzwolle oder andere Holzabfälle in einer Miete kompostiert werden, gibt man Kalk und stickstoffhaltiges Material, z.B. Mist, zu.

Hornmehl: Organischer Stickstoffdünger (10–14% N) mit schneller Wirkung durch feine Vermahlung des tierischen Horns.

Hornkiesel: Ein mit Quarz in Kuhhörnern hergestelltes Präparat der biologisch-dynamischen Wirtschaftsweise.

Hornmist: Ein mit Kuhmist in Kuhhörnern hergestelltes Präparat der biologisch-dynamischen Wirtschaftsweise.

Hornspäne haben den gleichen Gehalt wie Hornmehl, wirken aber durch die größeren Partikel langsamer und länger als dieses. Beide Dünger können unmittelbar auf den Boden gestreut und leicht eingearbeitet oder dem Kompost zur Aufbesserung stickstoffarmer Zuschläge beigemischt werden.

Horn-Knochen-Blutmehl verschiedener Mischungen enthält unter anderem Stickstoff und Calciumphosphat in organischer Bindung. Anwendung wie Hornmehl.

Hügelbeet: Über Holzschnitt-, Laub- und Gartenabfällen wird Humus oder Komposterde zu einem walmförmigen Hügel aufgeschichtet, auf dem man Nutzpflanzen zieht. Man vergrößert dadurch die Anbaufläche, Boden und Pflanzen erhalten Nährstoffe aus dem verrottenden Material, die Erträge sind bei regelmäßiger Bewässerung gut. Das Hügelbeet sinkt nach einigen Jahren in sich zusammen und kann dann neu aufgeschichtet werden. In ähnlicher Weise kann man Kompostmieten mit Starkzehrern bepflanzen.

Hügelbeet

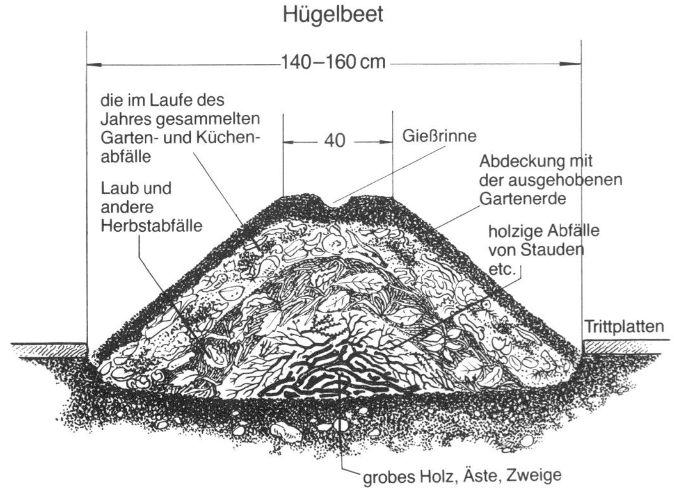

Hülsenfrüchte oder Leguminosen gehören zu den Schmetterlingsblütlern und haben die Fähigkeit, mit Hilfe von Knöllchenbakterien in ihrem Wurzelraum Luftstickstoff zu binden, wobei dieser von der Pflanze nicht aufgebraucht wird, so daß Folgekulturen davon zehren können.

Hüttenkalk ist ein Nebenprodukt der Eisenherstellung. Er enthält neben Calcium auch Silizium, Mangan und Spurenelemente.

Humus: Die oberste, fruchtbare Schicht gesunder Böden, die mit Pflanzen bewachsen sind. In der Natur entsteht Humus aus dem Abbau organischer Stoffe durch das Bodenleben einerseits, aus der mineralischen Zufuhr aus dem Unterboden andererseits. Mangel an Wärme, Feuchtigkeit und Luft begrenzt die Humusbildung, der komplexe biochemische Prozesse zugrunde liegen. Humus enthält alle Nährstoffe und Spurenelemente, die Pflanzen brauchen. Humus ist kein einheitlicher Stoff, sondern ein biologisch höchst aktiver Zustand organischer und mineralischer Bestandteile unter maßgeblicher Mitwirkung des Bodenlebens. In der Kompostmiete verstärkt der Gärtner die natürliche Humusbildung durch günstige Zusammensetzung und Bearbeitung der Ausgangsstoffe.

Hydrokultur: Anbau von Pflanzen in wäßrigen Nährstofflösungen. Für den Hobbygärtner ohne praktische Bedeutung.

Hygromull: Kunststoffprodukt zur Bodenpflege. Man setzt ihn zur Erhöhung der Wasserhaltekraft (Haftwasser) eines Bodens ein.

Insektizide: Mittel gegen Schadinsekten. Neben wenigen pflanzlichen Ausgangsstoffen wie Pyrethrum, Derris und Nikotin verwendet man heute hauptsächlich synthetisch-organische Verbindungen aus chlorierten Kohlenwasserstoffen, Phosphorverbindungen und Carbamin-Verbindungen. Die meisten Insektizide wirken unspezifisch, d. h. man tötet neben den Schädlingen auch deren Freßfeinde. Im Hausgarten kann man wie im biologischen Landbau ganz auf solche Gifte verzichten, wenn man standort-richtige Sorten wählt, Fruchtwechsel der Kulturen und die natürlichen Lebensgemeinschaften des Umfeldes in die gärtnerischen Maßnahmen miteinbezieht. Insektizide schädigen Bienen, viele von ihnen auch andere Tiergruppen und Warmblüter. Ihre Anwendung unterliegt deshalb gesetzlichen Bestimmungen.

Integrierter Pflanzenschutz: Eine nach jeweiligem Wissensstand mögliche Kombination manueller, biologischer, physikalischer und chemischer Maßnahmen zur Schädlingseingrenzung oberhalb einer festzulegenden Schadensschwelle. Man verwendet nach Möglichkeit Nützlinge, schonende Insektizide und fungizide Mittel. Ziel des integrierten Pflanzenschutzes ist die Verringerung der Umweltbelastungen durch chemische Gifte. Er steckt noch in den Anfängen.

Jäten: Manuelle Unkrautbekämpfung durch Entfernen der Wildkräuter mit ihren Wurzeln oder Abtrennen von ihren Wurzeln mit Handgeräten.

Kalium (K), Kali: Hauptnährelement, ohne das kein Pflanzenwachstum möglich ist. Bei ausreichender Kompostdüngung braucht man Kali nicht gesondert zu geben. Kaliummangel stört den Wasserhaushalt der Pflanzen und mindert die Festigkeit ihrer Gewebe durch mangelnden Wasserdruck in der Zelle. Die Pflanzen werden empfindlicher gegen Trockenheit und Frost, ihr Erntegut hat schlechtere Lagerfähigkeit. Mineralische Kalidünger werden bergmännisch gewonnen. Für den Garten empfehlen sich chlorfreie Kali-Magnesiumdünger (Patentkali). Komposte mit Schnittholz-, Sägemehl- oder Holzaschenanteilen decken den Kalibedarf im Hausgarten ausreichend.

Kalk siehe Calcium.

Kalkstickstoff sollte man im Garten nur anwenden, wenn man übermäßigen Besatz von Unkrautsamen oder triebfähigen Unkrautwurzeln im Kompost bekämpfen muß.

Kallusgewebe: Zellschicht, die aus dem Kambium der Rinde wächst und die eine Wundfläche an Bäumen umgibt. Sie versucht, die Schnittstelle zu schließen.

Kalthaus: Gewächshaus ohne Heizung, siehe Gewächshaus.

Kambium: Lebende Zellschicht unter der Borke von Gehölzen. Von hier aus erneuert sich die Rinde. Neue Jahresringe des Stammholzes (Holzzellen) bilden sich. Borke und Holz bestehen aus abgestorbenen Zellen, sind also nicht regenerations- und teilungsfähig wie die dünne und deshalb empfindliche, aber sehr frostharte Kambiumschicht eines Baumes.

Kapillaren des Bodens ermöglichen es dem Grundwasser, durch die Humusschicht nach oben zu steigen und zu verdunsten. Dadurch trocknet der Oberboden nicht aus, die Pflanzenwurzeln finden dort auch in niederschlagsfreien Zeiten die lebenswichtige Feuchtigkeit. Die Oberflächenverdunstung des Bodens erzeugt durch die Bodenporen einen Sog, der das Wasser tieferer Bodenschichten in feinster Verteilung aufsteigen läßt.

Karst: Dreizinkige Hacke, örtlich auch Krail oder Kräuel genannt.

Keimblätter gehen bei der Keimung eines Samenkorns allen anderen oberirdischen Organen voraus. Man unterscheidet grundsätzlich ein- und zweikeimblättrige Pflanzen. Bei letzteren entsteht zunächst ein Keimblattpaar.

Keimdauer: Landläufig die Zeit vom Säen bis zum Auflaufen (Sichtbarwerden) der Saat. Der Keimvorgang kann im Boden erst bei ausreichender Feuchtigkeit und Wärme beginnen, weil der Samen zunächst quellen muß.

Keimprobe soll Aufschluß über die Keimfähigkeit eines Saatgutes geben. Man legt mehrere Samenkörner auf feuchtes Löschpapier und erwartet bei Zimmertemperatur die Keimung. Man unterscheidet Lichtkeimer und Dunkelkeimer, letztere müssen abgedeckt werden. Die optimale Keimtemperatur ist auch bei Kulturpflanzen recht unterschiedlich. Kohlarten keimen schon ab 4 °C.

Kernobst: Äpfel, Birnen und Quitten.

Kleingärten (300–350 m^2) müssen nach den rechtlichen Bestimmungen der Selbstversorgung dienen und werden als gemeinnützig anerkannt. Kleingärten sind Teil einer Gesamtanlage. Sie gehen aus der Schreberbewegung (1864) hervor. Mit ihr sollten und sollen Menschen, die in Wohnungsnähe keine Möglichkeit dafür haben, einen Garten bewirtschaften können.

Kleinklima bezeichnet die Wachstumsverhältnisse kleinräumiger Einheiten. Diese sind u. a. abhängig von der Geländeneigung, der Beschattung und der örtlichen Windverhältnisse. In den meisten Gärten kann man das Kleinklima durch die Oberflächengestaltung des Bodens, durch geeignete Standorte für Gehölze und Hecken, durch Trockenmauern und andere Baulichkeiten günstig beeinflussen. Auch Wasserflächen beeinflussen das Kleinklima eines Gartens.

Knochenmehl: Organischer Phosphat- und Kalkdünger, je nach Typ 13–30% Phosphat (P_2O_5) und geringer Stickstoffanteil in organischer Bindung.

Knöllchenbakterien gehen mit Leguminosen und einigen anderen Pflanzen Lebensgemeinschaften (Symbiosen) ein. Sie siedeln sich an den Wurzelhaaren im Boden an und veranlassen das Pflanzengewebe zur Knöllchenbildung. Die Knöllchenbakterien binden Luftstickstoff zu Aminosäuren, den die Partnerpflanze teilweise verbraucht; diese liefert den Bakterien andere, für sie lebensnotwendige Nährstoffe. Den verschiedenen Pflanzenarten entsprechen unterschiedliche Bakterienrassen. Für die Kulturpflanzen des Gartens sind bei gesunden Bodenverhältnissen die jeweiligen Bakterien vorrätig und vermehren sich durch das Angebot jeweiliger Partnerpflanzen. Der Stickstoffgewinn nach einer Leguminosentracht kann bis 15 g je m^2 betragen. Wo kein Stallmist für einen Hausgarten zur Verfügung steht und Stickstoff nicht mineralisch gegeben werden soll, leisten die Knöllchenbakterien zur Anreicherung des Bodens mit organischem Stickstoff (Aminosäuren) einen wichtigen Beitrag. Siehe auch Gründüngung.

Knospen: An Gehölzen unterscheidet man Holzknospen für Triebe, Blatt- und Blütenknospen sowie gemischte Knospen. Nach ihrem Standort am Zweig unterscheidet man Basal-, Seiten- und Terminalknospen (an der Triebspitze).

Kochsalz (NaCl), Natriumchlorid, enthält Chlor, das viele Pflanzen, z. B. Salat, schlecht vertragen. Sellerie, Spinat und Betarüben brauchen Chlor. Es ist durch den Kochsalzgehalt der Haushaltsabfälle in ausreichender Menge im Kompost vorhanden. Man braucht es deshalb im Hausgarten nicht zusätzlich zu geben. Bei mineralischer Düngung sollte man chlorhaltige Dünger vermeiden. Beim von Natur aus leicht salzig schmeckenden Stangensellerie kann man eine Kochsalzbrise um die Pflanzen streuen. Vorsicht bei benachbartem Salat!

Kohlendioxid (CO_2) ist mit 0,03 Volumenprozent Bestandteil der Luft. Die Pflanzen bauen mit Hilfe des Luftkohlenstoffs ihre Gewebe auf, er wird über die Nahrungskette an Menschen und Tiere weitergegeben. Kohlenstoff steht den Pflanzen dank ihrer Assimilation immer zur Verfügung, muß deshalb nicht als Dünger gegeben werden. Bei erhöhtem CO_2-Gehalt verbessern sich die Wachstumsbedingungen für grüne Pflanzen, deshalb gibt es im Erwerbsgartenbau für Grünhäuser eine Kohlensäuredüngung (Brenner und Ventilator).

Kohlhernie ist eine pilzbedingte Krankheit der Kreuzblütler, besonders der Kohlarten. Die Wurzeln verdicken sich geschwürartig, schließlich stirbt die Pflanze ab. Befallene Pflanzen werden verbrannt, nicht kompostiert. Auf der gleichen Fläche sollten mehrere Jahre keine Kreuzblütler angepflanzt werden. Bei saurem Bodenmilieu erhöht man durch Kalkgaben den pH-Wert.

Kompost siehe Seite 177.

Kompostiermittel beschleunigen die Rotte im Kompostsilo oder in der Kompostmiete. Man spricht auch von Kompoststarter, Kompostaktivatoren oder Schnellkompostierungsmitteln. Handelsprodukte: Kompost-Fix, Biorott, Edaphil, Ecokomposter, Schnellkomposter, Humofix, Kompostzünder, Kompostbeschleuniger und andere. Diese Mittel enthalten je nach Produkt Bakteriennährböden, Konzentrate von Bodenorganismen, Pilzsporen, Bakterienstämme, Aminosäuren, humusfördernde organische und mineralische Stoffe, Spurenelemente, Kräuterzusätze und Tonmehle. Sie verkürzen die Rottezeit, sind aber nicht grundsätzlich zum Kompostieren erforderlich.

Kompostsilo: In kleineren Gärten kann man das Kompostiergut in dafür vorgesehene Behälter schichten und ohne Geruchsbelästigung nach außen kompostieren. Im Handel sind Kompostsilos aus korrosionsgeschützten Drahtgeflechten, Kunststoffen, Betonelementen, hochdruckimprägniertem Holz, Eternit und Kunststoffen. Der Kompostbehälter muß nach unten offen sein (Verbindung zum Boden) und eine allseitige Belüftung des Kompostiergutes gewährleisten. Viele Konstruktionen lassen sich zerlegen, nach Bedarf anbauen oder so verändern, daß der fertige Kompost unten entnommen werden kann.

Krail (Kreil oder Kräuel): Dunghacke mit vier langen Zinken, ist mit kürzeren Zinken auch zur Bodenlockerung verwendbar.

Krone: Leitastentfaltung bei Bäumen. Im Obstbau unterscheidet man eine um die Stammverlängerung sich entwickelnde Pyramide und eine dem Licht geöffnete Hohlform ohne Stammverlängerung.

Kompostsilo

Krümmer: Handgerät zur Bodenbearbeitung mit drei runden Zinken für oberflächennahes Lockern.

Kultivator: Bodenbearbeitungsgerät mit drei oder fünf gänsefußförmigen, flachen und zugespitzten Scharen, die auch verstellbar montiert sein können. Eignet sich zum Lockern und Unkrautbekämpfen besonders auf schweren Böden.

Kunstdünger (richtiger: Mineraldünger) sind mineralische Handelsdünger in wasserlöslicher Form. Man unterscheidet *Einzeldünger* für Stickstoff, Phosphor, Kali und Kalk, wobei letzterer die Pflanze nicht unmittelbar nährt, sondern der Bodenverbesserung dient. *Mehrnährstoffdünger* kombinieren verschiedene Dünger in unterschiedlichster chemischer Zusammensetzung. Volldünger enthalten alle Hauptnährstoffe, oft auch Spurenelemente. Da Mineraldünger wasserlöslich sind, schließen sie bei zu hohen Gaben die Gefahr der Überdüngung sowie der Umweltbelastung ein. Im Garten sollte man deshalb vorwiegend mit organischen Düngern arbeiten.

Laub fällt in vielen Gärten an und sollte dem Boden erhalten bleiben: Unter Hecken und auf naturnahen Grünflächen kann man es liegen lassen (Flächenkompostierung), überschüssiges Laub kann auch in großen Mengen mit Kalkzugaben und stickstoffhaltigen Zuschlägen, z. B. Haushaltsabfällen, problemlos, aber nicht schnell kompostiert werden. Siehe auch Seite 177.

Lebendverbauung: Organische und mineralische Bodenbestandteile werden durch die Bodenmikroben (Bakterien, Pilze u. a.) zu porösen, vor Auswaschung geschützten Bodenkrümeln aufgebaut. Es entsteht fruchtbarer Humus.

Lehm: Bodenbestandteil, der schwerer als Sand und leichter als Ton ist.

Leimgürtel oder Leimringe schützen ab Herbst die Obstbaumstämme vor den flügellosen Weibchen der Frostspanner, die im Spätherbst nach ihrer Puppenruhe im Boden in die Kronen kriechen.

Leitast: Die Organe der Obstbaumkrone gliedert man nach einer Rangordnung. Der Leitast nimmt als Stammverlängerung die höchste Rangordnung ein. Aus ihm zweigen Äste zweiter, aus dieser dritter Ordnung.

Lokalsorten: Früher gab es zahlreiche Obstsorten, die nur örtliche Bedeutung hatten. Sie werden heute neu entdeckt und, soweit noch verfügbar, von Liebhabern gefördert. Meist zeichnen sie sich am richtigen Standort durch gesunden Wuchs und Anspruchslosigkeit aus.

Luftstickstoff kann von den Pflanzen nicht unmittelbar verwertet werden.

Mäuse: Eine Familie der Nagetierordnung; treten im Garten vor allem als unterirdische Schädlinge der Art Wühl- oder Schermaus auf. Auch Wald- und Feldmäuse können im Garten vorkommen. Wühlmäuse werden mit Fallen, Rauchpatronen, Vergasungstabletten (Phosphorwasserstoff) und Giftködern bekämpft. Im begrenzten Umfang und örtlich unterschiedlich helfen auch einige Zwiebelpflanzen zur Abwehr oder üble Gerüche, Vorrichtungen zur Erzeugung von Erschütterungen oder Schwingungen. Bei starkem Wühlmausbesatz schützt man Lilien- und Tulpenzwiebeln durch Draht- oder Plastikkörbchen, Obstbaumwurzeln durch ringförmig in den Boden gegrabene engmaschige Drahtgeflechte. Wühlmäuse bewegen sich in der Regel nicht oberirdisch fort. Hügelbeete und starke Mulchdecken können die Mäuseplage begünstigen. Ein auch im biologischen Gartenbau verwendetes Wühlmausgift pflanzlicher Herkunft ist Quiritox. Bei der Anschaffung von Wühlmausfallen sollte man Konstruktionen den Vorzug geben, die oberirdisch erkennen lassen, ob eine Maus gefangen wurde oder ob die Falle noch fängig steht. Nach dem Einsetzen von Fallen in einen Wühlmausgang soll man den Boden wieder schließen, weil Wühlmäuse Lichteinfall scheuen.

Magnesium (Mg) ist ein Hauptnährelement der Pflanzen und muß bei Böden mit normalem pH-Wert, also ausreichendem Kalkgehalt, nicht eigens gedüngt werden. Fortgesetztes Düngen mit magnesiumfreien Mineraldüngern kann zu einem Mg-Mangel führen. Kompostdüngung versorgt den Boden ausreichend mit Magnesium.

Mangan (Mn) wird von den Pflanzen nur in kleinsten Mengen verbraucht (Spurenelement), ist für sie aber unentbehrlich. Manganmangel tritt nur bei stark sauren Böden auf.

Marienkäfer bilden mit ihren zahlreichen Arten sowie deren Larven einen wichtigen Schutz gegen Blattläuse. Durch blattlaustötende Spritzmittel werden sie mitvernichtet.

Maulwurf: Ein Weichtier- und Insektenfresser, der niemals pflanzliche Nahrung zu sich nimmt. Allenfalls durch das Graben seiner Gänge kann er im Garten unerwünscht werden. Der Querschnitt seiner Erdröhren ist rund, der von Wühlmäusen quer-oval. In die Gänge gebrachte Carbidstücke vergrämen ihn.

Maulwurfsgrille (Werre): 5 cm langes, wühlendes Insekt, frißt Wurzeln und kann im Garten großen Schaden anrichten. Auf kleineren Flächen kann man Maulwurfsgrillen durch Öffnen ihrer Gänge bis zum vertieften Nest an deren Ende samt ihrem Nachwuchs durch kochendes Wasser oder Öl töten, oder man gräbt Gläser als Fallen so ein, daß ihr Oberrand auf Ganghöhe steht. Wo das nicht ausreicht, verwendet man Giftköder.

Mehltau: Man unterscheidet Echten und Falschen Mehltau. Beide Krankheiten werden von Pilzen hervorgerufen und äußern sich in einem mehligen Belag auf den Blattoberseiten beim Echten Mehltau, in gelbbraunen Flecken auf den Blattoberseiten mit unterseitigem Schimmelrasen in schmutzigem Violett beim Falschen Mehltau. Echter Mehltau wird mit schwefelhaltigen Mitteln, Falscher mit kupferhaltigen bekämpft. Beide Krankheiten treten bevorzugt in feuchtwarmer Atmosphäre sowie bei zu engem Pflanzenbestand auf. Im biologischen Anbau bekämpft man Mehltau und andere Pilzkrankheiten mit kieselhaltigen Präparaten, z. B. Schachtelhalmbrühe. Mechanische Maßnahme: befallene Triebe entfernen.

Milben: Sammelbegriff einer formenreichen Gruppe von Spinnentieren, z. B. Spinnmilben als Obstbaumschädlinge oder Weichhautmilben, die gleichfalls an Pflanzen saugen, und Gallmilben. Andere Arten leben räuberisch oder zersetzend in der Bodenfauna, wo sie nützlich sind.

Mineraldünger siehe Kunstdünger.

Mineralisierung: Abbau organischer Stoffe durch Mikroorganismen zu mineralischen Stoffen als Pflanzennahrung.

Mischkultur: Nutzpflanzen werden je nach Größe der Anbaufläche reihenweise oder auch einzeln in artungleichen Mischungen kultiviert. Man erzielt dadurch eine geringere Anfälligkeit gegen Schädlinge, vermeidet einseitige Nährstoffnutzungen des Bodens und erreicht durch verschiedene Erntezeiten der Bestände, daß der Boden nie auf ganzer Fläche pflanzenfrei wird. Mischkultur ist im biologischen Gartenbau üblich und für jeden Hausgarten auch deshalb empfehlenswert, weil sie ein reichhaltiges und zeitlich gestaffeltes Angebot an Gemüse- und Kräuterarten ermöglicht. Bei der richtig durchgeführten Mischkultur stellt man Pflanzenarten zusammen, die sich gegenseitig fördern, und vermeidet in der Regel das Zusammenpflanzen von Arten der gleichen Familie.

Mist: Stickstoffreicher organischer Dünger, der sich aus Kot und Urin der Nutztiere mit der jeweiligen Einstreu zusammensetzt. Mist enthält alle Hauptnährstoffe der Pflanzen: Stickstoff, Phosphorsäure, Kali und Kalk sowie alle Spurenelemente. Die Zusammensetzung des Mistes nach Nährelementen zeigt bei den unterschiedlichen Nutztieren (Pferd, Rind, Schaf, Ziege, Schwein und Geflügel) verschiedene Werte. Man vermeidet im Hausgarten zu hohe Gaben an Schweinemist – er wirkt „kalt" – und gibt auch Geflügelmist wegen seiner besonders konzentrierten Form nie unmittelbar auf die Kulturen, sondern als Kompostzuschlag zur Verbesserung der Rotte zellulosereicher Gartenabfälle. Wegen seiner guten Pflanzenverträglichkeit sollte man Rindermist den Vorzug geben, doch ist es immer besser, nur abgelagerten Stapelmist und hier auch nur die Flächen für Starkzehrer zu düngen. Frischer Mist schadet vielen Pflanzen. Pferdemist entwickelt eine starke Verrottungswärme, er dient deshalb im Frühbeet als Nährstoff- und Wärmequelle. In mäßigen Mengen kann Mist vom Rind, vom Pferd, vom Schaf und von der Ziege gefahrlos zusammen mit anderen Haus- und Gartenabfällen kompostiert werden, bei Schweine- und Hühnermist sollte man allenfalls kleine Zuschläge nehmen und diese gut verrotten lassen.

Molybdän: Spurenelement.

Monilia: Fruchtfäule bei Kern- und Steinobst, hervorgerufen durch den gleichnamigen Pilz. Der Pilzerreger überwintert in den mumifizierten Früchten. Deshalb sollte man solche Fruchtmumien im Baum und auf dem Boden einsammeln und verbrennen. Vorbeugend wirken: regelmäßiger Baumschnitt, keine Stickstoffüberdüngung, gute Kali- und Phosphorversorgung. Bekämpfung: Fungizide. Pflanzenstärkung durch kieselhaltige Spritzmittel im biologischen Anbau.

Mulchen: Bodenbedeckung von Kulturflächen durch organisches Material. Man erreicht dadurch weitgehend unkrautfreie Bestände, schützt den Boden vor Verdunstung und gibt ihm mit dem Fortschreiten der Mulchverrottung Nährstoffe. Diese Wirkung entfällt bei Bodenbedekkung durch schwarze Folie (Mulchfolie). Bei sehr hohen Jahresniederschlägen oder anhaltend feuchter Witterung kann das Mulchen auch Nachteile bringen (z. B. verstärkte Pilzentwicklung). Im Erwerbsobstanbau wird das Gras unter Obstbäumen 6- bis 8mal jährlich gemäht und gemulcht (Mulchgeräte).

Mutterboden: Humushaltiger Oberboden. Er enthält im Gegensatz zum mineralischen Unterboden die Pflanzennährstoffe, trägt also die Fruchtbarkeit des Bodens. Bei Erdarbeiten für den Garten sollte der Mutterboden erhalten und wieder als oberste Schicht eingebracht werden.

Mykorrhiza: Lebensgemeinschaft (Symbiose) höherer Pflanzen mit Pilzen im Wurzelbereich. Beide Partner tauschen Nährstoffe aus.

Nachkultur: Folgetracht der Hauptkultur. Im Anbauplan des Gartenjahres (Fruchtfolge) unterscheidet man Vor-, Haupt- und Nachkultur, gegebenenfalls auch Zwischenkulturen von Spinat oder Gründüngung.

Nährelement: Man kennt neun für das Wachstum der höheren Pflanzen unentbehrliche Hauptnährstoffe: Kohlenstoff, Sauerstoff, Wasserstoff, Stickstoff, Phosphor, Schwefel, Kalium, Calcium, Magnesium. Weitere sieben Spurenelemente werden nur in kleinsten Mengen von der Pflanze benötigt und aufgenommen.

Nährsalze: Mineralische Pflanzennährstoffe in der festen, wasserlöslichen Form von Salzen.

Nährstoffmangel kann bei Pflanzen vor allem dann auftreten, wenn sie mit mineralischen Einzeldüngern versorgt werden. Bei Düngung mit Komposterde tritt Nährstoffmangel in der Regel nicht ein.

Nematoden: Im Boden lebende Fadenwürmer. Die im Garten an Pflanzen saugenden Arten sind mit bloßem Auge kaum sichtbar. Man nennt sie auch Älchen. Sie können je nach Art und Pflanze die Wurzeln, die Stengel oder die Blätter befallen. Bei starkem Nematodenbefall eines Bodens sollte wenigstens vier Jahre nicht mehr die gleiche Frucht angebaut werden. Tagetes (Blumenart) vertreibt Nematoden, deshalb wird sie oft als Randpflanzung im Nutzgarten angebaut.

Nikotin: Ein Giftstoff der Tabakspflanze, wurde früher stärker zur Schädlingsbekämpfung eingesetzt. Es ist jedoch ein auch für Warmblüter schon in kleinen Mengen gefährliches Gift.

Nitrifikation: Ammoniumverbindungen werden durch Bakterien zu Nitraten abgebaut.

Nützlinge: Freßfeinde der sogenannten Schädlinge; sie verdienen im Gartenbau mehr Beachtung.

Oberboden: Humusschicht oder Mutterboden.

Oberseitenförderung: Nach einem Wachstumsgesetz erfahren Holztriebe, die am Ast eines Obstbaumes höher stehen als andere, eine stärkere Förderung, also größeres Längenwachstum als tieferstehende. Diese Regel macht man sich beim Obstbaumschnitt zunutze.

Obstbaumformen: Man unterscheidet Spindeln und Büsche, Halbstämme, Hochstämme und Spaliere, Sonderform Schnurbäume, Pillarsysteme.

Obstbaum-Carbolineum: Mineralöl, das bisweilen noch gegen überwinternde Schädlinge in Obstbäume gespritzt wird. Es schadet grünen Pflanzenteilen und dem Bodenbewuchs sowie allen Nützlingen und ist deshalb fragwürdig.

Obstbaumkrebs wird von einem Pilz verursacht, der das Holz schädigt und bei jüngerem Gewebe zu Wucherungen führt. Verkrebste Zweige werden entfernt, Befallstellen ausgeschnitten und mit Krebsmitteln bestrichen. Falscher Standort begünstigt den Obstbaumkrebs. Richtiger Standort und örtlich richtige Sorten beugen einem Befall vor.

Obstbaumschnitt: Im Gegensatz zu Wildbäumen müssen Obstbäume durch Schnitt zu einer lichten Kronenform für gute Erträge erzogen werden. Der wenigstens einmal jährlich durchgeführte Schnitt ist unentbehrlich. Man unterscheidet im wesentlichen Pflanzschnitt, Erziehungsschnitt, Erhaltungsschnitt, Verjüngungsschnitt und Sommerschnitt.

Obstsorten: Durch Züchtung erzielte Varietäten einer Obstart; nicht samenecht, deshalb müssen Sorten veredelt werden.

Ohrwurm: Allesfressende, fast flugunfähige Insekten, die in der oberen Bodenschicht und in Rindenritzen, Blüten und anderen Verstecken leben. Überwiegend nützlich, z. B. als Blattlausvertilger, deshalb schutzwürdig. Auf Zaunpfähle gestülpte Blumentöpfe bieten dem hauptsächlich nachtaktiven Ohrwurm vogelsichere Tagesverstecke.

Organischer Handelsdünger besteht aus pflanzlichen oder tierischen Rohstoffen. Das Düngemittelgesetz unterscheidet 18 Typen. Organische Dünger enthalten oft mehrere Komponenten, Hauptnährstoffe und Spurenelemente mit jeweils wertbestimmenden Bestandteilen. Auch aus Wirtschaftsdüngern wie Jauche, Kompost oder Stallmist werden organische Handelsdünger mit zum Teil zugesicherten Werteigenschaften hergestellt. Im Gegensatz zu Kunst- oder Mineraldüngern liegen die Pflanzennährstoffe in organisch gebundener Form, also nicht in wasserlöslichen Salzen vor. Organische Dünger wirken deshalb langsamer, in der Regel nachhaltiger, sie fördern das Bodenleben und die Humusbildung. Kombinierte Produkte aus organischen und mineralischen Rohstoffen nennt man organisch-mineralische Handelsdünger. Gängige organische Handels- und Wirtschaftsdünger: Blutmehl, Fischguano, Horn- und Knochenmehl, Hornspäne, Klärschlamm, Kompost, Peruguano, Rinderdung frisch oder getrocknet, Rhizinusschrot, Stadtkompost.

Pflanzenkrankheiten werden, wenn es sich nicht um eine mangelbedingte Wachstumsstörung handelt, durch Erreger in Form von Viren, Bakterien oder Pilzen hervorgerufen.

Pflanzenschutzmittel: In der Regel chemische Produkte zur Bekämpfung tierischer Schädlinge oder pilzlicher Erreger von Pflanzenkrankheiten. Im weiteren Sinne zählen auch Unkrautbekämpfungsmittel dazu. Pflanzenschutzmittel unterliegen der Zulassungspflicht und gesetzlicher Kontrolle, Anwendungsvorschriften sollen möglichst genau eingehalten werden. Sie schützen jedoch nicht vor ungewollten Nebenwirkungen und Giftbelastungen der Umwelt. Chemische Pflanzenschutzmittel mit Giftwirkung für Lebewesen sind im Hausgarten vermeidbar, nützlingsschonende Mittel vorzuziehen.

Pflanzschnitt: Gehölze werden vor dem Pflanzen an den Wurzeln und Trieben für besseres Anwachsen zurückgeschnitten. Bei Ballenpflanzen entfällt diese Maßnahme.

Pflanzschnur: Reißfeste Schnur, mit der man Saat- oder Pflanzreihen ausrichtet. Rundhölzer an den beiden Enden dienen zum Aufwickeln und Spannen der Schnur.

Pflanztiefe: Mit Ausnahme von Spargel werden Pflanzen – auch Obstgehölze – so tief in den Boden gesetzt, daß die Wurzeln in der Erde, die grünen Teile über der Erde stehen. Der Wurzelhals bildet den Übergang. Veredlungsstellen bei Obstgehölzen stehen über der Erde.

Pflanzzeit: Samenzüchter, Pflanzenverkäufer und Gartenbuchautoren geben Pflanzzeiten an. Dabei kann es sich nur um allgemeine und durchschnittliche Richtwerte handeln, die durch das örtliche Klima, die Höhenlage und den Witterungsverlauf eines Jahres erhebliche Abweichungen einschließen.

Pfropfen: Die Technik des Veredelns von Obstgehölzen mittels aufgepfropfter Edelreiser.

Phosphor (P), Hauptnährelement, das wie Stickstoff (N) und Kalium (K) in allen Volldüngern enthalten ist. Phosphor beteiligt sich am Aufbau der Eiweißmoleküle. Phosphormangel im Boden kann durch zu niedrigen pH-Wert verursacht sein oder durch fehlerhafte Mineraldüngung.

Pflanzschnitt

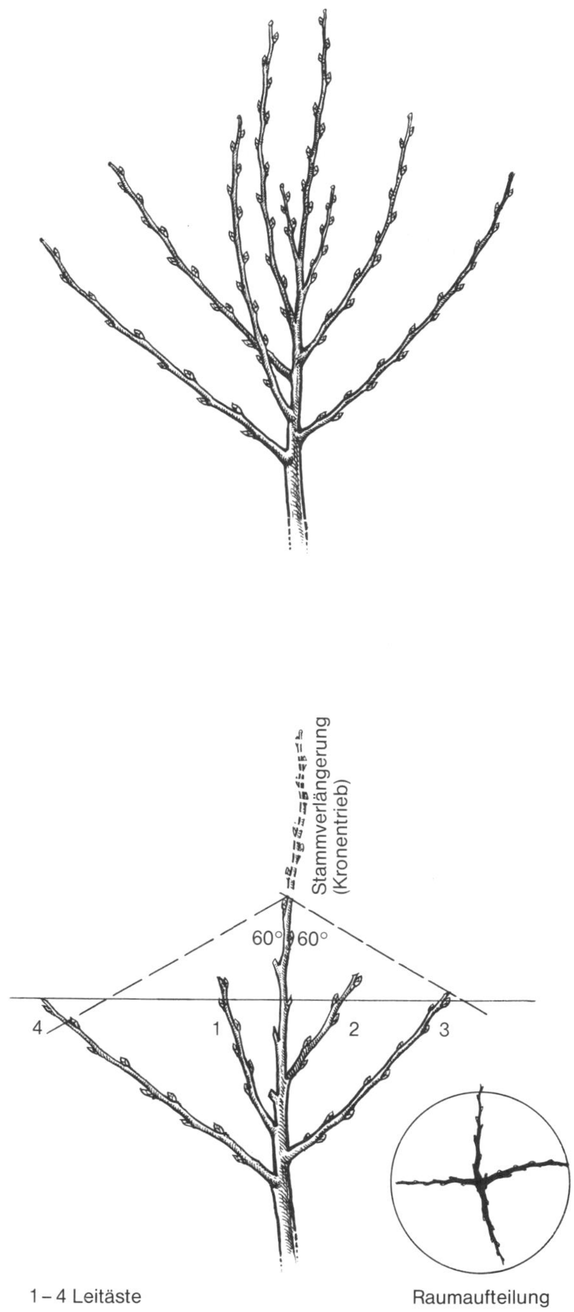

Pfropfen

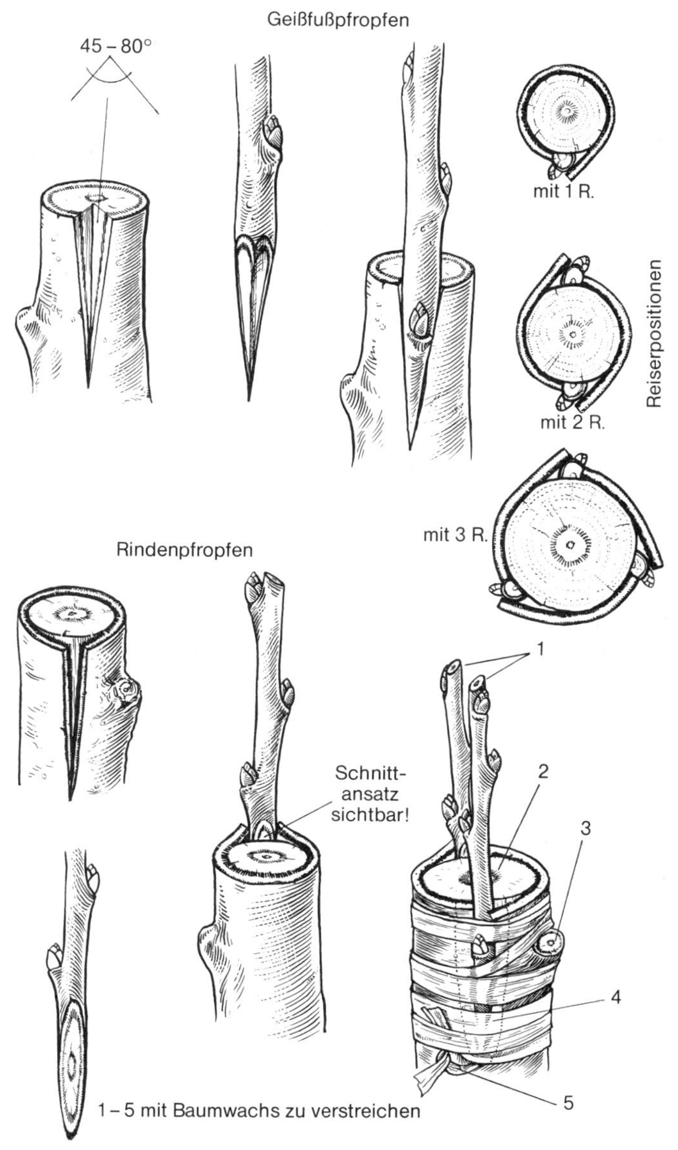

1 = Endknospenschnitt, 2 = Kopfwunde, 3 = Nachbarwunde,
4 = Längsschnitt, 5 = Bastknoten

Bodenversorgung mit Kompost oder organischen Handelsdüngern schließt Phosphormangel aus.

pH-Wert drückt in einer Skala von 1–14 den Zustand eines Bodens hinsichtlich seiner sauren oder alkalischen Reaktion aus. Pflanzböden können etwa zwischen 4,0 (= sehr stark sauer) und 8 (= alkalisch) schwanken. Richtig eingestellte Gartenböden liegen zwischen pH 6 und 7; 7 bezeichnet den Neutralpunkt. Leichte Sandböden dürfen einen etwas geringeren pH-Wert haben als schwere tonige Böden. Kalkzugaben erhöhen den pH-Wert. Sumpf- und Moorpflanzen brauchen einen kalkarmen Boden unter 6, z. B. Kulturheidelbeeren und Gartenpreiselbeeren.

Pikieren (Vereinzeln): Keimpflanzen werden, am besten mit einem Pikierholz, in größere Behälter oder ins Freiland gesetzt. Zum Pikieren soll die Jungpflanze ihre Keimblätter gut ausgebildet haben.

Pilliertes Saatgut: Für leichteres Säen in gewünschtem Pflanzenabstand (Pflanzweite) wird Samen mit einer Schutzschicht umgeben; dadurch wird er größer und kann einzeln ausgesät werden. Die Schutzschicht beeinträchtigt das Keimvermögen des Saatgutes nicht, wenn genügend Bodenfeuchtigkeit bis zum Aufgehen vorhanden ist.

Pilzkrankheiten: Ein Großteil der sogenannten Pflanzenkrankheiten wird durch pilzliche Erreger hervorgerufen. Pilzinfektionen (meist durch Sporen) brauchen eine feuchtwarme Atmosphäre. Pilze bilden im befallenen Pflanzengewebe Geflechte (Mycelien) aus, die auch mit pilzwirksamen Pflanzenschutzmitteln (Fungizide) nicht mehr bekämpft werden können. Deshalb wird vorbeugend und flächendeckend gespritzt. Feuchtwarmes Wetter und zu eng stehende Pflanzen begünstigen den Pilzbefall. Im biologischen Pflanzenbau spritzt man vorbeugend kieselhaltige Präparate.

Pyrethrum: Ein Insektizid, das man aus den Blüten einiger Chrysanthemenarten warmer Länder gewinnt. Es wird nach seiner Anwendung sehr schnell abgebaut, bedeutet also keine Umweltbelastung und wirkt auf Warmblüter nicht giftig. Pyrethrum wird heute auch synthetisch hergestellt.

Quassia wird aus dem tropischen Quassiaholz gewonnen und wirkt insektizid. Für Warmblüter ist es ungiftig.

Rangordnung gibt man im Obstbau den Organen der Baumkrone: Stammverlängerung – Leitast – Seitenast – Fruchtast – Fruchtholz.

Raupen nennt man die Larven der Schmetterlinge. Der bedeutendste Gemüseschädling ist die Raupe des Kohlweißlings. Sie frißt Kohlblätter und kann bei den kleinen Beständen eines Hausgartens von Hand abgelesen werden. In Obstgehölzen treten zahlreiche, meist unscheinbare Schmetterlingsarten und deren Raupen als Schädlinge auf.

Rechen oder Harke: Langstieliges Gartengerät mit 8–16 Zinken zum Glätten und Saatfertigmachen von Pflanzbeeten.

Regentonne: Blech-, Beton- oder Holzgefäß zum Sammeln des Dachwassers. Regenwasser ist „weich", also kalkfrei. Wegen der Luftverschmutzung sollte man das erste Regenwasser nach niederschlagsfreien Tagen möglichst nicht für den Garten verwenden.

Regenwürmer leben im Boden von organischen Stoffen, die sie teilweise von der Erdoberfläche nach unten ziehen, z. B. Herbstlaub. Die lebhaften, rotgefärbten „Mistregenwürmer" bevölkern Misthaufen und frisch aufgesetzte Kompostmieten als Erstzersetzer. Die etwas trägeren, größeren und heller gefärbten „Gartenregenwürmer" verbessern den Boden durch Aufbereitung organischer Stoffe für die Pflanzenwurzeln und Lockerung des Bodens bis in größere Tiefe. Den Wurmgängen folgen oft Pflanzenwurzeln, welche die Nährstoffe des Wurmkotes aufnehmen. Regenwürmer vertragen keine Trockenheit und wandern bei ausbleibendem Regen in tiefere Bodenschichten. Ebensowenig vertragen sie Staunässe. Starke Regenfälle gefährden ihre Atmung. Sie steigen dann bis an die Erdoberfläche.
Um Regenwürmer zu schonen, sollte man beim Umgraben nach Möglichkeit die Grabgabel verwenden. Die beste Voraussetzung für den erwünschten reichen Wurmbesatz im Garten ist die regelmäßige Zufuhr organischer Stoffe, z. B. durch verrotteten Mist und Komposterde. Mineralische Düngesalze können den Regenwürmern durch ihre Ätzwirkung schaden. Der Regenwurm profitiert von dieser Düngung nicht.

Regner: An Rohr- oder Schlauchleitungen anzuschließender automatischer Wasserverteiler für Kulturflächen. Voraussetzung ist ein Wasserdruck von wenigstens 1 atü. Man unterscheidet Viereck- oder Rechteckregner und Rotations- oder Kreisregner. Zuleitungssysteme aus Kunststoff müssen nicht frostfrei verlegt werden, doch empfiehlt sich ihre Entleerung im Herbst.

Resistenz: Die Fähigkeit von Schädlingen, chemische Bekämpfungsmaßnahmen zu überleben, gegen einzelne Gifte unempfindlich zu werden. Es gibt keine allgemeine Resistenz gegen Pestizide, sondern nur eine solche gegen bestimmte Gifte. Nach einer beobachteten Resistenz müssen die Bekämpfungsmittel gewechselt werden. Arteigene Resistenz wird vererbt. Milben und Insekten zeigen mit zunehmender chemischer Bekämpfung eine gleichfalls zunehmende Resistenz. Auch Pflanzen können durch natürliche Auslese oder gezielte Zucht resistent gegen Herbizide oder Krankheitserreger werden und diese Fähigkeit vererben.

Rhizom: Unterirdischer Wurzelstock, als Nährstoffreserve meist verdickt, aus dem im kommenden Jahr ein neuer oberirdischer Sproß austreibt. Durch Rhizomteilung kann man Kulturpflanzen, besonders Stauden, sortenecht vermehren.

Rhizinusschrot: Organischer Stickstoffdünger (5% N) von langsamer, aber nachhaltiger Düngekraft.

Rindenschrot eignet sich zum Mulchen und kann in vielen Bereichen Torf ersetzen.

Rollhacke siehe Fräse.

Rost: Sammelbegriff verschiedener Pilzkrankheiten (weißer und brauner Rost) auf Gemüsearten, Obst- und Nadelgehölzen. Bekämpfung durch pilztötende Mittel (Fungizide), Vorbeugung durch biologische Maßnahmen wie bei anderen Pilzinfektionen.

Rote Spinne: Bedeutender, sehr kleiner Obstbaumschädling aus der Familie der Spinnmilben. Die Rote Spinne oder Obstbaumspinnmilbe saugt auf den Blattunterseiten vor allem von Apfel- und Pflaumenbäumen. Bei Massenbefall kann der Baum vorzeitig seine Blätter verlieren. Biologische Maßnahmen: Raubmilben und Wanzen fördern.

Rotte: Abbau organischer Stoffe durch Mikroben unter Sauerstoffzufuhr (aerobes Milieu). Unter Sauerstoffabschluß entsteht Fäulnis (anaerobes Milieu). Nur die Rotte unter Luftzufuhr bildet Humus. Deshalb setzt man Kompostmieten um oder sorgt auf andere Weise für den Zutritt von Luftsauerstoff – am besten durch lufthaltige, zellulosereiche Kompostzuschläge.

Rückenspritze: Auf dem Rücken zu tragende Pflanzenschutzspritze mit Handpumpe, Spritzrohr und austauschbarem Spritzventil. Daneben gibt es auch Rückenspritzen mit Druckbehältern, in denen man vor Beginn der Arbeit durch Pumpen den nötigen Überdruck erzeugt.

Rückschnitt: Beim Pflanzen von Gehölzen werden die Wurzeln und Triebe für leichteres Anwachsen eingekürzt. Man nennt diese Maßnahme auch Pflanzschnitt.

Rückstände: Chemischer Pflanzenschutz verursacht oft Restmengen giftiger Substanzen im Erntegut. Für diese Rückstandsmengen legt der Gesetzgeber Höchstgrenzen fest. Deshalb sind die Anwendungsvorschriften genau zu beachten und Wartezeiten einzuhalten, wenn man chemische Pflanzenschutzmittel verwendet.

Rußtau: Pilze bilden einen schwarzen Überzug auf den zuckerhaltigen Honigtauabscheidungen der Blattläuse. Bei starker Blattlaustätigkeit können große Teile der grünen Pflanze schwarz und in ihrer Entwicklung gehemmt werden. Sind Bienen und Ameisen in genügender Zahl vorhanden, sammeln sie den Honigtau.

Saatband: Samen werden einzeln und im richtigen Pflanzenabstand auf Papierstreifen befestigt und in abgepackten Mengen verkauft. Man legt die Saatbänder einfach in vorgezogene Rillen und deckt mit Erde ab. Ihre Anwendung erspart späteres Vereinzeln der Pflanzen (Pikieren).

Saatbeet: Ein für die Saat hergerichtetes Beet im Freiland oder unter Glas. Die gut humushaltige Erde (nur Reifkompost verwenden!) soll feinkrümelig und angefeuchtet sein, damit die Samenkörner gute Keimbedingungen vorfinden. Bei Hochsommer-Saaten empfiehlt sich vorübergehendes Abdecken oder Schattieren des Saatbeetes.

Saatschalen verwendet man zum Vorziehen von Nutzpflanzen und Blumen in der Wohnung oder im Grünhaus.

Saattiefe: Je nach Samengröße und Empfehlung auf der Samentüte stellt man die Tiefe der Saatrille ein. Als Faustregel gilt: Die Erdbedekkung sollte das Dreifache der Samenkornstärke betragen. Nur Lichtkeimer werden nicht mit Erde bedeckt.

Säuregrad siehe pH-Wert.

Salpeter: Salze der Salpetersäure (Nitrate) in mineralischen Stickstoffdüngern.

Sand: Quarzhaltiges Ablagerungsgestein in feiner Körnung. Schwere Tonböden kann man durch Sandbeimischung leichter, durchlässiger für Wasser und schneller erwärmbar machen. Leichte Sandböden verbessert man dagegen durch Lehm- oder Tonbeimischungen. Ihr pH-Wert ist von Natur aus etwas niedriger als der von schwereren Böden und muß nicht auf deren Wert angehoben werden.

Schädlinge: Sammelbegriff für Lebewesen, vor allem Pilze, Gliederfüßler, Weichtiere und Wirbeltiere, die Nutzpflanzenkulturen schaden.

Schattieren: Gewächshäuser mit Blankglas oder Frühbeetkästen können bei starker Sonneneinstrahlung Verbrennungen an Pflanzen verursachen. Man beugt durch Schattierfarben, Schilfmatten und andere Deckmaterialien vor.

Schildläuse: Saugende, festsitzende Insekten, deren Körper durch einen Schild geschützt ist.

Schnecken: Weichtiere, von denen besonders die Gruppe der Nacktschnecken an Kulturpflanzen großen Schaden anrichten kann. Die vorwiegend nachtaktiven schwarzen, roten, gelblichen oder braunen Nacktschnecken verschiedener Größen verbergen sich tagsüber in feuchtkühlen Verstecken der Vegetation oder des Bodens. Während feuchter Sommer oder bei großem Zuzugsgebiet aus umliegenden Grünflächen führen morgendliches Absammeln oder das Aufstellen von sogenannten Schneckenfallen nicht immer zum gewünschten Erfolg, zumal der Arbeitsaufwand für Schneckenbekämpfung ohne Gift viel Zeit und Mühe kostet. Wer im Gartenbereich Enten halten kann, löst das Schneckenproblem nachhaltig, auch wenn die Tiere (z. B. Pekingenten oder indische Laufenten) nur die Einwanderungsflächen, nicht den Garten selbst kontrollieren. Neben dem auch für andere Tiere und über die Nahrungskette auch für Igel giftigen Schneckenkorn, das im biologisch bewirtschafteten Garten nicht angewendet werden sollte, gibt es neuerdings auch weniger problematische Schneckenbekämpfungsmittel und -methoden. Kleinere Gartenflächen kann man durch den patentierten Schneckenzaun aus Profilblech schneckenfrei halten. Neben Blindschleichen und Igeln verzehren vor allem Erdkröten erhebliche Mengen kleiner Nacktschnecken. Erdkröten sind nur während ihrer Fortpflanzungszeit ans Wasser gebunden. Wie die Schnecken werden sie nachts tätig und brauchen tagsüber kühlfeuchte Erdverstecke, auch unter Steinen, die ihnen Schutz vor direkter Sonnenbestrahlung geben.

Schnellkompostierung von Haus- und Gartenabfällen erreicht man durch gut gelüftete Kompostsilos, einer günstigen Zusammensetzung der Zuschläge (siehe CN-Verhältnis) und durch den Zusatz von Kompostiermitteln. In mittleren und großen Gärten wird man vorteilhaft mit längerfristigen Abfall-Rotte-Nährstoff-Kreisläufen arbeiten, die auch Holzabfälle des Gartens miteinbeziehen und weniger Arbeitsaufwand erfordern.

Schorf: Durch Pilze verursachte Erkrankung des Kernobstes. Schorfflecken können ab dem Frühjahr auf den Blättern auftreten, den Wert der Früchte erheblich mindern und Lagerschäden verursachen. Bekämpfung wie bei allen Pilzinfektionen durch chemische Fungizide oder biologische Maßnahmen (regelmäßiger Schnitt gegen Kronenverdichtung, kieselhaltige Spritzpräparate). Die Pilzerreger überwintern im Bodenlaub. Es sollte unter befallenen Bäumen im Herbst entfernt werden. Je nach Witterungsverlauf tritt der Pilz unterschiedlich auf.

Schwebfliegen: Im Garten überwiegend nützliche Insektenfamilie mit vielerlei Arten.

Schwefel (S): Hauptnährelement der Pflanzen, Bestandteil des pflanzlichen (und tierischen) Eiweißes. Schwefel muß in der Regel nicht gegeben werden, ist aber ein wichtiger Bestandteil von Pilzbekämpfungsmitteln (Fungizide). Im Obstbau wird verbreitet Netzschwefel gespritzt. Schwefelhaltige Mittel wirken auch gegen Milben, aber nicht gegen Insekten, sind deshalb bienenungefährlich. Schwefelmittel können auch zerstäubt oder verschwelt werden.

Selbstfruchtbarkeit: Pollen der gleichen Sorte (im Obstbau) kann die Samenanlage befruchten.

Sommerschnitt wird bei stark wachsenden Obstgehölzen durchgeführt, um weniger Holztriebe und mehr Fruchtholz zu bekommen. Man bindet Triebe waagerecht und sucht ein günstiges Verhältnis zwischen Blattentfaltung und Fruchtbildung herzustellen.

Spätgemüse: Im Spätherbst reifende Gemüsearten, in der Regel für das Winterlager geeignet, vor allem Kohlarten und Wurzelgemüse sowie Lauch und Fenchel.

Spinnen: Fühlerlose Gliederfüßler mit ungekerbtem Körper und acht Beinen. Die Insekten (Kerbtiere) haben dagegen nur sechs Beine. Spinnen erbeuten vor allem Insekten und sollten deshalb überall geschont werden.

Spinnmilben siehe Rote Spinne.

Spritzmittel können chemische oder biologische Präparate sein.

Spurenelemente braucht die Pflanze in kleinsten Mengen, viele von ihnen unverzichtbar. Meist handelt es sich dabei um Metalle, z. B. Kupfer, die in fruchtbaren Böden mit Humusgehalt in ausreichender Menge vorkommen.

Stadtkomposte unterliegen laufenden Qualitätskontrollen. Sie dürfen keine Schwermetalle und andere Schadstoffe enthalten. Ihr Gehalt an Pflanzennährstoffen ist dem von Mist vergleichbar.

Stäubemittel: Chemische Pflanzenschutzmittel in Pulverform; werden durch Zerstäuber ausgebracht.

Stammverlängerung: In der Obstbaumkrone Organ erster Ordnung, auch Mitteltrieb genannt. Hohlkronen werden ohne Stammverlängerung erzogen.

Steckling: Trieb von grünen Pflanzen mit Anschnitt unterhalb eines Blattknotens; zur Bewurzelung und vegetativen Vermehrung steckt man ihn in feuchte Pflanzerde.

Steinobst: Kirschen, Pflaumen, Zwetschgen, Renekloden, Mirabellen, Pfirsiche und Aprikosen. Diese Obstarten haben jeweils einen „Stein“, keine Samenanlage wie das Kernobst.

Stickstoff (N): Hauptnährelement, das vor allem Wüchsigkeit der Triebe und Blätter bewirkt. Starkzehrer, also Kulturpflanzen, die im Laufe einer Vegetationsperiode viel Biomasse entwickeln, haben einen hohen Stickstoffbedarf. Mittel- und Schwachzehrer können leicht mit Stickstoff überdüngt werden und zeigen dann einen mastigen Wuchs mit wasserreichem, wenig widerstandsfähigem Gewebe. Die Lagerfähigkeit von stickstoffüberdüngtem Gemüse und Obst ist herabgesetzt. Das Verhältnis von pflanzenverfügbaren Kohlenhydraten und Stickstoff in einem Boden oder in Kompostzuschlägen (C/N-Verhältnis, siehe dort) ist ein wesentliches Kriterium für das Pflanzenwachstum.

Stratifizieren: Samenbehandlung durch schichtweises Einlagern in Sand bei niedrigen Temperaturen. Aussaat im darauffolgenden Frühjahr. Verhältnis Saat zu Sand wie 1 : 2.

Stroh hat mit seinem hohen Zelluloseanteil ein sehr weites C/N-Verhältnis, etwa 100, und braucht deshalb zum Verrotten Zuschläge in Form von Mineraldünger, Blutmehl oder Mist. Ohne Zusätze verrottet gehäckseltes Stroh als Mulchdecke sehr langsam, was im Garten erwünscht sein kann. Auf Strohballen werden die kulturfähigen Speisepilze Braunkappe und Austernseitling herangezogen.

Superphosphat: Mineralischer Phosphordünger.

Systemische Mittel: Pflanzenschutzmittel auf Phosphor- oder Carbamatbasis, die von den Pflanzen über die Wurzeln in ihren Saftstrom aufgenommen werden. An der Pflanze saugende Insekten werden dadurch getötet. Systemische Mittel haben den Vorteil, daß sie gezielt nur die Schädlinge der behandelten Pflanzenart treffen, den Nachteil, daß die Kulturpflanze „vergiftet" wird, und Wartezeiten bis zu 6 Wochen eingehalten werden müssen. Für den Hausgarten sind diese Gifte nicht empfehlenswert.

Thomasmehl: Kalkhaltiger Phosphordünger, der bei der Stahlherstellung (Thomasbirne) als Nebenprodukt gewonnen wird. Es handelt sich um feinvermahlene Schlacke, die teilweise auch im biologischen Anbau verwendet wird. Neuerdings wird vor Cadmium in Thomasmehlen gewarnt.

TKS (Torfkultursubstrat): Aus Torf hergestellte Pflanzerde, unter Zusatz von Kalk, mineralischen Düngern und Spurenelementen. Man unterscheidet TKS 1 für Jungpflanzen und TKS 2 für Zimmerpflanzen. Das im Handel erhältliche TKS ist keimfrei und enthält keine Unkrautsamen. TKS wird auch dem Hobbygärtner als Pflanzerde für Vorzuchten empfohlen. Es kann problemlos durch völlig ausgereifte Komposterde (mineralisiert) ersetzt werden.

Tonhumus-Komplexe entstehen durch das Bodenleben; sie enthalten alle Pflanzennährstoffe in nicht auswaschbarer Form.

Topfkultur: Pflanzen werden in Ton- oder Plastiktöpfen herangezogen.

Torf besteht aus Moorpflanzen, die ohne Sauerstoffzufuhr vererdeten (Wasser verdrängte Luft). Man unterscheidet den noch wenig zersetzten Weißtorf vom stärker zersetzten Schwarztorf. Torf kann je nach Qualität bis zum 10fachen seiner Trockenmasse an Wasser aufsaugen. Man verwendet ihn im Garten, um die Wasserhaltekraft des Bodens zu erhöhen. Er enthält keine Nährstoffe für die Pflanzen, ist also kein Düngemittel. Hochmoortorf ist fast kalkfrei und wirkt deshalb bodenversäuernd. Torf läßt sich im Garten problemlos durch Rindensubstrate (gleichfalls im Handel erhältlich) ersetzen, die zudem Pflanzennährstoffe enthalten. Der industrielle Torfabbau zerstört Feuchtgebiete und sollte deshalb unterbleiben oder eingeschränkt werden.

Torfmischdünger: Torf wird mit den Hauptnährstoffen Stickstoff, Phosphor und Kali sowie mit Spurenelementen versetzt. Das Handelsprodukt wird nach seinen Düngeranteilen in verschiedenen Typen geliefert.

Treibgemüse reift unter Glas oder in geheizten Räumen. So kann man im Herbst einen Schnittlauchstock eintopfen und im Zimmer weiterwachsen lassen, so daß im Winter geerntet werden kann. Chicoréewurzeln schlägt man im Herbst dicht an dicht in feuchte Erde ein, etwa in Eimern oder anderen Gefäßen, und läßt sie bei Zimmertemperatur austreiben. Damit die entstehenden Schoßtriebe weiß und zart bleiben, überdeckt man sie mit Sand oder Sägemehl.

Überdüngung wird vor allem durch zu hohe Stickstoff- und Phosphatgaben hervorgerufen. Zuviel Stickstoff regt das vegetative Wachstum der Pflanzen übermäßig an, während die Blühfreudigkeit nicht gleichermaßen gefördert wird. Überdüngung kann sowohl durch organischen als auch durch mineralischen Stickstoff eintreten.
Ein Übermaß an Kalk macht den Boden zu stark alkalisch. Gegenmaßnahme: Oberflächliches Einarbeiten von Laub und/oder Tannen- oder Fichtennadeln.

Umgraben war früher für den Hobbygärtner im Herbst obligatorisch. Heute weiß man, daß gare, d.h. organisch belebte Böden (Gründüngung, Mulchen und Kompostgaben), nur oberflächlich gelockert werden müssen, das Bodenleben wird dadurch weniger gestört. Auf schweren Böden kann das Umgraben notwendig sein.

Unkraut im Garten muß zum Schutz der Kulturpflanzen in deren unmittelbarer Nähe gejätet, nicht durch Herbizide bekämpft werden. Wildkräuter erfüllen auch im Garten ökologische Aufgaben, z.B. als Nährpflanzen für Nützlinge, als Bodenbedecker und als bodenharmonsierende Ergänzung zu den oft einseitigen Bedürfnissen der Kulturpflanzen.

Unterboden: Schicht zwischen der Humusdecke und dem mineralischen Untergrund (B-Horizont).

Unterkultur: Pflanzungen unter Obstbäumen (für Nutzpflanzen nicht empfehlenswert), zwischen und unter hochwachsenden Gemüsearten, z.B. Spinat unter Rosenkohl. Die Pflanzenarten von Unterkulturen sollten so niedrig bleiben, daß sie die größeren Pflanzen mit meist längerer Kulturdauer nicht behindern.

Unterlagen: Pflanzen, die mit ihren Wurzeln aufgesetzte Edelsorten tragen und ernähren. Im Obstbau unterscheidet man generativ vermehrte Sämlingsunterlagen und vegetativ vermehrte Typenunterlagen. Die Wurzelpflanze bestimmt die Wuchsstärke des veredelten Obstgehölzes.

Veredeln nennt man das Verbinden einer Sorte mit einer dazu passenden Unterlage (Wurzelpflanze). Man führt die Technik der Okulation und der Kopulation im Sommer, die des Anschäftens und Pfropfens im Winter durch.

Verjüngungsschnitt (Älterer Apfelbusch)

Verjüngungsschnitt oder Erneuerungsschnitt beugt der Vergreisung von Obstgehölzen vor. Nicht mehr oder ungenügend fruchtendes Altholz wird entfernt, das Fruchtholz der Krone soll wieder gut belichtet werden. Bei alten Hochstämmen, die lange Zeit nicht ausgelichtet wurden, muß der Verjüngungsschnitt über mehrere Jahre hinweg schrittweise erfolgen.

Verziehen: Aus Saatbeetreihen werden die schwächsten und zu eng stehenden Jungpflanzen entfernt.

Virose: Von Viren hervorgerufene Krankheiten. Viren können bis heute nicht chemisch bekämpft werden. Man entfernt erkrankte Pflanzenteile und bekämpft Blattläuse; sie übertragen Virosen.

Vogelschutz kann in jedem Garten zum Vorteil der Nutzpflanzen betrieben werden: 1. Keine Gifte anwenden, 2. Naturnahe Gartenteile mit Wildkräutern erhalten oder einrichten, 3. Hecken und Gehölze heimischer Arten pflanzen, 4. Bruthöhlen für die verschiedenen in Gärten lebenden Vogelarten aufhängen, 5. Vogeltränken einrichten, 6. Katzen kurzhalten, 7. Brutbäume mit Katzenabwehrgürteln schützen, 8. Hecken und Gehölze zwischen Laubaustrieb und Hochsommer nicht beschneiden.

Wanderkasten: Bewegliches Frühbeet, oft nur Holzrahmen mit Glas oder Folie, das im Frühling bedarfsweise Freilandkulturen des Gartens vor Nachtkälte schützt.

Wartezeit: Gesetzlich vorgeschriebene Frist zwischen der Behandlung einer Kulturpflanze mit Pflanzenschutzmitteln und ihrer Ernte und Verwendung in der Küche.

Wasserschosse treiben in Obstbaumkronen aus Stamm und Ästen meist senkrecht, oft dichtstehend. Sie werden entfernt oder durch Herabbinden geeigneter Triebe in Fruchtholz verwandelt. Wasserschosse treten besonders nach starkem Rückschnitt auf.

Werre: Siehe Maulwurfsgrille.

Wespen sollte man im Garten nur dort bekämpfen, wo sie wirklich stören. Sie können besonders zur Zeit der Obsternte lästig werden, nützen aber als wirksame Schädlingsvertilger. Im Gegensatz zu den Bienen füttern sie ihre Brut mit tierischer Nahrung. Das gleiche gilt für unsere größte heimische Wespe, die Hornisse.

Wildschaden: Verbiß von Knospen an Obstgehölzen und Rosen, winterliche Schälschäden an jungen Stämmen und an Trieben von Obstgehölzen durch Rehe und Hasen, Fegeschäden an dünnstämmigen Obstgehölzen durch Rehböcke im Frühsommer. Vorübergehenden Schutz bieten streichfähige oder sprühbare Wildverwitterungsmittel und das Abdecken der Kulturpflanzen mit Vogelnetzen. Dauerhaften Schutz gewährt nur die Einzäunung mit Maschendraht, er sollte gut 30 cm tief in den Boden gegraben werden; die Zaunhöhe richtet sich nach der durchschnittlichen Schneehöhe und nach den Wildarten.

Windschutz kann das Kleinklima im Garten erheblich verbessern und damit die Erträge steigern. Windgeschützter Boden erwärmt sich besser und verdunstet weniger Bodenfeuchtigkeit. Den besten Windschutz gewähren dichtwachsende Hecken.

Wühlmaus siehe Mäuse.

Wunden, die durch Sägeschnitte bei der Obstbaumpflege entstehen, sollten mit Wundheilmitteln geschützt und desinfiziert werden.

Wurzelhals verbindet die Wurzel mit dem Stamm. Er wird beim Pflanzen nicht mit Erde bedeckt.

Wurzelschnitt siehe Pflanzschnitt.

Zeigerpflanzen: So wie in freier Natur die jeweilige Pflanzengesellschaft eines Standortes Rückschlüsse auf Bodenart und Bodenzustand erlaubt, so können auch die Wildkräuter im Garten wertvolle Hinweise auf die Bodenqualität geben. Man kennt z. B. Kalkzeiger, Stickstoffzeiger, Pflanzen, die nur auf frischen, andere, die auch auf verdichteten Böden wachsen. Brauchbare Ergebnisse wird man mit solchen Beobachtungen vor allem dann haben, wenn man nicht nur die Einzelpflanze, sondern die jeweilige Zusammensetzung einer Pflanzengesellschaft berücksichtigt.

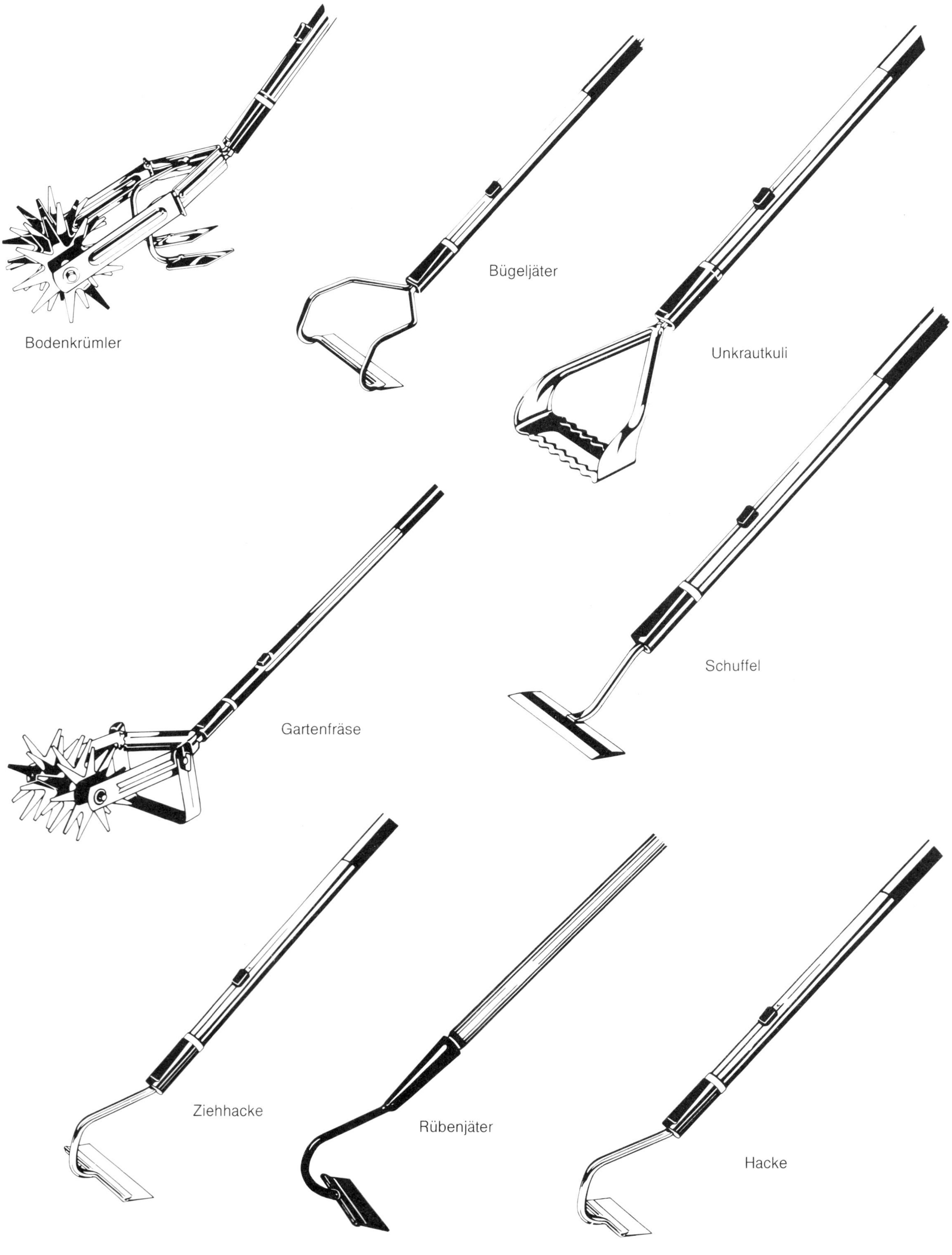
Bodenkrümler
Bügeljäter
Unkrautkuli
Gartenfräse
Schuffel
Ziehhacke
Rübenjäter
Hacke

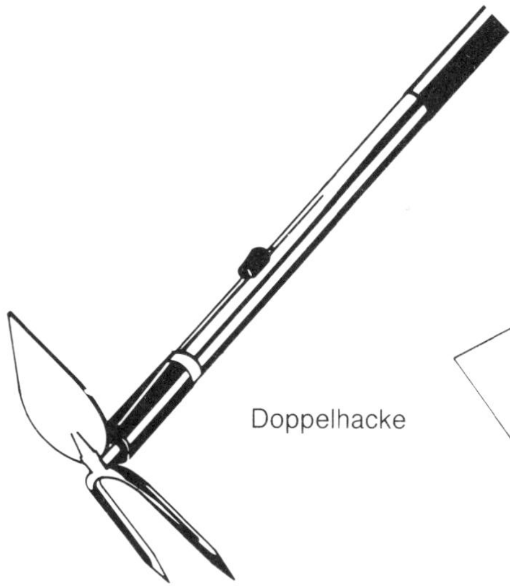

Doppelhacke

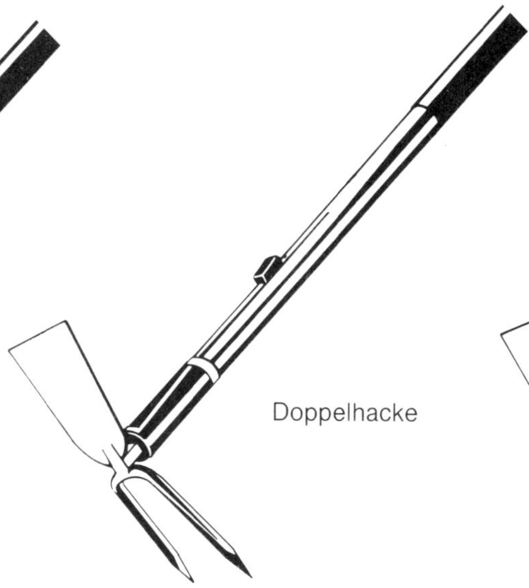

Doppelhacke

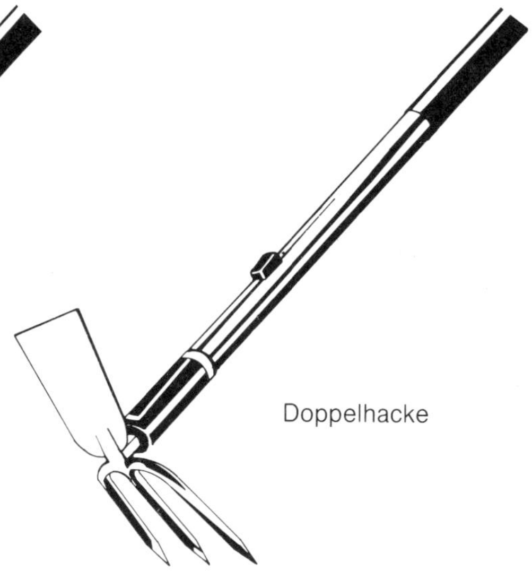

Doppelhacke

Grubber

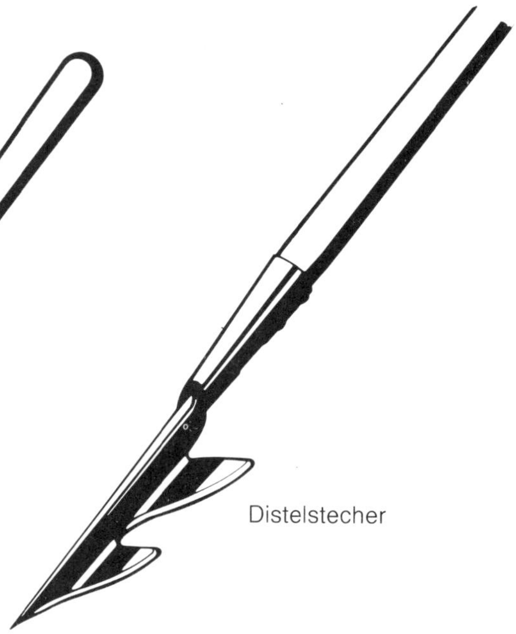

Distelstecher

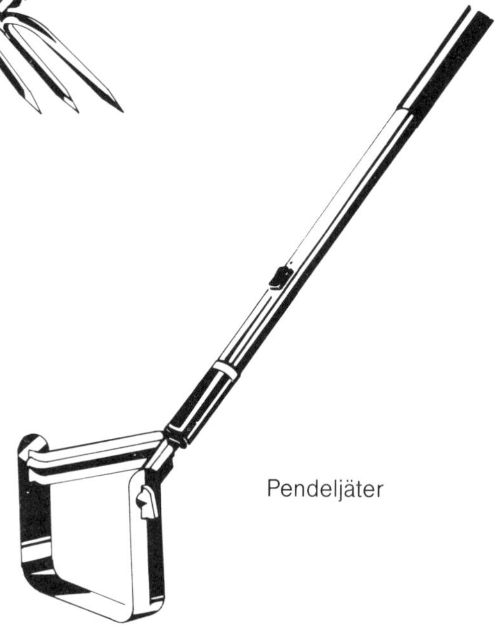

Pendeljäter

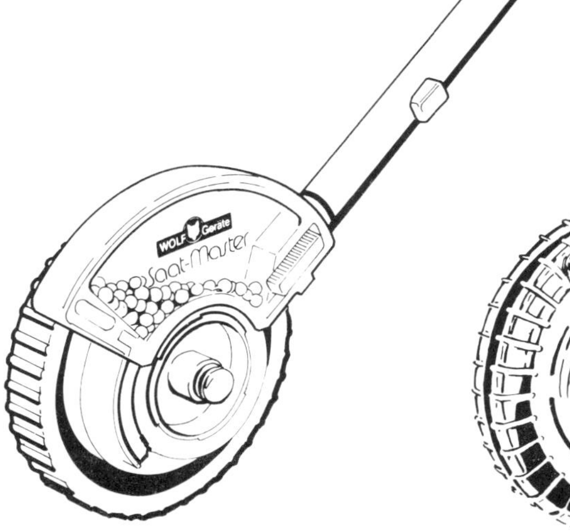

Särolle

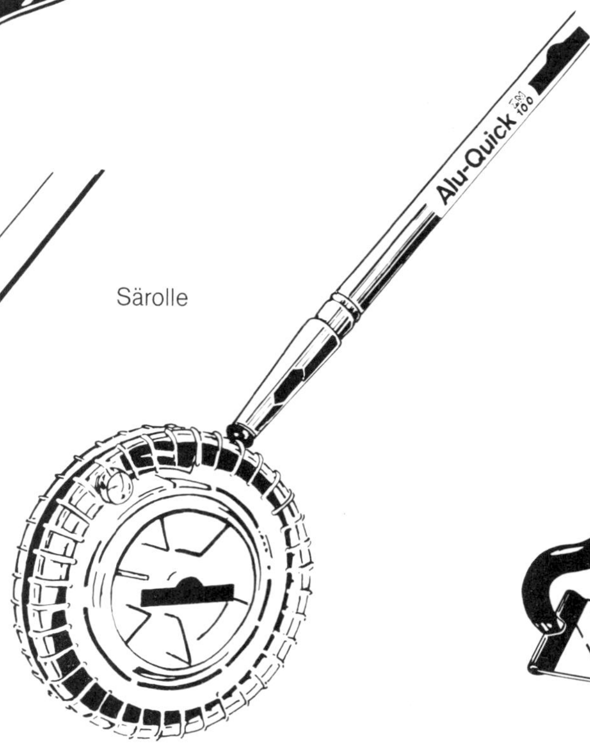

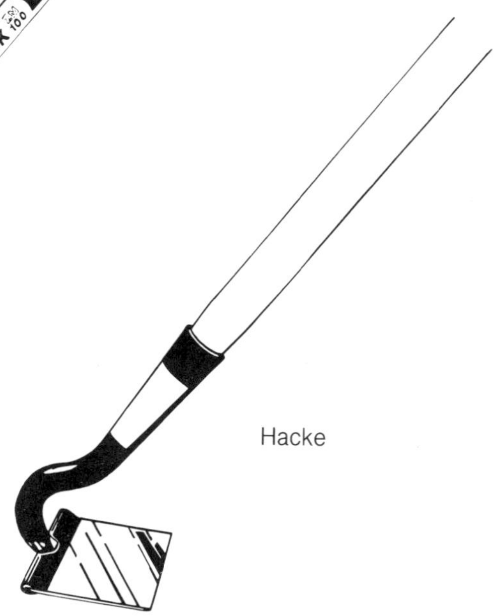

Hacke

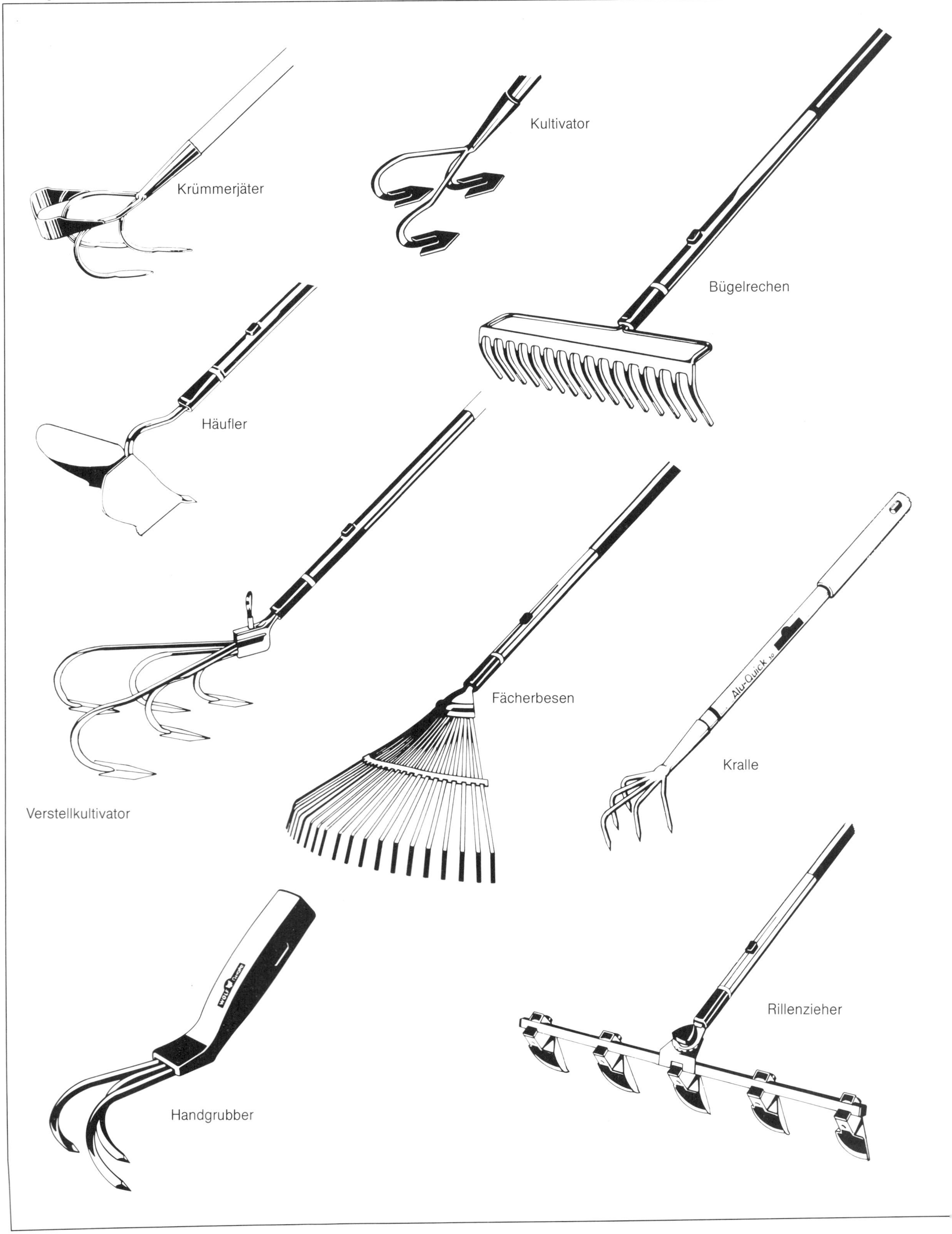
Krümmerjäter
Kultivator
Bügelrechen
Häufler
Fächerbesen
Alu-Quick
Kralle
Verstellkultivator
Handgrubber
Rillenzieher

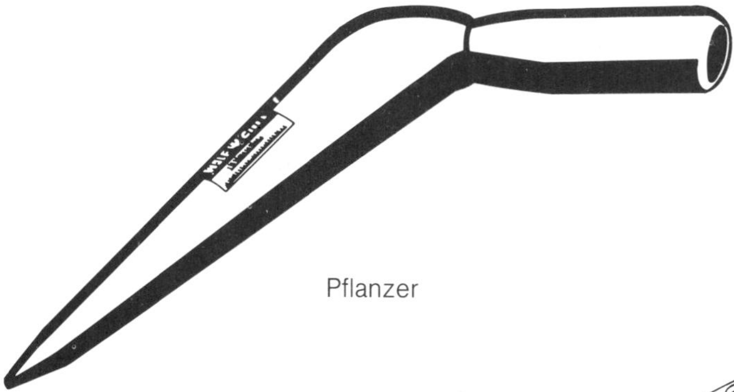

Pflanzer

Obstpflücker

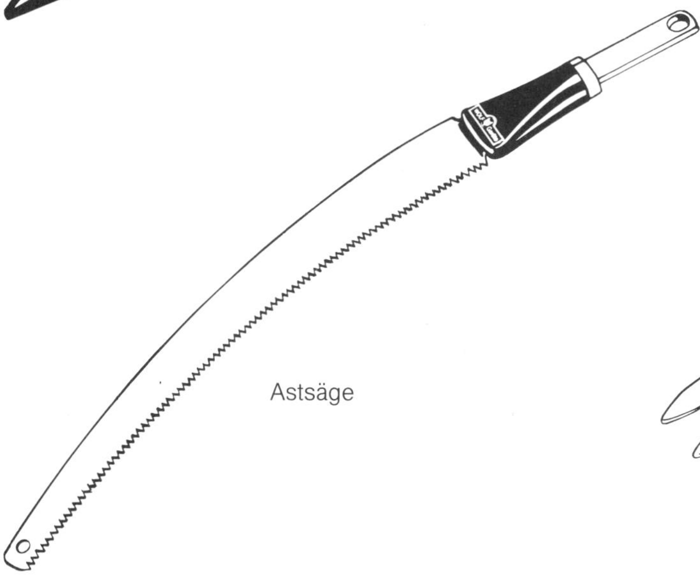

Astsäge

Handgabel

Blumenkelle

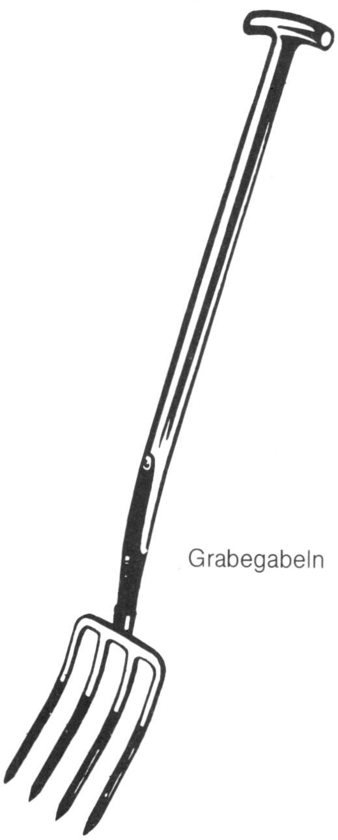

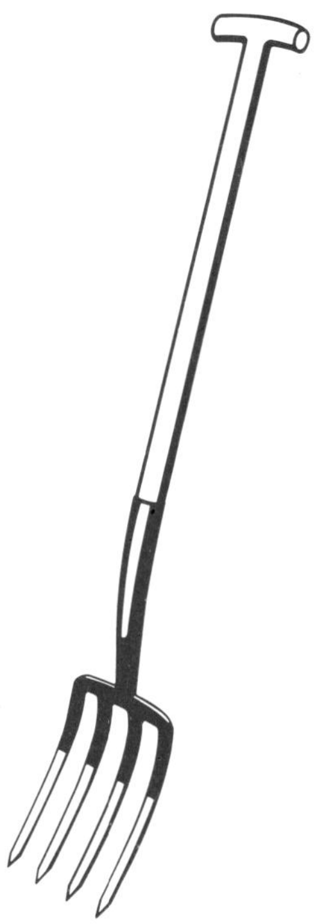

Grabegabeln

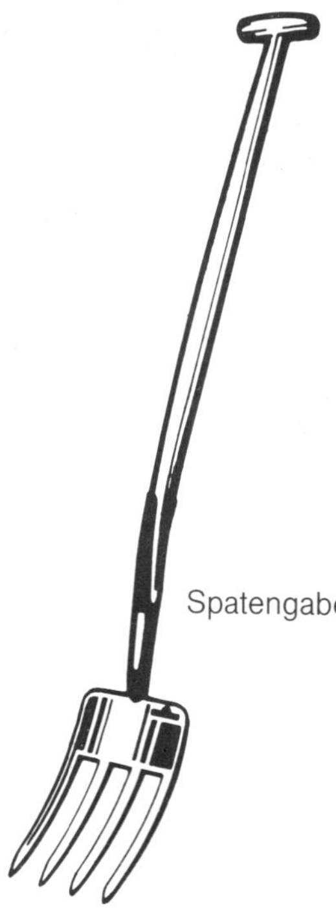

Spatengabel

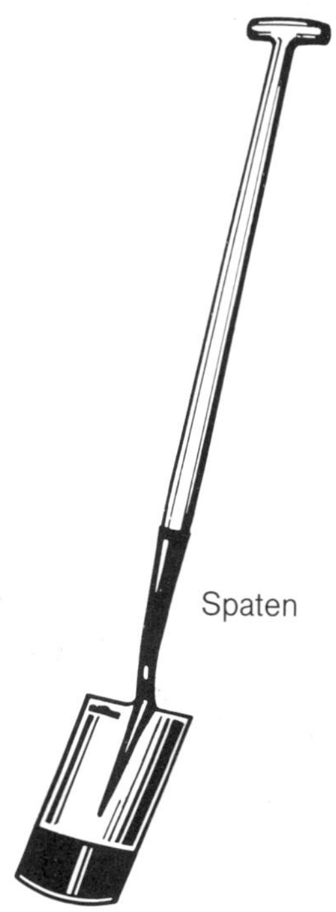

Spaten

Rebschere

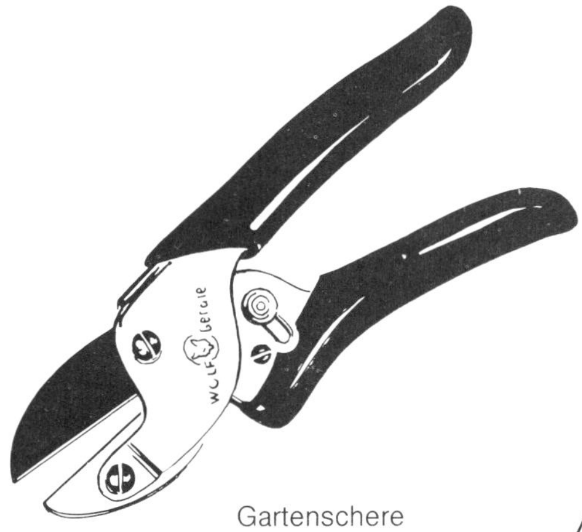

Gartenschere

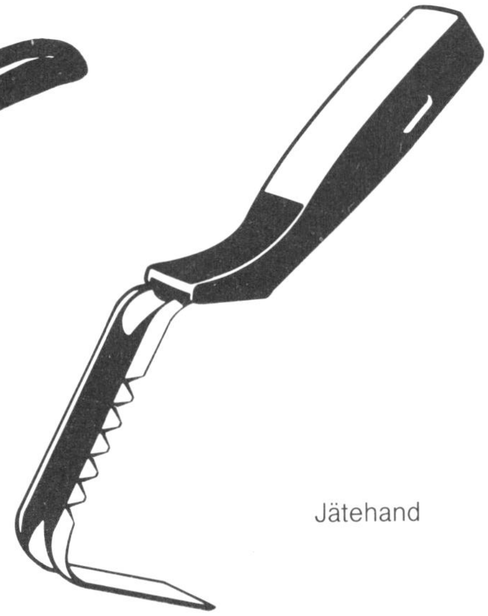

Jätehand

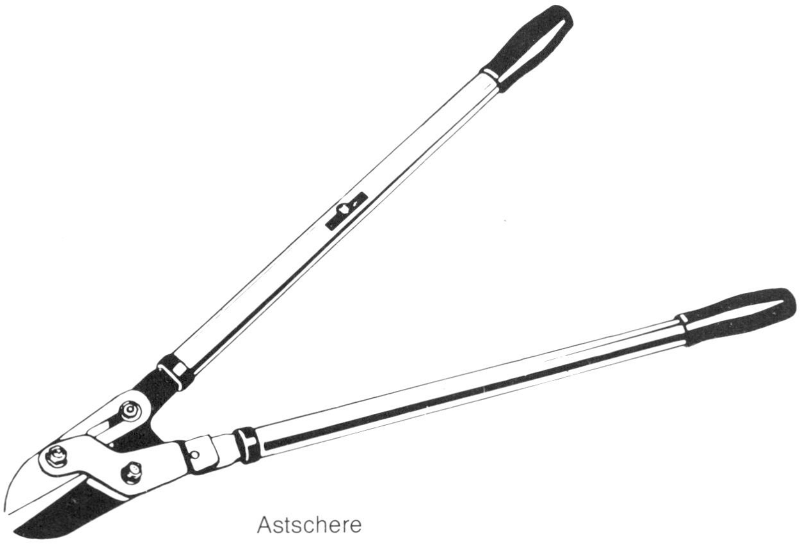

Astschere

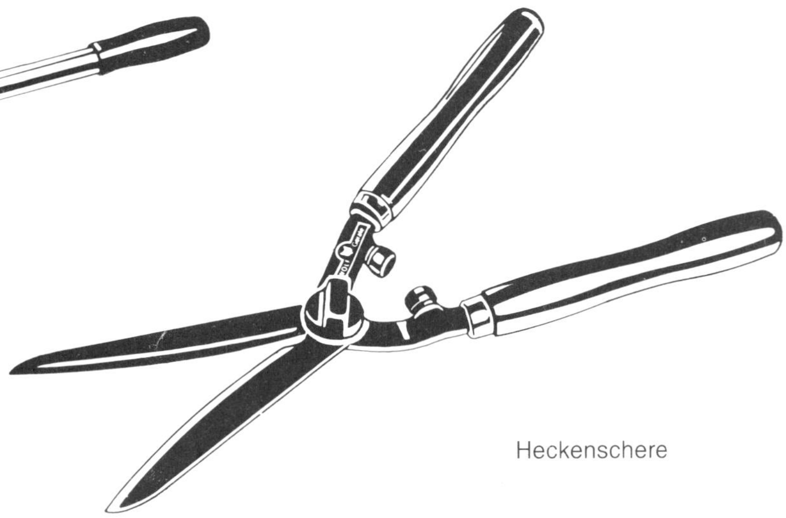

Heckenschere

Unkrautstecher

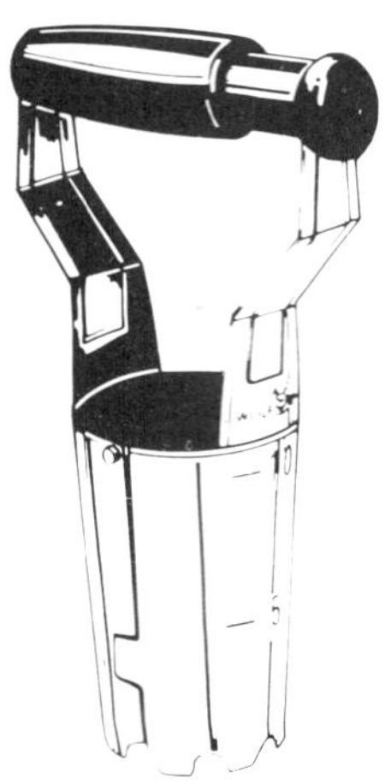

Automatik Pflanzer

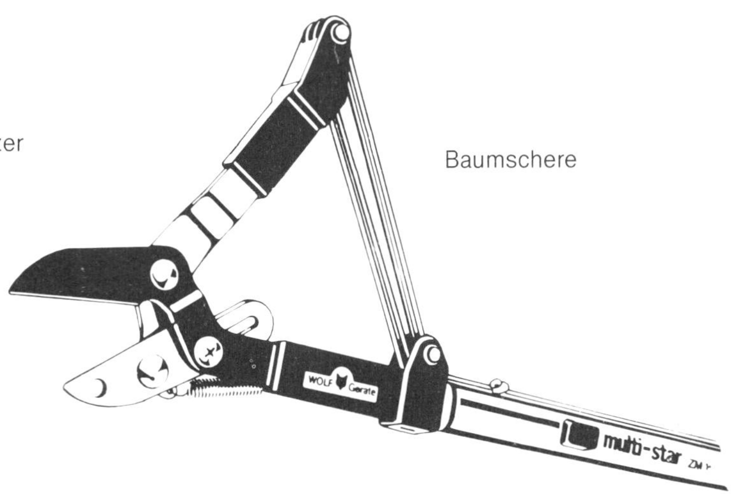

Baumschere

Kompost im Garten

Geschichtliches und Aktuelles

In China, Korea und Japan betreibt man seit rund 4000 Jahren eine sorgfältige Abfallwirtschaft. Der Landbau dieser Länder hatte, lange Zeit bevor in Mitteleuropa Ackerfrüchte kultiviert wurden, eine Blüte erreicht. Die frühen Hochkulturen dieser Länder gründeten unter anderem auf der allgemein verbreiteten Fähigkeit, alle verfügbaren organischen Stoffe zu kompostieren und dadurch eine hohe und nachhaltige Bodenfruchtbarkeit des Kulturlandes zu gewährleisten.

In Südafrika entwickelte R. T. Mazibuko, ein gelehrter Farbiger, vor wenigen Jahren eine wirksame Methode zur Rekultivierung verödeter Erosionslandschaften. Seine „Tiefgrabenmethode" (deep trenching) beruht auf der Kompostierung von Steppengras in tiefen Gräben, welche die seltenen Niederschläge aufsaugen. Der darauf mögliche Anbau von Gemüse und Fruchtbäumen hilft der farbigen Bevölkerung erheblich zu einer eigenständigen Nahrungsversorgung. Junge farbige Praktikanten werden ab 1986 auf deutschen biologischen Höfen und in Gärtnereien ausgebildet.

In Mitteleuropa lösten in unserem Jahrhundert die Einführung industriell hergestellter Mineraldünger traditionelle Landbaumethoden innerhalb weniger Jahrzehnte ab. Der neue Dünger, zuerst hergestellt in stillgelegten Pulvermühlen des Ersten Weltkrieges, schien „Wunder" zu vollbringen. Rationalisierung und Mechanisierung der Landwirtschaft führten zu Mehrproduktion bei gleichzeitigem Verlust von Arbeitsplätzen. Die herkömmlichen Anbauweisen kamen im wesentlichen ohne Fremdzufuhr von Energie und Düngemitteln aus. Heute kennzeichnen Überproduktion einerseits, wirtschaftliche Abhängigkeit des Landbaus von der Düngemittelindustrie und von Fremdenergie andererseits die allgemeine Situation. Überdies erwies sich die aus den natürlichen Stoffkreisläufen herausgeführte Landwirtschaft als ein Umweltbelaster der ersten Ränge.

Justus von Liebig, der heute als Vater der Mineraldüngerwirtschaft gilt, hatte in seiner 1865 veröffentlichten Schrift: „Über den Materialismus" einer Hinzufügung zu seinen berühmten „Chemischen Briefen", vor einseitigen Schlüssen aus der Naturforschung von damals und aus einer einseitigen Auslegung seiner eigenen Arbeiten gewarnt: „Die unorganischen Kräfte schaffen immerdar nur Unorganisches; durch eine in dem lebendigen Leib wirkende höhere Kraft, deren Diener die unorganischen Kräfte sind, entsteht der organische, eigenthümlich geformte, vom Krystall verschiedene und mit vitalen Eigenschaften begabte Stoff."

Rudolf Steiner gab 1924 in seinem „Landwirtschaftlichen Kurs" einer fragenden Bauern- und Gärtnerschaft umfassende praktische Hinweise zur Neugestaltung des Landbaus. Er sagte:

„Man muß wissen, daß das Düngen in einer Verlebendigung der Erde bestehen muß, damit die Pflanze nicht in die tote Erde kommt und es schwer hat, aus ihrer Lebendigkeit heraus das zu vollbringen, was bis zur Fruchtbildung notwendig ist."

Andere Naturwissenschaftler wie Voisin und Howard trugen Erkenntnisse bei. Es wurde für aufmerksame Beobachter klar, daß eine auf lange Sicht die Böden fruchtbar erhaltende Landkultur die Verwendung von Kompost und sorgfältig aufbereiteter Hofdünger zu ihrem Herzstück erheben müßte. Inzwischen beschäftigen sich einsichtsvolle Menschen rund um die Erde mit diesen Fragen. Die Durchführbarkeit einer Wirtschaftsweise, die den natürlichen Stoffkreislauf des Kompostierens für die Bodenfruchtbarkeit nützt, ist längst erwiesen. Jeder Landwirt und jeder Gärtner kann von den gemachten praktischen Erfahrungen und dem heute erreichten hohen Wissensstand Gebrauch machen, wenn er das will.

Die Mietenkompostierung

Man sammelt alle Art von Abfällen und tierischen Dungstoffen des Hauses, des Gartens und des Stalles und bringt sie, unterschiedlich sortiert, auf geordneten Haufen zur Rotte. Das Wandlungsprodukt Kompost wird in verschiedenen Reifegraden wieder dem Boden zugeführt. Der Kreislauf schließt sich.

Die Flächenkompostierung

bedeutet das flächige, meist nur schleierartige Verteilen von geeigneten, oft frischen pflanzlichen Abfällen und tierischen Dungstoffen auf das Kulturland mit oder ohne Pflanzenabstand. Auch das im Gemüsebau eingeführte Mulchen gehört hierher.

Beide Methoden, die Mietenkompostierung und die Flächenkompostierung sind – schwerpunktmäßig in verschiedenen biologischen Wirtschaftsweisen – erprobt und führen in kundiger Hand zu ausgezeichneten Ergebnissen. Dabei spielen Klima und Boden, die Art der Kulturen, Fruchtfolgen und Qualitätserwartungen eine Rolle.

Um eine realistische und möglichst vollständige Darstellung der Kompostierung bemüht, berichte ich im folgenden aus der Kompostpraxis unserer Gärtnerei, in welcher die angesprochenen Methoden regelmäßig angewendet werden.

Aus der Kompostpraxis einer Gemüsegärtnerei

Meine Frau und ich erlernten das Gärtnern um 1950. Wir bewirtschaften unsere jetzige Gärtnerei von 2 ha Fläche seit 21 Jahren biologisch. Wir bilden junge Menschen aus und beschäftigen auch qualifizierte Mitarbeiter. Alle Mitarbeiter verbindet das Wissen um den Sinn lebensgesetzlicher Arbeit am Boden und an der Pflanze. So sind in unserem Betrieb auch Mehrarbeiten durchführbar, wenn sie unseren gemeinsamen Zielen entsprechen. Die Bereitung und Verwendung von Kompost nehmen dabei einen hohen Rang ein. Gern gehen wir hierbei „von Hand" vor, weil man bei dieser lebendigen Arbeit sehr viel lernt und wesentliche Zusammenhänge real erleben kann. Bei maschineller Kompostierung, die es auch gelegentlich gibt, gehen viele Eindrücke unter. Ihre Ergebnisse reichen nicht an die aus Handarbeit heran.

Mietenkompost

Mietenkomposte werden möglichst verbrauchsnahe aufgesetzt, um Transporte so kurz wie möglich zu halten; z. B. an den Giebelseiten der Folienhäuser. Der beste Platz liegt aber an einem südlichen Waldrand, wo sich Hollerstrauch und Hasel wohlfühlen und Brennesseln bei der Umsetzung mitwirken. Im niederschlagsreichen Süden Deutschlands

(1200 mm) geraten die Komposte am besten, wenn sie grundsätzlich an der Sonne liegen, auch im Winter. Gegen allzuviel Sonne können sie leicht geschützt werden. Bei uns fallen täglich kompostfähige Abfälle aus mehreren Küchen, aus dem Park, den Ställen und aus der Gärtnerei an. Wir kompostieren selbst die Abfälle einer angeschlossenen Säge zur Verarbeitung von Bau- und Brennholz. Alle paar Jahre wird die Sägespäneeinstreu aus der großen Reithalle ausgeräumt. Aus nahegelegenem Wald können jederzeit Rindenabfälle geholt werden. Ein weiterer Reiterhof bietet seinen Mist kostenlos zur Abholung an. Mit dieser nur unvollständigen Aufzählung möchte ich auf einige gängige Quellen für Kompostiermaterial hinweisen. Jeder kann an seinem Ort „fündig" werden.
Die anfallenden Abfälle werden – eventuell unter Zuweisung an Spezialkomposte – lagenweise dort abgelagert, wo später aufgesetzt werden soll. Dies geschieht, wenn das erreichte Volumen der Art des Kompostes entspricht, also leichtes Material eher höher, schweres und feuchtes eher niedriger. Es handelt sich um freiliegende Haufen in Mietenform. Behälter sollten nur in den kleinsten Gärten verwendet werden. Sie können Verzögerungen und Verschlechterungen der Rotte bringen und hemmen die laufend notwendigen Arbeiten am Kompost. Der Kompost „schmort" dort zu lange. Wir benutzen nur eine Komposttonne von Mücke in Hausnähe, um weite Wege zu verkürzen. Sie kann über längere Zeit beschickt werden und kompostiert vor.
Beim ersten Aufsetzen erhält das Material Zuschläge. An erster Stelle steht die Beimpfung mit angerottetem Kompost, welcher voll Leben ist und viele Mistwürmer enthält. Weitere Zuschläge richten sich nach dem Bedarf des vorliegenden Materials. Da sollte jeder eigene Erfahrungen machen. Wir geben z. B. Holzasche sparsam in alle Komposte, Algomin (Kalkalgenmehl) oder gemahlenen kohlensauren Kalk in Prisen zu pflanzlichen Komposten. Lehmerde (ausgefroren) oder Agrar-Bentonit (Tonmehl) zu sprödem Material ohne Bindekraft. Quarzsand zu naßkaltschwerem Kompost, organischen Volldünger wie Horn-Knochen-Blutmehl oder Rizinusschrot zur Anreicherung des Kompostes mit Nährstoffen. Komposte zum Düngen von Sellerie, Mangold und Roten Rüben werden mit Meerwunder (Grünalgenmehl) angereichert. Buchen-Holzkohlengries wird feinen Anzuchterden und Gesteinsmehl allgemein allen Komposten und Erden zugesetzt. Gesteinsmehle verschiedenartiger Zusammensetzung vermögen Ungleichgewichte im Boden auszugleichen, sofern mit Kompost gearbeitet wird.
Eine besondere Behandlung benötigen kohlenstoffreiche (C) Materialien, wie strohreicher Pferdemist, Herbstlaub und Holzabfälle. Der Gegenspieler von Kohlenstoff ist der Stickstoff (N). Zwischen beiden ist ein jeweils günstiges Verhältnis der Rotte förderlich (C/N-Verhältnis). Beispiel: Laub hat ein C/N-Verhältnis von etwa 50, also enthält 50mal mehr C als N. Durch Zugabe von organisch gebundenem Stickstoff läßt sich das C/N-Verhältnis auf etwa die Hälfte, auf 20–25 verengen und führt nun zu einer gesteigerten Rotte. Dazu verwenden wir: Schweineborsten, Federmehl, Hornmehl oder Hornspäne, Blutmehl sowie mit Vorteil tierische und pflanzliche Jauchen. Auch bei diesen etwas heiklen Materialien, die wir kompostieren wollen, hat sich die Beigabe von Stammkompost der gleichen Art gut bewährt.

Herbstlaub

Herbstlaub rottet besser, wenn es bereits unter den Bäumen am Boden vorbehandelt wird. Wir setzen etwa eine Woche vor dem Aufsetzen eine Vergärung an aus Laubkompost und -mull, alter Brennesselj uche, Kuhjauche, Hornmehl und organischem Mischdünger, Hühnerkot, Bentonit oder Lehmerde. Wir rühren diese Gärmenge täglich 5 Minuten und filtern sie vor Gebrauch durch einen Nylonstrumpf. Dann wird die Flüssigkeit mit der Rückenspritze und grober Düse über das noch ausgebreitete Laub versprüht. Laub läßt sich leichter feucht als trocken aufnehmen und verarbeiten, was auch der Rotte förderlich ist.

Pferdemist

Pferdemist, besonders strohreicher, bedarf ebenfalls besonderer Aufmerksamkeit, weil nach dem Abladen meist eine stürmische Erwärmung bakterieller Natur erfolgt. Sie muß durch rasches Aufsetzen mit anderen Abfällen und erdigem Material reguliert werden, sonst treten Stickstoffverluste ein. Auch den Feuchtegrad sollte man einstellen und vielseitige Zuschläge, wie oben beschrieben, geben: stickstoffbetont bei hohem Strohanteil. Nach 3 bis 4 Wochen wird umgesetzt.
Kompostplätze müssen guten Wasserabzug haben und sollten beibehalten werden, weil sich dort ein günstig einwirkendes „Milieu" herausbildet. Kompoststätten sind Orte voller Leben. Hier fühlen sich Mäuse und Kröten wohl, sogar Ringelnattern sonnen sich an solchen Plätzen und legen ihre Eier ab. Dieses Leben pflegen und schützen wir, denn es trägt, jedes auf seine Weise, still zum guten Gelingen bei!
Unsere Komposte werden mit den biologisch-dynamischen Präparaten versehen. Eine Vielzahl anderer Präparate zur Rotte-Steuerung sind im Handel erhältlich und können für den Start gebraucht werden. Der Kundige weiß später, die eigenen Stammkomposte zur Beimpfung zu nutzen. Soll eine Miete, etwa zur Abtötung von Unkrautsamen, eine Heißvergärung durchmachen (ca. 60°C), so empfiehlt sich die Beimischung von reichlich frischem Material, wie z. B. Rasenschnitt und die Verwendung eines speziellen Starters (siehe Auflistung). Außerordentlich hilfreich für Mistwürmer wirken die Abfälle von Zwiebeln, Lauch und Knoblauch, ebenso Kaffee- und Teesatz, gut verteilt zugegeben.
Jeder lebende Organismus – und eine Kompostmiete ist ein solcher – braucht eine Haut, eine Hülle nach außen. Wir geben sie ihm gleich nach dem Aufsetzen: Zuerst ein dünner Erdmantel, dann Stroh, Heu, Laub oder alte Jutesäcke. In niederschlagsreichen Zeiten auch eine zusätzliche PE-Folie, möglichst eine gelochte wegen der Atmung. Jeder Kompost muß atmen können. Bei schwerem und nassem Material helfen Luftschächte und eingearbeitetes kurzes Reisig.
Der Rottevorgang in einem „gescheit" komponierten Komposthaufen kann als ein wirkliches Wunder erlebt werden. Das zu erfassen, reichen unsere Sinne nicht aus. Eine Lebensstufe nach der anderen tritt auf und opfert sich für die nächste. Nach einer alles überziehenden Verpilzung etwa vermehren sich sofort die Milben und verleiben sich die Pilzmyzele ein – myriadenfaches Leben!
Was schließlich durch den Mistwurm hindurchgegangen ist, enthält das mehrfache an Nährstoffen, ist überreich an Kleinstlebewesen und zählt als „Ton-Humus-Komplex" zu jenen stabilen Bodenkrümeln, welche fruchtbaren Boden kennzeichnen.

Umsetzen

In der Regel setzen wir die Kompostmiete schon nach 6–8 Wochen um, manchmal früher. Das Innere wird gründlich nach außen und das Äußere nach innen geschafft. Dabei lassen sich Luft, Wärme und Feuchtigkeit im Komposthaufen harmonisieren, Fäulnisherde entfernen, eventuell die Masse verringern. Wir präparieren erneut und decken die Miete leicht ab. Langrottende Komposte erfordern mehrmaliges Umsetzen; einmal umsetzen ist wohl das Minimum. Da die biologisch-dynamischen Komposte im Ruhezustand und nicht während des Auf- und Umsetzens präpariert werden, wiederholen wir den Vorgang etwa 3 Wochen vor der Verwendung des Kompostes.

Reife und Verwendung

Komposte können in verschiedenen Reifestadien verwendet werden. So fördern halbreife Komposte, während der Hauptwachstumszeit Starkzehrern gegeben (z. B. Sellerie, Lauch, Tomaten), deren Wachstum ungemein. Es darf aber kein gärendes Material ausgebracht werden. Vorbeugend kann man die Pflanzen z. B. mit Schachtelhalmtee gegen pilzliche Erkrankungen behandeln. Salate aller Art, Möhren und Zwiebeln erhalten nur Reifkompost.

Anzuchterden

Als Zusatz zu Anzuchterden kommen nur völlig ausgereifte Komposte in Frage: Laubkompost und nährstoffreicherer Kompost werden gesiebt und gemischt. Ein Großteil der Anzuchterde besteht aber aus Landerde, die z. B. bei einer Baumaßnahme anfällt und bei uns vorgelagert wird, wo sie gegebenenfalls ausfriert. Wir richten in jedem Herbst etwa 10 m^3 Anzuchterde her und lagern sie unter Dach. Weitgehende Unkrautfreiheit wird durch die genannte Heißvergärung und öfteres Umsetzen erreicht. Weder dämpfen wir, noch „entseuchen" wir chemisch. Trotzdem gibt es bei uns seit vielen Jahren keine Auflaufkrankheiten, sondern eine frohwachsende und gesunde Pflanzenanzucht. Bestehen Zweifel an der Reife von Anzuchterden, so wird mit einer kleinen Kresseaussaat getestet: Gutes und rasches Auflaufen bedeutet guten Reifegrad. Ähnlich wie beim Menschen ist auch bei den Kulturpflanzen eine gute „Kinderstube" für ihr späteres Gedeihen mitentscheidend.

Wohlfahrtswirkungen von Komposten

Die nachhaltige Nährkraft guter Komposte geht auch über Winter nicht verloren. Der mit Kompost in der *Oberkrume* (niemals vergraben!) versorgte Boden bleibt gegenüber Witterungseinflüssen stabil, sogar in Hanglagen wie im Rebbau, die stark erosionsgefährdet sind. Im Zusammenklang mit einer maßvollen Bodenbearbeitung bleibt der mit Kompost versorgte Boden locker, verschlämmt nicht und speichert mehr Wasser für Trockenzeiten. Kompost fördert freilebende Stickstoffbakterien im Boden. Schließlich können mit seiner Hilfe Pflanzenkrankheiten und Schädlinge weit besser vorbeugend beherrscht werden als mit jeder anderen Methode. Alle ungiftigen Maßnahmen eines biologischen Pflanzenschutzes fallen auf einen – sprichwörtlich – guten „Nährboden": Sie treffen auf ein für ihre Wirkung bereites und aufnahmefähiges Milieu. Ähnlich kann sich ein Mensch durch sein Verhalten für die feinen Wirkungen homöopathischer Medizin sensibilisieren.

Der Flächenkompost

Wir bauen für eine gute Fruchtfolge in jedem Jahr einen Schlag Kleegras oder Landsberger Gemenge an. Solche üppig wachsenden Bestände werden zwei- bis dreimal gemäht, die Grünmasse ab Mai nach der Erwärmung des Bodens gemulcht. Nach erfolgtem Hacken und Jäten danken Kraut, Sellerie und Lauch diese Gaben durch erfreulichen Zuwachs. Trockenzeiten überstehen die Pflanzen besser, weitere Hackarbeit entfällt. Später werden durch diese Kompostierung an Ort und Stelle auch Nährstoffe für die Pflanzen aufnehmbar, erst recht im darauffolgenden Jahr. Auf den Mulch können vorteilhaft organische Düngemittel und Gesteinsmehle aufgestreut werden. Das Aufsprühen von Kompoststartern oder Präparaten fördert die richtige Rotte. Unansehnliche Abfälle und Frischmist dürfen in Pflanzenbeständen nicht ausgebracht werden. Hygienisch bedenklich, beschwören sie auch die Gefahr von Pflanzenkrankheiten und Schädlingen herauf. Im Gewächshaus wird Mulch den Sommerkulturen mit größtem Nutzen gegeben. Allein die Wasserersparnis macht diese Arbeit bezahlt. Vorsicht mit aussamenden Gräsern! Sie können in den anschließenden Herbst-Winterkulturen, z. B. im Feldsalat, zur Plage werden.

Mistpackungen

Energieverteuerung ließ die Mistpackungen als Wärmequelle wieder lohnend werden, zumal man sie während der arbeitsärmeren Zeit im Winter durchführt. Wir „packen" jedes Jahr eines unserer etwa 300 m^2 großen Gewächshäuser und Folientunnel; etwa alle 4–5 Jahre folgt an gleicher Stelle die nächste Packung.
Als willkommene Nebenwirkung setzt nach Abklingen der Erwärmung, welche über mehrere Wochen anhält, die allmähliche Verwandlung in nährkräftigen Humus ein. Zusammen mit den üblichen Kompostgaben und dem sommerlichen Mulch ergibt sich ein fortwährender Zuwachs an Humus. Ohne Torf zu verwenden, erreichen wir Humusgehalte von 12% und mehr.
Der frische oder etwas abgelagerte Pferdemist wird einschlagweise etwa 2 m breit und 25 bis 30 cm tief eingebracht. Dabei lockern wir die Sohle des Einschlages noch tief mit der Grabgabel. Staunässe kann bei dieser Gelegenheit durch Einlegen von Dränrohren abgeleitet werden. Sie führen Wasser ab und belüften. Der eingebrachte Mist erhält, je nach Strohanteil, etwas Horn-Knochen-Blutmehl und Steinmehl, aber keinen Kalk. Weist unser Boden zu wenig Bindefähigkeit auf (Fingerprobe), so wird Bentonit (Tonmehl) aufgestreut. Der Mist benötigt zur Erwärmung genügend Wasser, was nur ein scheinbarer Widerspruch ist, denn die Temperaturerhöhung wird ja durch eine starke Bakterienvermehrung verursacht. Mit dem sorgfältigen Überbrausen werden die aufgestreuten Hilfsmittel gleichmäßig verteilt. Auf die geebnete Mist-Oberfläche wird der nächste Erdaushub aufgebracht und so fort. Vor Einsaat und Pflanzung ist Gelegenheit, die Oberkrume durch Frosteinwirkung (lüften) wunderbar „krümeln" zu lassen. Anschließend läßt sich der Boden mühelos glätten. Die Erwärmung des Bodens setzt bald ein und erlaubt ein um 2 bis 3 Wochen früheres Säen, Pflanzen und Ernten als in „Kalthäusern".

Hügelbeetkompost

Hügelbeetkomposte nennen wir eine abgewandelte Form von „klassischen" Hügelbeeten, wie sie hinlänglich bekannt sind. Wir legen sie im Herbst mit dem Abraum der Gemüseernte inmitten unserer Felder, z. B. unter Auffüllung von Pflugfurchen, an. Das Material wird später mit halbfertigem Kompost bedeckt, was für letzteren ein Umsetzen bedeutet. Im Frühjahr säen wir die flachen Hügel mit einer variablen Gründüngungsmischung ein. Hierfür verwenden wir z. B. Phacelia, Gelbsenf, Borretsch, Calendula u. a. Im Mai bepflanzen wir die Hügel mit Zucchini, Gurken und verschiedenen Kürbisarten. Alle diese Pflanzen gedeihen ausgezeichnet auf den Hügelbeetkomposten und fördern deren Rotte. Neben den Fruchtpflanzen blühen im Sommer stehengelassene Blütenpflanzen aus der Frühjahrseinsaat; ein wunderschöner und ökologisch wertvoller Zusammenklang!

Das Hochbeet

Unser erstes Hochbeet wird an einem Südwesthang entstehen. Wir wollen Beton-Hohlblocksteine verwenden und mit Frühbeetfenstern abdecken. Gegen Mäuse wird Maschendraht eingelegt. Das Beet wird 16 m lang, 1,30 m breit und 60–80 cm hoch sein. Es kann auch mit einem Folientunnel überbaut werden. Bei der Befüllung werden wir in die oberste Schicht reichlich guten Kompost geben. Kompost muß auch jährlich nachgefüllt werden. Weitere Düngungen sind unnötig. Das Hochbeet bietet ideale Wachstumsbedingungen. Im Frühjahr soll es der Pflanzenanzucht dienen, im Sommer mit anspruchsvollen Kulturen bepflanzt werden und im Winter mit Feldsalat, Wintersteckzwiebeln, Winterpostelein, Pflücksalat u. a.
Die Arbeit am erhöhten Beet entlastet den geplagten Gärtnerrücken und erschließt den Garten auch Invaliden und Blinden.

Unsere Geräte für die Kompostarbeit

Mistgabeln 4zinkig	Schlaghacken (Hauen)
Silagegabeln 6zinkig	Kreil (Kräuel)
Heugabeln 3zinkig	Schubkarren
Spitzschaufeln	Erdsieb
Flachschaufeln	

Unsere Maschinen

Traktor mit Frontlader-Gabel/Schaufel
Anhänger und Miststreuer
Anbaufräse (zum Mischen flacher Komposte)

Weitere nützliche Geräte

Die Industrie stellt eine Reihe sehr hilfreicher Geräte für kleine, mittlere und große Verhältnisse her. Neben den sogenannten Kompost-Behältern werden vor allem Maschinen zur Aufbereitung der Kompostzuschläge angeboten; mit eigenem Elektro- oder Verbrennungsmotor oder als Anbaugeräte zum Traktor: Papierschnitzler, Häcksler, Schlag- und Hammermühlen und Erdaufbereiter.
Vor der Anschaffung sollten die eigenen Verhältnisse sorgfältig eingeschätzt und eine Vorführung der gewünschten Maschinen verlangt werden. Gartenverwaltungen können auf leistungsstarke Maschinen nicht verzichten.

Zuschläge zum Kompost

Eigener Stammkompost	Hornspäne/mehl
Quarzsand	Blutmehl
Lehmerde	Schweineborsten
Bentonit	Federmehl
Gesteinsmehle	Grünalgenmehl
Holzasche	Rizinusschrot
Algomin oder	Organischer Mischdünger
gemahlener kohlensaurer Kalk	Buchen-Holzkohlengries

Kompoststarter

Aus der Vielzahl der vom Handel angebotenen Kompostierhilfen (siehe auch Seite 164 unter „Kompostiermittel") seien die folgenden genannt: Biorott, Composta Lonza und Compovit, Eco-Komposter, Eokomit, Humofix, KP-Trocken, Nitralit.

Komposter sind wichtig bei der Erstanlage und geben weiterhin Sicherheit bei einer mehr extensiven Handhabung der Arbeit am Kompost. Für Sonderkompost sollte man gleichfalls Starter benutzen: Eokomit für Holzabfälle, Composta Lonza für die Heißvergärung. Wer sich gut in die Materie eingearbeitet hat, beimpft mit Stammkompost.

Die Kompostpräparate 502–507 für den biologisch-dynamischen Anbau sind über die regionale Fachberatung erhältlich. Die aus Kräutern, zum Teil in tierischen Hüllen zubereiteten Präparate werden in geringer, gleichsam homöopathischer Dosierung der Kompostmiete zugesetzt. Sie beschleunigen und harmonisieren die Rotte.

Zum Schluß

Mit der Weitergabe unserer hier zusammengefaßten Erfahrungen aus jahrzehntelanger Arbeit mit Kompost und mit Kulturpflanzen verbinde ich die Hoffnung, zum Verständnis einer sinnvollen Abfallverwertung einerseits, einer naturnahen Pflanzenernährung andererseits beitragen zu können. Diese Umkehr vom Ende einer Nahrungskette im „Abfall" zu einem neuen Beginn in der Pflanze vollzieht sich überall in der Natur. In der Kompostmiete holen wir dieses Wunder naturgesetzlichen Lebens in unseren Garten und lernen damit umzugehen. Im Geheimnis der Kompostmiete liegt der Segen der Erde beschlossen!

Gute Lösungen auch für die schweren Probleme unserer Gegenwart tun sich immer auf, wenn wir die Naturgesetze wahrnehmen und achten. Sie mögen theoretisch erlernbar sein, erfahrbar sind sie erst durch zuneigende Beobachtung und hingebungsvollen Umgang mit der Materie und den uns anvertrauten Pflanzen.

Gesteinsmehle im Garten

Als „Gesteinsmehl", oft auch nur „Steinmehl" genannt, bezeichnet man die sand- bis mehlfeine Beschaffenheit natürlich vorkommender Gesteinsarten. Die Mehle fallen bei der Steineherstellung ab, sie können aber auch eigens aus besonders geeigneten Gesteinsarten vermahlen werden. Dabei handelt es sich vor allem um Granit- und Basaltgesteine. Granite weisen einen etwas höheren Silikatgehalt auf.
Eine Unterart der Basaltmehle sind die Lavamehle. Hier kam der glühende Basalt mit Luft in Berührung, viele Elemente liegen daher in Oxidform vor. Besonders geschätzt wird die Porösität dieses Materials und die dadurch bedingte große Oberfläche. 1 g Basaltmehl, fein vermahlen, hat eine Oberfläche von 40 m^2! Unsere Tabelle zeigt die Zusammensetzung dreier typischer Vertreter von Granitmehl, Basaltmehl und Lavamehl im Vergleich zur Mineralanalyse des Nilschlammes.

	Chem. Formel	Granit-Gneis	Basalt vom Kaiser-Stuhl (Rhein)	Lava (Eifel, Rheinland)	Mineralanteil des Nilschlammes
Siliziumdioxid (Kieselsäure)	SiO_2	63.3	48.4	40.0	48.5
Aluminiumoxid (Ton)	Al_2O_3	16.6	19.3	12.5	19.3
Kaliumoxid (Kali)	K_2O	2.2	2.7	4.0	1.0
Kalziumoxid (Kalk)	CaO	6.6	8.3	14.0	3.1
Phosphorpentoxid (Phosphor)	P_2O_5	0.2	0.2	0.7	0.2
Magnesiumoxid (Magnesium)	MgO	1.3	0.7	8.0	3.0
Eisenoxid (Eisen)	Fe_2O_3	3.3	0.9	11.5	10.5
Kohlendioxid (Kohlensäure)	CO_2	1.7	0.4	1.6	1.0

Dazu: Fast alle Spurenelemente, ausgenommen Jod und Brom.
Alle Zahlen in Gewichtsprozenten.

Die Werte liegen nahe beieinander. Sie differieren außerdem von Steinbruch zu Steinbruch, so daß man nicht sagen kann, dieses oder jenes Mehl sei besser oder schlechter. Wichtig sind ein hoher Silikatgehalt von mindestens 40%, ein guter Tongehalt und ein hoher Anteil von Spurenelementen. Hierin erweisen sich die Gesteinsmehle den Tonmehlen als weit überlegen; bei ihnen sind diese Stoffe vielfach ausgewaschen.
Neben der chemischen Zusammensetzung kommt der Struktur, der Feinkörnigkeit der Mehle, entscheidende Bedeutung zu. Grobe Produkte sind billiger, sie wirken erst nach langer Zeit, etwa nach ein bis drei Jahren, da sie durch das Bodenleben aufgeschlossen werden müssen. Braucht man sie nur zur Bodenlockerung und langfristigen Ernährung bei jährlicher Verwendung, so reichen sie aus. Sie werden bevorzugt vom Landwirt wie auch in der Forstwirtschaft als ein langsam und stetig fließender Dünger eingesetzt, der nicht auswaschbar ist. Auch für die Kompostverbesserung kann man solche Steinmehle verwenden; das reichlich vorhandene tierische Leben im Kompost schließt sie rasch auf. Im Haus- und Gemüsegarten setzt man sie jedoch nur für schwere und kalte Böden ein. Das teurere, aber viel feiner vermahlene Material bringt schnellere Ergebnisse. Je feiner das Mehl ist, um so sparsamer kann man es verwenden, so daß die Kosten nicht unbedingt höher sind.

Superfein vermahlene Gesteine bedingen höhere Herstellkosten, sie werden für Blattdüngung, Pflanzenschutz, Saaten usw. äußerst sparsam, gestäubt oder mit Wasser vermischt, gespritzt.
Woran erkennt der Laie die Feinheitsgrade der Vermahlung? Das grobe Material fühlt sich wie feiner Sand an, man spürt und sieht kleine, kantige Körnchen darin, es ist grau bis mittelbraun. Feine Ware dagegen ist deutlich heller gefärbt, also weißgrau. Beim Verreiben zwischen den Fingerspitzen spürt man nur noch gelegentlich ein mit dem Auge nicht mehr wahrnehmbares Körnchen. Ultrafein vermahlenes Mehl hingegen ist fast weiß, es fühlt sich zwischen den Fingern fettig an und ist mehlweich. Gibt man eine Prise in ein Wasserglas, so färbt sich das Wasser milchig-trübe und klärt sich erst nach Stunden.
Zu diesen Feinstmehlen gehören auch gewisse Tone, wie sie unter dem Namen „Betonit" gehandelt werden. Diese Tone quellen auf und halten Wasser fest, sind formbar und werden für viele technische Zwecke verwendet.
Worin besteht nun die besondere Bedeutung der Gesteinsmehle wie auch der Tone für den Gartenbau?
1. Sie sind sogenannte „Ionenaustauscher". Frei wandernde Nährstoffatome oder -moleküle werden durch elektrische Kräfte an sie gebunden, können aber durch die Pflanzenwurzeln im Austausch mit von diesen freigesetzten Atomen – meist Wasserstoff – leicht abgelöst und von der Pflanze aufgenommen werden. Gesteinsmehle sind also Nährstoffvermittler und Nährstoffaufbewahrer in den von Wurzeln durchdrungenen Bodenschichten und verhindern, daß diese Nährstoffe in für Wurzeln unerreichbare Tiefen gelangen.
2. Noch wirksamer wird die beschriebene Eigenschaft, wenn Gesteinsmehle mit organischen Substanzen, Bakterien, Hefen, und Wasser sogenannte „Tonhumuskomplexe", also stabile, organisch-mineralische Verbindungen eingehen.
3. Sie sind Nährstofflieferant. Sie enthalten wichtige Hauptnährstoffe wie Kali, Magnesium, Kalzium, ebenfalls die unverzichtbaren Elemente wie Silizium, Eisen, Mangan, Natrium und sind Hauptlieferant von Spurenelementen, den Zentralatomen der Aminosäuren, ohne die eine Eiweißbildung, also pflanzliches Leben, überhaupt nicht möglich wäre.
4. Durch ihre Zusammensetzung neutralisieren Steinmehle zu saure, aber auch zu alkalische Böden.
5. Sie binden durch das unter 1. erwähnte Bindungsvermögen sofort schlechte Gerüche.
6. Bodenlebewesen benötigen das Gesteinsmaterial und die darin enthaltenen Elemente zu ihrer Nahrung, zum Eiweißaufbau.
7. Sie vermögen infolge hoher Sauerstoffbindung Fäulnis, anaerober Rotte, entgegenzuwirken – eine wichtige Eigenschaft, die bei der Mist- und Jaucheverbesserung ausgenutzt wird.
8. In Kombination mit reinen Nährstoffdüngern – z.B. Kalisalzen – nehmen Steinmehle diesen ihre Aggressivität auf das Bodenleben und bewahren die Stoffe gleichzeitig vor Auswaschungen. Die Nährstoffe können so viel sparsamer gegeben werden.
9. Steinmehle halten durch ihre Quellfähigkeit Wasser fest. Damit werden leichte Sandböden wasserhaltiger, es kann sich Humus entwickeln.

10. Sie tragen zur Bodenerwärmung bei, schwere Böden werden außerdem gelockert.
11. Sie festigen durch ihren Silikatanteil pflanzliches Gewebe, dieses wird dadurch widerstandsfähiger gegen Schäden und Krankheiten.
12. Als Pflanzenschutzmittel gestäubt oder gespritzt, verkleben die feinen Partikel die Nervenenden und Augen der Insekten und verstopfen ihre Atemöffnungen. Sie beeinträchtigen die Schädlinge also beträchtlich, ohne sie jedoch zu töten. Die Tiere wandern von den behandelten Pflanzen ab. Das ökologische Gleichgewicht bleibt daher erhalten. Zudem vertreibt die leicht basische Wirkung der Mehle Schädlinge und schädigt Pilze, ähnlich wie bei Seife oder Wasserglas.

In dieser großen Zahl positiver Eigenschaften für das Boden- und Pflanzenleben werden die Gesteinsmehle von keinem anderen Boden- oder Pflanzenmittel übertroffen. Sie sind billig, sie verderben nicht, sondern sind unbegrenzt haltbar, leicht mischbar, ihre Anwendung ist unproblematisch, sie sind vollständig ungiftig und man kann bei ihrer Anwendung praktisch keine Fehler machen, denn eine Überdüngung gibt es nicht.

Man unterscheidet die Steinmehle nach Gesteinsart, nach ihrer chemischen Zusammensetzung und ihrer Aufbereitung. Es gibt kein „bestes" Produkt, wohl aber für den Anwendungszweck und den jeweiligen Boden ein optimales Gesteinsmehl.

Unterschiede nach Gesteinsart

Steinmehle aus sogenannten Urgesteinen wie Granit, Gneis, Gabbro, Quarz usw. sind je nach Feinheit hellgrau, weißgrau bis weiß. Ihr Silikatgehalt mit üblicherweise 70% ist hoch, während alle anderen Elemente je nach Herkunft beträchtlich schwanken. Mehle aus jüngeren Formationen wie Basalten, Porphyr, Zeolithgestein und Lavagesteinen sehen mittel- bis hellbraun, in feinster Mahlung auch weißbraun aus. Ihr Silikatgehalt liegt bei etwa 50%; auch hier schwanken die anderen Inhaltsstoffe beträchtlich zwischen den einzelnen Vorkommen. Gemeinsam ist beiden Gesteinsgruppen jedoch der Reichtum an Spurenelementen.

Mehl aus Kalkgesteinen, Kaligesteinen, Magnesiumgesteinen usw. rechnet man zu den echten Düngemitteln.

Unterschiede nach der chemischen Zusammensetzung

Meinte man um die Jahrhundertwende, Granitmehle für saure oder sehr humusreiche Böden, Basaltmehle dagegen für neutrale und sandige Böden verwenden zu müssen, so ist diese Meinung heute überholt. Wir bewerten Steinmehle jetzt nach ihrer chemischen Analyse und hier besonders hinsichtlich ihres Silikat-, Ton-, Kali-, Magnesium- und Spurenelementgehalts. Man bestehe daher auf einer Analyse, sofern diese nicht auf den Packungen aufgedruckt ist. Ein ausgewogenes Produkt enthält:

Silizium	SiO_2	zwischen	50–60%	50% sind ausreichend
Aluminium (Ton)	Al_2O_3	zwischen	12–19%	je mehr, desto besser
Kalk	CaO	zwischen	8–10%	bei gewünschten höheren Werten Algenkalk hinzufügen
Kalium	K_2O	zwischen	3–5%	je mehr, desto besser
Magnesium	MgO	zwischen	4–8%	je mehr, desto besser
Eisen	Fe_2O_3	zwischen	3–5%	je weniger, um so besser
Phosphor	P_2O_5	zwischen	0.3–0.8%	je mehr, desto besser
Natrium	Na_2O	zwischen	2–4%	je weniger, um so besser
Kohlensäure	CO_2	zwischen	2–7%	je mehr, desto besser
Schwefel	SO_2	zwischen	0.1–0.3%	je weniger, um so besser

Folgende Spurenelemente sollten analytisch mindestens nachgewiesen sein: Mangan, Titan, Kupfer, Zink, Kobalt, Nickel und Barium.

Ein so zusammengesetztes Produkt ersetzt weder einen Mineraldünger mit hohen, wasserlöslichen Stickstoff-, Phosphor- und Kalianteilen oder einen nährstoffreichen organischen Dünger, noch einen Humusdünger. Es stellt jedoch hinsichtlich seiner Nährstoffe eine langsam und stetig fließende Nährstoffquelle dar, bei gleichzeitig reicher Spurenelementversorgung des Bodens.

Unterschiede nach der Aufbereitung

Sandige, körnige Gesteinsmehle mit hohem Anteil an Körnungen über 200 my = 0,2 mm weise man zurück, sie taugen nichts, denn ihre Wirkung gleicht Sand. Sie müssen erst in jahrelanger Tätigkeit durch das Bodenleben aufgeschlossen werden.

Übliche, mittelfeine Gesteinsmehle mit schon sehr heller Farbe lassen kaum noch eine Körnung beim Verreiben zwischen den Fingern spüren. Auch sie benötigen noch ein bis zwei Jahre, ehe sie durch das Bodenleben voll für die Pflanzenwurzel aufgeschlossen sind, viele andere Funktionen erfüllen sie aber schon sofort.

Bei Ziergehölzen und im Blumengarten verwendet man ca. 10 kg/100 m^2. Sie eignen sich für den Kompost, denn der Regenwurm benötigt ein noch leicht körniges Material für seine Verdauung; seine Darmsäfte schließen die Teilchen dann vollends auf. Der hiermit angereicherte Kot ist der so unschätzbar wertvolle Dauerhumus, ein stabiler Ton-Humus-komplex, den wir Menschen nicht herstellen können. Die Korngröße dieser Mehle liegt zwischen 20–100 my, in der Hauptsache bei etwa 50 my, also 0,05 mm. Diese Mehle lassen sich auch noch gut streuen, ohne übermäßig zu stauben.

Allerfeinste Mehle mit einer Korngröße unter 20 my, wobei mindestens 50% bei 5 my und darunter liegen sollten, zeigen Spontanreaktionen, ähnlich denen wasserlöslicher Düngemittel. Sie wirken innerhalb weniger Tage bis Wochen, in jedem Falle also während der laufenden Vegetationsperiode.

Ihre Anwendungsmenge für die gleiche biologische Wirkung beträgt im Verhältnis zu den oben genannten Normalmehlen nur 30% bis 50%. Sie sind also viel sparsamer, zeigen aber keine Langzeitwirkung für mehrere Jahre. Das Boden- und Pflanzenleben braucht sie in kurzer Zeit auf.

Anwendung im Gartenbau

Gesteinsmehle ergänzen die im Boden vorhandenen Nahrungsstoffe. Die Nährstoffversorgung mit konzentrierten, insbesondere wasserlöslichen Nährstoffen kann erheblich eingespart werden. Die Ernährung der Pflanze wird harmonisiert, das Bodenleben nicht gestört. Der hohe Mineral- und besonders Spurenelementanteil fördert die Trieb-, Blatt- und Fruchtbildung. Früchte und Blumen färben sich intensiver, Gewürz- und Heilkräuter werden inhaltsreicher an ihren spezifischen Stoffen. Mit Steinmehl versorgte Pflanzen sind widerstandsfähiger gegen Schädlinge und Schadpilze. Obst enthält durch Steinmehlgaben weniger Wasser, weist einen höheren Nährwert auf und lagert sich besser.

Düngefehler mit einer meist überzogenen reinen Nährstoffdüngung werden reguliert, das Bodenleben aktiviert, die Humusbildung gefördert; es erfolgt eine tiefgehende Bodengesundung. Falls ein Gärtner auf wasserlösliche Düngemittel nicht verzichten will, können ihm Gesteinsmehle dienlich sein: Von den üblicherweise verwendeten Düngemittelmengen, gleich welcher Art und Zusammensetzung, braucht er künftig nur noch ein Drittel bis zur Hälfte der seither gegebenen Mengen für die gleiche Flächeneinheit aufzuwenden, wenn er die Restmenge durch Gesteinsmehl ersetzt.

Da die konventionellen Düngestoffe schnell wirken sollen, werden hier möglichst die Feinstmehle verwendet, um eine gute Anpassung zu erreichen. Dünger und Gesteinsmehle werden sorgfältig gemischt und mit der gleichen Flächenmenge ausgebracht, wie sonst der reine Dünger. Durch die Mischung erfolgt eine gute Staubbindung. Fügt man dieser Mischung noch ein wenig Wasser hinzu, so entsteht ein Granulat, das sich mit Düngerstreumaschinen ausbringen läßt.

Zur Kompostbereitung

Jedesmal, wenn etwa 20 cm Kompostmaterial aufgefüllt sind, wird etwa 200 g/m^2 Steinmehl aufgepudert. Gleiche Mengen gelten für Holz-, Strohhäcksel oder Laub.

Pflanzen- oder Dungjauchen

Gesteinsmehl unterdrückt die üblen Gerüche, fördert die bakterielle Umsetzung und reichert die Jauchen mit Mineralstoffen an. Zweimal wöchentlich werden je 200 g/100 l aufgestreut und eingerührt.

Bei diesen Anwendungen werden die Gesteinsmehlmengen den nachfolgenden Mengen für die Beetversorgung abgezogen.

Normale, feine Mehle genügen. Nur wenn es um gründliche Geruchsbindung geht, verwendet man Feinstmehle; die angegebenen Mengen können dann halbiert werden.

Gemüsegarten, Obstgarten, Gewächshaus

1. Bei starkzehrenden Gemüsen (Kohlarten, Tomaten, Kürbis u.a.) jeweils 300 g/m² in zwei Gaben im Frühjahr und zur Sommermitte leicht einarbeiten. Bei mittelzehrenden Gemüsen und Blumen 200 g/m² ebenfalls in zwei Gaben. Bei schwachzehrenden Gemüsen, bei Steingartengewächsen und Gewürz- sowie Heilpflanzen 100–200 g/m², je nach Pflanzdichte, jeweils im Herbst ausbringen.
Feinstmehle wirken schnell. Man verwendet nur zwei Drittel der angegebenen Mengen, ebenfalls zweimal jährlich. Sind die Gartenböden sehr sandig und wasserdurchlässig, so sollte man nur Feinstmehle verwenden und die Normalgaben ausstreuen. Sind die Böden sehr tonhaltig, so können die angegebenen Mengen um ein Drittel verringert, dagegen müssen sie bei sauren, stark humosen Böden (Schwarzerdeböden) um ein Drittel erhöht werden.
2. Bei Obstgehölzen und Beerenobst werden 10 kg/100 m² auf die Baumscheibe in zwei Gaben pro Jahr aufgestreut.
Bei Wein und Himbeeren gibt man 200 g/m², Abweichungen nach Bodenart wie oben.

Anpflanzungen

Etwa 5–10% der Aushuberde des Pflanzloches werden durch Gesteinsmehl ersetzt, weitere 10% durch alten Humus. In das Pflanzloch gibt man noch eine Hand voll Rizinusschrot oder grobes Hornmehl.

Pflanzenschutz

Hierfür werden ausschließlich Feinstmehle verwendet, schon um Pumpen und Geräte nicht zu beschädigen. Man pudert die Pflanzen, um Pilzschäden zu verhüten und Insekten zu vertreiben. Der Auftrag muß so oft erfolgen, daß stets ein feiner Puderfilm auf Trieb, Blatt und Frucht sichtbar ist. Während der Triebzeit muß also etwa alle 8–10 Tage, ab Sommermitte alle 2–3 Wochen gepudert werden. Nach starken Regenfällen erfolgt eine Sonderbehandlung.
Beim Spritzverfahren verwendet man eine 0,5- bis 2%ige Anteigung der Gesteinsmehle in Wasser. Fügt man noch 0,5% Algenkalk hinzu, um sie alkalisch zu machen, so haben sie eine stärkere Wirkung gegen Pilze. Gibt man 0,1% eines flüssigen Braunalgenextraktes dazu, so erfolgt gleichzeitig eine hervorragende Blattdüngung und Triebförderung.
Diese Spritzbrühe härtet die Epidermis der Blätter und Fruchtschalen, Pilze durchdringen den feinen Puderfilm nur schwer, das alkalische Milieu des Filmes schwächt sie zudem. Sichtbare Pilzrasen trocknen ein und streuen keine Sporen mehr aus.
Saugende und fressende Insekten lieben diese härteren Blätter nicht, sie wandern ab, auch wird ihr Geruchssinn durch die Deodorantwirkung gestört, sie finden ihre Wirtspflanze nicht mehr.
In Deutschland, der Schweiz und Österreich wurden Spezialpräparate entwickelt, deren Wirksamkeit bei Schäden wie Schorf und Mehltau bei Äpfeln, Peronospora und Oidium bei Wein, Mehltau bei Beerenobst usw. oft an die Wirkung chemischer Präparate heranreicht, diese also ersetzen können. Steinmehle können problemlos mit allen pulverförmigen, körnigen und flüssigen Düngern oder Pflanzenbehandlungsmitteln gemischt werden, ohne deren spezifische Wirkung zu beeinträchtigen.

Literatur

Biologischer Pflanzenschutz im Garten, Schmid, Otto/Henggeler, Silvia, Eugen Ulmer Verlag, 6. Aufl., Stuttgart 1984

Bodenfruchtbarkeit, Rusch, Hans Peter, Verlag K.F. Haug, Heidelberg 1985

Das biologische Gartenbuch, Heynitz, Krafft von/Merckens, Georg, Eugen Ulmer Verlag, Stuttgart 1980

Das Gartenbuch für jedermann, Wilhelm, Paul Gerhard, Eugen Ulmer Verlag, Stuttgart 1985

Das große biologische Gartenbuch, Steinbach, Gunter, Heyne Verlag, München 1984

Das Lexikon der Pflanzenwelt, Ullstein Verlag, Frankfurt

Der biologische Nährgarten, Steinbach, Gunter, Nymphenburger Verlagsh., München 1983

Dictionary of Economic Plants, Uphof, J. C. Th., J. Cramer Verlag, Braunschweig 1968

Die Freilandanlagen des Botanischen Gartens München, Schötz, F./ Kress, A., 10. Aufl. 1980

Die Kulturpflanze, Mansfeld, Rudolf, Akademie-Verlag, Berlin 1959

Die Wurzel der gesunden Welt, Haller, W. von, Verlag Boden und Gesundheit, Hopferau-Heimen

Gärtnern am Hochbeet, Kalaus-Zimmermann, Südwest Verlag, München 1986

Handbuch der Laubgehölze, Bd. I und III, Krüssmann, G., Verlagsbuchh. Paul Parey Berlin 1964

Handwörterbuch der Pflanzennamen, Zander, Robert, Eugen Ulmer Verlag, 12. Aufl., Stuttgart 1980

Heilende Pflanzen, Böhme, Olga, Verlag für Biologie Dr. F. Duberow, Berlin 1942

Horst Koehlers praktisches Gartenbuch, zur Hausen, Winfried, Mosaik Verlag, München 1984

Illustrierte Flora von Mittel-Europa, Dr. Hegi, Gustav, Carl Hanser Verlag, München

Naturgemäße Pflanzenschutzmittel, Snoek, Helmut, Pietsch Verlag, Stuttgart 1984

Neues großes Gartenlexikon, Siebeneicher, Georg E., Südwest Verlag, München 1980

Nützlinge in Garten und Gewächshaus, Snoek, Helmut, Südwest Verlag, München 1983

Nutzpflanzen der Tropen und Subtropen, Frank, Gunther, Verlag S. Hirzel, 2. Aufl., Leipzig 1975

Nutzpflanzenkatalog des Botanischen Gartens der Martin-Luther-Universität Halle, Dr. Ebel, Friedrich, 1984

Pareys Blumengärtnerei, 2 Bde, Verlagsbuchh. Paul Parey, Hamburg 1961

Pareys illustriertes Gartenbaulexikon, Bd. I und II, Prof. Maatsch, Richard, Verlagsbuchh. Paul Parey, Hamburg 1956

Pflanzen vermehren, Köhlein, Fritz, Eugen Ulmer Verlag, Stuttgart 1983

Pflanzenschutz im Garten, Michel, Hans-Gunter/Umgelter, Harry, Eugen Ulmer Verlag, Stuttgart 1982

Schnecken-Regulierung, Graber, C./Suter H., Forschungsinstitut für biologischen Landbau, Oberwiel, Bern 1985

Schriftenreihe:

Heil- und Nährkräfte aus Wald und Flur, Dr. Hörmann, Bernhard, Verlag Franz'sche Buchdruckerei Mayer, G. Emil, München

4000 Jahre Landbau in China, Korea und Japan, King, F. H., Pietsch Verlag, Stuttgart 1984

Vilmorin's Blumengärtnerei, Verlagsbuchh. Paul Parey, Bd. I, 1896

Wie macht man am besten Kompost? Henning, E., Verlag Cohrs, Rotenburg

Zeitschrift „Blumen und Garten", Sammelband 1–8, Orbis Verlag Hamburg 1975

Erwerbsgemüsebau, Fritz, Dietrich/Stolz, Werner, Eugen Ulmer Verlag, Stuttgart 1984

Gemüsebau für Gemeinschaften, Stauffer, M., Verlag R. Goering, Dornach o. J.

Handbuch des gesamten Gemüsebaus, Becker-Dillingen, J., Verlagsbuchh. Paul Parey, 6. Aufl., Hamburg 1956

The Oxford Book of Food Plants, Masefield, G. B./Wallis, M./Harrison, S. G./Nicholson, B. E., Oxford University Press, Oxford 1969

Unser Gemüsegarten, Niller Ernst, Obst- und Gartenbauverlag, München 1978

Beerenobst für jeden Garten, Liebster, Günther, BLV-Verlagsges., München 1984

Beerensorten, Sorge, Peter, Neumann-Neudamm Verlag, Melsungen 1984

Grün ist Leben, BdB Handbuch Obstgehölze, Kröger, Georg W., Fördergesellschaft „Grün ist Leben" Baumschulen mbH, Pinneberg

Lucas' Anleitung zum Obstbau, Lucas, Eduard, Eugen Ulmer Verlag, Suttgart 1982

Waldpilzzucht für jedermann, Hawlik, Willy J., Verlag Dr. Richter GmbH, München 1985

Bildautoren

Zeichnungen: Fritz Wendler, Weyarn.
Die Zeichnungen der Gartengeräte stellte die Firma Wolf-Geräte, Betzdorf/Sieg zur Verfügung
Johannes Apel: S. 148
Bayerische Landesanstalt für Weinbau und Gartenbau, Würzburg, H. Reicheldorfer: S. 133 l.
Bjarne Geiger: S. 39 r., 47 r. außen, 55 l., 56 l., 62 r., 64 r., 65 l., 72 l., 75 r., 80 r., 91 r., 105 r., 120 r., 149 r., 151 r., Ausschnitt links oben
Willi J. Hawlik: S. 152, 154 l., 155 r.
Walter Herrmann: S. 20 r., 79 l., 96 l.
Klett Flora-Druck: S. 2/3, 47 l., 119 l.
Rudolf Müller: S. 12 r., 28 l., 73 l., 78 l., 113 r.
Nova-Photo-Graphik GmbH, Wien (Deutsche Bildrechte bei Klett Flora-Druck, Leinfelden-Echterdingen): S. 20 l., 25 r., 37 l., 42 l. u. r., 46 r., 53 l., 60 l. u. r., 66 l. u. r., 67 l., 69 l., 74 r., 82 l., 83 l., 86 l., 89 r., 93 l., 99 r., 109 r., 110 l., 114 r., 115 r., 116 r., 117 l., 118 l. u. r., 119 r., 120 l., 121 l. u. r., 124 r., 125 r., 126 r., 127 r., 128 r., 132 l., 134 l. u. r., 136 l., 137 l., 138 l., 139 r., 143 r., 144 r., 145 r.
Wilhelm Schacht: S. 140 l.
Jürgen Schimmitat: S. 45 r., 49 r., 82 r., 89 l., 99 l., 101 l., 110 r., 111 r., 112 r., 131 l., 140 r., 149 l., 150 l., 151 l.
Heinz Schrempp: S. 16 r., 21 l., 23 r., 31 l., 35 r., 43 l., 71 l., 75 l., 80 l., 81 l. u. r., 83 r., 86 r., 90 r., 92 r., 96 r., 97 l. u. r., 100 l., 101 r., 102 l. u. r., 112 l., 113 l., 114 l., 122, 124 l., 125 l., 126 l., 127 l., 128 l., 136 r., 139 l., 143 l., 144 l., 145 l., 146, 147 l., 150 r.
Sebastian Seidl: S. 11 l. u. r., 33 r., 34 r., 36 r., 79 r., 90 l., 91 l., 93 r., 95 l., 98 l., 100 r., 109 l., 132 r., 135 r.
Carl Sperling & Co., Pflanzenzüchter, Lüneburg: S. 27 r., 32 r., 59 r., 105 l.
Julius Wagner, Samenzucht, Heidelberg: S. 18 r., 19 l., 22 r., 25 l., 27 l., 30 l., 34 l., 63 l., 151 r.
Max F. Wetterwald: S. 24 r., 39 l., 43 r., 45 l., 49 l. außen, 74 l., 111 l.
A. Willemse, Katharinenstift, Kranenburg: S. 57 r., 69 r., 85 r., 116 l., 117 r., 123 r., 135 l., 137 r., 147 r., 148 l.
Jenö Zeltner: S. 14 r., 18 l., 73 r.
Alle übrigen Fotos: Gunter Steinbach

Herausgeber und Verlag danken den Firmen
Carl Sperling & Co., Lüneburg
Julius Wagner, Heidelberg
A. Willemse, Katharinenstift, Kranenburg
für die Fotos, die sie freundlicherweise zur Verfügung stellten.

Register